Veröffentlichungen der
Wissenschaftlichen Gesellschaft für Theologie

Band 13

Chr. Kaiser
Gütersloher
Verlagshaus

Die Konstantinische Wende

Herausgegeben von
Ekkehard Mühlenberg

Chr. Kaiser
Gütersloher
Verlagshaus

Die Deutsche Bibliothek – CIP-Einheitsaufnahme

Die Konstantinische Wende / hrsg. von Ekkehard Mühlenberg. –
Gütersloh : Kaiser, Gütersloher Verl.-Haus, 1998
  (Veröffentlichungen der Wissenschaftlichen Gesellschaft für Theologie ; Bd. 13)
  ISBN 3-579-01814-0

ISBN 3-579-01814-0
© Chr. Kaiser/Gütersloher Verlagshaus, Gütersloh 1998
Das Werk einschließlich aller seiner Teile ist urheberrechtlich geschützt. Jede Verwertung außerhalb der engen Grenzen des Urheberrechtsgesetzes ist ohne Zustimmung des Verlages unzulässig und strafbar. Das gilt insbesondere für Vervielfältigungen, Übersetzungen, Mikroverfilmungen und die Einspeicherung und Verarbeitung in elektronischen Systemen.

Umschlaggestaltung: Dieter Rehder, Aachen
Satz: Weserdruckerei Rolf Oesselmann GmbH, Stolzenau
Druck und Bindung: Memminger Zeitung Verlagsdruckerei GmbH, Memmingen
Gedruckt auf chlorfrei gebleichtem Werkdruckpapier
Printed in Germany

Inhalt

Ekkehard Mühlenberg
Vorwort 7

Klaus Martin Girardet
Die Konstantinische Wende und ihre Bedeutung für das Reich
Althistorische Überlegungen zu den geistigen Grundlagen
der Religionspolitik Konstantins d. Gr. 9

Friedhelm Winkelmann
Die »Konstantinische Wende« und ihre Bedeutung für die Kirche 123

Hans Georg Thümmel
Die Wende Constantins und die Denkmäler 144

Kurt Nowak
Der erste christliche Kaiser
Konstantin der Große und das ›Konstantinische Zeitalter‹
im Widerstreit der neueren Kirchengeschichte 186

Abbildungsnachweis 234

Bibliographie 236

Register 251

Die Autoren 263

Vorwort

»...wenn sich alle Menschen verbindlich darauf einigten, das Gesetz Gottes zu halten; wenn sie alle täten, was jetzt allein unser Volk in die Tat umsetzt: Wie glückselig und wie ›golden‹ würden die menschlichen Verhältnisse sein, wenn überall auf dem Erdkreis Gütigkeit, Frömmigkeit, Friede, Unschuld, Rechtsgleichheit, Mäßigkeit und Treue eine Heimstätte hätten! Dann endlich bedürfte es zur Lenkung der Menschen nicht so vieler und so verschiedenartiger Gesetze, da dann zur vollkommenen Unschuld das *eine* Gottesgesetz genügte, noch bedürfte es der Kerker, der Todesstrafe durch Präfekte noch der Furcht vor Strafen, wenn die Heilkraft himmlischer Gebote den menschlichen Herzen innewohnte und die Menschen erzöge, die Werke der Gerechtigkeit aus freien Stücken zu tun« (Laktanz, Göttliche Unterweisungen V 8f.).
Laktanz schrieb diese Worte vom »goldenen Zeitalter«, bevor die »konstantinische Wende« eintrat. Die Christen wurden durch Sondergesetze verfolgt. Laktanz hatte den ersten Aushang des Gesetzes, das die sog. ›Diokletianische Christenverfolgung‹ im Februar 303 einleitete, in der Residenzstadt Nikomedien selbst erlebt. Für ihn ist die Zukunftsvision, die die Apologeten im 2. Jahrhundert formuliert hatten, noch lebendig. Grund der Übel in der Menschheit sei die Verehrung der Götter, die falsche Religion. Die wahre Religion, der Kult des einen Schöpfergottes, könnte eine ›Wende‹ bringen. Es kam die ›konstantinische Wende‹. Wir sind fast siebzehn Jahrhunderte weiter, in der Kirchengeschichte und in der Menschheitsgeschichte – sind wir unberührt? Welche Erwartungen haben Christen für die Gesellschaft? Mit welchen Kriterien schütteln wir einen Laktanz ab oder erneuern wir Modifikationen seiner Hoffnung? Utopistischer Schwärmer will niemand sein, aber zukunftslos auch nicht.
Die Kirchengeschichtler der Wissenschaftlichen Gesellschaft für Theologie tagte am 30. März 1996 in Berlin. Es war beschlossen worden, über das Thema »Die konstantinische Wende« Referate zu hören und zu diskutieren. Es war den Referenten vorgegeben worden, das Thema in zwei Richtungen aufzufächern, in die Bedeutung der ›Wende‹ für die Kirche und in die Bedeutung der ›Wende‹ für das Römische Reich. Dazu sollte auch die neuzeitliche Rezeptionsgeschichte gehören, und die Anschauung der monumentalen Zeugnisse durfte nicht fehlen. Aus den Referaten sind nach der Tagung die hier vorgelegten Beiträge hervorgegangen. Sollte es den Autoren gelungen sein, eine Gesprächsbasis zu fixieren, so hat die Veröffentlichung sehr viel erreicht. Es wäre dann klarer, über welche Materialien diskutiert werden müßte. Vielleicht würden sich auch Fragen ergeben, die bisher nicht ausreichend berücksichtigt worden sind.

Die Herausgabe wird von mir verantwortet. Ich danke für die Hilfe, die mir Herr Christopher Voigt und Frau Bärbel Kilian bei der Druckvorbereitung geleistet haben.

Göttingen, im Juli 1997 *Ekkehard Mühlenberg*

Die Konstantinische Wende und ihre Bedeutung für das Reich
Althistorische Überlegungen zu den geistigen Grundlagen der Religionspolitik Konstantins d. Gr.

Klaus Martin Girardet

I. Fragen und Probleme
   1. *Renovatio imperii*? – Eingrenzung des Themas
   2. Eine ›Wende‹ 312/13? – Zum gegenwärtigen Forschungsstand
   3. Konstantin und die Christen 306 – 312
II. Der 29. Oktober 312
   1. Das Indiz für einen ›qualitativen Sprung‹
   2. Die Verweigerung des Götteropfers
   3. Wege zur ›Wende‹
      a. Implikationen des Galeriusediktes von 311
      b. Die Erprobung des Christengottes im Krieg 311/12 – Das Christogramm
III. Staatsrechtliche Aspekte des kaiserlichen Amtes
   1. Religiöse Motivation und machtpolitische Motivation – eine Alternative im spätantiken Denken?
   2. *Ius publicum* und *munus principis*
IV. Christlicher Monotheismus und Universalismus in kaiserlichen Dokumenten seit 312
   1. Der Rang des christlichen Kultus aus der Sicht Konstantins Ende 312/Anfang 313
   2. Das Problem der nichtchristlichen Kulte in den *litterae Licinii* 313
   3. Monotheistisch-universalistische Motive in späteren Briefen Konstantins
      a. Zeugnisse aus den Jahren 314/315
      b. Proklamationen seit 324
V. Politik der Christianisierung I: Die Nichtchristen im Denken und Handeln Konstantins
   1. Zum Begriff und zur politischen Möglichkeit von Toleranz im christlichen Kaiserreich
   2. *Nefaria secta* – Das Judentum
   3. Der Paganismus in Proklamationen und politischer Praxis
      a. 312 bis 324
      b. Nach dem Sieg 324: die Proklamationen
      c. Politische Praxis
VI. Politik der Christianisierung II: Ketzer und ›Katholiken‹
   1. Schismatiker und Ketzer in Proklamationen und in der Praxis
      a. Der Einheitsgedanke
      b. Repression und Duldung
   2. Bischof und Klerus als städtische Institutionen
      a. ›Immunität‹
      b. Der Bischof als ›Instanz‹ in der zivilen Gemeinde

Schluß

I. Fragen und Probleme

Von einem der Großen der Klassischen Altertumswissenschaft, A.H.M. Jones, wird berichtet, er sei der Ansicht gewesen, für das spätantike Römerreich habe der durch Kaiser Konstantin (306 – 337) initiierte Übergang der Alten Welt zum Christentum keine Folgen gehabt[1]. Indessen, der erste christliche Kaiser gilt allgemein als ein Politiker und Staatsmann, der auf vielen Gebieten sei es von seinem großen Vorgänger Diokletian grundgelegte Änderungen kraftvoll fortgeführt, sei es mancherlei eigene Neuerungen eingeführt hat, die angesichts zentrifugaler Kräfte innerhalb des Reiches sowie der Bedrohung von außen durch die beginnende Völkerwanderung eine Stabilisierung des römischen Imperiums bewirkten[2]. Sollten die Konstantinische Wende und das Christsein des Kaisers dabei wirklich keine Rolle gespielt haben? Und waren, allgemeiner und darüber hinausgehend gefragt, die ›Wende‹ und die Christianisierung des Reiches denn nicht ein welthistorischer ›Fortschritt‹? Wurde jetzt nicht sozusagen eine, verglichen mit der Welt des Paganismus, höhere Stufe des Menschseins erreicht oder doch wenigstens angestrebt oder ermöglicht? Kurz: wurde die Welt denn nicht ›besser‹? – So jedenfalls hatten es einst, vom frühchristlichen Fortschrittsgedanken her, der Gelehrte Laktanz und der Bischof Eusebius von Caesarea gesehen[3], und bereits 314 schrieb auch der Kaiser Konstantin selber[4]: die unermeßliche Barmherzigkeit »unseres Gottes« (*dei nostri*) lasse nicht länger zu, daß die Menschheit im Finstern umherirrt, sondern habe, wie sein eigener Lebenslauf beweise, mit ihren hellstrahlenden Lichtern »erneut« (*denuo*) – d.h. wohl gleichsam in Aktualisierung der Heils-

---

1. *E.A. Judge,* The Conversion of Rome. Ancient Sources of Modern Social Tensions, Sydney 1980, 10: »When I once told A.H.M. Jones that I wanted to find out what difference it made to Rome to have been converted, he said he already knew the answer: None«. – Zitiert und bestätigend aufgegriffen von *R. MacMullen,* Christianizing the Roman Empire, New Haven/ London 1984, 154 A. 25; *ders.,* What Difference did Christianity make? in: Historia 35 (1986), 322 (– 343). – Vgl. bereits die sehr zurückhaltenden Bemerkungen zum Thema ›christliche Einflüsse auf die politische Wirklichkeit‹ von *J. Vogt,* Das römische Weltreich im Zeitalter Konstantins des Großen – Wirklichkeit und Idee (1958), in: *ders.,* Orbis. Ausgewählte Schriften zur Geschichte des Altertums, Freiburg 1960, 317ff., bes. 320ff.
2. Vgl. die bilanzierenden Darlegungen von *A.H.M. Jones,* The Later Roman Empire, Bd. I., Oxford 1964, 97 – 111; *J. Martin,* Spätantike und Völkerwanderung, München ³1995, 22ff., 159f.; *K. Christ,* Geschichte der römischen Kaiserzeit, München 1988, 747 – 762; *A. Demandt,* Die Spätantike, München 1989, 76ff.
3. *W. Kinzig,* Novitas Christiana. Die Idee des Fortschritts in der Alten Kirche bis Eusebius. Göttingen 1994, 506ff. (Laktanz), 541ff. und 553ff. (Eusebius); *H. Inglebert,* Les romains chrétiens face à l'histoire de Rome, Paris 1996, 131ff. und 140ff. (Laktanz), 153 – 175 (Eusebius).
4. In einem Brief an die von ihm zu einem Konzil in Arles versammelten Bischöfe: Opt. Append. V = *H. v. Soden,* Urkunden zur Entstehungsgeschichte des Donatismus, Berlin ²1950, Nr. 18, 2 – 16. – Spätere Bezeugung des Fortschrittsgedankens bei Konstantin (seit 324): *Kinzig* (wie Anm. 3), 558ff.

tat Jesu Christi – den »Weg zum Heil« (*iter salutare*) erleuchtet und so die Möglichkeit eröffnet, sich zur »Regel der Gerechtigkeit zu bekehren« (*ad regulam iustitiae converti*). Von dieser für alle Reichsbewohner erhofften ›Bekehrung‹ erwartete Konstantin, wie er nach dem Gewinn der Alleinherrschaft über das Römerreich 324/25 schrieb, eine μεταβολή der τῶν δημοσίων πραγμάτων χρεία d.h. eine grundlegende Veränderung aller Politik[5]. Es sollte dies nach dem Willen des Kaisers eine *renovatio imperii* (oder *orbis terrae*) werden, eine Erneuerung der ganzen mit dem römischen Reich gleichgesetzten Oikumene[6].

1. *Renovatio imperii*? – Eingrenzung des Themas

Ist die von Konstantin angestrebte Veränderung, ja Erneuerung, die politische Realisierung der christlichen Fortschrittsidee durch die *conversio* von Kaiser und Reich, tatsächlich eingetreten? Das ist eine Frage, die, auch wenn man die *conversio* des Kaisers nicht zu bezweifeln braucht (s.u. Teil II), mit Blick auf die Spätantike heute wohl kaum, wie A.H.M. Jones es noch getan hatte, pauschal mit ›Nein‹ (oder ›Ja‹) beantwortet werden kann. Vor allem werden Historiker, Theologen, Philosophen unterschiedliche Antworten geben wollen. Rein politisch-historisch betrachtet, wird man allerdings vorab festzuhalten haben, daß für die Struktur des spätantiken Reiches, die herrschafts- und verwaltungstechnische Gliederung des riesigen Gebietes in Praefekturen, Diözesen, Provinzen, daß für die Methoden des politischen Handelns und Entscheidens auf Reichsebene und auf der lokalen Ebene, daß für die unterschiedlichen Felder der praktischen Politik, die Alltäglichkeiten im Bereich von Verwaltung, Regierungspraxis, Gesetzgebung, Steuern, Militär, Krieg etc., sowie für die gesellschaftliche Struktur der Reichsbe-

---

5. Eus. VC II 65, 2. – Natürlich könnte der Brief (an Bischof Alexander von Alexandrien und den Presbyter Arius), wie viele andere – frühere – Briefe mit deutlich christlicher Terminologie, in dem Wortlaut, wie er uns vorliegt, von einem christlichen Kleriker in der kaiserlichen ›Kanzlei‹ verfaßt worden sein; das ändert aber nichts daran, daß es ein Brief Konstantins ist, und deshalb dürfen die Formulierungen, bis zum Erweis des Gegenteils, auch als Ausdruck der Gedanken des Kaisers interpretatorisch in Anspruch genommen werden. Vgl. demgegenüber die Vorbehalte von *C. Andresen/A.M. Ritter,* Geschichte des Christentums I 1 (Altertum), Stuttgart 1993, 67: »Briefe Konstantins an christliche Gemeinden lassen sich schwerlich als integre Dokumente religiösen Selbstzeugnisses erweisen. Gerade ihr dezidiertes Bekenntnis zum Christentum weckt Mißtrauen und die Vermutung, daß ein bischöflicher Ratgeber sie diktierte und dem Kaiser zur Unterschrift vorlegte«. Vgl. zuletzt auch ähnliche Vorbehalte von *R. Leeb,* Konstantin und Christus, Berlin 1992, 1ff. – Ich teile diese Bedenken nicht. Siehe nur den Brief Konstantins an den Heiden Anullinus (Eus. HE X 7, 1=Soden Nr. 9, 4ff.) von Ende 312/Anfang 313! Dazu unten Teil IV 1, 59.
6. Brief Konstantins 325 an die Christen in Nikomedien: τῆς οἰκουμένης ἀνανέωσις (Athan. de decr. 41, 7).

völkerung insgesamt die ›Wende‹ und die folgende Christianisierungspolitik im konstantinischen Zeitalter selbst wohl tatsächlich keine bzw. nur vergleichsweise bescheidene unmittelbare Konsequenzen gezeitigt haben[7]. Aber im Bereich des sozusagen Immateriellen, bei den geistigen Grundlagen, ist doch schon sehr bald ein Wandel eingetreten, der sich, durch kaiserliche Gesetzgebung gefördert[8], zunächst vor allem auf die ›Mentalität‹ auswirken sollte[9], wie denn ja auch die Christianisierungspolitik selber die Folge einer *conversio*, eines grundlegenden Wandels im Bewußtsein des Kaisers Konstantin gewesen ist.

Der sich von dieser Zeit an über gut eineinhalb Jahrtausende erstreckende Prozeß der Christianisierung und seine Ergebnisse in der europäischen und europäisch geprägten Welt sind indessen keineswegs unumstritten geblieben, und das gilt gerade auch für den Beginn unter Konstantin. Von der Spätantike selbst bis in die Gegenwart hinein wurden und werden die Hinwendung des Kaisers zum Christentum wie auch Konstantin als Person und Herrscher immer aufs Neue Gegenstand tiefgreifender Zweifel und widersprüchlicher Beurteilungen[10]. Mit guten Grün-

---

7. Vgl. H. *Chadwick*, Conversion in Constantine, in: *D. Baker* (Hg.), Religious Motivation: Biographical and Sociological Problems for Church Historians (= Papers ... Ecclesiastical History Society), Oxford 1978, 1 – 8; *MacMullen*, Christianizing (wie Anm. 1), bes. 43ff.; *ders.,* The Meaning of A.D. 312: The Difficulty of Converting the Empire, in: The 17th International Byzantine Congress – Major Papers, New Rochelle/New York 1986, 1 – 15; ferner *T.D. Barnes*, The Constantinian Reformation, in: The Crake Lectures 1984. Sackville/New Brunswick 1986, 52. – *Martin*, Spätantike (wie Anm. 2), 159.
8. *J. Gaudemet*, La législation religieuse de Constantin, in: Revue d'hist. de l'Église de France 33 (1947), 25 – 61; *M.R. Salzman*, The Evidence for the Conversion of the Roman Empire to Christianity in Book 16 of the *Theodosian Code,* in: Historia 42 (1993), 362 – 378.
9. *P. Stockmeier*, Vorgang und Auswirkung der öffentlich-rechtlichen Anerkennung des Christentums, in: *ders.*, Glaube und Religion in der frühen Kirche, Freiburg 1973, 81 – 99 mit 137 – 140 (Anm.); *MacMullen*, Difference (wie Anm. 1), passim; *G. Bowersock*, From Emperor to Bishop: The Self-conscious Transformation of Political Power in the Fourth Century, in: CPh 81 (1986), 298 – 307; *P. Brown*, The World of Late Antiquity, London 1971, bes. 82ff.; *ders.,* Die Gesellschaft und das Übernatürliche (1982), Berlin 1993; *ders.,* Macht und Rhetorik in der Spätantike. Der Weg zu einem »christlichen Imperium« (1992), München 1995, bes. 153ff.; sodann *ders.,* Die Entstehung des christlichen Europa (1995), München 1996.
10. Siehe nur z.B. das negative, den positiven Wertungen der Christen Laktanz und Eusebius schroff entgegenstehende Urteil des zu den alten Göttern ›konvertierten‹ Kaisers Julian bei Amm. Marcell. XXI 10, 8: Konstantin als *novator* und *turbator priscarum legum et moris antiquitus recepti*. Ferner das Negativbild des Zosimos, II 29ff. – *J. Vogt*, Kaiser Julian über seinen Oheim Constantin d. Gr., in: Historia 4 (1955), 339 – 352; *F. Winkelmann*, Konstantins Religionspolitik und ihre Motive im Urteil der literarischen Quellen des 4. und 5. Jahrhunderts, in: Acta Antiqua Academiae Scient. Hungar. 9 (Budapest 1961), 239 – 256; *N. Baglivi*, Costantino I nelle Historiae adversus Paganos di Paolo Orosio, in: Orpheus 10 (1989), 311- 334; *J. Szidat,* Constantin bei Augustin, in: REAug 36 (1990), 243 – 256; *V. Neri, Medius Princeps*. Storia e immagine di Costantino nella storiografia latina pagana, Bologna 1992. – *E. Ewig*, Das Bild Constantins des Großen in den ersten Jahrhunderten des abendländischen Mittelal-

den hat man daher den im Hof des Konservatorenpalastes zu Rom aufragenden Kolossalkopf des Kaisers (Abb. 1) als die »Sphinx der historischen Wissenschaft« (J. Vogt)[11] bezeichnet, und so dürfte auch die Vermutung kaum fehlgehen, daß die Persönlichkeit und die staatsmännische Leistung dieses Herrschers zumindest solange kontrovers bleiben werden[12], wie die Wirkung des Christentums in der Welt anhält.

ters, in: HJb 75 (1956), 1 – 46; *W. Kaegi*, Vom Nachleben Konstantins, in: SZG 8 (1958), 289 – 326; *H. Wolfram*, Constantin als Vorbild für den Herrscher des hochmittelalterlichen Reiches, in: MIÖG 68 (1960), 226 – 242; *A. Linder*, The Myth of Constantine the Great in the West: Sources and Hagiographic Commemoration, in: Studi Medievali (serie3a) XVI (1975), 43 – 95.

11. *J. Vogt*, Constantin der Große und sein Jahrhundert (²1960), München 1973, 252. – Der Kopf, dessen Höhe 2, 60 m beträgt, stammt wahrscheinlich von einer bereits 312/13 auf Anordnung Konstantins persönlich zusammen mit einer christlichen Inschrift und einem christlichen Siegeszeichen in der vormaligen Maxentiusbasilika am Forum in Auftrag gegebenen, etwa 10 Meter hohen Sitzstatue. Zur Errichtung der Statue mit dem ›heilbringenden Zeichen‹ (wohl einem als Kreuz deutbaren Gebilde; das sogen. Labarum erscheint erst ca. 324) sowie der darauf verweisenden (im Original nicht erhaltenen) Inschrift, ferner zum Zeitpunkt der Errichtung siehe die Angaben des Bischofs Eusebius von Caesarea: Eus. HE IX 9, 10f.; VC I 40; Anspielung auf die Statue mit ›Zeichen‹ und Inschrift auch in der Kirchweihrede des Eusebius ca. 315/317 in Tyros: Eus. HE X 4, 16; ebenso in der Tricennatsrede des Eusebius zu Ehren Konstantins von 335/36: LC IX 8. – Vgl. *K. Kraft*, Das Silbermedaillon Constantins des Großen mit dem Christogramm auf dem Helm (1955), in: *R. Klein* (Hg.), Konstantin der Große, Darmstadt 1974, 297 – 344, bes. 336ff. (Datierung der Statue auf ca. 315); *K. Aland*, Das Verhältnis von Kirche und Staat in der Frühzeit, in: ANRW II 23, 1 (1979), 60 – 246, bes. 132ff.; *D. Bowder*, The Age of Constantine and Julian, London 1978, 24; *H.P. L'Orange/M. Wegner*, Das spätantike Herrscherbild von Diokletian bis zu den Konstantin-Söhnen 284 – 361 n. Chr. (=*M. Wegner* (Hg.), Das römische Herrscherbild III), Berlin 1984, 70 – 77; *T.D. Barnes*, The Conversion of Constantine, in: EMC 29 (1985), 384ff.; *ders.*, The Constantinian Settlement, in: *H.W. Attridge/G. Hata* (Hg.), Eusebius, Christianity, and Judaism, Leiden 1992, 646; *J. Engemann*, Art.: Herrscherbild, in: RAC 14 (1988), 977ff.; *Th. Grünewald*, Constantinus Maximus Augustus. Herrschaftspropaganda in der zeitgenössischen Überlieferung, Stuttgart 1990, 70f.; *W. Kuhoff*, Ein Mythos der römischen Geschichte: Der Sieg Konstantins des Großen über Maxentius vor den Toren Roms am 28. Oktober 312 n. Chr., in: Chiron 21 (1991), 170f.; *R. Leeb* (wie Anm. 5), 33ff., 62ff. (eine nicht sehr überzeugende Auseinandersetzung mit diesem Werk: *K. Groß-Albenhausen*, Zur christlichen Selbstdarstellung Konstantins, in: Klio 78 (1996), 171 – 185; vgl. auch *Th.G. Elliott*, in: Gnomon 67 (1995), 281 – 283).

12. Vgl. die Hinweise zur Kontroverse in der Forschung bei *Demandt*, Spätantike (wie Anm. 2), 79f., 482 (im Rahmen der ›Niedergangsdebatte‹); sodann *ders.*, Der Fall Roms. Die Auflösung des römischen Reiches im Urteil der Nachwelt, München 1984, bes. 246ff.: »Religionsgeschichtliche Deutung: Der Aufstieg des Christentums« (sc. als Grund für Roms ›Niedergang‹). – Zur Tradition der These von der angeblich ›fördernden‹ Rolle des Christentums beim sog. Untergang Roms siehe die Aufsätze in: *K. Christ* (Hg.), Der Untergang des römischen Reiches, Darmstadt 1970, hier z.B. *Gibbon* (35 – 37), *Beloch* (106f.), *Kornemann* (219f., 226f.), *Piganiol* (290), *Jones* (331 – 335), *Momigliano* (410ff., 421ff.). – Neuere Negativurteile über die Folgen der Konstantinischen Wende: *A. Heuß*, Römische Geschichte, Braunschweig

Die Christianisierungspolitik Konstantins und der nachfolgenden christlichen Kaiser des 4. Jahrhunderts, die mit einer Zurückdrängung der nichtchristlichen Religionen wie auch der christlichen Schismatiker und Ketzer einherging, hat natürlich nicht nur für das geistige und religiöse Profil des Römerreiches, sondern auch für das Selbstverständnis, die organisatorische Struktur und die gesellschaftliche Zusammensetzung der spätantiken Christenheit weitreichende, ebenfalls bis heute umstrittene Folgen gehabt. Die damit sowie mit dem übergreifenden Problem ›Kirche und Staat in der Spätantike‹ verbundenen, spezifisch kirchengeschichtlichen Fragen sollen hier jedoch nicht erörtert werden[13]. Ebenso wenig beabsichti-

[5]1983, 464: der neue »Bund zwischen Staat und Kirche« habe dem kränkelnden Reich »eine neue Last zu tragen« gegeben, die, in den nächsten Generationen und in der Katastrophenzeit, »ein gutes Teil seiner Energien« absorbiert habe; *A. Kee,* Constantine versus Christ. The Triumph of Ideology, London 1982, 117ff., 159, 174f. (insgesamt in scharfer Form negativ für die zeitgenössische Kirche); *K. Christ,* Geschichte der römischen Kaiserzeit, München 1988, 780f.: Belastung sowohl der Kirche als auch des Reiches durch die ›Wende‹; *W. Dahlheim,* Die Antike, Paderborn 1994, 611 (ff.): »Der Sündenfall der Kirche und die Spaltung des Reiches: Die Glaubenskriege des 4. und 5. Jahrhunderts«, 619ff.: »Die Bedeutung der konstantinischen Wende«, 635: »Feuer des verstaatlichten Glaubenskrieges«. – Gegenposition aus althistorischer Sicht: z.B. *Fr. Vittinghoff,* Staat, Kirche und Dynastie beim Tode Konstantins, in: *A. Dihle* (Hg.), L'Église et l'empire au IVe siècle (=Entretiens ... Fondation Hardt 34), Vandoeuvres-Genève 1989, 1 – 28, hier: 2; *Martin,* Spätantike (wie Anm. 2), 162; *M.R.-Alföldi,* Kaiser Konstantin: ein Großer der Geschichte?, in: *H.R. Seeliger* (Hg.), Kriminalisierung des Christentums? K. Deschners Kirchengeschichte auf dem Prüfstand, Freiburg 1993, 148 – 159. – Aus kirchenhistorischer Sicht: zuletzt *H. Chr. Brennecke,* Ecclesia est in re publica, id est in imperio Romano (Optatus III 3). Das Christentum in der Gesellschaft an der Wende zum ›Konstantinischen Zeitalter‹, in: JBTh 7 (1992), 209 – 239, bes. 238f. – Und dann der eigentümlich ›verspätete‹, historisch-wissenschaftlich aber nicht relevante Panegyricus von *P. Keresztes,* Constantine. A Great Christian Monarch and Apostle, Amsterdam 1981.
13. *K. Müller,* Konstantin der Große und die christliche Kirche, in: HZ 140 (1929), 261 – 278; *G. Kretschmar,* Der Weg zur Reichskirche, in: Verkündigung und Forschung 13, Heft 1 (Beihefte zu »Evangelische Theologie«). München 1968, 3 – 44; die Bonner Rektoratsrede meines Lehrers *W. Schneemelcher,* Kirche und Staat im 4. Jahrhundert. Bonner Akademische Reden Nr. 37, Bonn 1970; *C. Andresen,* Die Kirchen der alten Christenheit, Stuttgart 1971, 307ff., 325ff.; *H. Kraft* (Hg.), Konstantin der Große, Darmstadt 1974 (mit Bibliographie 457 – 462); *R. Lorenz,* Das vierte bis sechste Jahrhundert (Westen), in: *K.D. Schmidt/E. Wolf* (Hg.), Die Kirche in ihrer Geschichte Bd. I C 1, Göttingen 1970 (= *Lorenz* I), S.16f.; *ders.,* Das vierte Jahrhundert (Osten), in: *B. Moeller* (Hg.), Die Kirche in ihrer Geschichte Bd. I C 2, Göttingen 1992 (= *Lorenz* II), 148f.; *Aland,* Kirche und Staat (wie Anm. 11), passim, bes. 106ff.; *Kee (*wie Anm. 12*)*, passim (ein wütender Angriff auf die Verantwortlichen innerhalb der Christenheit des 4. Jahrhunderts); *F. Winkelmann,* Probleme der Herausbildung der Staatskirche im römischen Reich des 4. Jahrhunderts, in: Klio 53 (1971), 281 – 299; *M. Sordi,* The Christians and the Roman Empire, London 1983; *G. Bonamente/A. Nestori* (Hg.), I Cristiani e l'Impero nel IV secolo, Macerata 1988; *D. Praet,* Explaining the Christianization of the Roman Empire. Older theories and recent developments, in: Sacris Eruditi 33 (1992/93), 5 – 119 (Bibliographie: 111 – 119; Inhaltsübersicht: 499); *St.G. Hall,* Art.: Konstantin I., der Große, in: TRE 19 (1989), 489

ge ich, als Althistoriker eine forschungsgeschichtliche Gesamtbilanz oder eine Art Zwischenbilanz aus der umgekehrten Perspektive, zum Thema ›Staat und Kirche in der Spätantike‹ also, zu geben, wie sie von Zeit zu Zeit ohne Zweifel wünschenswert ist[14]. Ich beschränke mich vielmehr, in kritischer Auseinandersetzung mit der neuesten Forschungsliteratur (und insofern doch wenigstens indirekt auch bilanzierend), auf die Lebenszeit Konstantins; mögliche Nachwirkungen der ›Wende‹ im weiteren Verlauf des 4. Jahrhunderts sowie die allgemeinere Problematik des nach Ansicht mancher Gelehrten erst jetzt, in unserer eigenen Gegenwart, einem Ende entgegengehenden ›Konstantinischen Zeitalters‹ bleiben mithin außer Betracht[15]. Im Mittelpunkt der folgenden Ausführungen stehen somit aus althistorischer Perspektive die der Hinwendung Konstantins zum Christentum vorausgehenden, sie konstituierenden und ihr folgenden Grundsatzentscheidungen des Kaisers, die das Christentum in seine neue Rolle innerhalb des spätantiken Römerreiches eingeführt haben. Dabei habe ich mich bemüht, außer den großen Werken der früheren Forschergenerationen die gesamte für diese Fragestellung relevante wissenschaftliche Literatur der letzten drei Jahrzehnte in den Blick zu nehmen[16].

Aber ist denn zum Thema ›Konstantin‹ und ›Konstantinische Wende‹ nicht längst alles gesagt, was es zu sagen gibt? Konnte die neuere historische Forschung denn nicht wenigstens in einer Fülle von wichtigen Einzelfragen der praktischen Politik und der Gesetzgebung des ersten christlichen Kaisers Ergebnisse erzielen, die sich in der kritischen Diskussion weitgehend bewährt haben? So ist es in der Tat[17], und deshalb sollen hier auch nicht erneut die zahlreichen Maßnahmen

---

– 500, – Unübertroffener Überblick: *Lorenz* I 8 – 17; *ders.* II 111ff. Monumental jetzt *Ch. Piétri/ L. Piétri* (Hg.), Das Entstehen der einen Christenheit (250 – 430), Freiburg 1996 (mit einer Fülle von kompetenten Autoren, Bearbeitern und Übersetzern), hier bes. von Piétri, Ch. Markschies u.a.: Zweiter Teil: Konstantin und die Christianisierung des Reiches (193 – 344) . Siehe auch *A.M. Ritter,* Constantin und die Christen, in: ZNW 87 (1996), 251-268, sowie den Beitrag von F. Winkelmann in diesem Band, unten S. 123ff.

14. Zuletzt u.a. *J.H.W.G. Liebeschuetz,* Change and Continuity in Roman Religion, Oxford 1979, bes. 280ff., 285ff.; *J. Harries,* Towards a new Constantine?in: Ancient Society Resources for Teachers 5 (1985), 71 – 83; *Martin* (wie Anm. 2), 152ff.; *Demandt* (wie Anm. 2), 61 – 80; *G. Bonamente/F. Fusco* (Hg.), Costantino il Grande I/II, Macerata 1992/93. – Siehe die meisterhafte ›Momentaufnahme‹ von *Vittinghoff,* Staat, Kirche und Dynastie (wie Anm. 12), 1 – 28 bzw. 34 (Diskussion).

15. Vgl. dazu u.a. die Ausführungen von *P. Stockmeier,* ›Konstantinisches Zeitalter‹, in: Sacramentum Mundi III (1969), 18 – 28; *W. Schneemelcher,* Das Konstantinische Zeitalter, in: Kleronomia 6 (1974), 37 – 60; *ders.,* Art.: Konstantinisches Zeitalter, in: TRE 19 (1989), 501 – 503.

16. Mit unvermeidbaren Folgen für den Anmerkungsapparat.

17. Unentbehrlich: *N.H. Baynes,* Constantine the Great and the Christian Church, London (1931) ²1972; *H. Dörries,* Das Selbstzeugnis Kaiser Konstantins. Göttingen 1954; *H. Kraft,* Kaiser Konstantins religiöse Entwicklung, Tübingen 1955; *Vogt,* Constantin der Große (wie Anm. 11);

aus den mehr als 30 Regierungsjahren des Kaisers debattiert oder dargestellt werden, die mehr oder weniger deutlich das Christentum betreffen bzw., mit Wirkung für das römische Weltreich, christlich beeinflußt sein könnten[18].

Zu einer allzu optimistischen Einschätzung des gegenwärtigen Forschungsstandes besteht allerdings kein Anlaß. Zwar spricht ein Teil der Forschung ziemlich unbefangen von einer ›Konstantinischen Reformation‹ oder einer (Oktober-)Revolution (des Jahres 312), und kürzlich wurde sogar, in Anlehnung an den Titel des berühmten Werkes von Sir Ronald Syme über Vorgeschichte, Beginn und dauerhafte Etablierung des römischen Prinzipats im 1. Jh.v.Chr., der Ausdruck »Second Roman Revolution« geprägt[19]. Doch das kann nicht darüber hinwegtäuschen, daß seit neuestem – man möchte sagen, wieder einmal – bei Althistorikern wie bei Kirchenhistorikern die Konstantinische Wende als solche und die christliche Grundeinstellung des Kaisers umstritten sind bzw. sogar rundweg infrage gestellt oder abgelehnt werden: wann hat die ›Wende‹ stattgefunden, hat sie überhaupt stattgefunden, war Konstantin also wirklich ein Christ, oder brauchte die ›Wende‹ deshalb nicht stattzufinden, weil Konstantin in christlichem Elternhause aufgewachsen und somit gleichsam ein geborener Christ war; aber wenn die ›Wende‹ denn doch ein historisches Faktum sein sollte, wie ist dieses zu erklären und zu bewerten, welche Motive und Ziele waren für den Kaiser maßgebend, alternativ rein persönliche, religiöse, politische, rein machtpolitische? Fast könnte man glauben, die seit langem als ausgestanden geltenden Kontroversen früherer Forscherge-

---

Calderone, Costantino e il cattolicesimo (I), Firenze 1962; *A.H.M. Jones*, The Later Roman Empire I/II, Oxford (1964) 1986; *H. Dörries*, Konstantin der Große, Stuttgart ²1967; *T.D. Barnes*, Constantine and Eusebius, Cambridge/Mass. 1981; *ders.*, The New Empire of Diocletian and Constantine, Cambridge/Mass. 1982; *Grünewald*, Constantinus (wie Anm. 11); *G. Bonamente/F. Fusco* (Hg.), Costantino (wie Anm. 14). Zuletzt (mutig und mit Augenmaß) *B. Bleckmann*, Konstantin der Große, Hamburg 1996. – Ein neuerer Forschungsbericht: *P.G. Christiansen*, The Great Conflict Revisited: Recent Work on Christianity and Paganism, in: Helios 15 (1988), 133 – 149.

18. Vgl. *A. Ehrhardt*, Constantin d. Gr. Religionspolitik und Gesetzgebung (1955), in: *H. Kraft* (Hg.), Konstantin der Große, Darmstadt 1974, 388 – 456; eine Übersicht bei *P.-P. Joannou*, La législation imperiale et la christianisation de l'empire romain (311 – 476), Roma 1972, bes. 19ff., 61 – 72 (zu Konstantin); *Lorenz* I (wie Anm. 13), 3 – 17; *ders.* II (wie Anm. 13), 112 – 149.

19. *Barnes*, Reformation (wie Anm. 7), passim; *W.H.C. Frend*, The Rise of Christianity, London 1984, 473 (ff.): »The Constantinian Revolution 305-30«; *Vittinghoff*, Staat, Kirche und Dynastie (wie Anm. 12), 2: »epochemachende geistige Revolution«; *H. Chadwick*, Rez. A. Kee, Constantine versus Christ (1982), in: TLS May 28 (1982), 573: »October revolution of 312«; *M. Perrin*, La »révolution constantinienne« vue à travers l'oeuvre de Lactance (250-325 ap. J.-C.), in: L'idée de révolution. Colloque ouvert organisé par le centre d'Histoire des Idées (Université de Picardie) et dans le cadre du C.E.R.I.C., Fontenay 1991, 81 – 94; *J. Matthews*, Constantine and the Second Roman Revolution, Syme Memorial Lecture 1992, in: Prudentia 25 (1993), 24 – 40.

nerationen um das Konstantinbild von J. Burckhardt, H. Grégoire und anderen[20] müßten jetzt erneut ausgetragen werden.

Die Beantwortung der eben formulierten Fragen wirkt sich nachhaltig auf das Verständnis der geistigen Grundlagen der konstantinischen Politik sowohl den Christen, den christlichen Schismatikern und Häretikern als auch den Angehörigen anderer Religionen gegenüber aus, die im Reich und vor allem in den politischen und militärischen Führungsschichten die weit überwiegende Mehrheit bildeten[21]: damit ist zusätzlich zu den Problemen des rein Faktischen das große Thema von Toleranz und Religionsfreiheit unter den Rahmenbedingungen eines christlichen Kaisertums angesprochen. Ich werde deshalb, nach einer kurzgefaßten Auseinandersetzung mit neueren Tendenzen der Forschung (*Teil I 2*) und mit bestimmten Thesen zur Religionspolitik Konstantins als Mitgliedes der Tetrarchie in den ersten Regierungsjahren seit 306 (*Teil I 3*), erneut die Problematik der ›Wende‹ selbst in ihrem politisch-historischen und staatsrechtlichen Kontext (*Teil II* und *Teil III*) untersuchen. Sodann will ich die Indizien für die Präsenz des christlichen Monotheismus und Universalismus im politischen Denken des Kaisers seit 312/13 (*Teil IV*) herausarbeiten. Danach wird, unter Berücksichtigung der Problematik des Toleranzbegriffs, die Auswirkung dieser neuen Elemente auf Prinzipien und Praxis der als Christianisierungspolitik verstandenen Religionspolitik Konstantins gegenüber den Nichtchristen, d.h. den Juden und den Paganen, behandelt (Teil V), dann zum Abschluß seine Christianisierungspolitik in Form der Repression von Ketzern und Schismatikern und der Begünstigung von orthodox-christlichem Klerus und Kirchengemeinden (*Teil VI*).

Mein Ziel, aufs Ganze gesehen, ist, die vielfach angezweifelte, ja neuestens auch wieder abgeleugnete welthistorische Bedeutung des Jahres 312 mit teils bekannten, teils neuen Argumenten zu verteidigen: ich versuche, auf der Basis der zeitgenössischen Quellen u.a. zu zeigen, daß, anders als ein gewichtiger Teil der heutigen Forschung es sieht, alle – buchstäblich alle – Grundsatzentscheidungen für eine vom Kaiser intendierte christliche Zukunft des römischen Weltreichs bereits in diesem Jahr bzw. im Herbst und Winter 312/13 gefallen bzw. bekannt gemacht worden sind[22]:

---

20. Zu denen auch J. Moreau gehörte, der erste Inhaber des Lehrstuhls für Alte Geschichte in Saarbrücken. Siehe etwa seine Aufsätze: Sur la vision de Constantin (312), aus dem Jahre 1953, in: *J. Moreau,* Scripta Minora (Hg. W. Schmitthenner), Heidelberg 1964, 76 – 98; Zur Religionspolitik Konstantins des Großen (1952), ebd. 106 – 113. – Auch heute noch unentbehrlich sind Edition und Kommentar von *J. Moreau,* Lactance, De la mort des persécuteurs, t. I und II, Paris 1954.
21. Dazu unten A. 151. – Zu den Mehrheitsverhältnissen: *A.H.M. Jones,* Der soziale Hintergrund des Kampfes zwischen Heidentum und Christentum (1963), in: *R. Klein* (Hg.), Das frühe Christentum im römischen Staat, Darmstadt 1971, 337 – 363.
22. Vgl. bereits *Chadwick,* Rez. Kee (wie Anm. 19), 573: »...from the October revolution of 312 Constantine spoke and acted as a man with a mission to enthrone Christianity in the empire and beyond«.

- die öffentliche Demonstration des persönlichen Christseins Konstantins,
- die programmatische, auch politisch-praktisch wirksame Annahme des christlichen Monotheismus durch den Kaiser,
- die davon ausgehende, ebenfalls schon 312/13 offen proklamierte und sich mit Beginn der Alleinherrschaft 324 verstärkende Tendenz zu einem religionspolitischen Universalismus in christlichem Sinne, mit Folgen für christliche ›Abweichler‹ und die nichtchristlichen Religionen.

2. Eine ›Wende‹ 312/13 ? – Zum gegenwärtigen Forschungsstand[23]

Wir reden heute mit einer gewissen Selbstverständlichkeit von einer Konstantinischen Wende, so als handele es sich um ein historisch unbezweifelbar feststehendes Ereignis, mag dieses nun, ähnlich dem Damaskuserlebnis des zum Apostel Paulus gewordenen Saulus, in einer plötzlichen Bekehrung oder prozeßhaft über einen längeren Zeitraum zustande gekommen sein[24]. Im Jahre 1977 etwa sprach F. Millar im Rückblick auf eine lange kontroverse Forschungsgeschichte

23. Forschungsberichte und weiterführende Beiträge (außer den in den vorangehenden Anmerkungen genannten) aus den letzten 40 Jahren: z.B. *J. Vogt,* Die constantinische Frage (1955), in: *H. Kraft* (Hg.), Konstantin der Große. Darmstadt 1974, 345 – 387; *K. Aland,* Die religiöse Haltung Kaiser Konstantins, in: Studia Patristica I, Berlin 1957, 549 – 600; *Kretschmar,* Weg (wie Anm. 13), passim; *Aland,* Kirche und Staat (wie Anm. 11), 106ff. – Vgl. zuletzt *F. Millar,* The Emperor in the Roman World, London (1977) ²1992, bes. 577ff.; *MacMullen,* Christianizing (wie Anm. 1), 43ff.; *ders.,* Meaning (wie Anm. 7), S 1ff.; *T.D. Barnes,* Conversion (wie Anm. 11), 371 – 391; *ders.,* Reformation (wie Anm. 7), 39 – 57; *ders.,* Settlement (wie Anm. 11), 635 – 657; *Grünewald* (wie Anm. 11), bes. 73ff., 78ff.; *Leeb* (wie Anm. 11), z.B. 127ff.; *Calderone,* Letteratura costantiniana e »conversione« di Costantino, in: *G. Bonamente/F. Fusco* (Hg.), Costantino il Grande, Bd. I., Macerata 1992, 231 – 252; *Praet* (wie Anm. 13), 81ff.; *G. Bonamente,* La »svolta costantiniana«, in: *E. dal Covolo/R. Uglione* (Hg.), Cristianesimo e istituzioni politiche. Da Augusto a Costantino, Roma 1996, 91 – 116.
24. Zur Problematik des Begriffes ›Bekehrung‹: u.a. *Kraft,* Konstantin (wie Anm. 23), (Einführung) 2ff.; *Ritter,* Constantin (wie Anm. 13), 266f.- Eine Parallelisierung mit dem Apostel Paulus allein unter diesem Gesichtspunkt wäre schon deshalb inadäquat, weil Saulus/Paulus ein Christenverfolger war, Konstantin aber nicht: *Christ,* Kaiserzeit (wie Anm. 2), 763f. – Andererseits ist die Paulustypologie (wegen des missionarischen Elements, des unmittelbaren Kontaktes zu Gott und Christus etc.) für den ›Apostelgleichen‹ aber sehr wohl schon von den Zeitgenossen angewendet worden: *Ewig* (wie Anm. 10), 3f.; *J. Straub,* Konstantin als κοινὸς ἐπίσκοπος (1967), in: *ders.,* Regeneratio Imperii, Darmstadt 1972, 150f.; *K.M. Girardet,* Das christliche Priestertum Konstantins d. Gr. Ein Aspekt der Herrscheridee des Eusebius von Caesarea, in: Chiron 10 (1980), 573 mit A. 19; *Lorenz* II (wie Anm. 13), 145, 149. – Vgl. *H. Montgomery,* Konstantin, Paulus und das Lichtkreuz, in: SO 43 (1968), 84 – 109. – Zum Problem in der Antike allgemein: *R. MacMullen,* Conversion: A Historian's View, in: The Second Century 5 (1985/86), 67 – 81; *Piétri* in *Piétri* (Hg.), Das Entstehen (wie Anm. 13), 194ff., 199ff.

zum Jahr 312/13 die Hoffnung aus[25], »that it is no longer necessary to enter into debate on the authenticity of Constantine's conversion«, und noch 1990 versicherte Th. Grünewald in seinem ausgezeichneten Konstantinbuch, die *conversio* des Kaisers im Jahre 312 stelle »als bloße Tatsache kein Problem mehr dar«[26]. Jedoch haben in den Jahren kurz zuvor und danach mehrere namhafte Gelehrte eben diese ›Wende‹ mit unterschiedlichen, ja gegensätzlichen Argumenten und mit unterschiedlicher Zielsetzung nicht nur infrage gestellt, sondern schlichtweg als nicht existent oder auch als eine politikfremde Mystifikation bezeichnet. So eröffnete der kanadische Historiker *T.G. Elliott* 1987 eine Serie von Aufsätzen zu Konstantin mit der suggestiven Frage: »Constantine's Conversion – Do We Really Need It?«[27]. Die bei einer solchen Fragestellung nur noch wenig überraschende Antwort: wir ›brauchen‹ eine Konstantinische Wende im Jahre 312 oder wann auch immer nicht. Die Begründung: wir ›brauchen‹ sie nicht, weil es sie insofern nicht gegeben hat, als Konstantin, in christlichem Elternhause aufgewachsen, sozusagen ein geborener Christ war. – In Gestalt dieser Position haben wir den extremen Punkt am einen Ende der Skala der neueren historischen Urteilsbildung vor uns. Das Gegenstück am anderen Ende lieferte uns ein Autor namens *A. Kee,* der 1982 mit einer radikalen These an die Öffentlichkeit trat, deren Essenz sich bereits im Buchtitel zu erkennen gibt: ›Constantine versus Christ‹, mit dem richtungweisenden Untertitel ›The Triumph of Ideology‹[28]. Hier wird u.a. das Vorhandensein von »two sets of norms« konstatiert, nämlich der Normen Konstantins und derjenigen Christi bzw. der vorkonstantinischen Alten Kirche gemäß dem Neuen Testament, die »not only distinguishable, but ... indeed incompatible« seien; die Konstantinische Wende sei keine *conversio* etwa nach Art der Bekehrung des nach dem rechten Wege suchenden Augustinus (conf. VIII 8) gewesen, sondern nur ein »exchange of divine patronage«, und dieser habe zu einem »replacement of the norms of Christ and the early church by the norms of imperial ideology« geführt; wie die Religion des Kaisers und der ihm willig folgenden christlichen Kirche »not

---

25. Emperor (wie Anm. 23), 580 mit A. 23.
26. Constantinus (wie Anm. 11), 78. – Vgl. auch *P. Thrams,* Christianisierung des Römerreiches und heidnischer Widerstand, Heidelberg 1992, 23ff., 29ff.
27. Phoenix 41 (1987), 420 – 438; *ders.,* Constantine's Early Religious Development, in: JRH 15 (1989), 283 – 291; *ders.,* The Language of Constantine's Propaganda, in: TAPhA 120 (1990), 349 – 353; *ders.,* ›Constantine's Conversion‹ Revisited, in: AHB 6 (1992), 59 – 62; *ders.,* Constantine's Explanation of his Career, in: Byzantion 62 (1992), 212 – 234. – Vgl. bereits *Kraft,* Entwicklung (wie Anm. 17). 1ff., 7ff.; *J. Szidat,* Konstantin 312. Eine Wende in seiner religiösen Überzeugung oder die Möglichkeit, diese öffentlich erkennen zu lassen und aus ihr heraus Politik zu machen?, in: Gymnasium 92 (1985), 522f. (christliches Milieu im Elternhaus Konstantins; gegen die Vorstellung von einer Wende im Jahre 312 »in der Form einer Bekehrung, d.h. eines sprunghaften Wandels in Konstantins persönlicher Glaubensüberzeugung« [515 u.ö.]).
28. S.o. A. 12; die folgenden Zitate ebd., S.4, 13ff., 50, 123ff.; vgl. auch 174f.

simply non-Christian, but positively anti-Christian« gewesen sei, so erscheine schließlich auch der Kaiser persönlich geradezu als »anti-Christian«.

Nicht ganz so weit ist, ohne die spezifisch theologische Komponente, zehn Jahre später der bekannte Althistoriker *J. Bleicken*[29] gegangen, der auf die Positionen von J. Burckhardt, H. Grégoire, J. Moreau zurückgegriffen hat, um – in Auseinandersetzung u.a. mit N.H. Baynes, J. Vogt, J. Straub, H. Dörries, H. Kraft, T.D. Barnes – die folgende These plausibel zu machen: eine Bekehrung Konstantins »im Jahre 312 oder bald danach« sei aus den Quellen nicht zu beweisen, und wenn sie denn doch bewiesen werden könnte, sei sie jedenfalls nicht dazu in der Lage, »die Wende in der Religionspolitik des Reiches« zu erklären[30].

Hier wird also zwischen einer Wende in der Religionspolitik und einer Wende in der persönlichen Glaubenshaltung unterschieden, die J. Bleicken als eine »Mystifikation«[31] bezeichnet, und es werden beide Phänomene als voneinander völlig unabhängig aufgefaßt. Von daher gelangt J. Bleicken zu der Ansicht[32], maßgebend für die Wende in der Religionspolitik sei ausschließlich machtpolitisches Kalkül mit Blick auf den Osten des Reiches gewesen, da die Christen dort rein zahlenmäßig ein erhebliches Machtpotential dargestellt hätten, und bei dieser Wende habe Konstantin nur eine passive Rolle gespielt. Der sterbende Kaiser Galerius sei es vielmehr gewesen, der aus machtpolitischem Grunde in der Absicht, seinen potentiellen Nachfolgern im Osten, Licinius und Maximinus Daia, eine solide Herrschaftsgrundlage in Konkurrenz zum Westen unter Konstantin zu schaffen, durch sein Toleranzedikt vom 30. April 311 (*Lact.* mort. pers. 34/*Eus.* HE VIII 17, 3 ff.) den alles entscheidenden religionspolitischen Kurswechsel vorgenommen habe. Auf dieser Basis hätten dann im Januar 313 bei ihrer Konferenz in Mailand Konstantin und vor allem Licinius den nächsten Schritt getan[33], indem sie, weiter aus rein machtpolitischen Erwägungen gegen den Christenverfolger Maximinus Daia, die allgemeine Religionsfreiheit und eine intensivierte und ökonomisch akzentuierte Restituierung des Christentums verabredeten (*Lact.* mort. pers. 48, 2 – 12/*Eus.* HE X 5, 2 – 14); Konstantins Anteil habe lediglich darin bestanden, diese christenfreundliche Politik des Licinius, der als die treibende Kraft aufgefaßt wird, gutzuheißen. Mit persönlicher Religiosität und Bekehrung zum Christentum aber habe dies alles weder bei Licinius noch bei Konstantin

---

29. *J. Bleicken,* Constantin der Große und die Christen. Überlegungen zur konstantinischen Wende, München 1992. Vgl. auch *K. Rosen,* Constantins Weg zum Christentum und die *Panegyrici Latini,* in: *G. Bonamente/F. Fusco* (Hg.), Costantino il Grande, Bd. II, Macerata 1993, 853 – 863, passim; *Bleckmann* (wie Anm. 17), 58ff. (teilweise in Anlehnung an Bleicken).
30. a.a.O., 5f.; vgl. auch 34: der »einseitige«, nicht auf Quellenkritik gerichtete »Eifer«, Zeichen einer christlichen Gesinnung Konstantins 312 und in den Jahren danach aufzufinden, sei »dekuvrierend«.
31. ebd., 4; ferner 23 – 33.
32. ebd., 6 – 13.
33. ebd., 13 – 23. – Zur Konferenz von Mailand (Januar/Februar 313) und ihrem religionspolitischen Ergebnis s.u. Teil IV 2.

auch nur das Mindeste zu tun³⁴. Als Initiator der welthistorischen ›Wende‹ erscheint also nach alledem aus der Sicht von J. Bleicken nicht Konstantin, sondern Galerius und in seiner Nachfolge Licinius. Man müßte daher konsequenterweise eigentlich von einer ›Galerischen oder Galerisch-Licinianischen Wende‹ sprechen.
Zwischen den beiden Extrempunkten des Spektrums, T.G. Elliott und A.Kee, sind nun außer J. Bleicken eine ganze Reihe anderer Forscher angesiedelt, auf die ich hier aber nicht näher eingehen kann³⁵. Mit T.G. Elliotts These, Konstantin sei ein geborener Christ gewesen, weshalb es eine Konstantinische Wende gar nicht habe geben können, will ich mich nicht auseinandersetzen: es mag hier genügen, wenn ich im Einklang etwa mit A. Lippold konstatiere, daß die These nicht nur kein Fundament in den Quellen besitzt³⁶, sondern durch Aussagen des Kaisers widerlegt wird³⁷. Eine Diskussion über die Thesen von A. Kee sodann ist doch wohl eher die Aufgabe eines Theologen oder Kirchenhistorikers als eines Althistorikers³⁸. Schließlich sind inzwischen auch bereits zentrale Aspekte des Versuchs von J. Bleicken, die von J. Burckhardt und H. Grégoire herkommende Forschungsrichtung zu neuen Ehren zu bringen, mit der gebotenen Klarheit und Entschiedenheit von dem Althistoriker *K. Bringmann*³⁹ zurückgewiesen worden. Sein Fazit, das durch Analyse der Quellen und einen systematischen Vergleich der politischen Tendenzen Konstantins mit denen des Licinius erarbeitet, also unabhängig von einer a priori angenommenen Konstantinischen Wende gewonnen wurde: alle (religions-)politischen Aktivitäten und alle erhaltenen Selbstzeugnisse der Frühzeit Konstantins weisen eindringlich darauf hin, daß dieser Kaiser »im Winterhalbjahr 312/13 eine persönliche Option für das Christentum getroffen hatte«⁴⁰, die nicht, oder jeden-

34. ebd., 64ff.
35. So etwa *Szidat* (wie Anm. 27), 514 – 525; *P. Barceló,* Die Religionspolitik Kaiser Constantins des Großen vor der Schlacht an der Milvischen Brücke (312), in: Hermes 116 (1988), 76 – 94; *Kuhoff* (wie Anm. 11), passim; *P. Weiß,* Die Vision Constantins, in: *J. Bleicken* (Hg.), Colloquium für A. Heuß (= FAS 13), Kallmünz 1993, 143 – 169.
36. *A. Lippold,* Konstantin und die Christen bis 312 n. Chr., in: Staat, Kultur, Politik (FS D. Albrecht),Kallmünz 1992, 1 – 9. – Zum Namen der Halbschwester Konstantins (Anastasia), der immer wieder (z.B. *Kraft,* Entwicklung (wie Anm. 17), 4f.; *Szidat* (wie Anm. 27), 523) als Indiz für ein christliches Elternhaus Konstantins angeführt wird, siehe (hoffentlich abschließend) *R. Lane Fox,* Pagans and Christians, London 1986, 610f.; *Grünewald* (wie Anm. 11), 80 – 82; *Bleckmann* (wie Anm. 17), 70.
37. Opt. Append. V (Brief an die zum Konzil von Arles 314 versammelten Bischöfe)=Soden Nr. 18, 8ff. (zit. oben 10f.); Const. orat. ad coet. sanct. XI 1f.
38. Rez.: *W.H.C. Frend,* in: JEH 33 (1982), 594f.; *H. Chadwick,* Rez. A. Kee, Constantine versus Christ (1982), in: TLS May 28 (1982), 573f. – Vgl. *Barnes,* Reformation (wie Anm. 7), 40 mit 53 A.7.
39. Die konstantinische Wende. Zum Verhältnis von politischer und religiöser Motivation, in: HZ 260 (1995), 21 – 47. – Vgl. auch die Rezensionen von *E. Bammel,* in: ZKG 105 (1994), 107 – 109; *F. Paschoud,* in: Gnomon 67 (1995), 345 – 348.
40. ebd., 46.

falls nicht primär, als propagandistisches Mittel im Kampf mit den Rivalen um die Alleinherrschaft erklärt werden kann – es war eben nicht Licinius, sondern nachweislich Konstantin, der in einer Christenpolitik[41], die das Galeriusedikt nicht nur einfach geradlinig fortsetzte, sondern über dieses entschieden und entscheidend hinausging, die Schlüsselrolle innegehabt hat.

Dieser Erkenntnis darf man nach meiner Ansicht, ohne sich einem ›Ideologieverdacht‹ auszusetzen, den es zu ›dekuvrieren‹ gälte, voll und ganz zustimmen. Es ist daher gerechtfertigt, weiterhin von einer ›Konstantinischen Wende‹ (statt von einer ›Galerischen bzw. Galerisch-Licinianischen Wende‹) zu sprechen und darunter die sowohl für die Christen und ihre Kirche(n) als auch für Staat, Kaisertum und Reich der Römer auf lange Sicht folgenreiche Wende in der persönlichen religiösen Orientierung Kaiser Konstantins zu verstehen: die Abwendung von den heidnischen Göttern und ihrem Kultus, vom Polytheismus, und die damit einhergehende Hinwendung zum Gott der Christen, zum christlichen Monotheismus, zum christlichen Glauben und Kultus.

Das Zustandekommen wie auch spezifische Characteristica der Option Konstantins für das Christentum hat K. Bringmann indes bewußt ausgespart[42]. Hier will ich mit meinen eigenen Überlegungen ansetzen (s.u. Teil II und III). Zunächst (Abschnitt 3) jedoch einige wenige Bemerkungen zu dem von einigen Forschern in die Diskussion gebrachten Jahr 306, welches für Konstantins Christenpolitik bereits entscheidend gewesen sein soll.

3. Konstantin und die Christen 306 – 312

Es gibt, wenn ich richtig sehe, in der Spätantike nur einen einzigen Autor, der sich über Konstantins Christenpolitik vor dem Jahre 312 geäußert hat. Es handelt sich um *Laktanz*[43], und dieser bemerkt in seiner Schrift De *mortibus persecutorum* (24, 9):

suscepto imperio Constantinus Augustus nihil egit prius quam Christianos cultui ac deo suo reddere[44].

Die Bemerkung steht im Kontext seiner wohl um 314/16 entstandenen Schilderung der Usurpation Konstantins nach dem Tode des Konstantius I., seines Vaters, in

---

41. ebd., 31ff.
42. »Leerstelle«: 46.
43. Die Schilderungen des Eusebius von Caesarea in den Anfangskapiteln der ›vita Constantini‹ (von ca. 337/339) bieten hier keine zusätzlichen Informationen (VC I 21ff.).
44. Lact. mort. pers. 24, 9; zur Fortsetzung des Textes, die ich für nicht authentisch halte, s.u. A. 56. – Zur Datierung von Lact. mort. pers. siehe *A. Wlosok*, L. Caecilius Firmianus Lactantius, in: *R. Herzog* (Hg.), Restauration und Erneuerung. Die lateinische Literatur von 284 bis 374 n. Chr. (=*R. Herzog/P.L. Schmidt* (Hg.), Handbuch der lateinischen Literatur der Antike Bd. 5), München 1989, 394ff.

Eboracum/York am 25. Juli 306. Konstantin war zunächst vom Heer zum Augustus akklamiert, später aber durch Galerius, der als ranghöchster Augustus das tetrarchische System zu retten versuchte, zum Caesar zurückgestuft worden[45]; die Aussage des Laktanz bezieht sich also wohl auf den kurzen Zeitraum vor der Zurückstufung. Nach T.D. Barnes und anderen bezeugt der zitierte Text, daß Konstantin bereits fünf Jahre vor dem Galeriusedikt (30. April 311) ein Toleranzedikt zugunsten der Christen erlassen hat, welches sogar noch einen Schritt weiter als dieses spätere gegangen sein soll, indem es die Rückgabe konfiszierten Kirchenbesitzes verfügt habe[46]. Im gleichen Sinne deutet man[47] auch eine – allerdings noch weniger präzise – Angabe des Laktanz in der von ihm selbst ca. 323/324 überarbeiteten Fassung seines etwa 304/311 entstandenen apologetischen Hauptwerkes *Institutiones divinae*[48]. Konstantin wird hier angeredet als derjenige (I 1, 13 f.),

qui primus Romanorum principum repudiatis erroribus maiestatem dei singularis ac veri et cognovisti et honorasti.

Der Autor fährt fort (ebd.):

nam cum dies ille felicissimus orbi terrarum inluxisset, quo te deus summus ad beatum imperii columen evexit, salutarem universis et optabilem principatum praeclaro initio auspicatus es, cum eversam sublatamque iustitiam reducens taeterrimum aliorum facinus expiasti. (14) pro quo facto dabit tibi deus felicitatem virtutem diuturnitatem, ut eadem iustitia, qua iuvenis exorsus es, gubernaculum rei publicae etiam senex teneas tuisque liberis, ut ipse a patre accepisti, tutelam Romani nominis tradas.

Auch in diesem vergleichsweise späten Text soll Laktanz also mit dem Hinweis auf den *dies felicissimus orbi terrarum*, mit dem ja wohl die Erhebung am 25. Juli 306 gemeint ist (obwohl das nur indirekt der Beginn von Konstantins ›Weltherrschaft‹ gewesen ist), und auf das *praeclarum initium* von Konstantins ›Prinzipat‹ in Gestalt seiner Rückführung der *eversa sublataque iustitia* nicht nur praktische Dul-

---

45. Lact. mort. pers. 25. – *J. Straub*, Vom Herrscherideal in der Spätantike, Stuttgart ²1964, 45ff., 90ff.; *Grünewald*, Constantinus (wie Anm. 11), 13ff.
46. *T.D. Barnes*, CE (wie Anm. 17), 28; zuletzt in Conversion (wie Anm. 11), 378ff.; *ders.*, Reformation (wie Anm. 7), 42f.; *ders.*, Settlement (wie Anm. 11), 643f.; *J.L. Creed*, Lactantius, De mortibus persecutorum, Oxford 1984, 105f.; *Elliott*, Conversion (wie Anm. 27), 424; *ders.*, Development (wie Anm. 27), 287ff.; *ders.*, Explanation (wie Anm. 27), 219. So weit ist nicht einmal *Keresztes* (wie Anm. 12), 182ff. in seinem Panegyricus auf Konstantin gegangen. – Vgl. *Kraft*, Entwicklung (wie Anm. 17), 166; *Barceló*, Religionspolitik (wie Anm. 35), 90.
47. U.a. *Barnes*, Conversion (wie Anm. 11), 379.
48. Entstehungszeit und Überarbeitung: *E. Heck*, Die dualistischen Zusätze und die Kaiseranreden bei Lactantius. Untersuchungen zur Textgeschichte der *Divinae institutiones* und der Schrift *De opificio dei*, Heidelberg 1972, 127ff., 138ff., 167ff.; *A. Wlosok* in *Herzog* (Hg.), Handbuch (wie Anm. 44), 378.

dung, sondern darüber hinaus ein förmliches, auch konfisziertes Eigentum betreffendes Restituierungsedikt zugunsten der seit 303 verfolgten Christen angesprochen haben.

Diese Interpretation der beiden Texte[49] geht mir zu weit. Man mag Konstantin zwar seit 306 in einem allgemeinen Sinne als »champion of religious freedom« (T.D. Barnes)[50] bezeichnen. Aber für die Annahme, daß die Christen schon im Jahr der Usurpation Konstantins durch ein Gesetz »the legal protection and privileges« erhalten hätten, die ihnen nach herrschender Forschungsmeinung 312/13 zugesprochen worden sind, so daß man geradezu von offensichtlichem »political support for Christianity« seit 306 sprechen dürfte[51], reichen die zitierten Texte bei weitem nicht aus.

Nach meiner Ansicht kann man den Angaben des Laktanz, der Konstantin verständlicherweise außerordentlich wohlwollend gegenübersteht[52], nicht mehr entnehmen, als daß der Kaiser seit seiner Usurpation die – entsprechend einer Angabe ebenfalls des Laktanz – ohnehin schon milden, die Vorgaben der antichristlichen Politik Diokletians seit 303 nur teilweise erfüllenden Verfolgungsmaßnahmen seines Vaters Konstantius I.[53] im kaum christianisierten Westen[54] nicht

---

49. Noch weniger aussagekräftig für 306 ist die zweite große Kaiseranrede, die Laktanz in sein Werk eingefügt hat: inst. div. VII 26, 11 – 17. – *Heck* (wie Anm. 48), 129ff., 138ff.
50. *Barnes,* Conversion (wie Anm. 11), 380.
51. *Barnes,* Conversion (wie Anm. 11), 379.
52. *Heck* (wie Anm. 48), 158ff.; *Wlosok* in: *Herzog* (Hg.), Handbuch (wie Anm. 44), 376ff. – Vgl. *T.D. Barnes,* Lactantius and Constantine, in: JRS 63 (1973), 29 – 46 sowie die Literatur unten A. 60.
53. Lact. mort. pers. 15, 7 über Konstantius I.: *conventicula, id est parietes, qui restitui poterant, dirui passus est.* Ähnlich Eus. HE VIII 13, 13; mart. Palaest. XIII 12; VC I 13, 2. Vgl. Opt. I 22 über Konstantin: *cuius pater inter ceteros persecutores persecutionem non exercuit*; doch diese Aussage (in einem fingierten Petitionstext: *K.M. Girardet,* Die Petition der Donatisten an Kaiser Konstantin (Frühjahr 313) – historische Voraussetzungen und Folgen, in: Chiron 19 (1989), bes. 191ff.) dürfte schon Teil der späteren Konstantius-Legende (z.B. Eus. VC I 13ff., II 49; vgl. auch Lact. inst. div. VII 26, 12) sein; dazu *J. Vogt,* Pagans and Christians in the Family of Constantine the Great, in: *A. Momigliano* (Hg.), The Conflict between Paganism and Christianity in the Fourth Century, Oxford 1963, bes. 43ff.
54. Christianisierung im Westen zu Anfang des 4. Jh.: *E. Demougeot,* Art.: Gallia, in: RAC 8 (1972), 822 – 927; *E. Dassmann,* Kirchengeschichte I: Ausbreitung, Leben und Lehre der Kirche in der ersten drei Jahrhunderten, Stuttgart 1991, 264ff.; *W. Eck,* Zur Christianisierung in den nordwestlichen Provinzen des Imperium Romanum, in: *W. Eck/H. Galsterer* (Hg.), Die Stadt in Oberitalien und in den nordwestlichen Provinzen des Römischen Reiches, Mainz 1991, 251 – 261. Allgemein: Überblick bei *Brennecke* (wie Anm. 12), bes. 213ff.; *M.R. Salzman,* How the West Was Won: The Christianization of the Roman Aristocracy in the West in the Years after Constantine, in: *C. Deroux* (Hg.), Studies in Latin Literature and Roman History VI, Brüssel 1992, 451 – 479. – Problematik der Zahlen und Relationen zur nichtchristlichen Bevölkerung unter sozialgeschichtlichem Gesichtspunkt: *W. Wischmeyer,* Von Golgatha zum Ponte Molle. Studien zur Sozialgeschichte der Kirche im dritten Jahrhundert, Göttingen 1992, 63 ff, 163ff.; vgl. auch 126ff.

fortgeführt hat[55] und daß sich eben darin seit Beginn seiner Herrschaft aus christlicher Sicht seine *iustitia* manifestiert. Ein förmliches Toleranz- und Restituierungsedikt[56], das zu weitreichenden Überlegungen auch hinsichtlich der bemerkenswert christenfreundlichen Politik des Maxentius[57] Anlaß geben müßte, hätte im übrigen gewiß deutliche Spuren in der Überlieferung, z.B. in der ›Kirchengeschichte‹ und der V*ita Constantini* des Eusebius von Caesarea, hinterlassen. Aber das ist nicht der Fall[58]. Über das Thema ›Konstantin und die Christen‹ zwischen 306 und 311/312 schweigt – doch wohl nicht zufällig – die gesamte Überlieferung, während wir zur positiven Christenpolitik des Maxentius, obwohl dessen Bild in heidnischen wie christlichen Quellen aus unterschiedlichen Motiven durch die Tyrannentopik verzerrt wurde[59], mehrere voneinander unabhängige Quellenzeugnisse besitzen.

55. So schon u.a. *Moreau,* Comm. Lact. mort. pers. (wie Anm. 20), 343f.; *Kraft,* Entwicklung (wie Anm. 17), 5 A. 1 von 3; *Lorenz I* (wie Anm. 13), 4; *Barceló,* Religionspolitik (wie Anm. 35), 78f.; *Lippold,* Konstantin und die Christen (wie Anm. 36), 2f.; *H. Heinen,* Frühchristliches Trier. Von den Anfängen bis zur Völkerwanderung, Trier 1996, 82ff.; jetzt auch *Bleckmann* (wie Anm. 17), 70. – Zur Rechtsgrundlage der diokletianischen Verfolgung: *K.-H. Schwarte,* Diokletians Christengesetz, in: *R. Günther/St. Rebenich* (Hg.), E fontibus haurire (FS H. Chantraine), Paderborn 1994, 203 – 240; *Bleckmann* (wie Anm. 17), 36f. – Zur Christenpolitik des Konstantius I.: z.B. *Kraft,* Entwicklung (wie Anm. 17), 3ff. A. 1 sowie ebd., 7; *Grünewald,* Constantinus (wie Anm. 11), 20.
56. Vgl. die unmittelbare Fortsetzung des oben zitierten Laktanztextes: *haec fuit prima eius sanctio sanctae religionis restitutae* (Lact. mort. pers. 24, 9) – ›dies (sc. die Wiederzulassung des christlichen Kultus) war seine erste Bestimmung bezüglich der wiederhergestellten (!) heiligen Religion‹. Es ist zwar etwas gewagt, aber ich will es trotzdem aussprechen: das Fehlen einer logischen Beziehung zwischen diesem (überdies auch in sich unlogischen) Satz und dem Vorhergehenden scheint mir dafür zu sprechen, daß es sich bei dieser »doch recht geschraubten Schlußformel« (*Heck* (wie Anm. 48), 141 A. 19) um eine in den Text eingedrungene Randglosse handelt (*Heck* selbst äußert a.a.O. keine Zweifel an der Authentizität der Formel). Zu den Problemen des Laktanz-Manuskripts allgemein vgl. *J. Rougé,* À propos du manuscrit du *De mortibus persecutorum,* in: *J. Fontaine/M. Perrin* (Hg.), Lactance en son temps, Paris 1978, 13 – 23; *Creed* (wie Anm. 46), XLVff. – Von allem anderen abgesehen, muß auch bedacht werden, daß Konstantin als ›Caesar‹ kein eigenständiges Gesetzgebungsrecht besaß.
57. Quellen: Eus. HE VIII 14, 1 (ausgesprochen widerwillig anerkennend); Opt. I 18; Aug. brev. coll. 34. – Literatur: *J. Ziegler,* Zur religiösen Haltung der Gegenkaiser im 4. Jh.n.Chr., Kallmünz 1970, 35ff.; zuletzt *B. Kriegbaum,* Die Religionspolitik des Kaisers Maxentius, in: AHP 30 (1992), 7 – 54, bes. 22 – 34 (Toleranzedikt des Maxentius Frühjahr 308); zu der ominösen, von mir als Glosse ausgeschiedenen ›Bemerkung‹ im Laktanztext mort. pers. 24, 9 (oben A. 56) vgl. auch *Kriegbaum,* a.a.O., 32f. mit A. 120 sowie 50 – 52.
58. Vgl. etwa Eus. HE VIII 13, 12ff. und IX 9, 1ff.; VC I 21ff. – Auch in der ›Kirchweihrede‹ des Eusebius (Tyros ca. 315/317) findet sich keinerlei Hinweis auf eine schon 306 begonnene Gesetzgebung zur Restituierung und Privilegierung des Christentums durch Konstantin (Eus. HE X 4, 1 – 72, bes. 16, 60).
59. *Ziegler* (wie Anm. 57), 42ff. – Vgl. jetzt die berechtigten Korrekturen von *M. Cullhed,* Conservator Urbis Suae. Studies in the politics and propaganda of the emperor Maxentius, Stockholm 1994.

Zudem ist es Laktanz gewesen, der das Galeriusedikt von 311 im Wortlaut wiedergegeben hat, ohne auch nur andeutungsweise auf einen eventuellen, in der Sache sogar weitergehenden konstantinischen Rechtsakt als ›Vorläufer‹ aufmerksam zu machen[60]. So braucht man sich denn auch nicht zu wundern, daß Konstantins früheste überlieferte Maßnahme zugunsten der Christen – mit Ausnahme der faktischen Duldung seit 306 – eine briefliche Aufforderung vielleicht vom Ende des Jahres 311 (vielleicht aber auch erst von Ende 312) an den östlichen Mitregenten Maximinus Daia gewesen sein könnte, das Galeriusedikt zu vollziehen[61]. Die These von einer Konstantinischen Wende im Bereich der Religionspolitik bereits im Jahre 306, verstanden als eine gesetzgeberisch fundierte Politik der Toleranz und sogar Privilegierung gegenüber dem Christentum, hat somit keine Grundlage in den Quellen und sollte daher fallengelassen werden.

II. Der 29. Oktober 312

1. Das Indiz für einen ›qualitativen Sprung‹

Man kann das Problem der Konstantinischen Wende nicht losgelöst von der Frage analysieren, worin sich nach antiken Maßstäben ›Christsein‹ bzw. die Abkehr von den alten Göttern zeigte. Unter welchen Voraussetzungen also wurde in der Antike ein Mensch als Christ betrachtet? – Für historische Erkenntnis unfruchtbar ist in diesem Zusammenhang die Frage, ob ein wie auch immer zustande gekommenes Christsein Konstantins ›echt‹, ›aufrichtig‹ oder gar ›richtig‹ im Sinne von ›rechtgläubig‹ gewesen sein mag. Es hat nach meiner Ansicht außerdem keinen Sinn, Konstantins Weg zum Christentum an bekannten ›Bekehrungen‹ wie derjenigen des Saulus zu messen, der nach einer Vision vor Damaskus zum Paulus wurde[62], oder an derjenigen des Augustinus, der, unter tiefsten Erschütterungen seiner geistigen und seelischen Existenz, plötzlich erkannte, daß er auf dem ›falschen Weg‹ sei[63]. Ich will hier schließlich auch nicht Konstantins Traum am Vorabend der

---

60. Lact. mort. pers. 33ff.; Edikt: ebd. 34. – Konstantin bei Laktanz: *Barnes,* Lactantius and Constantine (wie Anm. 52), passim; *K. Kremer,* Laktanz, Erzieher von Konstantins Sohn Crispus in Trier, in: Kurtrierisches Jahrbuch 25 (1985), 35 – 59; *Perrin* (wie Anm. 19), passim. – Das Galeriusedikt steht auch in Eus. HE VIII 17; hier im ›Umfeld‹ (etwa VIII 16; 17, 11; Append. 4 – 6) ebenfalls kein Hinweis auf eventuelle frühere prochristliche Gesetzgebung Konstantins.
61. Quelle: Lact. mort. pers. 37, 1. Chronologische Einordnung: *Barnes,* Lactantius (wie Anm. 52), 44ff.; *ders.,* Constantine and Eusebius (wie Anm. 17), 40; *ders,* Conversion (wie Anm. 11), 380. Anders dagegen aber (für Ende 312) z.B. *H. Castritius,* Studien zu Maximinus Daia, Kallmünz 1969, 69f.; *Creed* (wie Anm. 46), 115.
62. Konstantin war ja, anders als Saulus, kein Christenverfolger. S.o. Teil I A. 24 (Kraft, Christ).
63. Vgl. Aug. confess. VIII 8. – Vgl. *E. Fink-Dendorfer,* Conversio. Motive und Motivierung zur Bekehrung in der Alten Kirche, Frankfurt 1986: u.a. vergleichende historisch-theologische

Schlacht am Ponte Molle 312, nach E.R. Dodds »der folgenreichste aller aufgezeichneten Träume«[64], und die unendlich traktierten, miteinander kaum oder gar nicht vereinbaren Traum- bzw. Visionsberichte des Laktanz und des Eusebius von Caesarea[65] erneut unter dem Gesichtspunkt befragen, ob ein ›echtes‹ Erlebnis dahinter stand und wann und wie es denn ›eigentlich‹ gewesen sein könnte.

Das bedeutet aber noch keinen Verzicht auf jegliche Auseinandersetzung mit dem Problem einer persönlichen ›Wende‹ des Kaisers aus der Perspektive des Althistorikers. Mir scheint vielmehr, daß sich ein anderer – einfacherer – Zugang gewinnen läßt, der es uns erlaubt, ohne den Maßstab anderer ›Bekehrungen‹ und ohne die Kriterien von ›subjektiver Wahrheit‹ und ›Rechtgläubigkeit‹ sowie ohne Psychologie, Parapsychologie, Astronomie und die Annahme mirakulöser, womöglich die Naturgesetze entthronender Begebenheiten auszukommen – unabhängig davon, daß die Folgen der Wende und die Wende selbst den miterlebenden Beteiligten auf der christlichen Seite gewiß als ein Wunder vorgekommen sind. Ich will mich vielmehr ganz vordergründig auf äußerlich wahrnehmbare, von den Zeitgenossen selber als eindeutig eingeschätzte Indizien für die vollzogene religiöse Neuorientierung des Kaisers beschränken. Diese ist im übrigen durchaus als ein im Ganzen prozeßhaftes, letztlich erst mit der Taufe des Kaisers auf dem Sterbebett im Jahre 337, verstanden als Rechtsakt des Eintritts in die Gemeinschaft der

---

Analyse der Bekehrungen des Apologeten Justinus, Cyprians von Karthago und des Hilarius von Poitiers. Ferner die oben A. 24 genannten Autoren zum Thema ›Bekehrung‹.

64. Heiden und Christen in einem Zeitalter der Angst (1965), Frankfurt 1985, 51ff.
65. Die Texte: Lact. mort. pers. 44, 5ff.; Eus. VC I 29 (vgl. HE IX 9, 5). Dazu ausgezeichnet über die ältere Forschung *Lorenz* I (wie Anm. 13), 5f. – Neueste Stellungnahmen: *M.J. Green/J. Ferguson,* Constantine, sun-symbols and the Labarum, in: DUJ 49 (1987), 9 – 17; *M. DiMaio/J. Zeuge/N. Zotov, Ambiguitas Constantiniana.* The *caeleste signum Dei* of Constantine the Great, in: Byzantion 58 (1988), 333 – 360 (Sternenkonstellation); *F. Corsaro,* Sogni e visioni nella teologia della Vittoria di Costantino e Licinio, in: Augustinianum 29 (1989), 333 – 349; *P. Weiß* (wie Anm. 35), (Halo); *H.J. Vogt,* Religiöse Erfahrung bei Ignatius von Antiochien, Konstantin dem Großen und Augustinus: Mystik und Politik in der Frühen Kirche, in: *W. Haug/D. Mieth* (Hg.), Religiöse Erfahrung: historische Modelle in christlicher Tradition, München 1992, 17 – 49; *Thrams* (wie Anm. 26), 23 – 29; *Bonamente,* »Svolta« (wie Anm. 23), 94ff. (zu Eusebius). – Vgl. *Aland,* Haltung (wie Anm. 23), 587ff.; *R. MacMullen,* Constantine and the Miraculous (1968), in: *ders.,* Changes in the Roman Empire. Essays in the Ordinary, Princeton 1990, 107 – 116; *ders.,* Two Types of Conversion in Early Christianity (1983), in: Ebd., 130 – 141, bes. 138ff. – Pagane Visionen: *B. Müller-Rettig,* Der Panegyricus des Jahres 310 auf Konstantin den Großen. Übersetzung und historisch-philologischer Kommentar, Stuttgart 1990, 270 – 288 und 330ff. zu paneg. Lat. VI/7, 21 (Apollonvision in Grand/Vogesen); sonst *B. Bleckmann,* Pagane Visionen Konstantins in der Chronik des Johannes Zonaras, in: *G. Bonamente/F. Fusco* (Hg.), Costantino il Grande, Bd. I, Macerata 1992, 151 – 170; *H. Brandt,* Die ›heidnische Vision‹ Aurelians (HA, A 24, 2 – 8) und die ›christliche Vision‹ Konstantins des Großen, in: *G. Bonamente/G. Paci* (Hg.), Historiae Augustae Colloquium Maceratense, Bari 1995, 107 – 117.

Christen, abgeschlossenes Geschehen vorstellbar[66], dabei aber doch als ein Geschehensablauf, welcher in einem bestimmten Stadium und zu einem bestimmten Zeitpunkt einen qualitativen Sprung aufweist[67], dessen Auswirkung nach spätantiken Maßstäben klar erkennen läßt, daß etwas Neues eingetreten ist. So spricht, ohne ein ›Datum‹ zu nennen, *Konstantin selbst* von einem deutlich unterscheidbaren Früher und Jetzt und von einer persönlichen *conversio*, z.B. bereits im Brief an die 314 in Arles zur zweiten Reichssynode versammelten Bischöfe: die *pietas dei nostri* (!) lasse die *humana condicio* nicht unbegrenzt im Finstern umherirren, sondern eröffne lichtvoll das *iter salutare*, welches eine ›Hinwendung‹ – hier fällt das Wort *converti*! – *ad regulam iustitiae* ermögliche; und Konstantin, der sich hier erstmals selbst als *famulus* des christlichen *deus omnipotens* bezeichnet, fährt konkretisierend fort: *habeo quippe cognitum multis exemplis, haec eadem ex me ipso metior. fuerunt enim in me primitus, quae iustitia carere videbantur .... sed deus omnipotens in caeli specula residens tribuit, quod non merebar: certe iam neque dici neque enumerari possunt ea, quae caelesti sua in me famulum suum benivolentia concessit*[68].

Das entscheidende Indiz zwar nicht für den genauen Zeitpunkt, aber doch für die Tatsache, daß bei Konstantin ein solcher ›qualitativer Sprung‹ stattgefunden hat,

---

66. Taufe als Kriterium der rechtlichen Zugehörigkeit zur Gemeinde: *E. Herrmann,* Ecclesia in re publica, Frankfurt 1980, 151ff.; *K. Koschorke,* Taufe und Kirchenzugehörigkeit in der Geschichte der Kirche – zwei Problemskizzen, in: *Chr. Lienemann-Perrin* (Hg.), Taufe und Kirchenzugehörigkeit, München 1983, 129 – 146. – Zur Taufe als Problem bezüglich Konstantins: *F.J. Dölger,* Die Taufe Konstantins und ihre Probleme, in: *ders.* (Hg.), Konstantin der Große und seine Zeit, Freiburg 1913, Kap. XIX (S 377ff.); *H. Kraft,* Zur Taufe Kaiser Konstantins, in: Studia Patristica I (1957), 642 – 648.
67. Vgl. indessen *Kraft,* Entwicklung (wie Anm. 17), passim, bes. 16, 24, 46ff.: hier wird die These von einer »religiösen Entwicklung« verfochten, die keinen ›Sprung‹ aufweise; ähnlich *Stockmeier,* Vorgang (wie Anm. 9), 84 – 87 (bei Konstantin sei »schwerlich« ein Bruch, eine ›Konversion‹ zu konstatieren) und *Ritter,* Constantin (wie Anm. 13), 267. Vgl. auch *Szidat* (wie Anm. 27), der sich um den Nachweis bemüht, daß das Jahr 312 keine »Wende in der Form einer Bekehrung, d.h. eines sprunghaften Wandels in Konstantins persönlicher Glaubensüberzeugung« bildete (515, 516ff.; Konstantin sei, ohne ›Sprung‹, schon vorher ein Christ geworden). – Vgl. auch *Praet* (wie Anm. 13), 8ff.; *MacMullen,* Conversion (wie Anm. 24), passim.
68. Opt. Append. V=Soden Nr. 18, 2 – 25. Dazu *Kraft,* Entwicklung (wie Anm. 17), 183 – 191; *Dörries,* Selbstzeugnis (wieAnm. 17), 28f. und 246. An der Authentizität des Briefes gibt es keinen Zweifel; und selbst wenn der Text in der kaiserlichen Kanzlei in christlichem Sinne entworfen worden sein sollte, bleibt er doch ein Brief des Kaisers Konstantin (s.o. A. 5). – Zu *conversio* in antiken Zeugnissen vgl. *MacMullen,* Christianizing (wie Anm. 1), 3ff. – *Bleicken* (wie Anm. 29) dagegen meint (63), Konstantin habe, »unter dem Zwang der politischen Umstände« (!), sich erst in den Jahren kurz vor der letzten Auseinandersetzung mit Licinius (323/24) »zögernd und ohne erkennbaren Bruch mit den alten Religionen« religionspolitisch gegen die alten Götter entschieden. Radikal gegen eine Hinwendung Konstantins zum Christentum überhaupt: *Kee* (wie Anm. 12).

läßt sich, unabhängig von dem gerade zitierten Selbstzeugnis des Kaisers, nach meiner Meinung präzise ermitteln. *Laktanz* beschreibt folgendermaßen das Christsein, wenn er von sich und seinen Glaubensgenossen sagt: .... *qui soli omnium religiosi sumus, quoniam contemptis imaginibus mortuorum vivum colimus et verum deum* (inst. div. VII 26, 11). Christsein zeichnet sich also durch ›Verachtung‹ für die *imagines*, die Götterbilder, aus, womit offensichtlich die Verweigerung des *colere* gemeint ist, also aller Formen des Götterkultes. In seinem Spätwerk *De ira dei* (wohl 320er Jahre) heißt es[69] sodann differenzierend, es gebe mehrere aufsteigende *gradus* des Christseins, von denen man allerdings leicht wieder ›herunterfallen‹ könne (Lact. de ira dei 2, 2 – 6). Von grundlegender Bedeutung ist in diesem Kontext der folgende, den ersten *gradus* definierende Satz (2, 2):

»Die erste Stufe besteht darin, die falschen Religionen zu erkennen und alle Formen des gottfeindlichen Verehrens von Menschenhand gemachter Dinge abzutun, die zweite aber ..., der dritte ... etc.«.
(*primus ... gradus est intellegere falsas religiones et abicere impios cultus humana manu fabricatorum, secundus vero ..., tertius ... etc.*)

Es gibt nach Laktanz wohlgemerkt noch weitere, höhere Stufen des Christseins, und von daher mag es gerechtfertigt sein, auch in Hinblick auf Konstantin weiterhin von einer ›religiösen Entwicklung‹ zu sprechen, aber nun eben doch nicht einer ›Entwicklung‹ vom Heidentum ausgehend »geradlinig und bruchlos in Richtung zunehmender Verchristlichung« (H. Kraft)[70], sondern sozusagen innerhalb des Christentums von dem *primus gradus* an bruchlos und geradlinig zu den ›höheren Stufen‹, endend mit der Taufe auf dem Sterbebett im Mai des Jahres 337. Hier geht es mir jedoch ausschließlich um den Schritt vom Heidentum zum Christentum, und daß dazu nach antik-christlichem Verständnis wie auch dem Verständnis des Kaisers selber ein ›Bruch‹, ein ›Schritt‹ von einem Bisher in ein neues Jetzt notwendig war, scheint mir erwiesen. Daher ist jetzt mit Laktanz festzuhalten: erstes eindeutiges, Christen wie Nichtchristen aus langer leidvoller historischer Erfahrung unmittelbar verständliches Indiz für den ›Schritt‹, den ›Bruch‹, für das Christsein eines bis dahin heidnischen Menschen ist die Absage an den Götterkult und namentlich an dessen markanteste, das Zentrum der paganen Religiosität auch in ihrer henotheistisch-philosophischen Ausprägung bildende Form, das Götteropfer[71]; anders ausgedrückt: Absage an das Götteropfer ist eindeutige

---

69. Zu dieser Schrift und ihrer Datierung: *Wlosok* in: *Herzog* (Hg.), Handbuch (wie Anm. 44), 377f., 392ff.
70. Entwicklung (wie Anm. 17), 16.
71. Das Opfer aus heidnischer Sicht, welches auch die philosophisch-henotheistisch gläubigen Heiden, bei aller Kritik an gewissen Formen des Kultes, nie infrage gestellt haben: *J. Geffcken*, Der Ausgang des griechisch-römischen Heidentums (²1929), Darmstadt 1972, 109ff.; *J. Vogt*, Zur Religiosität der Christenverfolger im Römischen Reich, Heidelberg 1962, 13f., 20ff.,

und unbezweifelbare Absage an die nichtchristliche Götterwelt und Gottesvorstellung, sei sie nun polytheistisch oder henotheistisch. Dies steht ganz in Einklang mit dem Generationen vor Laktanz von Tertullian prägnant formulierten Gedanken, Verweigerung der *idololatria* sei die *lex propria Christianorum*[72].
Wann also bzw. seit wann hat Konstantin nachweisbar das Götteropfer verweigert und dadurch – ich sage nicht, die Wende vollzogen, sondern: – den ›qualitativen Sprung‹, eine bereits vollzogene Wende zum Christentum ›öffentlich‹ gemacht und sich damit äußerlich wahrnehmbar zur *lex propria Christianorum*, zum *primus gradus* des Christseins bekannt?

2. Die Verweigerung des Götteropfers

Laktanz hat in der Spätfassung (ca. 323/24) seiner *Divinae institutiones* (I 1, 13) Konstantin als denjenigen gepriesen, ... *qui primus Romanorum principum repudiatis erroribus maiestatem dei singularis ac veri et cognovisti et honorasti*[73]. Die panegyrische Aussage soll, wie zu sehen war, die christenfreundliche Politik am Anfang der Regierung des Kaisers in bzw. seit 306 charakterisieren[74]. Bis heute ist nun aber die Kontroverse um die Frage nicht beendet, ob die öffentliche und für jedermann erkennbare Absage an die alten Götter (vgl. *repudiatis erroribus*) und der – darin liegende – Ehrenerweis (vgl. *honorasti*) gegenüber der *maiestas dei singularis ac veri* entsprechend der These des Althistorikers *J. Straub* am Tage nach dem Sieg am Ponte Molle, genau am 29. Oktober 312, stattgefunden hat[75]. Nach Prüfung der Quellen sowie der Argumente z.B. von F. Altheim[76], F. Pasc-

24ff.; *R.F. Price,* Rituals and Power. The Roman imperial cult in Asia Minor, Cambridge 1984, 228 (vgl. auch *ders.,* Between Man and God. Sacrifice in the Roman Imperial Cult, in: JRS 70 (1980), 28 – 43); *K.W. Harl,* Sacrifice and Pagan Belief in Fifth- and Sixth-Century Byzantium, in: P&P 128 (1990), 7 – 27, bes. 8 – 13. Vgl. allgemein *R. Gordon,* The Veil of Power: emperors, sacrificers and benefactors, in: *M. Beard/J. North* (Hg.), Pagan Priests. Religion and Power in the Ancient World, London 1990, 201ff.; *ders.,* Religion in the Roman Empire: the civic compromise and its limits, in: A.a.O. 235ff. – *A. Wlosok,* Rom und die Christen. Zur Auseinandersetzung zwischen Christentum und römischem Staat, Stuttgart 1970, hier besonders Kap. IV: »Die Rolle der *religio* im Staatsleben und Selbstverständnis der Römer«, 53 – 67.
72. Tertull. idol. 24, 3; vgl. auch ebd. 15f.
73. Diese Kaiseranrede ist ebenso wie diejenige in Lact. inst. div. VII 26, 11 – 17 in die ›Neuauflage‹ des Werkes ca. 323/24 eingearbeitet worden: siehe dazu *Heck* und *Wlosok,* oben A. 48.
74. S.o. 22ff.
75. Herrscherideal (wie Anm. 45), 98 und 194; *ders.,* Konstantins Verzicht auf den Gang zum Kapitol (1955), in: *ders.,* Regeneratio Imperii (I). Aufsätze über Roms Kaisertum und Reich im Spiegel der heidnischen und christlichen Publizistik, Darmstadt 1972, 100 – 118. – Vgl. auch *P. Franchi de' Cavalieri,* Constantiniana, Città del Vaticano 1953; zum Verzicht auf den Gang zum Kapitol 312: 47 mit A. 205 (154f.)
76. *F. Altheim,* Konstantins Triumph von 312, in: ZRGG 9 (1957), 221 – 231.

houd[77], G. Bonamente[78], A. Fraschetti[79], A. Lippold[80], B.S. Rodgers[81] glaube ich aber, daß mein Bonner Lehrer J. Straub das Richtige gesehen hat. Dafür sprechen nach meiner Ansicht sowohl literarische als auch epigraphische und archäologische Zeugnisse.

Trotz gelegentlich in den Quellen angewandter triumphaler Rhetorik[82] steht zunächst einmal fest, daß der Krieg gegen Maxentius offiziell als ein gegen *milites paulo ante Romani* geführtes *civile bellum*, der Sieg als eine *civilis victoria* aufgefaßt wurde[83] und daß Konstantin nach dem am 28. Oktober 312 errungenen Sieg darum keinen *triumphus* im technischen Sinne gefeiert hat[84], der nach traditionellem römischem Verständnis nur nach Siegen über fremdstämmige Gegner veranstaltet werden durfte[85]. Dokumentarische Evidenz ist das Einzugsrelief auf dem *Konstantinbogen* in Rom. Es zeigt den Kaiser auf einem von vier Pferden gezogenen zweiachsigen Prunkwagen sitzend (Abb. 12), also nicht, wie es durchgängig für den Triumphator bezeugt ist, auf dem einachsigen Wagen der Quadriga stehend (Abb. 10 und 11), und es fehlen überdies die sonst sowohl literarisch als auch archäologisch-ikonographisch für Triumphzüge überlieferten

---

77. *F. Paschoud,* Zosime 2, 29 et la version païenne de la conversion de Constantin, in: Historia 20 (1971), 334 – 353; *ders.,* Ancora sul rifiuto di Costantino di salire al Campidoglio, in: *G. Bonamente/F. Fusco* (Hg.), Costantino il Grande, Bd. II, Macerata 1993, 737 – 748. *M. Clauss,* Konstantin der Große und seine Zeit, München 1996, 10f., schließt sich Zosimos (II 29,5) an und die Opferverweigerung daher auf 326 (statt auf 312).
78. F. Paschoud bestätigend: *G. Bonamente,* Eusebio Storia ecclesiastica IX 9 e la versione cristiana del trionfo di Costantino nel 312, in: *L. Gasperini* (Hg.), Miscellanea Grosso, Rom 1981, 55 – 76. Vgl. jetzt auch *ders.,* »Svolta« (wie Anm. 23), 113.
79. Für Opferverweigerung 312: Costantino e l'abbandono del Campidoglio. Seminario di antichistica dell'Istituto Gramsci. Società romana e impero tardoantico. Roma Politica etc, Rom 1986, 55 – 98, 412 – 438 (Anm.).
80. Gegen Opferverweigerung 312: Stadtrömischer Adel und Religion im frühen 4. Jh.n.Chr., in: Miscellanea Historiae Ecclesiasticae VI (1983), 7 – 21; *ders.,* Konstantin und die Christen bis 312 n. Chr., in: Staat, Kultur, Politik (FS D. Albrecht), Kallmünz 1992, 1 – 9.
81. Skeptisch: in *C.E.V. Nixon/B.Rodgers,* In Praise of Later Roman Emperors. The *Panegyrici Latini,* Berkeley 1994, 323f. A. 119 (Kommentar zu der gleich anschließend zitierten Stelle). – Vgl. *Kuhoff* (wie Anm. 11), 165: von einer »bewußten und brüskierenden Verweigerung« des Opfers aus christlicher Überzeugung könne keine Rede sein; der Verzicht erkläre »sich leicht durch den notwendigerweise improvisatorischen Charakter« des Einzuges unmittelbar nach der Schlacht. Unentschieden *Bleckmann,* Konstantin der Große (wie Anm. 17), 67. Für *K. Groß-Albenhausen,* Zur christlichen Selbstdarstellung Konstantins, in: Klio 78 (1996), 171f., ist dies alles »immer noch eine ›Glaubensfrage‹«.
82. So z.B. paneg. Lat. XII/9 (313), 12, 1; 18, 3. – Paneg. Lat. IV/10 (321), 30, 5; 32, 1.
83. Paneg. Lat. XII/9 (313), 5, 3; 20, 3; 21, 3.
84. Anders jedoch *Grünewald* (wie Anm. 11), z.B. 65, 74, 76f.
85. Zusammenfassend *C. Barini,* Triumphalia. Imprese e onori militari durante l'impero romano, Torino 1952; *E. Künzl,* Der römische Triumph. Siegesfeiern im antiken Rom, München 1988.

Opfertiere.[86]. Zudem ist ja auch der Konstantinbogen selbst eben kein eigentlicher Triumphbogen[87], sondern entsprechend der Dedikationsinschrift[88] CIL VI 1139=ILS 694 ein von ›Senat und Volk von Rom‹ aus Anlaß der Decennalien 315 (VOTIS X VOTIS XX) errichteter Ehrenbogen, mit Dank an den LIBERATOR URBIS und FUNDATOR QUIETIS durch den auch im Relief dargestellten, in einem ›gerechten Waffengang‹ die RES PUBLICA rächenden Sieg über den TYRANNUS – d.h. Maxentius – an der Milvischen Brücke (Abb. 8)[89]. Und von diesem Bogen sagt die Dedikationsinschrift ganz unspezifisch, er sei ein ARCUS TRIUMPHIS INSIGNIS, d.h. ein Bogen »geziert mit Triumphen«, Triumphen, die – wie der sonstige Bildschmuck des Bogens in reicher, differenzierter Fülle zeigt – über Barbaren errungen wurden (Abb. 9)[90].

86. Siehe die Beschreibung der einzelnen Szenen und Figuren am Bogen von 315 durch *G.M. Koeppel*, Die historischen Reliefs der römischen Kaiserzeit VII, in: BJb 190 (1990), 38 – 64 (Nr. 17 – 22: »Die spätantiken Friese am Konstantinsbogen«), hier bes. 51ff. zum *ingressus* Konstantins. Aufschlußreich ist ein Vergleich mit dem Triumph des Tiberius auf dem Becher von Boscoreale (*Künzl* [wie Anm. 85], 86 Abb. 51 a), mit dem (fragmentarischen) ›Kleinen Fries‹ am Triumphbogen des Titus und mit dem einzigen vollständig erhaltenen, einen Triumphzug wiedergebenden Fries am Trajansbogen von Benevent. *M. Pfanner*, Der Titusbogen, Mainz 1983, 82ff., 86ff. (hier auch literarische Quellen) mit Tafeln 79ff. und Beilage 3 (Schema des ›kleinen Frieses‹ von Benevent); *E. v. Garger*, Der Trajansbogen von Benevent, Berlin 1943, Taf. XXXIff., XXXVIIff.; *Künzl*, a.a.O., 24f. mit Abb. 10 a/b und 11 a/b). Es zeigt sich, daß (wie auch literarisch bezeugt), in den Triumphzügen – und sicher auch beim spätantiken kaiserlichen *adventus* in Rom, der dem Triumphzug nachgebildet war und der mit dem Opfer auf dem Kapitol endete (s.u.a. 91ff.) – Opfertiere mitgeführt werden. Das Relief mit dem *ingressus* Konstantins am Bogen von 315 jedoch zeigt keine Opfertiere!
87. Vgl. aber zuletzt wieder *L'Orange/Wegner* (wie Anm. 11), 48; *Grünewald*, Constantinus (wie Anm. 11), 63 (ff.), 76 u.ö.; *Clauss*, Konstantin (wie Anm. 77), 38ff.
88. Vgl. die umfassende, dem Wortlaut der Inschrift folgende Interpretation bei *Grünewald*, Constantinus (wie Anm. 11), 63 – 92.
89. *Koeppel*, Reliefs VII (wie Anm. 86), 47 – 51. Die Formel IUSTIS ARMIS besagt also nicht, daß es sich beim Krieg gegen Maxentius um ein förmliches *bellum iustum* gehandelt hätte; es wird nur zum Ausdruck gebracht, daß Konstantins Sache ›gerecht‹ gewesen sei. Vgl. *Clauss*, Konstantin (wie Anm. 77), 38.
90. Konstantin als Besieger von Barbaren: z.B. auf dem ursprünglich trajanischen Schlachtenfries am Konstantinbogen bei *G.M. Koeppel*, Die historischen Reliefs der römischen Kaiserzeit III, in: BJb 185 (1985), 173 – 182; sodann auf dem umgearbeiteten, ursprünglich Marc Aurel zeigenden Reliefschmuck des Konstantinbogens bei *G.M. Koeppel*, Die historischen Reliefs der römischen Kaiserzeit IV, in: BJb 186 (1986), 63 – 66 (Unterwerfung und Rex datus). – Konstantins Barbaren- bzw. Germanensiege: *T.D. Barnes*, Imperial Campaigns A.D. 285 – 311, in: Phoenix 30 (1976), 191 – 193; *ders.*, NE (wie Anm. 17), 27, 68ff.; *Grünewald*, Constantinus (wie Anm. 11), 104f. – *A. Lippold*, Konstantin und die Barbaren (Konfrontation? Integration? Koexistenz?), in: Studi Ital. di Filol. Class. 85 (1992), 371 – 391; *B. Bleckmann*, Constantin und die Donaubarbaren. Ideologische Auseinandersetzungen um die Sieghaftigkeit Constantins, in: JbAC 39 (1995), 38 – 66. – Siege vor 312: Eus. VC I 25. Triumphale Siege über Barbaren 313: Paneg. Lat. XII/9 (313), 21, 2 bis 25, bes. 23, 3: *quid hoc triumpho pulchrius*?

Maßgebend ist und bleibt sodann als literarische Quelle für den Charakter des Zeremoniells im Oktober des Jahres 312 der *panegyrische heidnische Bericht* von 313 über Konstantins Einzug in Rom am Tag nach dem Sieg über Maxentius. Alle erhaltenen vergleichbaren Berichte über vergleichbare Gelegenheiten – und deren gibt es eine ganze Reihe seit dem 1. Jh.n.Chr. – erwähnen im Zeremoniell des kaiserlichen Einzugs, sei es eines förmlichen Triumphzuges, sei es eines den Formen des Triumphes angeglichenen triumphalen *adventus* oder *ingressus*[91], als Höhepunkt das Dankopfer für Iuppiter Optimus Maximus auf dem Kapitol (Abb. 21; dazu als 24, 13, 22 die opfernden Kaiser)[92]. In den Schilderungen einiger weniger Begebenheiten, bei denen das Opfer zu erwarten ist, fehlt zwar die entsprechende Erwähnung[93]. Aber es ist ein Unterschied, ob ein Vorgang lediglich nicht erwähnt wird – dann wäre ein Schluß *e silentio* nicht unproblematisch – , oder ob deutlich gemacht wird, daß eine Handlung unterlassen wurde. Im Text der wohl in Trier gehaltenen Rede des höfischen Panegyristen von 313 über die nur wenige Monate zurückliegenden Vorgänge in Rom während Konstantins *adventus* am 29. Oktober 312 jedenfalls heißt es[94]:

»Es wagten ... einige zu fordern, du solltest anhalten, und sich darüber zu beklagen, daß du dich so eilig zum Palast (sc. auf dem Palatin) begeben hast, und dir nicht nur, als du eingetreten warst, mit den Augen zu folgen, sondern auch beinahe einzubrechen in den heiligen Palastbezirk« (etc. .....).

91. *H. Halfmann,* Itinera principum. Geschichte und Typologie der Kaiserreisen im Römischen Reich, Stuttgart 1986, 113ff., 143 – 148. – Generell zum kaiserlichen *adventus* in Rom, der in den Formen des *triumphus* gestaltet wurde: *A. Alföldi,* Die monarchische Repräsentation im römischen Kaiserreiche, Darmstadt ³1980, 90ff.; *MacCormack,* Art and Ceremony in Late Antiquity, Berkeley/Los Angeles 1981.
92. Gang zum Kapitol: Tac. hist. II 89 (Vitellius 69 n. Chr. nach Sieg über Otho); Plin. paneg. I 23, 4 (Trajan); Herod. II 14, 2 (über Didius Julianus); Herod. III 8, 2 – 4 (Septimius Severus nach Sieg über Clodius Albinus); HA Gall. 8, 1ff. (Decennalien des Gallienus); HA Aur. 33, 1ff. (Triumph Aurelians); Paneg. Lat. X/2 (289) 13, 2 (erwarteter Rombesuch Diokletians und Maximians); Paneg. Lat. VII/6 (307) 8, 7 (Maximian); Zos. II 14, 3f. (Maxentius 311 beim ›Triumph‹ (?) über Domitius Alexander).
93. So im Jahre 247/48: Jahrtausendfeier des Philippus Arabs – ohne Nachrichten über Opfer auf dem Kapitol (vgl. Oros. VII 20, 1 – 3; dazu *Lippold,* Stadtrömischer Adel (wie Anm. 80), 17). Sodann auch 281: Triumph des Probus ohne Erwähnung des Opfers auf dem Kapitol (Hinweis *Lippold,* Stadtrömischer Adel (wie Anm. 80), 16 A. 46). Im Jahre 303: gemeinsamer Triumph Diokletians und Maximians in Rom – Gang zum Kapitol nicht bezeugt (Hinweis *Lippold,* Stadtrömischer Adel (wie Anm. 80), 12f. mit A. 25). – Ausdrücklich abgelehnt hat den Gang zum Kapitol, nach Angabe der *Historia Augusta,* nur Elagabal (HA Hel. XV 7) – das negative Vor-Abbild Konstantins ... Dazu *R. Turcan,* Héliogabale précurseur de Constantin?, in: BAGB 1988, 38 – 52, bes. 43f.
94. Paneg. Lat. XII/9 (313) 19, 3. – Vgl. jetzt auch die kommentierte englische Übersetzung von *C.E.V. Nixon/B.Rodgers,* in: Praise of Later Roman Emperors. The Panegyrici Latini, Berkeley 1994; zu Paneg. Lat. XII/9 (313): 288 – 333 (B. Rodgers).

(ausi ... quidam ut resisteres poscere et queri tam cito accessisse palatium et, cum ingressus esses, non solum oculis sequi, sed paene etiam sacrum limen inrumpere).

Nicht allein die Tatsache also, daß der Gang zum Kapitol und das Opfer für Iuppiter Optimus Maximus in der gesamten ansonsten detaillierten heidnischen Darstellung nicht erwähnt wird, ist hier bedeutsam, sondern daß gerade an der Stelle, an welcher gemäß den Schilderungen der anderen Quellen im Zeremoniell bei *triumphus* oder *ingressus/adventus* das Dankopfer an Juppiter stehen müßte, lebhaftes Bedauern (*ausi ... quidam ... queri*) über den »so eiligen« Einzug Konstantins auf dem Palatin – *tam cito accessisse palatium* – zum Ausdruck gebracht wird. So dürfte denn auch das Fehlen von Opfertieren auf dem Relief mit dem Einzug Konstantins kein Zufall sein. Überträgt man das Geschilderte auf die Topographie Roms, so hat Konstantin bei seinem *adventus/ingressus* offensichtlich seinen Weg mit dem durch das Relief des Bogens bezeugten zweiachsigen Prunkwagen (Abb. 12) in Begleitung des siegreichen Heeres, aber ohne die sonst üblichen Opfertiere auf der langen Allee am östlichen Fuße des Palatins entlang nach Norden bis zum Kolosseum und von dort – wo kurz danach der Bau des Konstantinbogens begonnen wurde[95] – im rechten Winkel nach links bzw. Westen abbiegend zum Forum genommen, hat dann aber das Forum nicht zur Gänze in Richtung Kapitol durchfahren, um auf der *via sacra* den Juppitertempel zu erreichen, sondern ist sogleich hinter dem Titusbogen wiederum im rechten Winkel nach links (Süden) direkt auf den Palatin hinauf abgebogen, wo sich die Repräsentationspaläste der römischen Kaiser[96] befanden. Erst später hat er sich, wie der Redner des Jahres 313 es schildert[97], vom Palatin hinab durch das Forum zur *Curia* begeben, um mit dem Senat zusammenzutreffen und um die anderen im Rahmen eines kaiserlichen Rombesuches üblichen Akte wie, von den Rostra herab, die *oratio* an das Volk (Abb.6) zu halten oder die demonstrative *largitio* (Abb. 7) vorzunehmen[98].

Auch in der zweiten für den Vorgang wichtigen literarischen Quelle – wieder einem Panegyricus nichtchristlicher Provenienz, diesmal aus dem Jahre 321 – ist trotz sonstiger Detailfreude nichts über einen Gang zum Kapitol und ein Opfer für Juppiter gesagt[99].

Die bildlichen und literarischen Darstellungen aus heidnischer Quelle und das von Laktanz in ganz anderem Zusammenhang hervorgehobene Kriterium eines *pri-*

---

95. *T.V. Buttrey,* The Dates of the Arches of ›Diocletian‹ and Constantine, in: Historia 32 (1983), 375 – 383. – Nach neueren Forschungsergebnissen, die noch nicht veröffentlicht sind, wird man möglicherweise vom Umbau eines älteren Bogens sprechen müssen.
96. Zum Palast auf dem Palatin: vgl. *J.R. Patterson,* The City of Rome: From Republic to Empire, in: JRS 82 (1992), 186 – 215, bes. 204ff. (›The Emperor at Home: The Palatine‹).
97. Paneg. Lat. XII/9 (313), 20ff. – Vgl. Paneg. Lat. IV/10 (321), 30ff.
98. *Koeppel,* Reliefs VII (wie Anm. 86), 56ff., 50ff.
99. Paneg. Lat. IV/10 (321) 31, 1 – 3 und 32. Dazu *Rodgers* in: *Nixon/Rodgers* (wie Anm. 94), 334ff. und 341f. (Einleitung), 376f.

mus gradus des Christseins erlauben es uns, mit hinreichend großer Sicherheit die Ansicht[100] zu bestätigen, daß Konstantin sich durch die Opferverweigerung am 29. Oktober 312, der *lex propria Christianorum* folgend, öffentlich als Christ zu erkennen gegeben hat[101].

Diesem Sachverhalt entspricht, daß die beiden heidnischen Autoren des Jahres 313 und des Jahres 321 sich nicht imstande sehen – oder, da im Auftrag des Kaisers redend, es nicht mehr wagen –, wie sonst üblich einen der zentralen Götter der Tetrarchenzeit (Juppiter, Hercules, Mars etc.) als Sieghelfer zu benennen: erstmals in der Geschichte der antiken Herrscherpanegyrik hat der göttliche Sieghelfer des Kaisers keinen Namen – er wird, übereinstimmend mit dem neuplatonisch-henotheistischen Konzept des Göttlichen[102], abstrakt als *divinitas/summa divinitas/mens divina/summus deus/summus rerum sator* bezeichnet, welcher sich ausschließlich[103] dem Kaiser Konstantin offenbare (und welcher daher nicht mit Sol Invictus identisch sein kann!), während sich um die übrige Menschheit sogenannte kleinere Gottheiten – *dii minores* – kümmerten[104], zu denen dann ja doch wohl auch, aus dieser gewandelten Perspektive, z.B. Juppiter, Mars und Sol Invictus/Apollon gehören würden. Und wenn der Redner von 313 ferner sagt, man könne nicht angeben, wie der Gott Konstantins sich selbst benamt wissen wolle[105], so wird zumindest eines deutlich: Juppiter, der bisher höchste Reichsgott der

---

100. Von *J. Straub*, zit. o. 30.
101. Von daher ist also G. Kretschmar zu widersprechen, der in seinem ansonsten ausgezeichneten Forschungsbericht 1968 dezidiert erklärt hatte: »Nach den Maßstäben der Kirche des 3. Jahrhunderts gemessen, kann es keinen Zweifel daran geben, daß Konstantin auch nach 312 eben kein Christ war« (*Kretschmar,·*Weg (wie Anm. 13), 36; so auch zuletzt *Ritter*, Constantin (wie Anm. 13), 267). Auch die Ansicht von *G. Bonner*, Konstantin sei (bis zu seinem Tode) »the greatest of the semi-Christians« gewesen, kann ich nicht teilen (The Extinction of Paganism and the Church Historian, in: JEH 35 (1984), 339 – 357, zit. 351).
102. *Ziegler* (wie Anm. 57), 42ff.; *M.L. Scevola*, Rilievi sulla religiosità di Costantino, in: Istit. Lombard. Mem. Lett. 37 (1982), 209 – 279, bes. 217ff. – Vgl. *Altheim* (wie Anm. 76), 225f., 228ff. (allerdings mit der These, Konstantin sei 312 noch kein Christ gewesen); *Rodgers* in *Nixon/ Rodgers* (wie Anm. 94), 292f., 332, mit A. 158, 341f. – Allgemein: *R. MacMullen*, Paganism in the Roman Empire, New Haven/London 1981, 73 – 94.
103. Auch dies ein Novum; vgl. *Rodgers*, (wie Anm. 94), 296f. – Wenn man die Angabe wörtlich nimmt, dann besagt sie in der Konsequenz, daß der Sonnengott hier jedenfalls nicht gemeint sein kann: er wäre ja doch für jedermann sichtbar! Vgl. *Aland*, Haltung (wie Anm. 23), 586f., 591.
104. Paneg. Lat. XII/9 [313] 2, 5: *habes profecto aliquod cum illa mente divina, Constantine, secretum, quae delegata nostri diis minoribus cura uni se tibi dignatur ostendere.* – Vgl. Oros. VI 1ff. (über Monotheismus und Monarchie allgemein), bes. VI 1, 3 als Meinung der Gebildeten unter den *pagani*: *non se plures deos sequi, sed sub uno deo magno plures ministros venerari fatentur.* – Vgl. auch die apologetische, gelegentlich in henotheistischem und sogar polytheistischem Sinne mißverstandene Argumentation des Christen Arnobius zu *deus unus/ princeps/primus* und *dii minores*: adv. nat. I 25, 31f.; II 2f.; III 2f.; IV 13; VII 35 u.ö.
105. Paneg. Lat. XII/9 [313] 2, 4: *quisnam te deus, quae tam praesens hortata [est] maiestas ... ?* ; 26, 1: *summe rerum sator, cuius tot nomina sunt, quot gentium linguas esse voluisti; quem*

religio Romana, der durch die ganze römische Geschichte hindurch ja einen nun wirklich allgemein bekannten Namen hatte, zuletzt noch als der göttliche Schirmherr der Tetrarchie, konnte jetzt offensichtlich ebenso wenig als der Gott Konstantins betrachtet und erwähnt werden wie irgendeine andere mit Namen bekannte Gottheit, etwa Sol Invictus[106]. Dies dürfte auch der Grund dafür gewesen sein, daß der heidnische Senat als Auftraggeber des Konstantinbogens in der Dedikationsinschrift (CIL VI 1139=ILS 694) ebenfalls keinen Götternamen mehr nennt, sondern, mag Sol auch mehrfach im Bildprogramm erscheinen (Abb. 14, 19, 3)[107] und mögen auch mehrere der umgearbeiteten Reliefs aus hadrianischer Zeit kaiserliche Opferszenen zeigen[108], dem Sieger Konstantin in henotheistischem, nach allen Seiten hin interpretierbarem Sinne attestiert, er habe INSTINCTU DIVINITATIS (und MENTIS MAGNITUDINE) gehandelt. Von solchen Voraussetzungen her wird dann schließlich auch oder vielleicht erst in vollem Umfang verständlich, daß Konstantin es gerade jetzt versäumt – nein: es bewußt vermieden hat, einen der für das traditionelle Selbstverständnis Roms seit frühesten Zeiten der Republik wichtigsten Festakte zu veranstalten: die 17 v. Chr. von Augustus erneuerten, einem 110-Jahresrhythmus folgenden und daher im Jahre 313 anstehenden Saecularfeiern[109], die selbstverständlich in den Opfern u.a. an Juppiter ihren Höhepunkt hätten finden müssen[110]. Die Opferverweigerung vom 29. Oktober 312 steht also durchaus nicht einzig da! Der heidnische Historiker Zosimos, dem wir die Information über das in der Forschung nur selten beachtete ›Versäumnis‹ von Anfang 313 verdanken, faßte das Unterlassen des Festes und damit die Verweigerung der Opfer an die Staatsgötter als den Beginn des politischen Niedergangs Roms auf (*Zos.* II 7, 2).

enim te ipse dici velis, scire non possumus. – Vgl. Maximus von Madaurus in einem Brief an Augustinus (Aug. ep. 16, 1) über den *summus deus: huius nos virtutes per mundanum opus diffusas multis vocabulis invocamus, quoniam nomen eius cuncti proprium videlicet ignoramus.*

106. Vgl. die Bemerkung oben A. 105. – Daß der Sonnengott auf dem Konstantinbogen in Rom eine prominente Rolle spielt, steht auf einem anderen Blatt; s.u. 40.
107. Vgl. *L'Orange/Wegner* (wie Anm. 11). 46 – 49; *L. de Giovanni,* Costantino e il mondo pagano, Napoli 1977, 106ff.; *Leeb* (wie Anm. 11), 9ff. – *Koeppel,* Reliefs VII (wie Anm. 86), 42f. sowie Abb. 12 Nr. 18 und 19 (Soldaten mit Victoria und Sol).
108. *Koeppel,* Reliefs IV (wie Anm. 90), 26 – 34. – *J. Engemann,* Art.: Herrscherbild, in: RAC 14 (1988), 1005ff.; *Bowder* (wie Anm. 11), 25ff.
109. Zos. II 7, 1f.; dazu auch ebd. die Ausführungen zur Geschichte (II 1ff.), zur ideologischen Bedeutung und zum Ablauf der Feierlichkeiten samt Götteropfern, Gebeten etc. (II 5f.).
110. Zu den Saecularfeiern und dem Ritual siehe den Kommentar von *F. Paschoud,* Zosime, Histoire nouvelle, t. I (livres I – II), Paris 1971, 180 – 192; ferner die Erläuterungen von St. Rebenich zur Übersetzung von *Zosimos,* Neue Geschichte, Stuttgart 1990, 299 – 302. – Erwähnt von *W.E. Kaegi,* Byzantium and the Decline of Rome, Princeton 1968, 115f.; *de Giovanni,* Costantino (wie Anm. 107), 16f.; *Bonamente,* »Svolta« (wie Anm. 23), 114. – Allgemein zur Überlieferung und zum Ablauf der Feierlichkeiten sowie mit den inschriftlich erhaltenen Texten *J.B. Pighi,* De ludis saecularibus, Milano 1941; zu den Opfern bes. 298ff.

3. Wege zur ›Wende‹

a. Implikationen des Galeriusediktes von 311

Wenn es richtig ist, daß die ›Wende‹ in der Opferverweigerung am 29. Oktober 312 erstmals offiziell erkennbar geworden war, stellt sich die Frage, wann der zu dieser Demonstration[111] hinführende Prozeß begonnen bzw. wann denn nun der ›qualitative Sprung‹ stattgefunden hat. Irgendwann zwischen diesem Datum und möglicherweise dem Sommer zwei Jahre früher, als, wiederum nach heidnischem Bericht[112], Konstantin in dem seinerzeit berühmten kreisrunden Heiligtumsbezirk (*templum toto orbe pulcherrimum*) des heutigen Vogesendorfes Grand, der dem keltisch-römischen Gott Apollo Grannus geweiht war, eine henotheistisch akzentuierte, den solaren Aspekt betonende Apollonvision[113] erlebt hat[114]. Ich verzichte auf alle Spekulationen und Hypothesen[115] und gebe jetzt nur folgendes zu bedenken: von zentraler Bedeutung für den Beginn und fortschreitenden Prozeß der *conversio* Konstantins, verstanden als schrittweise Abkehr von den traditionellen Göttern, ist nach meiner Ansicht[116] das *Edikt des Galerius* vom 30. April 311 mit den berühmten Worten: *ut denuo sint Christiani*[117]. Es gilt allgemein als ›Toleranzedikt‹, und jedenfalls verordnet es ja tatsächlich, wenn auch ziemlich widerwillig, das Ende der Diokletianischen Verfolgung und spricht die staatsrechtliche Aner-

---

111. Eine weitere Demonstration: die Errichtung einer mit (nicht im Original erhaltener) Inschrift versehenen Konstantinstatue im Zentrum von Rom, die den Kaiser mit christlicher Inschrift und mit dem ›siegbringenden Zeichen‹ des Christentums darstellt. Dazu oben A. 11.
112. Paneg. Lat. VII/6 (310), 21. Übersetzung und Kommentar: *Müller-Rettig* (wie Anm. 65), 270ff., 330ff.
113. *Müller-Rettig* (wie Anm. 65), a.a.O. – Gegen eine Identifizierung von Apollon und Sol: *Grünewald* (wie Anm. 11), 52f. – Argumente dafür (so z.B. Arnob. adv. nat. III 33): u.a. *W. Fauth*, Helios Megistos. Zur synkretistischen Theologie der Spätantike, Leiden 1995, z.B. 41ff. – *de Giovanni*, Costantino (wie Anm. 107), 116ff.; *H. Dörrie*, Die Solar-Theologie in der kaiserzeitlichen Antike, in: *H. Frohnes/U.W. Knorr* (Hg.), Kirchengeschichte als Missionsgeschichte, Bd. I: Die Alte Kirche, München 1974, 283 – 292.
114. Grundlegend dazu: *Müller-Rettig* (wie Anm. 65), 330 – 350. – Gegen die Vorstellung, daß Konstantin ein geborener Christ war (*Szidat, Elliott*: s.o. Teil I 2, A. 27): *Lippold*, Konstantin (wie Anm. 36), 2f.; *Grünewald* (wie Anm. 11), 80f.
115. Vgl. die Diskussionen über diese Vision im Vergleich mit den christlichen Visionsberichten zu 312: *Müller-Rettig* (wie Anm. 65), 330ff. Vgl. zuletzt *Bleckmann*, Konstantin der Große (wie Anm. 17), 63ff.
116. Darin folge ich *Lippold*, Konstantin (wie Anm. 36), 5. Vgl. auch *Clauss*, Konstantin (wie Anm. 77), 37f.
117. Lact. mort. pers. 34, 1 bis 35, 1; griechische Übersetzung: Eus. HE VIII 17, 3 – 10. – Vgl. zuletzt (mit Hinweis auf ältere Literatur) *P. Siniscalco*, L'editto di Galerio del 311. Qualche osservazione storica alla luce della terminologia, in: AARC X (1995), 41 – 53; *Bonamente*, »Svolta« (wie Anm. 23), 97.

kennung der Christen und ihres Kultes und damit ihres Gottes aus[118]. Wichtiger noch scheint mir im Hinblick auf die gegenwärtige Problemstellung ein weiteres Element des Ediktes zu sein: indem nämlich das Gebet an den Christengott für das Heil von Kaiser und Reich (*pro salute nostra et rei publicae*) nun nicht nur einfach gleichsam zähneknirschend geduldet, sondern sogar eindringlich gefordert wird (*debebunt ... orare*), erkennt der Heide Galerius dieses Gebet als positiv, als für das Wohl und die Sicherheit des Staates wirkungskräftig an (*ut undique versum res publica praestetur (?) incolumis*)[119]. Das bedeutet politisch, daß – außer bzw. neben anderen göttlichen Wesenheiten, die aus philosophischer Sicht im neuplatonisch-henotheistischen Begriff des *summus deus* bzw. der *summa divinitas* gleichsam aufgehoben sind[120] – auch die christliche Gottheit[121] auf höchster Reichsebene als eine Potenz akzeptiert worden ist, mit welcher man als heidnischer Kaiser und *pontifex maximus* politisch-religiös von nun an verantwortlich im Sinne der *salus rei publicae/imperii* (und der persönlichen *salus*) zu rechnen hatte und zu rechnen bereit war.

Von daher fällt ein vielleicht noch etwas ungewohntes Licht auf denkbare Etappen im Prozeß der Hinwendung Konstantins zum Gott der Christen. Grundsätzlich kann nämlich der politisch-religiöse Umgang mit der christlichen Gottheit und überhaupt jedwede Hinwendung zu ihr und ihrem Kultus seit dem Galeriusedikt von nichtchristlicher Seite her nicht mehr als ein Skandalon, ja darf, positiv formuliert, neuerdings als ein Verdienst aufgefaßt werden. Eben deswegen ermöglicht es das

---

118. Worin mögen die im Edikt angekündigten, aber nicht erhaltenen ›Ausführungsbestimmungen‹ – *quid debebunt observare* (sc. die *iudices*) – bestanden haben? Doch wohl kaum in Beschränkungen für die Christen, sondern eher im Sinne von Maßnahmen zur Gewährleistung des Kultes, also Restituierungen von Kultplätzen und allem Beschlagnahmten; vgl. *Millar*, Emperor (wie Anm. 23), 579. – *R. Klein*, Toleranz und Intoleranz in heidnischer und christlicher Sicht, dargestellt am Toleranzedikt des Kaisers Galerius vom Jahre 311, in: Jubiläumsbericht des Neuen Gymnasiums (90. Schuljahr), Nürnberg 1978/79, 133 – 152.

119. Sollte nicht eher *perstet* statt des überlieferten *praestetur* gelesen werden? – Zum Gebet siehe bereits 1 Tim 2, 1f. – *L. Biehl*, Das liturgische Gebet für Kaiser und Reich, Paderborn 1937; *H.U. Instinski*, Die Alte Kirche und das Heil des Staates, München 1963. – Vgl. die früheren christlichen Äußerungen über positive Wirkungen des christlichen Gebetes für den (heidnischen) Staat: z.B. Melito von Sardes in Eus. HE IV 26, 8; Tert. apol. X 2 – 4, XXX 1 – 4, XXXI 3; ad Scap. II 9; Orig. c. Cels. VIII 73. Dazu die eben genannten Autoren; ferner *P. Mikat*, Zur Fürbitte der Christen für Kaiser und Reich im Gebet des 1. Clemensbriefes, in: *H. Ehmke u.a.* (Hg.), FS U. Scheuner, Berlin 1973, 455 – 471. – Erfahrung einer negativen Wirksamkeit des Christengottes: Lact. inst. div. IV 27, 3ff.; mp 10; 11, 7; 16, 4; Eus. VC II 50f. als Anlaß für die diokletianische Verfolgung: Störung heidnischer Opfer durch anwesende Christen und deren Bekreuzigung.

120. Vgl. *Ziegler* (wie Anm. 57), 43ff.

121. Zu gewissen Konvergenzen zwischen einem heidnischen ›Monotheismus‹ und christlichen Vorstellungen siehe (mit zahlreichen Quellenhinweisen) *M.L. Scevola*, Rilievi (wie Anm. 102), passim; *Pietri*, Constantin (wie Anm. 442), 83ff.

Galeriusedikt einem Nichtchristen, auch wenn dies wohl kaum intendiert war, von henotheistischer Voraussetzung aus ohne jede intellektuelle oder religiöse Schwierigkeit und ohne politische Skrupel den reichsrechtlich formell anerkannten Gott und Kultus der Christen in seiner Wirkungsmächtigkeit auch einmal gleichsam auszuprobieren und gegebenenfalls, da es ja, im Unterschied zu allen anderen Religionen (mit Ausnahme des Judentums und des Manichäismus), kein christliches Kultbild gab, bei militärischem und politischem Handeln entsprechend weit verbreitetem Brauch durch abstrakte Symbolik gleichsam ›in Dienst‹ zu nehmen[122], so, wie andere die Statuetten ihrer Götter z.B. im Kampf mitführten (Abb. 3 und 5), um sich sichtbar deren helfender Präsenz zu vergewissern[123]; und dies alles natürlich auch bei einer eventuellen Erprobung des Christengottes gut römisch unter sorgfältigster Beachtung des altehrwürdigen Grundsatzes der wechselseitigen Entsprechung von *beneficia* und *officia* bzw., anders ausgedrückt, im Sinne des bekannten Grundsatzes ›*do ut des*‹. Was ich damit sagen will, ist: das Galeriusedikt hat gewiß eine enorme ›Hemmschwelle‹ für einen gleichsam probeweisen und offenen Übergang zum Christentum beseitigt und stellt somit möglicherweise eine wichtige Bedingung für Konstantins Abwendung von den alten Göttern dar, die aber jedenfalls im Jahre 310 noch nicht erfolgt war.

b. Die Erprobung des Christengottes im Krieg 311/312 – Das Christogramm

Von den genannten Voraussetzungen her existiert kein rationaler Grund, daran zu zweifeln, daß Konstantin, parallel zur wachsenden Überzeugung von der Wirkungslosigkeit der alten Götter[124], im beschriebenen Sinne seit vielleicht Ende 311/Anfang 312 – vielleicht aber auch etwas früher und jedenfalls wohl seit bzw. nach dem Galeriusedikt von Frühjahr 311 sowie im Rahmen seiner erklärtermaßen *contra haruspicum monita* und damit bereits in demonstrativer Absage an eine den Rö-

---

122. Vgl. Tert. apol. XVI 8: *religio tota castrensis signa veneratur, signa adorat, signa iurat, signa omnibus deis praeponit.*
123. Vgl. *M. Clauss*, Art.: Heerwesen (Heeresreligion), in: RAC 13 (1986), 1073 – 1113, bes. 1109f.
124. Dazu dürfte das Scheitern der diokletianischen Christenpolitik, das durch das Galeriusedikt formell dokumentiert ist, nicht wenig beigetragen haben. – Vgl. auch Eus. VC I 27. – Daß sich schon vor 312 Christen in der Umgebung Konstantins befanden (vgl. Eus. VC I 32), vielleicht auch Kleriker und sogar ein Bischof, ist möglich, aber nicht erweisbar. Genannt wird in der Forschung immer wieder der Bischof Ossius von Corduba, doch ohne hinreichende Quellengrundlage: *A. Lippold*, Bischof Ossius von Cordova und Konstantin der Große, in: ZKG 92 (1981), 1 – 15. Für die noch weiter gehende Angabe von *Bleckmann,* Konstantin der Große (wie Anm. 17), 70, der Kaiser habe lange vor 312 »engen Kontakt« auch mit den Bischöfen von Arles, Autun und Köln (warum nicht Trier?) gehabt, fehlt ebenfalls jeglicher Anhalt in den Quellen.

mern seit Anbeginn ihrer Geschichte heilige Institution ergriffenen militärischen Planungen und Maßnahmen gegen Maxentius[125] – begonnen hat, von seinem bekannten, u.a. durch Münzprägung dokumentierten solaren Henotheismus aus[126] die politisch-militärische Wirkungsmächtigkeit des Christengottes bzw. Christi als des von den Christen selbst so verstandenen und ikonographisch entsprechend dargestellten *Sol Iustitiae*[127] zu erproben (Abb. 2 im Vergleich mit Abb. 14), namentlich dann in der Schlacht am Ponte Molle am 28. Oktober 312. Dabei ist es im übrigen für die historische Urteilsbildung vielleicht nicht ganz unwichtig, daß angesichts der – von den Panegyristen aus naheliegenden Gründen verschleierten – tatsächlichen Kräfteverhältnisse und der strategischen wie militärpolitischen Situation der Jahre 311/12 in Oberitalien das Risiko eines Fehlschlages solcher probeweiser ›Indienstnahme‹ des Christengottes vergleichsweise gering gewesen zu sein scheint[128]; Kon-

125. Zitat: Paneg. Lat. XII/9 (313) 2, 4; vgl. dazu die Bemerkung von *Kraft,* Entwicklung (wie Anm. 17), 18; *Rodgers,* in: *Nixon/Rodgers* (wie Anm. 94), 296 A. 9. – Zu den Vorbereitungen vgl. *Cullhed* (wie Anm. 59), 86ff.
126. Münzen Konstantins mit Sol vor 312 (sowie danach bis in die 320er Jahre): z.B. *Aland,* Kirche und Staat (wie Anm. 11), 111ff.; *Leeb* (wie Anm. 11), 9ff. (Lit.!). – Einige Typen: *Bruun,* in: RIC VII, 111. Vgl. auch *P. Bruun,* Una permanenza del *Sol invictus* di Costantino nell'arte cristiana, in: *G. Bonamente/F. Fusco* (Hg.), Costantino il Grande Bd. I, Macerata 1992, 219 – 230 (gemeint ist der Nimbus). – *H. Lietzmann,* Der Glaube Konstantins des Großen (1937), in: *ders.,* Kleine Schriften Bd. I, Berlin 1958, 186 – 201; *J. Straub,* Vom Herrscherideal in der Spätantike (1939), Stuttgart 1964, 129ff. (Konstantinos Helios); *Grünewald* (wie Anm. 11), 46 – 61. – *Dörries,* Selbstzeugnis (wie Anm. 17), 343ff.; *Kraft,* Entwicklung (wie Anm. 17), 7ff.; *Aland,* Haltung (wie Anm. 23), 580 – 587; *ders.* Kirche und Staat (wie Anm. 11), 124ff. – Vgl. auch *M.J. Green/J. Ferguson,* Constantine (wie Anm. 65), passim. – *Sol* bei Claudius Gothicus, Konstantius I. und Konstantin: *H. v. Schoenebeck,* Beiträge zur Religionspolitik des Maxentius und Constantin. Leipzig 1939, 24, 35; *Castritius* (wie Anm. 61), 26ff., 29ff., 33f., 37; *Grünewald* (wie Anm. 11), 46ff.
127. Prophetisches, auf Christus gedeutetes Wort des Alten Testaments vom dereinstigen Kommen der »Sonne der Gerechtigkeit«: Maleachi 4, 2. – Christus als *Sol Iustitiae*: *H. Usener,* Sol invictus, in: RhM 60 (1905), 465 – 491; *F.J. Dölger,* Die Sonne der Gerechtigkeit (1918), in: Liturgiegeschichtliche Forschungen 2, Münster ²1971, bes. 100 – 110 (früheste bezeugte Identifizierung Christi als ›Sonne der Gerechtigkeit‹ bei Clemens Alexandrinus); *ders.,* Sol salutis. Gebet und Gesang im christlichen Altertum, in: Liturgiegeschichtliche Forschungen 4/5, Münster ²1925, z.B. 364ff. (›Jesus als Sonne der Auferstehung und *Sol Invictus*‹); *Aland,* Haltung (wie in Anm. 23), 586f.; *Leeb* (wie Anm. 11), 23ff. Vgl. auch das Mosaik in der christlichen Gruft unter St. Peter in Rom: hier Abb. 12. – Nach Tertullian glaubten daher manche Nichtchristen, die Sonne sei der Gott der Christen: *alii plane humanius solem Christianum deum aestimant* (adv. nat. I 13; apol. 16, 9 – 11). Vgl. auch die allegorischen Parallelisierungen bei Laktanz: Lact. inst. div. II 10, 6; VI 8. – Zum Problemkreis Sol-Mithras-Christus: *M. Clauss,* Mithras und Christus, in: HZ 243 (1986), 265 – 285; *ders.,* Sol Invictus Mithras, in: Athenaeum 78 (1990), 423 – 450.
128. *Barnes,* Conversion (wie Anm. 11), 375ff.; *Kuhoff* (wie Anm. 11), 138ff. – Vgl. *Cullhed* (wie Anm. 59), 86ff.; *Rodgers* in: *Nixon/Rodgers* (wie Anm. 94), 297ff. mit den Noten; *Bleckmann,* Konstantin der Große (wie Anm. 17), 50ff.

stantin hat also offenbar keineswegs tollkühn in wenig aussichtsreicher Lage mit blindem Gottvertrauen sozusagen alles auf eine Karte gesetzt.

So war denn der *Sieg an der Milvischen Brücke* (Abb. 8) über den Schützling der alten Götter[129] Maxentius die Bestätigung einerseits der Nichtexistenz bzw. Wirkungslosigkeit der alten Götter, andererseits einer beim Kaiser persönlich irgendwann zuvor bereits gefallenen Entscheidung für den Christengott als seinen Helfer[130]. Das abstrakte Symbol (*signum*) aber, welches Konstantin seinem Heer für den Kampf als christliches Schutzzeichen (*Eus.* VC I 29: ἀλέξημα) bzw. als siegverheißenden und schadenbannenden Fetisch (ebd. I 31: πάσης ἀντικειμένης καὶ πολεμίας δυνάμεως ἀμυντήριον. – II 7: νικητικὸν ἀλεξιφάρμακον) verordnet hatte[131], war weder das Kreuz noch das Staurogramm, sondern das Christogramm, für welches das Symbol am Helm des Kaisers auf dem berühmten, die SALUS REI PUBLICAE (vs.) beschwörenden Konstantin-Medaillon aus Ticinum vom Jahre 315 (Abb. 27; vgl. auch Abb. 36) das früheste bis heute bekannte Beispiel bietet[132]. Ohne auf alle Einzelheiten der kontroversen Forschungsdiskussion

---

129. U.a. Hercules: RIC VI 137f., 147. – Mars: RIC VI 140, 148, 277. – Vgl. *Castritius* (wie Anm. 61), 40 – 42; *Cullhed* (wie Anm. 59), 45ff. – Gegen die häufig geäußerte Ansicht, Maxentius sei ein Christ gewesen, mit Recht zuletzt *Kriegbaum* (wie Anm. 57), 15ff.

130. Man verstehe diese Denkweise nicht vorschnell als ›heidnisch‹! Zur Wechselwirkung von ›Leistung‹ und ›Gegenleistung‹ siehe etwa Lact. de ira dei 16, 3: Gegenleistungen Gottes für ›Dienstleistungen‹ der Frommen. Aus einer überreichen Fülle vergleichbarer Beispiele siehe nur Ambros. (an Valentinian II.) ep. 17, 1: *aliter ... salus tuta esse non poterit, nisi unusquisque deum verum, hoc est deum Christianorum, a quo cuncta reguntur, veraciter colat*; ders., de Abr. I 2, 9.

131. Besonders aufschlußreich ist Eus. LC VI 21, wo das ›Zeichen‹ als νικητικὸν τρόπαιον als δαιμόνων ἀποτρόπαιον bezeichnet wird, mit dessen Hilfe der Kaiser, indem er es den Trugbildern des Heidentums entgegengestellt habe, ›alle gottlosen Feinde‹ (sc. Maxentius und Licinius) sowie die Barbaren und die Dämonen, die eine andere Art von Barbaren seien, siegreich niedergekämpft habe.

132. Vgl. auch Eus. VC I 31: das Christogramm auf dem Helm. – *Kraft*, Silbermedaillon (wie Anm. 11), passim, bes. 306ff.; *P. Bruun*, The Christian Signs on the Coins of Constantine, in: Arctos 3 (1962), 5 – 35; *W. Kellner*, Libertas und Christogramm. Motivgeschichtliche Untersuchungen zur Münzprägung des Kaisers Magnentius (350 – 353), Karlsruhe 1969, 81 – 97 (»Das Christogramm in der Münzprägung Constantins des Großen« mit verschiedenen Varianten); *Lorenz* I (wie Anm. 13), 5; *W. Wischmeyer*, Christogramm und Staurogramm in den lateinischen Inschriften altkirchlicher Zeit, in: *C. Andresen/G. Klein* (Hg.), Theologia Crucis – Signum Crucis (FS E. Dinkler), Tübingen 1979, 539 – 550; *Seeliger* (wie Anm. 133), 155f.; *Leeb* (wie Anm. 11), 39ff., 42ff. – In AE 1993 (1996) Nr. 339 a-c sind gerade (angeblich der *domus Faustae in Laterano* entstammende) Wandinschriften aus konstantinischer Zeit (?) erschienen (hier: Abb. 36), die von *V. Santa Maria Scrinari* (Il Laterano imperiale, Teil I: Dalle ›aedes Laterani‹ alla ›Domus Faustae‹. Città del Vaticano 1991) aufgefunden und rekonstruiert worden waren. Das beigegebene Photomaterial ist allerdings derartig schwach, daß man sich von dem Befund kein eigenes Bild machen kann. Man soll dort jedenfalls (neben sämtlichen Namen der konstantinischen Familie so-

und der ziemlich verzweifelten Versuche einzugehen, die widersprüchlichen Schilderungen bei Laktanz und Eusebius auf einen Nenner zu bringen[133], möchte ich den von J. Rougé für meine Begriffe überzeugend revidierten Text der zeitlich frühesten Schilderung zitieren, der folgenden Bemerkung des Laktanz[134]:

(44, 5) *commonitus est in quiete Constantinus, ut caeleste signum dei notaret in scutis atque ita proelium committeret. Fecit ut iussus est et*[135] *Christum in scutis notat.* (44, 6) *quo signo armatus exercitus capit ferrum.*

Das durch Gott vom Himmel herabgesandte Zeichen (*caeleste signum dei*), welches Konstantin nach Laktanz vor der Schlacht im Schlaf wahrgenommen hatte, ist also

wie dem Namen des Licinius) sowohl das Christogramm als auch das Staurogramm sehen können. Über die Verläßlichkeit der Rekonstruktionen, die Datierung und die historische Einordnung des Materials herrscht derzeit allerdings noch völlige Ungewißheit: *J. Engemann,* Art.: Herrscherbild, in: RAC 14 (1988), 1015f.; *P. Liverani,* Note di topografia lateranense: le strutture di via Amba Aradam. A proposito di una recente pubblicazione, in: Bulletino della Commissione Archeologica Comunale di Roma 95 (1993), 143 – 152. Man tut deshalb gut daran, auf argumentative Verwendung vorerst zu verzichten. – Zum magisch-apotropäischen Charakter des Kreuzzeichens vgl. nur Kol 2, 15 (Zeichen des Sieges über die Dämonen); Tert. de cor. III 4; Joh. Chrysost. hom. 54 (in Mt), 4 (PG 58, 537): das Kreuzeichen habe von jeher und auch heute noch die Kraft, geschlossene Türen zu öffnen sowie Gifttränke und giftige Tiere unschädlich zu machen. – *F.J. Dölger,* Beiträge zur Geschichte des Kreuzzeichens I, in: JbAC 1 (1958), 5 – 19.

133. Vgl. zuletzt *M.J. Green/J. Ferguson* (wie Anm. 65), bes. 12ff.; *F. Corsaro,* Sogni e visioni nella teologia della Vittoria di Costantino e Licinio, in: Augustinianum 29 (1989), 333-349, passim; *M. DiMaio/J. Zeuge/N. Zotov, Ambiguitas Constantiniana.* The *caeleste signum Dei* of Constantine the Great, in: Byzantion 58 (1988), 333 – 360, passim; *Kuhoff* (wie Anm. 11), 172ff.; *Leeb* (wie Anm. 11), 39ff., 129ff. (Vision); *A. Lukaszewicz,* À propos du symbolisme impérial romain au IVe siècle: Quelques remarques sur le christogramme, in: Historia 39 (1990), 504 – 506; *H.R. Seeliger,* Die Verwendung des Christogramms durch Konstantin im Jahre 312, in: ZKG 100 (1989), 149 – 168; *P. Weiß,* Die Vision Constantins, in: J. Bleicken (Hg.), Colloquium ... A. Heuß (= FAS 13), Kallmünz 1993, 143 – 169; *Wischmeyer,* Christogramm (wie Anm. 132), passim; *A. Ziólkowski,* The vision of Constantine reconsidered, in: VoxP 3 (1983), 200-215 (engl. Zusammenfassung des polnischen Beitrages); *Bleckmann,* Konstantin der Große (wie Anm. 17), 58 – 63. *Clauss,* Konstantin (wie Anm. 77), 35: »Astronomische Spekulationen, wie sie immer wieder einmal angestellt werden, sind amüsant, mehr nicht. Was Konstantin gesehen und ob er es detailliert erzählt hat, bleibt letzten Endes unbekannt und unwichtig. Entscheidend waren der militärische Erfolg und der Glaube des Herrschers, diesen mit Hilfe eines Gottes erreicht zu haben, den die Christen als den ihren verstanden«.
134. Lact. mort. pers. 44, 5f. – *Rougé,* Manuscrit (wie Anm. 56), 19ff.
135. An dieser Stelle steht die in den Text eingedrungene, ein Staurogramm (vgl. Abb. 20) schildernde Randglosse: *transversa X littera summo capite circumflexo.* So *Rougé* (wie Anm. 56), a.a.O.; *T.D. Barnes,* The Conversion of Constantine, in: EMC 29 (1985), 383f.; dagegen: *Creed* (wie Anm. 46), 62f. mit 119 A. 9. Vgl. *Leeb* (wie Anm. 11), 36f. mit A. 10.

das – den Namen abkürzende – Zeichen für ›Christus‹: das Christogramm[136], und so wurde denn ›Christus‹ in der Form des Christogramms auf die Schilde der konstantinischen Armee aufgezeichnet (*Christum ...notat.* – Abb. 23)[137]. Als dann dieses Christuszeichen und somit der in ihm und mit ihm präsente Gott der Christen (bzw. dessen Sohn) die erhoffte Sieghaftigkeit unter Beweis gestellt hatte – römisch formuliert: als der Christengott am 28. Oktober 312 das *beneficium* des Schlachtensieges über Maxentius (Abb. 8) gewährt hatte[138] – , da war es an dem Sieger Konstantin,

136. Während der überlieferte, von J. Rougé als Glosse ausgeschiedene Satzteil (*transversa X littera summo capite circumflexo*) ohne Zweifel ein Staurogramm (vgl. hier Abb. 20) bezeichnet. – Die Vorstellung, daß Laktanz, wohl seit 314/15 als Erzieher des Kaisersohnes Crispus am Hofe Konstantins in Trier lebend und schreibend (*Wlosok* [wie Anm. 44], 376ff.), das Zeichen ›falsch verstanden‹ und ungeschickt interpretierend dargestellt haben sollte (so, mit Blick die beiden einander widersprechenden Aussagen des überlieferten Textes, *Seeliger* (wie Anm. 133)), erscheint mir höchst gekünstelt! Auch *Bleckmann,* Konstantin der Große (wie Anm. 17), 58, erwägt ein ›Mißverständnis‹ des Laktanz. – Der gelegentlich verwendete Ausdruck ›monogrammatisches Kreuz‹ als Versuch, den inneren Widerspruch in dem überlieferten Laktanztext zu überspielen, ist nur eine halbherzige Verlegenheitslösung: so etwa *J. Vogt,* Die konstantinische Frage (1955), in: *H. Kraft* (Hg.), Konstantin der Große, Darmstadt 1974, 363f.; *K. Christ,* Geschichte der römischen Kaiserzeit, München 1988, 740; *V. Keil,* Quellensammlung zur Religionspolitik Konstantins des Großen. Darmstadt ²1995, 23 (Staurogramm); *Bleckmann,* Konstantin der Große (wie Anm. 17), 58. – Eine andere Möglichkeit, ›Christus‹ darzustellen: ein sechsstrahliger ›Stern‹, gebildet aus den griechischen Buchstaben ›I‹ (für Jesus) und ›X‹ (Christos): siehe die Abbildung eines Sarkophagreliefs bei *Bleckmann,* Konstantin der Große (wie Anm. 17), 60; vgl. *Wischmeyer,* Christogramm (wie Anm. 132), 539 (Chrismon).
137. Nach meiner Kenntnis das früheste erhaltene Beispiel für das Christogramm als Schildzeichen ist eine Münze des Konstantinsohnes Crispus von ca. 322/23 aus Trier (Abb. 23): *A. Robertson,* Roman Imperial Coins in the Hunter Coin Cabinet (Glasgow), Bd. V, Oxford 1982, 224 Crispus Nr. 17; dazu die Abbildung ebd. Tafel 56, Nr. 17. Siehe auch RIC VII, 197 Nr. 372 mit Note. Ein späteres Beispiel: *Seeliger,* Verwendung (wie Anm. 133), 164/165, Taf. 8 (Konstantius II.). – Vgl. *B. Overbeck* (wie Anm. 443), passim (allerdings ohne die eben zitierte Crispus-Münze). – Ältestes inschriftlich bezeugtes Exemplar (zit. *Wischmeyer,* Christogramm (wie Anm. 132), 539; *Leeb* (wie Anm. 11), 40 A. 57) in christlichem Kontext als Grabinschrift: Diehl II Nr. 3257 für 323. – Früheste inschriftliche Bezeugung im ›profanem‹ Kontext auf einem Meilenstein in Nordafrika von 319: *P. Salama,* Le plus ancien chrétien officiel de l'Afrique romaine, in: Atti del VI Congresso Internaz. di Archeol. Crist. (Ravenna 1962), Città del Vaticano 1967, 537 – 543. – Gegen die Schilderung des Laktanz spricht nicht die Tatsache, daß Reliefs am Konstantinbogen einzelne Soldaten mit Statuetten des *Sol Invictus* zeigen (Abb. 3 und 5): das Christogramm war 312 ein Schildzeichen, kein offizielles Feldzeichen. – *Barnes,* CE (wie Anm. 17), 43, schreibt ohne Basis in den Quellen: »He replaced the pagan standards of his troops with a Christian sign«, womit er das sogen. Labarum meint; doch dieses Labarum scheint erst später eingeführt worden zu sein, möglicherweise in oder nach 324: *Leeb* (wie Anm. 11), 42ff.
138. Siehe dazu die grundlegend wichtige Selbstaussage des Kaisers über die »göttliche Wohltat« – das *beneficium* – des Sieges in einem Brief an den Heiden Anullinus von Ende 312 (Eus. HE X 7, 1=Soden Nr. 9, 11): τῶν θείων εὐεργεσιῶν τοῦτο- sc. Glück und Wohlfahrt des Reiches als Folgen des vom Christengott geschenkten Sieges an der Milvischen Brücke – παρεχουσῶν.

gegenüber seinem Sieghelfer das *officium* einzulösen. Er tat es am Tage seines triumphalen *ingressus* in Rom (Abb. 12) am 29. Oktober 312 in Form der Ablehnung des Gangs zum Kapitol und des Unterlassens der Darbringung des traditionellen Dankopfers an Juppiter. Und als nur wenige Wochen später am Jahresbeginn 313 die Saecularfeiern mit den großen Staatsopfern hätten beginnen sollen[139], verweigerte der Kaiser auch dies – als Dank an den Christengott – und reiste nach Mailand. Die Opferverweigerung am 29. Oktober 312 war eine – erstmalige, aber schon kurz darauf wiederholte – Demonstration, die an Deutlichkeit nichts zu wünschen übrigließ. Sie dokumentierte öffentlich, daß ein ›qualitativer Sprung‹ stattgefunden hatte, die Abwendung des Kaisers vom Götterkult, vom Polytheismus, vom Henotheismus, von der nichtchristlichen Religiosität. Jeder Christ und jeder Nichtchrist konnte daran erkennen, daß der Kaiser sich nunmehr – mit den Worten Tertullians (idol. 24, 3): – der *lex propria Christianorum* verpflichtet wußte; oder, in der Terminologie des Laktanz (de ira dei 2, 2) gesagt: daß Konstantin für sich persönlich (zumindest) den ersten *gradus* des Christseins in Anspruch genommen hatte[140]. Und jedermann durfte sich der darin ausgedrückten ›Wende‹ Konstantins um so sicherer sein, als der Kaiser die Absage an die Götter danach offensichtlich planmäßig demonstrativ wiederholte, indem er gleich Anfang 313 Fest und Opfer der Saecularfeiern zu veranstalten ›versäumte‹, sodann im Jahre 315 das Decennalienopfer (*Eus.* VC I 48), 325/26 das Vicennalienopfer (ebd. III 15) und 335 das Tricennalienopfer (*Eus.* LC II 5 – III 1) verweigerte. An die Stelle der blutigen heidnischen Opfer aber waren die immateriellen christlichen Gebetsopfer und – das ›Selbstopfer‹ des Kaisers Konstantin getreten[141], an die Stelle der Weihung von Tempeln an hilfreiche Götter das kaiserliche Kirchenbauprogramm, das mit dem Lateran schon Ende 312 machtvoll einsetzte[142]. Das sogenannte

---

139. S.o. A. 110.
140. Über die Art und Form seines Christseins aber hat der Historiker nicht zu urteilen. Er darf sich damit begnügen, mit Ed. Schwartz (gegen J. Burckhardt) festzustellen: nicht (nur) politische Berechnung hat Konstantin in seinem Handeln bestimmt, sondern »...die Triebkraft war ein wirklicher, irrationeller (sic!) Glaube...« (*Ed. Schwartz,* Kaiser Constantin und die christliche Kirche, Leipzig ²1936, 66), wobei um der Klarheit willen hinzugefügt sei: ein Glaube in christlichem Sinne. – Vgl. auch *H. Lietzmann,* Der Glaube Konstantins des Großen (1937), in: *ders.,* Kleine Schriften (Hg. K. Aland) Bd. 1, Berlin 1958, 186 – 201. Zuletzt *Clauss,* Konstantin (wie Anm. 77), 99ff.
141. *Girardet,* Das christliche Priestertum Konstantins (wie Anm. 24), bes. 579ff. – Zum (letzten) Rombesuch Konstantins 326 siehe die schöne und ertragreiche Studie von *H.-U. Wiemer,* Libanios und Zosimos über den Rom-Besuch Konstantins I. im Jahre 326, in: Historia 43 (1994), 469 – 494.
142. *Ch. Pietri,* Roma Christiana I, Rom 1976, 4ff.; *H. Brandenburg,* Die konstantinischen Kirchen in Rom. Staatstragender Kult und Herrscherkult zwischen Tradition und Erneuerung, in: MOUSIKOS ANHR. FS M. Wegner, Bonn 1992, 27 – 58, bes. 33ff. zu der als »revolutionär« verstandenen neuen Konzeption des Kultbaus. – Vgl. *J. Guyon* in *Piétri* (Hg.), Das Entstehen (wie Anm. 13), 878ff. (der Autor spricht allerdings 878 merkwürdigerweise von einer »Machtergreifung« Konstantins ...).

Weiterleben heidnischer Symbole beispielsweise in der Münzprägung (*Sol Invictus*)[143], das gerne als Fortbestehen heidnischer Religiosität bei Konstantin interpretiert wird, und die nur zögernde Verbreitung christlicher Symbolik (Christogramm) sagen aus dieser Perspektive nichts mehr über die persönliche Religiosität des Kaisers, sondern nur noch etwas über den politischen Instinkt und das politische Fingerspitzengefühl dieses ersten christlichen Herrschers angesichts der quantitativen Relation zwischen Christen und Nichtchristen im Reich.

III. Staatsrechtliche Aspekte des kaiserlichen Amtes

Konstantin hat seine Religions- bzw. Christenpolitik nicht voraussetzungslos begonnen. Politik und Religion waren, anders als in der säkularisierten Welt um die Wende vom 20. zum 21. Jahrhundert, in der griechisch-römischen Antike und besonders im Denken und Verhalten der Römer auf ganz bestimmte Weise einander unmittelbar zugeordnet, ja durchdrangen sich gegenseitig. Mit dem Amt des *princeps* bzw. Kaisers und *pontifex maximus* waren daher seit Jahrhunderten (seit Augustus 12 v. Chr.) gewisse Pflichten und Rechte verbunden, deren Erfüllung den Zweck hatte, die *pax deorum*, den politisch notwendigen Friedenszustand zwischen der Menschenwelt und der Welt des Göttlichen, zu gewährleisten oder, wenn er gestört oder zerstört war, wieder herzustellen und dauerhaft zu sichern. Die Frage nach dem Einwirken dieser traditionellen Gegebenheiten auf Konstantins Begegnung mit den Christen soll Gegenstand der folgenden Überlegungen sein. Dabei ist die – hier aber nicht eigens thematisierte – Tatsache im Auge zu behalten, daß auf seiten der Christen in den vorkonstantinischen Jahrhunderten keine spezifisch christliche Lehre von Kaisertum und Staat entwickelt worden war, die über die allgemeine Aussage hinaus, der (heidnische) Kaiser sei *secundus a deo*[144], detaillierte Vorstellungen von Pflichten und Rechten eines – potentiellen –

---

143. *P. Bruun*, The Disappearance of Sol from the Coins of Constantine, in: Arctos 2 (1958), 15 – 17; *ders.*, The Christian Signs on the Coins of Constantine, in: Arctos 3 (1962), 5 – 35; vgl. auch *ders.*, Permanenza (wie Anm. 126), passim; *Overbeck*, Christliche Symbolik (wie Anm. 442), passim; *Engemann* (wie Anm. 132), 1031 (mit der Ansicht, daß die heidnischen Symbole »Zeugnisse für ein längeres Festhalten Constantins an traditionellen Vorstellungen« seien). – Das Bildprogramm des Konstantinbogens mit Opferszenen und mehrfachem Erscheinen des Sonnengottes stand (vgl. *L'Orange/Wegner* (wie Anm. 11), 44 – 49) in der Verantwortung des heidnischen Senates von Rom, nicht des Kaisers persönlich: s.u. 64ff..

144. Tertull. ad Scap. 2: der (nichtchristliche) Kaiser als *homo a deo secundus; sic enim omnibus maior est, dum solo vero deo minor est*; vgl. Eusebius von Caesarea 315/17 mit der gleichen Perspektive: Kirchweihrede von Tyros in HE X 4, 15. – U.a. *Aland*, Kirche und Staat (wie Anm. 11), 65ff., 72ff.; *J. Straub*, Des christlichen Kaisers ›secunda maiestas‹ (1979), in: *ders.*, Regeneratio Imperii II, Darmstadt 1986, 63 – 74. – Siehe den Überblick von *P. Stockmeier*, Art.: Herrschaft – B. Christlich, in: RAC 14 (1988), 910 – 936. Übersetzte und kommentierte Texte

christlichen Kaisers vermittelt hätte. Mit einem Wort: es existierte noch kein christliches Herrscherbild, das als Orientierung oder gar Korrektiv hätte dienen können; ein solches hat erst Eusebius von Caesarea unter dem Eindruck der historischen – der konstantinischen – Wirklichkeit entworfen[145].

1. Religiöse Motivation und machtpolitische Motivation – eine Alternative im spätantiken Denken?

Der militärische Sieg Konstantins am 28. Oktober 312 vor den Toren Roms über seinen Rivalen um die Kaiserherrschaft, Maxentius, mag auch heute noch manchem, wie den christlichen Zeitgenossen der Ereignisse, als ein gleichsam providentielles Ereignis erscheinen. Der Historiker wird demgegenüber bei der Bewertung die höchst profane Tatsache in Rechnung stellen, daß ein Sieg auf dem Schlachtfeld ebenso wie eine Niederlage in der Regel das Ende einer Kette von Zufälligkeiten ist (was im übrigen niemand besser wußte als die Herren der Armeen). Gar die Tatsache, daß es Konstantin und nicht Maxentius war, der die Schlacht – ob siegreich oder nicht – überlebt hat, und daß überhaupt so erst die Wende in der Religionspolitik mit allen ihren welthistorischen Folgen möglich wurde, ist, überspitzt formuliert, auf den Zufall zurückzuführen, daß Konstantin im Schlachtgetümmel nicht von einem Speer, einem Pfeil, einem Schwerthieb niedergestreckt worden und daß er nicht wie sein Gegner im Tiber ertrunken ist.

Nach meiner Ansicht gibt es ebenfalls keinen Grund für die Annahme, daß es zu der Konstantinischen Wende hätte kommen müssen, so als wohne der Geschichte eine Art fortschrittsorientierter Gesetzmäßigkeit oder ›Entwicklung‹ inne, von welcher her gesehen es nur noch eine Frage der Zeit gewesen wäre, bis alle Reichsbewohner zu Christen geworden wären und namentlich ein römischer Kaiser das Christentum angenommen hätte[146]. Gegenüber einer solchen – schon von ihrer pseudowissenschaftlichen Prämisse her ausgesprochen problematischen – Auffassung[147] wird man als Historiker an gewisse Realitäten

---

zu dieser Frage in dem ausgezeichneten Studienwerk von *R. Klein/P. Guyot,* Das frühe Christentum bis zum Ende der Verfolgungen, Bd. I, Darmstadt 1993, 194ff., 210ff., 222ff.

145. *Stockmeier* (wie Anm. 144), Sp. 926ff. sowie unten Teil VI A. 443.

146. In diesem Sinne jedoch etwa *A. v. Harnack,* Die Mission und Ausbreitung des Christentums in den ersten drei Jahrhunderten, Leipzig ⁴1924, 955f., aber auch sehr viele Neuere. – Vgl. *R. MacMullen,* The Meaning of A.D. 312: The Difficulty of Converting the Empire, in: The 17th International Byzantine Congress – Major Papers, New Rochelle/New York 1986, 1–15, bes. 3ff. – Zur frühchristlichen Fortschrittsidee s.o. Teil I, 10f.

147. Hinter ihr steht eine geschichtsphilosophische bzw. geschichtstheologische Konzeption, die mit einer wie auch immer gearteten und wohin auch immer weisenden, vermeintlich ›objektiven‹ Sinn stiftenden Teleologie rechnet; zu ihren Grundlagen im frühen Christentum siehe *Kinzig,* Novitas (wie Anm. 3), bes. 201ff. (›Heilsgeschichte‹). Dagegen *K. Popper,* Über Ge-

erinnern müssen, auch wenn sich dabei leider keine Präzision erlangen läßt. Über den Anteil der Christen an der Reichsbevölkerung zu Beginn des 4. Jahrhunderts schwanken die Schätzungen zwischen maximal 20 % und minimal 5 %; vielleicht könnte – mit starken regionalen Unterschieden und mit einem bedeutenden Gefälle von Ost nach West – ein Anteil von insgesamt ca. 10 % einigermaßen realistisch sein[148]. Und es mag sogar sein, daß in manchen Städten und Dörfern Syriens oder Kleinasiens oder Nordafrikas Christen die Mehrheit der Bevölkerung stellten. Doch was besagt das? Deutet es auf eine geradlinige ›Entwicklung‹ mit vorhersehbarem Ziel- und Endpunkt hin? Und stellte das Christentum zu Beginn der Herrschaft Konstantins tatsächlich eine auch politisch relevante gesellschaftliche Kraft dar? Stand sozusagen ein Umschlagen von Quantität in Qualität bevor? Verlangte das Christentum unter quantitativem Gesichtspunkt als potentieller Machtfaktor geradezu danach, von einem machtbewußten ehrgeizigen Politiker genutzt zu werden[149]?
Diese Fragen wird man mit *Ed. Schwartz* nur negativ beantworten können: »Eine Macht, die auch materiell ins Gewicht fiel, wurde erst die Reichskirche; formell wenigstens war die Kirche damals noch ein Gast auf Erden und hatte, namentlich im Okzident, Massen nicht hinter sich«[150]. Das ist aber noch sehr moderat ausgedrückt. Denn viel wichtiger – politisch, machtpolitisch wichtiger – wäre eine namhafte Anzahl von Christen innerhalb der Führungsschicht des Reiches, im (stadt-)römischen Senatsadel also und in den lokalen Eliten, sodann in der höchsten Reichsbeamtenschaft und selbstverständlich, da es Konstantin ja im militärischen Machtkampf um möglichst erfolgreiche Kriegführung ging, in der Armee und dort wieder besonders auf der Ebene der Führung, also im Offizierscorps. Die Antwort auf Fragen nach der Stärke des Christentums in diesem Bereich der Gesellschaft kann aber nur ernüchternd lauten: hier war der Anteil der Christen nach allem,

---

schichtsschreibung und über den Sinn der Geschichte (1962), in: *ders., Alles Leben ist Problemlösen. Über Erkenntnis, Geschichte und Politik*, Darmstadt/München 1994, 173 – 205; sowie *ders., Das Elend des Historizismus*, Tübingen ³1971.

148. *A. v. Harnack* (wie Anm. 146), 946ff.; *L. Hertling,* Die Zahl der Christen zu Beginn des 4. Jahrhunderts, in: ZKTh 58 (1934), 243 – 253; *B. Kötting,* Art.: Christentum I (Ausbreitung), in: RAC 2 (1954), 1138 – 1159; *W.H.C. Frend,* The Rise of Christianity, London 1984, 444ff. (zu einzelnen Regionen); *Dassmann* (wie Anm. 54), 260ff. – Allgemein sozialgeschichtliche Aspekte von Christentum und Christianisierung im 3. Jh: *Wischmeyer,* Von Golgatha zum Ponte Molle (wie Anm. 54), 63ff., 163ff.

149. Vgl. in diesem Sinne etwa *Bleicken* (wie Anm. 29), 6 – 13. – Auch Barnes scheint mit ähnlichen Gedanken zu spielen, wenn er Konstantin schon 306 als ›potentiellen Befreier‹ der vor allem im stärker christianisierten Osten verfolgten Christen darstellt (CE (wie Anm. 17), 28) und wenn er Konstantins ›Wende‹ von 310 zu Apollon/Sol Invictus als u.a. im Blick auf die Christen erfolgt bezeichnet, »who formed an influential section of Constantine's subjects« (ebd. 36f.), allerdings ohne jeden Quellenhinweis; vgl. auch 53.

150. Kaiser Constantin (wie Anm. 139), 66. – *Bringmann* (wie Anm. 39), 25ff.

was man bisher verantwortlich sagen kann, verschwindend gering[151]. Gerade an der Stelle, wo das Christentum eine für machtpolitisches Kalkül tatsächlich relevante Größe hätte sein können – bzw. für einen aufstrebenden Politiker, der das Christentum als Machtfaktor nutzen wollte, hätte sein müssen[152] –, gerade dort also war das Christentum eine »quantité négligeable«[153].

Für ein historisch-politisches Verständnis der Konstantinischen Wende heißt das: die rein zahlenmäßige Stärke des Christentums insgesamt sowie des möglichen Anteils an der Führungsschicht des Reiches fällt, im Sinne eines potentiellen Machtfaktors, als Erklärungselement für Konstantins Motive bei der Wahl des Christengottes vollständig aus. »Nicht aus politischer Berechnung« also hat, wie Ed. Schwartz zu Recht schrieb[154], der Kaiser »den Gott der christlichen Kirche als Helfer« gewählt. Gleichzeitig aber behält auch *J. Straub*[155] mit seiner Mahnung Recht: »Alle Bemühungen um ein tieferes Verständnis der religiösen Entwicklung Konstantins, um den Nachweis der Glaubwürdigkeit seines Selbstzeugnisses würden ihr Ziel verfehlen, wenn sie den politischen Ehrgeiz des Staatsmannes, der ja als Usurpator seine Laufbahn begonnen hatte, außer acht ließen«. Denn wenn das quantitative Argument auch nicht zum Zuge kommen kann[156], bleibt doch der

---

151. *v. Schoenebeck* (wie Anm. 126), 66ff., 72ff.; *Lorenz* I (wie Anm. 13), 6f. – Christen im Heer: *E. Gabba*, I cristiani nell'esercito romano del quarto secolo dopo Cristo, in: Transformation et conflits au IVe siècle ap. J.-C., Bonn 1978, 33 – 52, bes. 45ff.; *Wischmeyer*, Von Golgatha zum Ponte Molle (wie Anm. 54), 36ff.; *M. Clauss*, Art.: Heerwesen (Heeresreligion), in: RAC 13 (1986), bes. 1105ff.; *D. Woods,* The Christianization of the Roman Army in the Fourth Century, Diss. Queen's University Belfast 1991 (mir nicht zugänglich); vgl. *Rosen,* Constantins Weg (wie Anm. 29), 853ff. (zu der übertreibenden Angabe Lib. or. XXX 6, Konstantins gesamtes Heer hätte 312 aus Christen bestanden), 861ff. – Christen in den Führungsschichten: *W. Eck,* Das Eindringen des Christentums in den Senatorenstand bis zu Konstantin d. Gr., in: Chiron 1 (1971), S.381 – 406; *ders.,* Christen im höheren Reichsdienst im 2. und 3. Jahrhundert?, in: Chiron 9 (1979), 449 – 464. Im vergleichsweise stark christianisierten Nordafrika etwa sind die lokalen Behörden noch im 5. Jh. offenbar nahezu vollständig heidnisch gewesen: *C. Lepelley,* Les cités de l'Afrique romaine au Bas-Empire Bd. I, Paris 1979, z.B. 343ff., 352ff., 371ff. Vgl. *M.R. Salzman,* How the West Was Won: The Christianization of the Roman Aristocracy in the West in the Years after Constantine, in: *C. Deroux* (Hg.), Studies in Latin Literature and Roman History VI, Brüssel 1992, 451 – 479. – Für die Zeit seit 324: *R. v. Haehling,* Die Religionszugehörigkeit der hohen Amtsträger des römischen Reiches seit Constantins I. Alleinherrschaft bis zum Ende der Theodosianischen Dynastie (324 – 450 bzw. 455 n. Chr.), Bonn 1978, bes. 507ff.
152. Z.B. *Bleicken* (wie Anm. 29), 12f.; *Barnes,* CE (wie Anm. 17), 28 und 36f.
153. *Bringmann* (wie Anm. 39), 27.
154. Kaiser Constantin (wie Anm. 139), 66. So auch *Dörries,* Selbstzeugnis (wie Anm. 17), 18f., und andere. Vgl. auch *Bowder* (wie Anm. 11), 23.
155. Konstantins Verzicht (wie Anm. 75), 117. Vgl. auch *Claus,* Konstantin (wie Anm. 77), 99ff.
156. Und ebenso wenig das geschichtsphilosophische oder -theologische, das in Politik und Geschichte übermenschliche Mächte (›Gott‹, ›Weltgeist‹) oder Gesetzmäßigkeiten am Werke sieht: s.o. A. 147.

›Faktor Mensch‹, das politische und historische Individuum Konstantin – und dieses Individuum hat sich aus Gründen, die in der Antike als politisch erfolgversprechend galten, nämlich eben gerade aus religiösen Gründen, für den Gott der Christen entschieden, weil dieser ihm in den Jahren 311/12 als der wirkungsmächtigste Helfer im Kampf um die Macht erschien; wie und warum er auf den Gedanken gekommen ist, der Christengott könnte der stärkste Helfer sein, wird man als Historiker allerdings wohl kaum je verläßlich ermitteln können.

Da also Konstantin, zunächst seit 306 im tetrarchischen Kaiserkollegium, dann seit 312 als Herr über den Westen des Reiches und seit 324 als alleiniger Beherrscher des Weltreiches, ein politisches Individuum von allerhöchsten Graden war, besitzt eine solche persönliche, religiös begründete ›Wende‹ auch aus heutiger Sicht eminent politische Implikationen und Folgen[157]. Anders gesagt: erklärungsbedürftig wäre nicht ein Vorhandensein, sondern ein Nicht-Vorhandensein solcher Motive, Implikationen und Folgen! Es ist und bleibt daher ein Ding der Unmöglichkeit, in der Antike Politik und Religion voneinander zu trennen und womöglich auch noch gegeneinander auszuspielen (so als wäre Politik etwas Unanständiges, etwas – wie nach J. Burckhardt jede Macht – ›an sich‹ Böses); die wohl allen bekannte Debatte um die sogen. politische Theologie des Bischofs Eusebius von Caesarea[158] und anderer spätantiker Autoren krankt zuweilen daran, daß man dies nicht genügend berücksichtigt[159].

---

157. U.a. auch *Lorenz* I (wie Anm. 13), 4: »Es gibt keine Alternative zwischen dem Machtpolitiker Konstantin und dem gläubigen Frommen«.
158. Der Terminus ›politische Theologie‹ stammt von M. Bakunin (1871). Er wurde von dem umstrittenen Staatsrechtler Carl Schmitt aufgegriffen und neu definiert (Politische Theologie, München/Leipzig 1922/1934); der Theologe Erik Peterson hat sich 1935 (Der Monotheismus als politisches Problem) damit kritisch auseinandergesetzt. Zur kontroversen Debatte jetzt etwa *C. Schmitt*, Politische Theologie II. Die Legende von der Erledigung jeder Politischen Theologie, Berlin 1970; darin u.a. 68ff.: ›Eusebius als der Prototyp Politischer Theologie‹. Dazu ein (ziemlich mißglückter) Versuch, Eusebius zu ›retten‹, von *G. Ruhbach*, Die politische Theologie Eusebs von Caesarea, in: *ders.* (Hg.), Die Kirche angesichts der konstantinischen Wende, Darmstadt 1976, 236 – 258. – Zur Diskussion: das wichtige Buch von *A. Schindler* (Hg.), Monotheismus als politisches Problem? Erik Peterson und die Kritik der politischen Theologie, Gütersloh 1978 (darin u.a. J. Badewien über Eusebius von Caesarea, 43ff.; F. Scholz über »Die Theologie Carl Schmitts«, 149ff.). – *H. Meier*, Die Lehre Carl Schmitts. Vier Kapitel zur Unterscheidung Politischer Theologie und Politischer Philosophie, Stuttgart 1994; *ders.*, Was ist Politische Theologie? Einführende Bemerkungen zu einem umstrittenen Begriff, in: *J. Assmann*, Politische Theologie zwischen Ägypten und Israel (=Siemens-Stiftung ›Themen‹ Bd. 52), München ²1995, 7 – 19.
159. Richtig demgegenüber *F. Winkelmann*, Euseb von Kaisareia. Der Vater der Kirchengeschichte, Berlin 1991, bes. 156ff. Vgl. auch *M.J. Hollerich*, Religion and Politics in the Writings of Eusebius: Reassessing the First »Court Theologian«, in: Church History 59 (1990), 309 – 325; *R.M. Grant*, Eusebius and Imperial Propaganda, in: *H.W. Attridge/G. Hata* (Hg.), Eusebius, Christianity and Judaism, Leiden 1992, 658 – 683.

In den wenigen Wochen des Novembers und Dezembers 312, die Konstantin sich zwischen dem Sieg über Maxentius und seiner wohl Anfang/Mitte Januar 313 anzusetzenden Reise nach Mailand zum Treffen mit Licinius in Rom aufhielt, sind nun also bereits, wie sich nach meiner Ansicht zweifelsfrei zeigen läßt, die – ex post betrachtet – alles entscheidenden Weichenstellungen für die Zukunft des neuen, weit über die Intentionen des Galeriusediktes von 311 hinausweisenden Verhältnisses von Kaiser und Christentum, von Staat und Kirche vorgenommen worden. Konstantin hatte, wie einem Brief von Dezember 312 (oder Anfang 313) zu entnehmen ist, offenbar im November einen Teil der höchsten Reichsbeamten aus den Provinzen des Westens oder doch aus dem bisher von Maxentius beherrschten Reichsteil zu einer ›Regierungskonferenz‹ nach Rom beordert und hier mündlich Anweisungen für die künftige Christenpolitik erteilt[160]. Der Inhalt liegt uns dem Wortlaut nach auch in schriftlicher Form vor, u.a. in kaiserlichen Briefen an den Prokonsul Anullinus in Karthago und an den karthagischen Bischof Caecilianus. Zunächst (2.) sei aber auf den häufig zu wenig beachteten, das *munus principis* charakterisierenden Aspekt des *ius publicum* eingegangen, der sowohl den programmatischen Erklärungen als auch den konkreten christen- und allgemein religionspolitischen Maßnahmen Konstantins seit 312 zu Grunde liegt. Auf diesem Hintergrund können dann Konstantins Aussagen über Rang und Wert des christlichen Kultus und der nichtchristlichen Kulte erörtert werden, wobei später die Frage eine zentrale Rolle spielen wird, ob und bis zu welchem Grade der Kaiser sich den christlichen Monotheismus und den diesem immanenten Universalismus zu eigen gemacht hat (Teil IV).

2. Ius publicum und munus principis[161]

Wir haben von der Tatsache auszugehen, daß die nichtchristliche Bevölkerung des Reiches, sofern sie im Besitz der *civitas Romana* war – d.h. seit der *Constitutio Antoniniana* von 212 sämtliche freien Einwohner des Imperiums – , als Bürger-

---

160. Eus. HE X 6, 1ff. =Soden Nr. 8, 17ff., 22ff.: hier einige der anwesenden Magistrate (u.a. Anullinus). *Lorenz* I (wie Anm. 13), 8; *Kraft,* Entwicklung (wie Anm. 17), 162f.; *Calderone* (wie Anm. 17), 136. – Zu den verschiedenen Anullini (*praefectus urbi* des Maxentius, identisch mit dem späteren Prokonsul von *Africa*?) vgl. die Vermutungen von *Barnes,* NE (wie Anm. 17), S 116f. – Die Frage, was es mit dem von Eusebius erwähnten νόμος τελεώτατος auf sich haben könnte (Eus. HE IX 9, 12), scheint noch nicht abschließend beantwortet zu sein. Vgl. *R. Klein,* Der νόμος τελεώτατος Konstantins für die Christen im Jahre 312, in: RQ 67 (1972), 1 – 28; *Barnes,* CE (wie Anm. 17), 48f. mit 309f., A. 51; *ders.,* NE (wie Anm. 17), 67f.; *Lorenz* I (wie Anm. 13), 9 A. 20; *ders.* II (wie Anm. 13), 116 A. 1.
161. Vgl. dazu bereits *K.M. Girardet,* Der Vorsitzende des Konzils von Nicaea (325) – Kaiser Konstantin d. Gr, in: *K. Dietz/D. Hennig/H. Kaletsch* (Hg.), Klassisches Altertum, Spätantike und frühes Christentum (FS A. Lippold), Würzburg 1993, 331 – 360, bes. 335ff.

gemeinschaft zugleich eine (polytheistische) Kultgemeinschaft bildete[162]; dabei stellten die Juden seit dem 1. Jh.v.Chr. in diesem Punkt eine historisch bedingte, durch Privilegien abgesicherte Ausnahme dar[163], während die Christen sich zwar als Teil der Bürgergemeinschaft betrachteten, die Teilhabe an der Kultgemeinschaft indessen verweigerten[164]. Gemeinsam war jedoch allen grundsätzlich die Vorstellung, daß außerhalb der irdischen Welt himmlische Mächte existierten, die auf das Leben der Menschen positiven oder negativen Einfluß nehmen konnten und die daher um jeglicher Form des Wohlergehens willen in Ritus und Kultus sorgfältiger Verehrung bedurften[165]. Die Spitze von Bürger- und Kultgemeinschaft aber war seit Augustus der Prinzeps bzw. Kaiser, der vom Jahre 12 v. Chr. an zugleich das für die Gewährleistung der *pax deorum* wichtige Amt des *pontifex maximus* innehatte[166]. Dem Kaiser als dem höchsten Verantwortlichen für den geordneten *status rei Romanae* und für die *salus imperii* oblag es daher, über die Einhaltung des *ius publicum* zu wachen, welches folgendermaßen definiert war: *publicum ius est, quod ad statum rei Romanae spectat (...). publicum ius in sacris, in sacerdotibus, in magistratibus consistit* (dig. I 1, 1, 2).

Entsprechend dieser zu Anfang des 3. Jh. von dem Juristen Ulpian formulierten Definition des *ius publicum* war also der weite Bereich von Kultus, Religion und Kultpersonal, anders als nach heutigem Verständnis, welches Religion und Politik sowie Staat und Kirche zu trennen gewohnt ist, ein Bestandteil, ja sogar, wie schon die Reihenfolge in der Definition signalisiert, der wichtigste Bestandteil des öffentlichen Rechts: zuerst die *sacra* und die *sacerdotes*, d.h. politisch: die Sicherung der *pax deorum*; dann an dritter Stelle die *magistratus*[167]. Daher war es um der politischen *salus imperii* bzw. *rei Romanae/rei publicae* willen im Sinne der umfas-

---

162. FIRA I Nr. 88 [445ff.] = p. Giss. 40.
163. *J. Maier*, Geschichte des Judentums im Altertum, Darmstadt ²1989; *A. Linder*, The Jews in Roman Imperial Legislation, Detroit/Jerusalem 1987, 67ff. – Weiteres unten in Teil V 2.
164. Vgl. dazu die Texte bei *R. Klein/P. Guyot*, Das frühe Christentum bis zum Ende der Verfolgungen Bd. 2. Die Christen in der heidnischen Gesellschaft, Darmstadt 1994, Teil B: Die Vorwürfe der Heiden; Literatur: 394 – 401.
165. Vgl. *K. Döring*, Antike Theorien über die staatspolitische Notwendigkeit der Götterfurcht, in: A+A 24 (1978), 43 – 56.
166. Vgl. *B. Baron de la Bastie*, Du souverain pontificat et des empereurs romains, in: Mémoires de l'Académie des Inscriptions et Belles-Lettres 12 (1740), 355- 374, 375 – 427; *ders.*, ebd. 15 (1743), 37 – 74, 74 – 144; *G. Wissowa*, Römische Religionsgeschichte (²1912), München 1971, 503f., 508ff.; *Z. Zmigryder-Konopka*, Pontifex maximus – iudex atque arbiter rerum divinarum humanarumque, in: Eos 34 (1932/33), 361 – 372.
167. Daß an dieser Rangfolge auch die christlichen Kaiser festgehalten haben, beweist u.a. das Gesetz des Konstantius II. (14. 2. 361): .... *gaudere ... et gloriari ex fide semper volumus, scientes magis religionibus quam officiis et labore corporis vel sudore nostram rem publicam contineri* (CTh XVI 2, 16). Die darauf bezogene Äußerung von *J. Moreau* (Constantius II., in: JbAC 2 (1959), 167), der Text stehe in krassem Gegensatz zu altrömischem Denken, geht also vollkommen in die Irre.

senden Verantwortlichkeit des spätantik-absolutistischen Herrscheramtes gegenüber Göttern und Menschen die politisch-religiöse Pflicht des Kaisers und *pontifex maximus*, die Kulte – *sacra* –, die Priester als die Kultbeamten – *sacerdotes* – ebenso wie die Beamten des politisch-administrativen Bereiches – *magistratus* – zu beaufsichtigen, zu lenken, zu leiten und jedenfalls auch Bedingungen zu schaffen, unter denen Priester und Beamte adäquat ihres politisch notwendigen Amtes walten konnten. Indem nun das Christentum durch das Galeriusedikt 311 legalisiert, der Christengott somit in das Pantheon aufgenommen und die christlichen Gemeinden durch (spätere) Edikte als *corpora* – als Körperschaften – des *ius publicum* anerkannt wurden[168], waren sie in die Kultgemeinschaft des Reiches integriert und somit auch automatisch der Aufsichtspflicht der Kaisers als des *pontifex maximus* und verantwortlichen Hüters der *pax deorum* anheimgegeben, prinzipiell unabhängig davon, ob dieser ein Christ war oder ein Nicht-Christ[169].

Mit Konstantin stand seit Ende Oktober 312 erklärtermaßen ein christlicher Kaiser als *Maximus Augustus* an der Spitze des Reiches. Hat sich die persönliche ›Wende‹, die Option für das Christentum, auf die in programmatischen Äußerungen und in politischer Praxis zum Ausdruck kommende Auffassung vom *munus principis* und von der Struktur des Verhältnisses zwischen irdischem und göttlichem Bereich ausgewirkt? Offensichtlich nicht oder wenigstens nicht unmittelbar; die Grundeinstellung ist, wenn man so will, ›heidnisch‹ geblieben[170], und es ist in den Quellen nicht bezeugt, daß man von christlicher Seite daran Anstoß genommen hätte. An der reinen Tatsächlichkeit, daß Konstantin noch vor Ende 312 mit einer dynamischen Politik der Sicherung und Vereinheitlichung des christlichen Kultus, der Festigung der christlichen Kultorganisation und der Privilegierung des christlichen Kultpersonals begann, ist also in dieser Hinsicht nichts aus dem Rahmen Fallendes zu bemerken. Es handelt sich vielmehr aus der Sicht des traditionell-römischen *ius publicum* und vom Amt des Kaisers als *pontifex maximus* her gese-

---

168. Erstmals bezeugt in den *litterae Licinii* (Nikomedien 313): Lact. mort. pers. 48, 8f. – Vgl. A.A.T. Ehrhardt, Das Corpus Christi und die Korporationen im spätrömischen Reich, in: SZ Rom. Abt. 70 (1953), 299 – 347, und ebd. 71 (1954), 25 – 40.
169. Wie Galerius; vgl. in Lact. mort. pers. 34, 5 die Ankündigung von Ausführungsbestimmungen an die *iudices*, die vermutlich Maßnahmen zur Gewährleistung des Kultus anordneten.
170. Allerdings gab es sie auch bei Christen wie Eusebius: G.W. Trompf, The Logic of Retribution in Eusebius of Carsarea, in: B. Croke/A.M. Emmett (Hg.), History and Historians in Late Antiquity, Sydney 1983, 132 – 146. Siehe auch Lact. de ira dei 16, 3! Vgl. ebd. 8, 7f. – ›Heidnisch‹: vgl. Lact. inst. div. V 2, 5f. – Auch Begründungen für die diokletianischen Edikte: Eheedikt von 295 in FIRA II 559 (=coll. Mos. et Rom legum VI 4, 2) – *... ita enim et ipsos inmortales deos Romano nomini, ut semper fuerunt, faventes atque placatos futuros esse non dubium est, si cunctos sub imperio nostro agentes piam religiosamque et quietam et castam in omnibus mere colere perspexerimus vitam.* – Vgl. auch das Manichäeredikt von 302: FIRA II 580 = coll. Mos. et Rom. legum XV 3, 2. Ferner Maximinus Daia im ›Toleranzedikt‹ (Brief an Sabinus) von Ende 312: Eus. HE IX 9a, 6. – J. Vogt, Zur Religiosität der Christenverfolger im Römischen Reich, Heidelberg 1962.

hen um nichts als eine – für politisch notwendig erachtete – Selbstverständlichkeit, wenn auch die politische Bewertung des Christengottes sowie seines Kultes und seiner Kultbeamtenschaft in eine neue Richtung deutet, die gleich behandelt werden wird.

Schon das frühe Selbstzeugnis Konstantins spricht in Hinsicht auf die genannten, durch die ›Wende‹ nicht beeinflußten Selbstverständlichkeiten der Pflichten eines Kaisers als Hüters des *ius publicum* im Sinne des Traditionellen eine deutliche Sprache. Zwar erscheint Ende 312 die Rückgabe von Eigentum christlicher Gemeinden, das in der Verfolgungszeit beschlagnahmt worden war, als Wirkung kaiserlicher φιλαγαθία, ist also noch nicht ausdrücklich religionspolitisch motiviert[171]. Aber die kurz darauf verfügte Zuweisung von Geldgeschenken an die Christengemeinden in Nordafrika (und gewiß auch an Kirchengemeinden in anderen Regionen des Westens)[172] läßt bereits den – wie gesagt: traditionellen – Gedanken einer Pflicht eines Kaisers zur Sicherung des staatspolitisch notwendigen Kultus, der jetzt der christliche ist, sowie zur Sicherung der »rechtmäßigen und allerheiligsten katholischen Religion« (τῆς ἐνθέσμου καὶ ἁγιωτάτης καθολικῆς θρησκείας), der »allerheiligsten (und) katholischen Kirche« (τῆς ἁγιωτάτης καὶ καθολικῆς ἐκκλησίας), deutlich werden. Die ebenfalls noch Ende 312/Anfang 313 zugunsten der christlichen Kleriker ergangene Verfügung der Freiheit von den *munera* ist sodann erklärtermaßen auf dem altbekannten Grundsatz der Korrespondenz von göttlichem *beneficium* und kaiserlichem *officium* aufgebaut[173].

Von seiner Hochachtung vor der »gesetzmäßigen katholischen Religion« (ἔνθεσμος καθολικὴ ἐκκλησία) her sieht sich der Kaiser ferner verpflichtet, die Einheitlichkeit des christlichen Kultus und mit ihr das Wohlwollen des Christengottes zu sichern[174]. Wichtig erscheint in diesem Zusammenhang schließlich auch das entsprechend dem Ergebnis der Konferenz von Mailand (wohl Januar/Februar 313) von dem Augustus Licinius im Namen des *Maximus Augustus* Konstantin und im eigenen Namen in Nikomedien am 13. Juni 313 veröffentlichte Schreiben an den Statthalter von Bithynien, obwohl es nur den ›kleinsten gemeinsamen Nenner‹ zwischen dem Christen Konstantin und dem Nichtchristen Licinius darstellt[175].

---

171. Eus. HE X 5, 16 (= Soden Nr. 7, an Anullinus).
172. Ebd. 6, 1ff. (= Soden Nr. 8, an Caecilianus von Karthago, 312/13); dort auch die gleich zitierten Ausdrücke. – Finanzielle Unterstützung für Christengemeinden auch in anderen Regionen: Eus. VC I 42f.; vgl. II 45f.
173. Eus. HE X 7, 1f. (= Soden Nr. 9, an Anullinus, 312/13). Zu den Privilegien s.u. Teil VI 2.
174. Eus. HE X 5, 20 = Soden Nr. 12, 27ff. (an Miltiades von Rom, 313). – Zum Problem ›Kanzlei‹ s.o. A. 5.
175. *Bringmann* (wie Anm. 39), 45. – Der Text: Lact. mort. pers. 48, 2 – 12. Dazu der zeitlich später vermutlich in der Provinzmetropole Caesarea veröffentlichte, weitgehend gleichlautende Brief, den Eusebius (HE X 5, 2 – 24) in griechischer Übersetzung wiedergibt. – Konstantin hatte bereits Wochen vor dem Treffen in Mailand den christlichen Gemeinden (in Nordafrika) die Rückgabe beschlagnahmten Eigentums sowie finanzielle Unterstützung und dem christlichen

Politisches Ziel dieser Proklamation allgemeiner religiöser ›Toleranz‹ im Osten sind *commoda et securitas publica* sowie *quies temporis nostri* bzw. *quies publica*[176]. Dabei war der Grundgedanke maßgebend, daß *quicquid est ‹divinitatis› in sede caelesti* durch freie Religionsausübung für Christen wie Nichtchristen *nobis* (sc. Konstantin und Licinius) *atque omnibus ... placatum ac propitium possit existere*[177]. Um der politischen Stabilität des Reiches willen also, die durch fehlende Gunst des Himmels bedroht sein könnte, soll mit Hilfe der verfügten Maßnahmen der *divinus iuxta nos favor ... per omne tempus*[178] gesichert werden. Und wenn an anderer Stelle im gleichen Brief mit Nachdruck die dauerhafte Sicherung von *solitus favor* und *benivolentia* der *summa divinitas* sowie von *favor, quem in tantis sumus rebus experti*, angesprochen wird[179], dürfen wir darin erneut unmißverständliche Hinweise auf die mit göttlicher Hilfe errungenen Schlachtensiege Konstantins gegen Maxentius und des Licinius gegen Maximinus Daia erblicken; dabei ist die *summa divinitas* für Konstantin (wie für Laktanz und Eusebius) natürlich der Christengott, für Licinius hingegen Juppiter (RIC VII 591 – 608) bzw. Sol (ILS 8940; CIL VIII 8712)[180]. Die Proklamation des Licinius, der im übrigen der letzte Kaiser der Antike ist, der (auf der Rückseite einer Münze des Caesars Licinius d. J.) als Opfernder dargestellt wurde (Abb. 22), will somit ebenfalls um der – potentiell durch das Göttliche bedrohten – politischen Stabilität und Sicherheit (*quies, securitas*) willen im Sinne der Ableistung eines *officium* als Antwort auf göttliche *beneficia* verstanden werden. Daß es den von Konstantin zuvor schon geschaffenen privilegierten Status des Christentums nicht erreicht[181], ändert an den Übereinstimmungen in der Auffassung vom *munus principis* nichts.

Die dieser Proklamation zu Grunde liegende Denkstruktur hinsichtlich der Abhängigkeit des Menschlichen vom Göttlichen und der Beeinflußbarkeit des einen durch das andere ist also ebenfalls ganz traditionell. Doch zurück zu Konstantin: da er den Christengott mit Erfolg zu seinem persönlichen Helfer und dieser selbst ihn, dem er durch den Sieg über Maxentius die irdische Herrschaft verliehen bzw. er-

---

Klerus allgemein die Immunität zugesprochen; das Schreiben von Nikomedien bleibt dahinter insofern weit zurück, als es lediglich die allgemeine Religionsfreiheit proklamiert und die Rückgabe des beschlagnahmten Eigentums des *corpus Christianorum* verfügt. Zur Sache auch unten 114ff.

176. Lact. mort. pers. 48, 1 und 6 bzw. 10. – Zu dem Mailänder Programm s.u. Teil IV 2.
177. Lact. mort. pers. 48, 2.
178. ebd. 48, 11.
179. ebd. 48, 3 und 11.
180. Vgl. *Castritius* (wie Anm. 61), 16f. mit A. 36 sowie 38f. – Zum (positiven) Bild des Licinius 313/14 bei den christlichen Schriftstellern: Lact. mort. pers. 46 und 48, 1; Eus. HE IX 9, 1 und 12f.; IX 11, 8; X 4, 16 und 60 (Kirchweihrede des Eusebius in Tyrus ca. 315/17). Vgl. *H. Feld*, Der Kaiser Licinius. Phil. Diss., Saarbrücken 1960, 108ff.
181. *Bringmann* (wie Anm. 39), 32 – 34, 44f.

weitert hat, zu seinem *famulus* erkoren[182] hatte, schickte er sich, im Gegensatz zu Licinius, an, die christliche Religion in den Rang einer Staatsreligion zu erheben[183]. Aus seiner persönlichen Hinwendung zum Gott der Christen erwuchs daher für ihn auch die in sorgenvollen Briefen an die Bischöfe Miltiades von Rom 313 und Chrestos von Syrakus 314 dokumentierte, durch Einführung der ›kaiserlichen Synodalgewalt‹ realisierte Verpflichtung, Streitigkeiten innerhalb der christlichen Kultbeamtenschaft zu beseitigen[184].

Im Hintergrund wird dabei, erneut ganz im Geiste der skizzierten traditionellen Grundhaltung dem Religiösen, dem Numinosen gegenüber, die offensichtlich tiefsitzende Angst spürbar, Streit könnte die politisch verheerende *maxima iracundia caelestis providentiae* erregen[185], die den Kaiser selbst treffen würde, ganz abgesehen von einer auch politisch gefährlichen Verachtung seitens der Nichtchristen[186] gegenüber einem zerstrittenen Christentum und dem öffentlich auf den Christengott eingeschworenen Kaiser. In einem Brief an der *vicarius Africae* (?) Ablabius, der möglicherweise ein Christ war, schreibt Konstantin 314 denn auch mit großer Klarheit: »Da ich mir sicher bin, daß auch du ein Verehrer des höchsten Gottes (*dei summi cultor*) bist, sage ich dir ganz offen, daß ich es als keinesfalls für vereinbar mit dem für die Beziehung zwischen Menschheit und Gottheit geltenden Recht (*fas*) ansehe, daß solche Streitigkeiten und Zwistigkeiten von uns ignoriert werden, auf Grund deren die höchste Gottheit (*summa divinitas*) sich womöglich nicht allein gegen das Menschengeschlecht wenden könnte, sondern auch gegen mich persönlich, dessen Fürsorge sie durch ihren himmlischen Befehl alles Irdische zur Lenkung anvertraut hat (*cuius curae nutu suo caelesti terrena omnia moderanda commisit*), und sich, durch soetwas (sc. das Ignorieren von Streitigkeiten etc.) aufgebracht, zu Schlimmem entschließen wird (sc. die Gottheit). Dann nämlich nur werde ich wirklich voll und ganz sicher (*securus*) sein können und auf immer von der bereitwilligsten Ge-

---

182. Eus. HE X 5, 18=Soden Nr. 12, 10f.: durch Sieg über Maxentius errungene Herrschaft im Westen als ›freiwilliges‹ Geschenk der göttlichen Vorsehung (Brief 313 an Miltiades von Rom); Opt. Append. III=Soden Nr. 14, 70f. (an Ablabius, 314): Konstantin als derjenige, *cuius curae nutu suo caelesti terrena omnia moderanda commisit*, sc. der *summus/sanctissimus deus*; Opt. Append. V=Soden (wie Anm. 31), Nr. 18, 14f.: Konstantin als *famulus* des *omnipotens deus*, die Bischöfe daher seine *fratres*: ebd. 2, 16, 55, 71 (Brief 314 an die ›Konzilsväter‹ in Arles).
183. *Chadwick*, Rez. Kee (wie Anm. 19), 573: »...from the October revolution of 312 Constantine spoke and acted as a man with a mission to enthrone Christianity in the empire and beyond«; Bringmann (wie Anm. 39), 33, 37, 38f.
184. Eus. HE X 5, 18ff.=Soden Nr. 12 (an Miltiades von Rom 313); Eus. HE X 5, 21ff.= Soden Nr. 15 (an Chrestos von Syrakus 314). Ebenso 324 im Brief an Alexander von Alexandrien und den Presbyter Arius: Eus. VC II 64, 3ff., 7f., 17.
185. Opt. Append. V=Soden Nr. 18, 67ff.: ... *ne ulterius sub tanta claritate dei nostri (!) ea ab ipsis* (sc. den widerspenstigen Donatisten) *fiant, quae maximam iracundiam caelestis providentiae possint incitare* (Brief 314 an die zur Reichssynode in Arles versammelten Bischöfe).
186. Eus. HE X 5, 22=Soden Nr. 15, 25ff. (314, an Chrestos von Syrakus).

wogenheit des mächtigsten Gottes (*potentissimus deus*) alles nur erdenkliche Förderliche und Gute erhoffen, wenn ich sehe, daß alle durch den gebührenden Kultus im Sinne der katholischen Religion dem allerheiligsten Gott (*sanctissimus deus*) in einträchtig-brüderlicher Ehrerbietung begegnen«[187].

Die politische Wohlfahrt des Reiches also und zuvörderst die persönliche *securitas* des Kaisers[188] in seiner gerade durch den Sieg über Maxentius bestätigten und erweiterten Herrschaft sind das treibende Motiv der sich nach Maßgabe eines kaiserlichen *officium* und des *munus principis* intensivierenden Anteilnahme Konstantins an den innerchristlichen Auseinandersetzungen. Neu – ›christlich‹ – daran ist nicht die Grundhaltung, sondern deren zielgerichtet-konzentrierter, ja alsbald auch, wie sich noch zeigen wird, exklusiver Einsatz zugunsten der Gewährleistung des christlichen Kultus und seiner Ungestörtheit: neu ist die Tatsache, daß Stabilität und Sicherheit als allein vom Christengott und nicht mehr von den alten Göttern abhängig empfunden werden.

Nach solchen Erklärungen darf man sagen: Christenpolitik ist, auf der Basis des nie infrage gestellten traditionellen Denkens über die Abhängigkeit des Menschlichen vom Göttlichen[189], für Konstantin Sicherheitpolitik, durch welche die *res publica* und das *imperium* stabilisiert werden sollen. Die immer wieder in sehr persönlicher, eine offensichtlich tief verwurzelte existentielle Angst vor Gottes Zorn und Strafen zu erkennen gebender Weise formulierte Fürsorglichkeit für christliche Religion und christlichen Kultus ist, wie Konstantin schließlich in einem Brief an den *vicarius Africae* Celsus aus dem Jahre 316 selber sagt, der Kern des *munus principis*: »Welche höhere Verpflichtung, die ich gemäß meinem persönlichen Bestreben wie gerade auch gemäß meiner Aufgabe als Kaiser (*pro instituto meo ipsiusque principis munere*) zu erfüllen habe, gibt es, als, wenn die Irrtümer beseitigt sind und jegliche Widersetzlichkeit gebrochen ist, dafür zu sorgen, daß alle im Besitz der wahren Religion sind, in einträchtiger Aufrichtigkeit Gott verehren und die Art von Kultus ausüben, die dem allmächtigen Gott zukommt?«[190]. – Spezi-

---

187. Opt. Append. III=Soden Nr. 14, 65 – 76. Zu Aelafius (so der überlieferte Name) = Ablabius: *O. Seeck*, Art.: Ablabius, in: RE I (1893), 103; *R. Merkelbach*, Zwei Gespensternamen: Aelafius und Symphosius, in: ZPE 51 (1983), 228f. – Ablabius als Christ: vgl. *v. Haehling*, Religionszugehörigkeit (wie Anm. 151), 57f.; *Barnes*, NE (wie Anm. 17); 104, 132, 134f.

188. In gleichem Sinne auch die Vorladung oppositioneller donatistischer Bischöfe 315 an den Hof mit Konstantins Klage, durch die *nimia vestra obstinatio* könne etwas geschehen, *quod et divinitati caelesti displiceat et existimationi meae, quam semper inlibatam cupio perseverare, plurimum inpediat*; am Schluß dann charakteristischer Weise wieder der Sicherheitsgedanke: *deus omnipotens perpetuam tribuat securitatem*: Opt. Append. VI= Soden Nr. 21, 11ff., 19f.

189. Dieser Grundsatz gilt auch im christlichen Bereich: vgl. nur Lact. de ira dei 16, 3 (›Leistungen‹ Gottes für ›Dienstleistungen‹ der Frommen).

190. Opt. Append. VII= Soden Nr. 23, 33ff.: *quid potius agi a me pro instituto meo ipsiusque principis munere oporteat, quam ut discussis erroribus omnibusque temeritatibus amputatis veram religionem universos concordemque simplicitatem atque meritam omnipotenti deo culturam praesentare perficiam?*

fisch Christliches ist an der auch hier zum Ausdruck kommenden Grundeinstellung zum Religiösen und zu den Verpflichtungen eines Kaisers gegenüber seinem Helfergott wieder nicht zu erkennen[191]; geändert hat sich nur, aber auf andere Weise natürlich höchst folgenreich, der ›Adressat‹ des Kultus: der ›allmächtige Gott‹, der allein die politische Sicherheit und Wohlfahrt aller gewährleisten kann, ist jetzt der Gott der Christen.

Unter dieser Prämisse denkt und handelt Konstantin also vollkommen im Geiste des traditionellen *munus principis*, wenn er im gleichen Brief schreibt[192], er werde persönlich den streitenden Christen in Nordafrika durch gerichtliche Untersuchung und Urteilsfällung den Weg zur Wahrheit weisen und ihnen demonstrieren, *qui et qualis divinitati cultus adhibendus sit*; nur durch solche Maßnahmen glaube er, dem *maximus reatus* entgehen zu können, d.h. der schlimmsten aller Anklagen in Gestalt des Vorwurfs, den christlichen Kultus nicht genügend gesichert zu haben – mit der Folge, dem Zorn des Gottes der Christen ausgeliefert zu sein, des für ihn einzigen Gottes, als dessen *famulus* er sich öffentlich bekannt hatte. Auch als christlich gewordener Kaiser hätte er daher auf dem Hintergrund der Definition des *ius publicum* (dig. I 1, 1, 2) und seiner damit in Einklang stehenden traditionellen Auffassung vom *munus principis* die berühmte Frage des Donatus: *quid est imperatori cum ecclesia?* (Opt. III 3), nicht verstanden[193] – die darin liegende Antithese existierte für ihn nicht[194].

IV. Christlicher Monotheismus und Universalismus in kaiserlichen Dokumenten seit 312

Der eher formalrechtliche, vom römischen *ius publicum* und vom traditionellen Bild des *munus principis* her bestimmte Aspekt der politischen Handlungsgrundlagen auf seiten Konstantins war für die Christen selbst und ihren Episkopat bei der Umsetzung in die Praxis gewiß schon folgenreich genug[195]. Für die historische

---

191. Über die Vorstellung von einem Zusammenhang zwischen dem Verhalten des Menschen den Göttern – oder Gott – gegenüber und dem Eintreten von Ereignissen auf Erden, die als Lohn bzw. als Strafe gedeutet wurden, siehe *W. Speyer*, Religionen des griechisch-römischen Bereichs. Zorn der Gottheit, Vergeltung und Sühne, in: *U. Mann* (Hg.), Theologie und Religionswissenschaft, Darmstadt 1973, 124 – 143; *ders.*, Religiös-sittliches und frevelhaftes Verhalten in seiner Auswirkung auf die Naturgewalten, in: JbAC 22 (1979), 30 – 39.
192. Ebd. 33 – 41(an den *vicarius* von Africa Celsus 316).
193. Vgl. auch analog dazu die vorwurfsvolle ›fundamentalistische‹ Frage der Donatisten an ihre ›katholischen‹ Gegner (Opt. I 22): *quid Christianis cum regibus? aut quid episcopis cum palatio?*
194. *Vittinghoff* (wie Anm. 12), 21.
195. Vgl. zu ›Kirche und Staat‹ oben Teil I 1 A. 13; auch Beitrag von Winkelmann in diesem Band 123ff.

Urteilsbildung über allgemein die Zukunft des Reiches betreffende politisch-programmatische und womöglich praktische Folgen der ›Wende‹ genügt dieser Aspekt allerdings noch nicht. Es gilt, außer dem ›qualitativen Sprung‹ in der persönlichen religiösen Orientierung Konstantins auch den, gemessen am Bisherigen, ›qualitativen Sprung‹ im Bereich der geistigen Grundlagen der vom Kaiser verantworteten Religions- und Reichspolitik wahrzunehmen.

1. Der Rang des christlichen Kultus aus der Sicht Konstantins Ende 312/Anfang 313

Die Erwartung, daß auch die geistigen Grundlagen der kaiserlichen Politik eine signifikante qualitative Änderung, einen ›qualitativen Sprung‹, erfahren haben, erscheint von vornherein begründet. Denn es ist ja doch durchaus nicht so, daß mit der staatsrechtlichen Anerkennung des Christengottes, des christlichen Kultus und der christlichen Gemeinden als Körperschaften des öffentlichen Rechts sowie mit der Privilegierung des Klerus lediglich eine mehr oder weniger beliebige zusätzliche Gottheit in das Pantheon aufgenommen worden wäre, eine Gottheit, deren Priesterschaft und Kultus allenfalls die rechtliche Gleichstellung mit den anderen Religionen erreichen konnten – und, unter polytheistischen und henotheistischen Prämissen, allenfalls erreichen durften. Für Galerius und auch für Licinius[196] mag das so gewesen sein. Doch Konstantin, den der römische Senat nicht lange Zeit nach dem Sieg über Maxentius zum *Maximus Augustus* erhoben hat, d.h. zu dem – mit Blick auf die derzeit noch amtierenden ›Mitregenten‹ Licinius und Maximinus Daia – die Richtlinien der Politik bestimmenden ›Chef‹ des Kaiserkollegiums[197], war persönlich ein Christ. Der Gott der Christen aber war im Gegensatz zu allen paganen Göttern ein Gott, der keine anderen Götter neben sich duldet: man kann als Christ nicht zwei oder mehr ›Herren‹ dienen. Daher stellt sich jetzt, wiederum mit Blick auf die frühesten Selbstzeugnisse Konstantins im Jahre 312 und unmittelbar danach, die Frage verschärft und mit neuer Akzentsetzung, ob – und gegebenenfalls in welcher Weise – der Kaiser den christlichen Monotheismus[198] in sein politisches Denken aufgenommen hat und so auch diese exklusive Komponente der *lex propria Christianorum* zumindest gedanklich zu erfüllen bereit war.

---

196. Gezeigt von *Bringmann* (wie Anm. 39), 32ff., 44f.
197. Lact. mort. pers. 44, 11 (*primi nominis titulus*). – *Grünewald,* Constantinus (wie Anm. 11), 86ff., 92ff. mit sehr differenzierten Untersuchungen zum Zeitpunkt der Senatsentscheidung und zur politischen Bedeutung des Ranges (den zuvor Maximinus Daia im Sinne des Anciennitätsprinzips für sich beansprucht bzw. innegehabt hatte: ILS 663 und 664).
198. Vgl. *G. Fowden,* Empire to Commonwealth: Consequences of Monotheism in Late Antiquity, Princeton 1993, bes. 85 – 99. – Vgl. *A. Momigliano,* The Disadvantages of Monotheism for a Universal State (1986), in: *ders.,* Ottavo contributo alla storia degli studi classici e del mondo antico, Rom 1987, 313 -328; kritisch dazu *Fowden,* a.a.O., 59f.

Konstantin hat in einem der ersten überlieferten Dokumente zu seiner Christenpolitik[199] – in einem Brief von Ende 312/Anfang 313 an den afrikanischen Prokonsul Anullinus, der ein Heide war, – keinen Zweifel daran gelassen, daß der zugunsten der *religio Romana* auf Anordnung Diokletians 303 eingeleitete Vernichtungskampf gegen das monotheistische Christentum[200] aus seiner Sicht politisch sehr gefährliche Folgen für das Reich gehabt hatte (μεγάλους κινδύνους ἐνηνοχέναι τοῖς δημοσίοις πράγμασιν)[201]. Dies sei »durch eine Vielzahl von Tatsachen offenkundig« (ἐκ πλειόνων πραγμάτων φαίνεται), ebenso offenkundig durch Tatsachen aber auch im Gegensatz dazu, daß die rechtliche Zulassung und die sorgsame Pflege »derjenigen Religion, in welcher die machtvolle Hoheit der allerheiligsten himmlischen ‹Gottheit› mit frommer Scheu geachtet wird« (τὴν θρησκείαν, ἐν ᾗ ἡ κορυφαία τῆς ἁγιωτάτης ἐπουρανίου (θεότητος) αἰδὼς φυλάττεται[202]), dem römischen Namen größten Erfolg (μεγίστην εὐτυχίαν) und überhaupt allen menschlichen Dingen außerordentliches Wohlergehen (ἐξαίρετον εὐδαιμονίαν) gebracht hat (παρεσχηκέναι), bewirkt durch göttliche Wohltaten (τῶν θείων εὐεργεσιῶν τοῦτο παρεχουσῶν).

Die hier zitierten Aussagen besitzen weitreichende Implikationen, die nachdrücklicher zur Sprache gebracht werden müssen, als es bisher geschehen zu sein scheint. Das ist nicht mehr ›Toleranz‹ nach Verständnis und Absicht des Galerius: hier wird, um die Jahreswende 312/13, der ›qualitative Sprung‹ mit Händen greifbar. Denn mit den segensreichen »Tatsachen«, dem ›größten Erfolg‹ und »außerordentlichen Wohlergehen« sowie mit den »göttlichen Wohltaten« ist, im Blick zurück[203], der von Konstantin gerade errungene Sieg über den unter dem Schutz der

---

199. Zur Datierung *Baynes* (wie Anm. 17), 10f. und 68f. A. 40: Winter 312/313; jedenfalls noch vor der Konferenz von Mailand (Januar 313), deren Ergebnisse weit hinter dem in dem Brief an Anullinus Verordneten zurückbleiben (s.u. 114ff.).
200. *F. Kolb*, Diocletian und die Erste Tetrarchie. Improvisation oder Experiment in der Organisation monarchischer Herrschaft?, Berlin 1987, bes. 112ff.; *ders.*, L'ideologia tetrarchica e la politica religiosa di Diocleziano, in: *G. Bonamente/A. Nestori* (Hg.), I Cristiani e l'Impero nel IV secolo, Macerata 1988, 17–44; *P. Davies*, The Origin and Purpose of the Persecution of 303 A.D., in: JThSt 40 (1989), 66–94; *K.-H. Schwarte*, Diokletians Christengesetz, in: *R. Günther/ St. Rebenich* (Hg.), E fontibus haurire. FS H. Chantraine, Paderborn 1994, 203–240. – Bekämpft wurde nicht der Christengott, sondern die aus der monotheistischen Grundhaltung der Christen resultierende, die *pax deorum* störende Weigerung, der *religio Romana* zu folgen und durch Vollzug des Kultus und der Riten der Staatsreligion zum politischen Wohlergehen des Reiches beizutragen.
201. Eus. HE X 7, 1=Soden Nr. 9, 4ff.
202. Siehe hierzu *Ed. Schwartz* (ed. Eus. HE, Kl. Ausgabe, Leipzig 1914, 394 App. zur Stelle): »das Substantiv fehlt, Constantin kann *divinitatis* oder *veritatis* oder *providentiae* geschrieben haben«.
203. So die Zeitstufe des Textes: ἐνηνοχέναι, παρεσχηκέναι, παρεχουσῶν. Sie wird, zum Schaden für das prägnante historische Verständnis der Aussage Konstantins, häufig nicht beachtet: siehe etwa *Kraft*, Entwicklung (wie Anm. 17), 164. Richtig dagegen die Übersetzung von *Baynes* (wie Anm. 17), 10f.; *Ph. Haeuser/H.-A. Gärtner*, Eusebius von Caesarea, Kirchengeschichte

59

alten Götter stehenden Maxentius bzw. die Wirkung des Sieges gemeint. Man muß sich daher klar vor Augen halten[204], welcher historische Rang diesen Sätzen zukommt. Es handelt sich nämlich um nicht mehr und nicht weniger als um die früheste erhaltene Deutung des Ereignisses überhaupt. Das heißt: kein christlich-kirchlicher Schriftsteller, bei dem man spezielle ›Interessen‹ vermuten könnte, sondern der Kaiser Konstantin persönlich, der sich 311/12 der ›sorgsamen Pflege‹ des christlichen Kultus verschrieben hatte, vermittelt uns als erster die Behauptung eines direkten Wirkungszusammenhangs zwischen seiner Hinwendung zum Christengott als seinem Schlachtenhelfer auf der einen Seite und seinem militärischen Sieg über Maxentius und damit auch über die alten Götter auf der anderen Seite, einem Sieg, der ganz offen als ein – durch die vorangegangene ›Wende‹ und die ›sorgsame Pflege‹ der christlichen Religion erwirktes – *beneficium* des Christengottes interpretiert wird[205]. Zugleich liegt uns hierin aber auch das früheste Dokument für Konstantins Annahme des christlichen Monotheismus vor[206]. Denn die Rede von einer »allerheiligsten himmlischen Gottheit« oder, wie in anderen (frühen) Briefen, von dem »großen Gott«, von der *summa divinitas*, dem *summus/potentissimus/sanctissimus deus* o.ä.[207] bedeutet – entgegen der vielfach in

(Hg. H. Kraft), Darmstadt 1967, 436. Falsch dann wieder die Übersetzung bei *J.-L. Maier*, Le dossier du donatisme Bd. I, Berlin 1987, 143. Ebenso auch die (hier wie an vielen anderen Stellen) leider ganz ungenaue Übersetzung von *V. Keil*, Quellensammlung zur Religionspolitik Konstantins des Großen, Darmstadt ²1995, 57; außerdem wird der Prokonsul Anullinus von dem Autor konsequent (52 – 57), wo auch immer sein Name vorkommt, ›Anullius‹ genannt (so auch im Inhaltsverzeichnis, V und im Register 241); weiteres: aus dem *corrector Siciliae* wird – wie in der deutschen Grundschule – ein »Konrektor« (77), aus dem *curator civitatis* Calibius wird ein »Konsul« (82f.), ein *Saturninus* heißt unversehens Sarturinus (83), und der *consularis Numidiae* erscheint in der Übersetzung (92f.) gar als »Konsul von Numidien«! Daß solche kapitalen Fehler auch noch in einer angeblich »durchgesehenen und korrigierten Auflage« vorkommen, ist – bei dem Preis des Buches und überhaupt – eine Unverschämtheit.

204. Vgl. *Alföldi*, Conversion (wie Anm. 263), 38; *Dörries*, Selbstzeugnis (wie Anm. 17), 19; *Calderone* (wie Anm. 17), 146 mit A. 1.
205. Zum Aspekt ›Leistung und Gegenleistung‹ auch im christlichen Denken vgl. noch einmal Lact. de ira dei 16, 3: Gegenleistungen Gottes für ›Dienstleistungen‹ der Frommen.
206. Wenn man die etwas früher verwendete Formel in Konstantins Brief an den Bischof Caecilianus nicht schon ebenfalls in diesem Sinne auffassen will: ἡ θειότης τοῦ μεγάλου θεοῦ σε διαφυλάξει ἐπὶ πολλοῖς ἔτεσιν (Eus. HE X 6, 5 Ende=Soden Nr. 8, 30f.). Gleiche Formel im Brief an Miltiades von Rom (313): Eus. HE X 5, 20 Ende=Soden Nr. 12, 30f. – *K. Kraft*, Silbermedaillon (wie Anm. 11), 330ff., sprach indessen, weil ihm das monotheistische Moment zu fehlen schien, von einer ›unvollkommenen‹ Bekehrung Konstantins. – Die Möglichkeit einer ›religiösen Entwicklung‹ des Kaisers (H. Kraft) soll natürlich nicht infrage gestellt sein – aber eben nicht mehr vom Heidentum zum Christentum, sondern innerhalb des Christentums im Bereich der verschiedenen *gradus* des Christseins; s.o. Teil II 1, 29.
207. Der ›große Gott‹: zitiert in der vorangehenden Anmerkung. – Dann z.B. Opt. Append. III (an Ablabius 314)=Soden Nr. 14, 66, 69, 73, 75. – Gleicher Sprachgebrauch in späteren Texten: vgl. *Dörries*, Selbstzeugnis (wie Anm. 17), 352ff., 356ff.

der Forschung geäußerten Ansicht – nicht, daß Konstantin das religiöse Denken seines Panegyristen von 313 geteilt hätte, der einerseits von einer nur dem Kaiser sich offenbarenden, mit Namen nicht bekannten (höchsten) Gottheit (*summus rerum sator* etc.) sprach und andererseits von *dii minores*, die sich um die übrige Menschheit kümmerten[208]. Der Superlativ *summus* (*deus*) im kaiserlichen Selbstzeugnis signalisiert keinen höchsten Rang innerhalb einer Götterhierarchie, sondern bezeichnet den – sich im Christengott manifestierenden – Inbegriff des Hohen, Großen, Mächtigen, Heiligen, Göttlichen. Für Konstantin kann es, nicht nur im Blick auf die Opferverweigerung am 29. Oktober 312, sondern ebenso nach dem Brief an Anullinus zu urteilen, keine *dii minores* und allgemein keine Göttervielfalt (mehr) geben: wenn nämlich das bis vor kurzem verfolgte monotheistische Christentum – nach der oben zitierten Aussage des Kaisers – diejenige Religion ist, in welcher »die machtvolle Hoheit der allerheiligsten Gottheit mit frommer Scheu geachtet wird«, so ist dieses Charakteristikum den nichtchristlichen Religionen und namentlich der polytheistischen Staatsreligion, in deren Namen eben diese monotheistische Religion der Christen durch die tetrarchische Politik hatte vernichtet werden sollen, grundsätzlich abgesprochen und damit dem Polytheismus (und implizit natürlich auch dem paganen Henotheismus) als solchem eine klare Absage erteilt. Und wenn Konstantin entsprechend eigener Aussage mit Hilfe des Christengottes über den Götterschützling Maxentius gesiegt hatte, so war dies für ihn selbst – und sollte doch wohl auch für Anullinus sein! – der definitive Beweis für die Wirkungslosigkeit und Nichtexistenz jener Götter (was den, von den Christen geteilten, Glauben an die Existenz dämonischer Wesenheiten zwischen Himmel und Erde natürlich nicht ausschließt).

Der Kaiser hat sich in dem Brief an den heidnischen Prokonsul also auch nicht als ein Anhänger der abstrakten (*summa*) *divinitas/mens divina* des heidnisch-philosophischen Henotheismus präsentiert, die keinen Kult, keine Kultsatzungen und keine Kultbeamtenschaft besaß: er spricht eindeutig von der monotheistischen christlichen Religion und deren spezifischem Kultus (sowie deren Kultbeamtenschaft, s.u.), und für ihn ist daher die im christlichen Kultus verehrte Gottheit, folglich der Christengott als der auch von christlichen Schriftstellern so und ähnlich bezeichnete ›allerheiligste Gott‹[209] nicht die Spitze einer ›Götterhierarchie‹ oder

---

208. Paneg. Lat. XII/ 9, 2, 4f. und 26, 1 (*summus rerum sator*). – Vgl. auch die (nicht erhaltene) Schrift des Heiden Hierokles (?) ›*ad Christianos*‹, über dessen religiöse Grundkonzeption Laktanz schreibt (inst. div. V 3, 25f.): *prosecutus ... summi dei laudes, quem regem, quem maximum, quem opificem rerum, quem fontem bonorum, quem parentem omnium, quem factorem altoremque viventium confessus es, ademisti Iovi tuo regnum eumque summa potestate depulsum in ministrorum numerum redegisti. epilogus itaque te tuus arguit stultitiae vanitatis erroris. adfirmas enim deos esse et illos tamen subicis et mancipas ei deo cuius religionem conaris evertere.*
209. Laktanz, Arnobius, Firmicus Maternus, Orosius und andere christliche Autoren nennen den Christengott ebenfalls *summus deus* – *summa divinitas*; siehe die Indices ihrer Werke.

der abstrakte, ohne Kult auskommende Sammelbegriff für alles Göttliche, sondern der einzige wahre, in bestimmten Formen zu verehrende Gott. Soweit die historisch früheste Interpretation der entscheidenden Ereignisse durch Konstantin, die auch den christlichen Monotheismus im kaiserlichen Selbstzeugnis bereits unmißverständlich zutage treten läßt. Im gleichen Brief an den Heiden Anullinus wird sodann die Ausübung des christlichen Priesteramtes als der »allerhöchste Dienst gegenüber dem Göttlichen« (μεγίστην περὶ τὸ θεῖον λατρείαν) gepriesen, als ein Dienst, welcher ›offensichtlich‹ (δοκεῖ) – dies erneut eine Anspielung auf den mit Hilfe des Christengottes errungenen Sieg an der Milvischen Brücke über den im Bunde mit den alten Göttern stehenden Maxentius – »das größte denkbare Maß an Segen für die öffentlichen Angelegenheiten erbringen wird« (πλεῖστον ὅσον τοῖς κοινοῖς πράγμασι συνοίσειν)[210]. Und um diesen »allerhöchsten Priesterdienst« gemäß der *lex Christiana*[211] und damit den himmlischen Segen für *res publica* und *imperium* dauerhaft zu sichern, verleiht Konstantin, den Rahmen des Herkömmlichen sprengend, den christlichen Klerikern die vollständige Immunität[212].

Das ist jetzt also, über die christenfreundliche Politik des Maxentius, über das Galeriusedikt von 311 und über das wenige Wochen nach dem in Rede stehenden Brief an Anullinus mit Licinius in Mailand im Januar/Februar 313 vereinbarte Minimalprogramm[213] weit hinausgreifend, der Blick nach vorne, die dem ›qualitativen Sprung‹ ein politisches Profil gebende Zukunftsperspektive. Hier geht es nicht mehr nur um ›Toleranz‹ gegenüber dem Christentum, sondern um viel mehr[214]. Es geht um alles: der christliche Priesterdienst – und eben nur dieser, da ja die alten Götter sich im Scheitern der antichristlichen Verfolgungspolitik der Tetrarchie und in

---

210. Eus. HE X 7, 1f.=Soden Nr. 9, 11ff., bes. 22f.
211. Ebd.: νόμος. – Vgl. *Dörries,* Selbstzeugnis (wie Anm. 17), 294ff.; *P. Stockmeier,* Die Identifikation von Glaube und Religion im spätantiken Christentum, in: *ders.,* Glaube und Religion in der frühen Kirche, Freiburg 1973, 100 – 119 (mit 140 – 143: Anm.), bes. 102f. zu CTh XVI 1, 2 (380), wo das Christentum endgültig »als eine staatlich verordnete und erzwingbare Lebensform, eben als ›lex‹«, erscheint; ebd. mit A. 4 auch Hinweis auf Szenen in der zeitgenössischen Kunst, in denen Christus als ›Gesetzgeber‹ dargestellt ist. – *P.E. Pieler,* Lex Christiana, in: *D. Simon* (Hg.), Akten des 26. Deutschen Rechtshistorikertages 1986, Frankfurt 1987, 485 – 503. – Vgl. Opt. App. II=Soden Nr. 19 B 40f.: *christianus populus catholicae legis.*
212. Eus. a.a.O. – Die Privilegierung beschränkte sich sicher nicht auf Nordafrika, sondern schloß alle christlichen Kleriker im Reichsteil Konstantins ein: *C. Dupont,* Les privilèges des clercs sous Constantin, in: RHE 62 (1967), 735. – Zur Sache auch unten Teil VI 2.
213. Bringmann (wie Anm. 39), 32ff.
214. Baynes (wie Anm. 17), 11: »Already in Constantine's thought the Catholic priests through their priesthood are maintaining the fortunes of Rome. This is more than mere tolerance«. Vgl. jedoch *Aland,* Kirche und Staat (wie Anm. 11), 89: »Unter Konstantin geschieht nichts weiter, als daß das Christentum ... von der Verfolgung durch die staatlichen Organe befreit, den anderen Religionen des Reiches gleichgestellt und ihm die Freiheit der Wirkung nach innen und außen gegeben wird«. Diese Ansicht widerspricht diametral den antiken Zeugnissen.

der Niederlage des Maxentius als nichtexistent oder jedenfalls unwirksam erwiesen hatten – gewährleistet als einziger die für die Wohlfahrt des Reiches (und des Kaisers persönlich) unentbehrliche Gunst der ›allerheiligsten himmlischen Gottheit‹. Für Konstantin selbst war, wie sich in diesen Aussagen und in der Verweigerung des Götteropfers auf dem Kapitol zweifelsfrei zeigte, die ›allerheiligste himmlische Gottheit‹ diejenige der Christen und so der wahre und einzige Gott, und da man die spezifische Art und Form des genannten Priesterdienstes nicht von dem Inhalt und dem ›Adressaten‹ des Kultus trennen kann, besagt auch die zitierte Erklärung über den Wert des christlichen Priesterdienstes, daß Konstantin für seine weitere Politik den Christengott zum historisch-politisch erwiesenermaßen einzigen Garanten der *salus rei publicae/imperii*, den christlichen Priesterdienst zum einzigen die Gunst des ›Allerhöchsten‹ gewährleistenden Priesterdienst proklamiert hat. Es liegt dann auf der gleichen Linie, daß er, ebenfalls schon Ende 312/ Anfang 313, auch die universalistische Komponente des christlichen Selbstverständnisses angenommen hat, die, auf der Basis des sog. Missionsbefehls Jesu – »Gehet hin in alle Welt und lehret alle Völker« etc. (Mt 28, 19) – , in dem Wort »katholisch« ihren Ausdruck findet, wobei das Wort nicht nur die faktische Ubiquität dieser Religion in der Oikumene bezeichnet, sondern auch, nach Maßgabe des Universalismus der christlichen Botschaft[215], deren universellen Gültigkeitsanspruch[216]. Ganz in diesem Sinne bezeichnete Konstantin schon in den frühen Dokumenten die christliche Religion als die »rechtmäßige und allerheiligste katholische – d.h. die überall vorhandene und die für alle Menschen gedachte – Religion« (ἡ ἔνθεσμος καὶ ἁγιωτάτη καθολικὴ θρησκεία), die Gemeinschaft der Christen als die »allerheiligste und katholische – die überall vorhandene und die für alle gedachte – Kirche« (ἡ ἁγιωτάτη καὶ καθολικὴ ἐκκλησία) bzw., in einem Brief von 313, als die »rechtmäßige katholische – die überall vorhandene und die für alle gedachte – Kirche« (ἔνθεσμος καθολικὴ ἐκκλησία)[217].

---

215. Siehe etwa Eus. praep. evang. I 1, 6; I 3, 10 und 4, 1; theophan. II 76; LC XVI 4 und 6.
216. Zum Verständnis von ›katholisch‹: Definition bei Lact. div. inst. IV 30, 10 – 14. Andere: ca. 315/ 17 in der Kirchweihrede des Eusebius in Tyros: Eus. HE X 4, 15 – 19 (Christus βασιλεύς mit ›Gesetzen‹ für die ganze Menschheit etc.; Christenheit als universales Phänomen); Opt. I 24=Soden Nr. 24, 7f. (von ca. 315/316*): ... illam esse catholicam (sc. ecclesiam), quae posset in toto orbe terrarum diffusa.* – ›Katholisch‹ bezeichnet also einerseits die faktische Ubiquität, andererseits, vom Missionsgedanken her – Christentum als Religion ›für alle‹ – , die ideelle Universalität. Vgl. *H. Moureau*, Art.: Catholicité, in: Dictionnaire de théologie catholique 2 (1905), 1999 – 2012. – Konstantins Kirchenbegriff: *Dörries*, Selbstzeugnis (wie Anm. 17), 286ff.
217. Brief an Caecilianus von Karthago: Eus. HE X 6, 1 und 4=Soden Nr. 8, 6 und 21. – ›Katholisch‹=universal auch schon in den Briefen an Anullinus (Ende 312): Eus. HE X 5, 16=Soden Nr. 7, 9f.; Eus. HE X 7, 2=Soden Nr. 9, 16f. – Brief an Miltiades von Rom (313): Eus. HE X 5, 20=Soden Nr. 12, 28. – Brief an Ablabius (314): *sanctissima lex catholica – dei omnipotentis veneratio – cultus sanctissimae religionis – debitus cultus catholicae religionis* append. III=Soden Nr. 14, 4. 28f. 35. 75).

Wenn somit die christliche Religion und die christliche Kirche die »rechtmäßigen«[218] und wenn sie im definierten Sinne »katholisch« sind, können aber die altehrwürdige römisch-pagane Staatsreligion, in deren Namen Diokletian und die Tetrachie das ›rechtmäßige‹ und ›katholische‹ Christentum bekämpft hatten, sowie die anderen nichtchristlichen Religionen dies – nämlich ›rechtmäßig‹ und ›katholisch‹ – eben nicht sein. »Rechtmäßig« heißt hier also religionspolitisch für Konstantin tatsächlich: einzig und allein das Christentum ist dem zwischen Menschheit und Gottheit waltenden Recht gemäß und insofern dem Anspruch nach auch »überall und für alle gültig«, d.h. ›katholisch‹. Anderes kann es daneben nicht geben – der ›qualitative Sprung‹ ist perfekt. Und den politischen Akzent setzt 315 das Silbermedaillon aus Ticinum, dessen Rückseitenlegende SALUS REI PUBLICAE lautet und dessen Vorderseite, die Konstantin mit dem Christusmonogramm auf dem Helm zeigt (Abb. 27), keinen Zweifel an der neuen christlich-katholischen ›Garantiemacht‹ für eine positive Zukunft des Reiches mehr läßt.

2. Das Problem der nichtchristlichen Kulte in den *litterae Licinii* 313

Der Christengott war also aus der Sicht Konstantins bereits 311/312 der einzige Gott, die christliche Religion daher – als die ›katholische‹, d.h. dem Anspruch nach für alle Menschen verbindliche und überall auf der Welt gegenwärtige – in den Briefen um die Jahreswende 312/13 die einzige politisch erfolg- und heilversprechende Religion, der christliche Priesterdienst der einzige wert- und wirkungsvolle. Die darin liegende universalistische, den nichtchristlichen Kulten letztlich zumindest ideell keinen Raum mehr gewährende Komponente findet sich zuerst angedeutet in der Aussage, daß der christliche Kultus – im Gegensatz zu den Kulten, in deren Namen das Christentum verfolgt worden war – für »alle menschlichen Dinge« heilsam und glückbringend sei[219], der christliche Priesterdienst, im Gegensatz zum heidnischen, von höchstem Segen für die ›öffentlichen Angelegenheiten‹[220]; auch von dieser Voraussetzung her wurde die universalistische Religion der Christen durch Konstantin zutreffend als ›katholisch‹, als ›für alle verbindlich‹ bezeichnet[221]. Daraus resultiert nun aber nach Maßgabe des traditionellen römischen Denkens, das z.B. einen Diokletian seit 303 zur Bekämpfung des Christentums motiviert hatte[222], die perspektivische Vorstellung, daß der Kult eben dieser neuen höchsten und einzigen Gottheit um der *salus rei publicae/imperii*

---

218. Zum Begriff vgl. *Dörries,* Selbstzeugnis (wie Anm. 17), 17f.; *Calderone* (wie Anm. 17), 141f Christentum als *lex*: s.o. A. 211.
219. Eus. HE X 7, 1=Soden Nr. 9, 9f.
220. Eus. HE X 7, 2=Soden Nr. 9, 23f.
221. S.o. 63f.
222. *Vogt,* Religiosität (wie Anm. 71), bes. 24ff.

Abbildungen

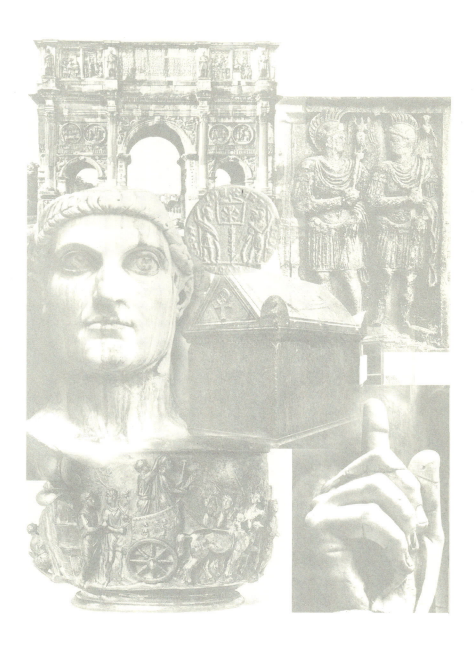

Abb. 1 Kolossalstatue Konstantins, Konservatorenpalast, Rom

Abb. 2 Christus als *Sol Iustitiae*

Abb. 3 Elitesoldaten mit *Victoria* (li) und *Sol* (re)

Abb. 4 Konstantinbogen, Nordseite, Rom

Abb. 5 Standartenträger mit *Sol*

Abb. 6 *Rostra*

Abb. 7 *Largitio*

Abb. 8 Schlacht an und auf der Milvischen Brücke am 28. Oktober 312

Abb. 9 Besiegte Barbaren

Abb. 10 Becher von Boscoreale mit Triumphszene

Abb. 11 Palestrina-Relief

Abb. 12 *Ingressus* Konstantins auf dem zweiachsigen Wagen am 29. Oktober 312

Abb. 13 Galerius beim Opfer

Abb. 14 *Sol*-Medaillion

Abb. 15 Sarkophag Konstantins (?), Irenenkirche, Istanbul

Abb. 16 Kolossalstatue Konstantins, Konservatorenpalast, Rom

Abb. 17 Sarkophag olim Lat. 171 (Mitte), Museo Pio-Clementino, Rom

Abb. 18 Kolossalstatue Konstantins, Konservatorenpalast, Rom

Abb. 19 *Sol*-Halbrelief

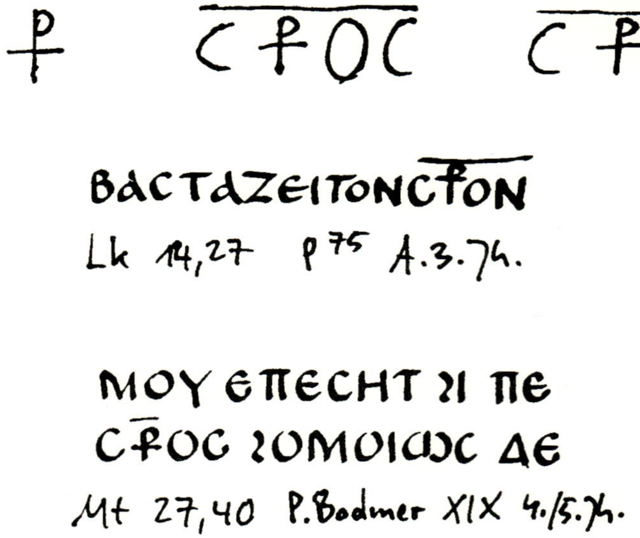

⳨   C̅F̅O̅C̅   C̅F̅C̅

BACTAZEITONC̅T̅ON
Lk 14,27   p⁷⁵ A.3.Jh.

MOY EΠECHT ξι ΠE
C̅F̅OC ςOMOIωC ΔE
Mt 27,40 P. Bodmer XIX 4./5. Jh.

Abb. 20 Staurogramm

Größte Teile des Reliefs im Louvre, Paris

Abb. 21 Opfer vor dem Tempel des Iuppiter Optimus Maximus auf dem Kapitol

Abb. 22
Licinius-Münze mit dem letzten
dokumentierten Kaiseropfer

Abb. 23
Münze des Crispus
mit dem Christogramm
als Schildzeichen

Abb. 25
Münze mit Christogramm
auf Fahnentuch

Abb. 26
Münze Konstantins mit
Labarum und »Schlange«

Abb. 24
Tetrarchen-Opfer

Abb. 27
Das Silbermedaillon von
Ticinum aus dem Jahre 315

Abb. 28
Münze, Constantinopolis
mit Kreuzzepter

Abb. 29
Münze, Constantinopolis
mit Kreuzzepter

Abb. 30
Münze, INVICTUS CONSTANTINUS
mit Sol im Doppelportrait

Abb. 31
Münze, Valentinian II. mit Kreuzzepter

Abb. 32
Münze, Konstantin mit
Christogramm auf dem Helm, Siscia

Abb. 33
Münze, SOLI INVICTO COMITI,
Sol krönt Konstantin

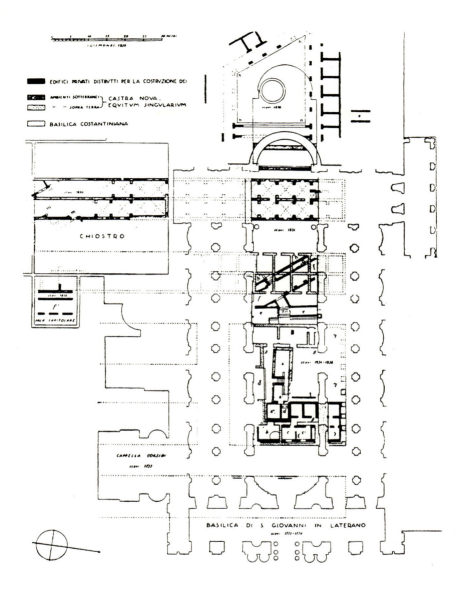

Abb. 34 Plan der Castra und der Basilika, Lateran, Rom

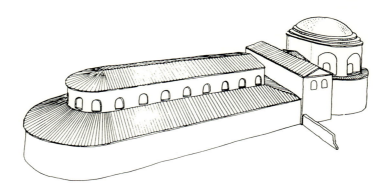

Abb. 35 SS. Marcellino e Pietro, Rekonstruktion, Rom

Primo pannello o degli ippocampi

riga superiore: scrittura *a 3* ed *a 2* IMP LIC LICINI NOS IV COS
I riga superiore: scrittura *a 1* ....M ALVMNVM PAT....... .SVVM ....IN ..N...
Riga intermedia .. SIGNO [H]OC EST PATRIS VICTORIA
II riga: scrittura *a 1* .....CONSTANTIVS...S........... ...N N N N E .N.I.....PRIN
Riga intermedia ......P
III riga: scrittura *a 2* [PORT]ICVM IVLIAM.............
riga sovrapposta alla I; scrittura *a 2* LAV[DANT]............................[IN] MV[NDO] VNI[VERSO]
riga sovrapposta alla II; scrittura *a 2* .....CAESARES ..... A CRISP[VM] ....ANNVNTIAT
scrittura capitale *a 4* sovrapposta a tutte le scritte precedenti: SPES IMPERI R[OMANI]

Secondo pannello o dei Cesari

riga superiore: scrittura *a 2* ed *a 3* ...S.....[CO]NSTANTINVS NS IM[P]
I riga: scrittura *a 1* [CON]STANTINVS NOS R PF COS
II riga: scrittura *a 1* ...[C]AES CRISPVM
riga intermedia: scrittura *b 1* IDI SO .........MV.........A.........N
riga intermedia: scrittura *a 1* ....NANIV ......A.A...
III riga: scrittura *a 2* CVLMINI A
riga sovrapposta alla II: scrittura *a 3* ....CAES CONSTANS ......A .... M.....
riga intermedia *a 2* ....CAESARES S R
scrittura capitale *a 4* sovrapposta a tutte le precedenti: CONSTANS IMP [RO]MANORVM

Tav. G – Trascrizione delle scritte più evidenti nell'affresco

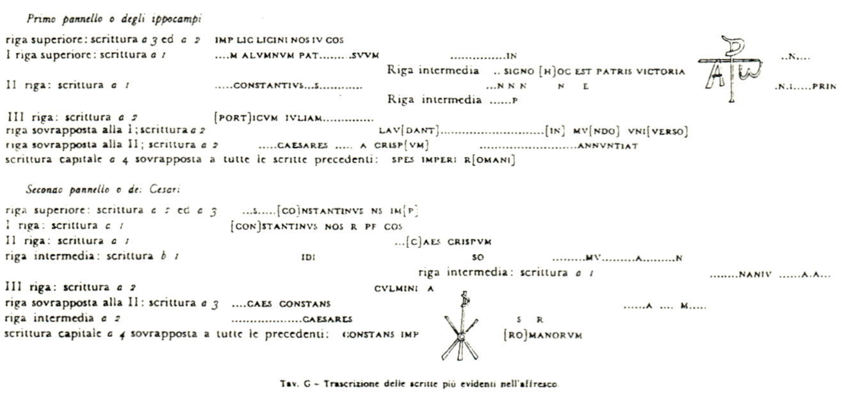

Abb. 36 Wandinschriften aus der *domus Faustae* in Laterano (?) mit Staurogramm und Christogramm (Teilwiedergabe)

willen auch von allen Menschen vollzogen, der Gott selbst gläubig von allen angenommen werden muß. Oder sollte man etwa annehmen dürfen, die religiöse Option eines spätantiken Kaisers sei sozusagen Privatsache[223], ein Mann wie Konstantin also könnte ›als Privatmann‹ Christ und Monotheist sein, womöglich noch ›heimlich‹, hingegen als ›Amtsinhaber‹ bei Staatsakten beispielsweise die üblichen paganen Riten vollziehen oder sich doch wenigstens ›neutral‹ verhalten, in Äquidistanz zu allen Religionen? – Das ist natürlich völlig unmöglich. So muß jetzt gefragt werden, was von besagten monotheistisch-universalistischen Implikationen aus nach Konstantins Ansicht, der ja immerhin – wie seine christlichen Nachfolger bis zu Gratian (379) – der *pontifex maximus* war[224], mit den anderen, seit alters staatlich anerkannten Religionen, was mit den nicht- bzw. antichristlichen Staatskulten geschehen sollte. Darüber geben uns die Quellen aus den Wochen und Monaten unmittelbar nach dem Sieg über Maxentius zwar noch keine direkte Auskunft. Aber es gibt Indizien, die bisher offenbar noch nicht als solche wahrgenommen und dementsprechend ausgewertet worden sind.

Ein veritables Zeugnis dafür, daß, offensichtlich von einem christlich-monotheistischen Ansatz her, die Zukunft der nichtchristlichen Religionen generell und damit auch der ein Jahrtausend alten römischen Staatsreligion tatsächlich bereits zu einem sehr frühen Zeitpunkt auf Regierungsebene als ein Problem angesehen und kontrovers erörtert worden ist, liegt, so meine ich, in Gestalt des Minimalprogramms einer künftigen Religionspolitik vor, das im Januar/Februar 313 zwischen Konstantin und Licinius in Mailand ausgehandelt worden war.

Auf dessen Grundlage verkündet der in der Forschung viel diskutierte, auch und in erster Linie im Namen des *Maximus Augustus* Konstantin geschriebene *Brief des Licinius* vom 13. Juli 313 an den Statthalter von Bithynien (und später wohl auch an andere Statthalter des Ostens) die allgemeine Religionsfreiheit[225]. Hier finden

---

223. Dagegen mit Recht *Stockmeier,* Vorgang (wie Anm. 9), 82f.
224. Inschriften mit Konstantin als *p.m.*: z.B. ILS 695, 696, 697. – A. *Bernareggi,* Costantino Imperatore e Pontefice massimo, in: La scuola cattolica (ser. V 2) 41 (1913), 237 – 253. – Vgl. R. *Schilling,* À propos du Pontifex Maximus. Dans quelle mesure peut-on parler d'un ›réemploi‹ par les chrétiens d'un titre prestigieux de la Rome antique?, in: *M.P. Baccari* (Hg.), Da Roma alla terza Roma, Rom 1995, 75 – 90. – Römische Bischöfe haben sich den Titel erst in der Renaissance zugelegt: R. *Schieffer,* Der Papst als Pontifex Maximus. Bemerkungen zur Geschichte eines päpstlichen Ehrentitels, in: SZ Kan. Abt. 57 (1971), 300 – 309.
225. S.o. 53. – Lact. mort. pers. 48, 2ff. Eine griechische Übersetzung (mit einigen Abweichungen im Vergleich mit dem Text bei Laktanz) des wohl vom Statthalter von Palästina in Caesarea veröffentlichten lateinischen Textes in Eus. HE X 5, 2ff. – H. *Hülle,* Die Toleranzerlasse römischer Kaiser für das Christentum bis zum Jahre 313 (Diss. Theol. Greifswald 1985), Berlin 1985, 80 – 103; *Baynes* (wie Anm. 17), 11 mit A. 42 (69 – 74); *Dörries,* Selbstzeugnis (wie Anm. 17), 228ff.; *ders.,* Konstantinische Wende und Glaubensfreiheit: Drei Toleranzedikte, in: *ders.,* Wort und Stunde Bd. I, Göttingen 1966, 18 – 25; *Calderone* (wie Anm. 17), 182ff.; *Barnes,* CE (wie Anm. 17), 64f.; *ders.,* Settlement (wie Anm. 11), 641 – 643, 645f.; *T. Christensen,* The So-Called Edict of Milan, in: Classica et Mediaevalia 35 (1984), 129 – 175. – Vgl. J.

sich aber Formulierungen, die durch ihren Nuancenreichtum und die eigentümliche Akzentsetzung zu erkennen geben, daß die Rolle der nichtchristlichen Religionen zwischen den beiden Kaisern umstritten war und daß Konstantin sich mit möglicherweise weitgehenden, dem christlichen Monotheismus konsequent Rechnung tragenden Absichten nicht hatte durchsetzen können. Nach Lage der Dinge im Reichsteil des Maximinus Daia, der das Christentum trotz des Galeriusediktes von 311 zeitweilig teils offen, teils verdeckt schikaniert und verfolgt hatte[226], sollte man nämlich erwarten, daß nach einem ersten Sieg des Licinius (bei Adrianopel, am 30. April 313) die Christen in den sukzessive neu gewonnenen Gebieten des Ostens endgültig von allen Restriktionen befreit werden und den gleichen Status erhalten würden wie die Christen seit Ende 312 im Reichsteil Konstantins. Doch während die Gleichstellung mit dem Westen unterblieb, wurden immerhin die Restriktionen aufgehoben[227]. Dies geschah allerdings auf denkwürdige Weise. Denn den Lesern der *litterae Licinii* wurde unter Hinweis auf Vereinbarungen, die zuvor – im Januar/Februar 313 – bei dem bekannten Kaisertreffen in Mailand getroffen worden seien, in immer neuen Variationen und Nuancierungen sowie mit Betonung ordnungspolitischer Notwendigkeiten der Gedanke gleichsam eingehämmert: nicht, daß die Christen – des Ostens – wie auch schon seit alters die staatlich anerkannten Andersgläubigen, sondern umgekehrt: daß außer den Christen auch die Andersgläubigen Religionsfreiheit haben sollen[228] – so, als habe bei den Mai-

Moreau, Les »Litterae Licinii« (1953), in: *ders.*, Scripta Minora (Hg. W. Schmitthenner), Heidelberg 1964, 99 – 105; *P. Garnsey*, Religious Toleration in Classical Antiquity, in: *W.J. Sheils* (Hg.), Persecution and Toleration, Oxford 1984, 1 – 27, bes. 18f.; *Bleicken* (wie Anm. 29), 17ff.; *Piétri* in *Piétri* (Hg.), Das Entstehen (wie Anm. 13), 205ff.

226. *Dörries*, Selbstzeugnis (wie Anm. 17), 232ff.; *G.S.R. Thomas*, Maximin Daia's Policy and the Edicts of Toleration, in: LEC 37 (1968), 172 – 185; *Castritius* (wie Anm. 61), 63 – 86; *St. Mitchell*, Maximinus and the Christians in A.D. 312: A New Latin Inscription, in: JRS 78 (1988), 105 – 124, bes. 113ff.; *Bleicken* (wie Anm. 29), 13ff. *J. van Heesch*, The last civic coinages and the religious policy of Maximinus Daza (AD 312), in: NC 153 (1993), 65 – 75. – Aber Ende 312, mit Brief an den *praef. praet.* Sabinus (Eus. HE IX 9a, 1 – 9), hatte sich Maximinus Daia immerhin wenigstens verbal auf den Boden des Galeriusediktes gestellt; um die Mitte 313 (Mai?) dann ein ›Toleranzedikt‹ (Eus. HE IX 10, 7 – 11), welches (in 11) die Verfügungen der *litterae Licinii* vom Juli des Jahres vorwegnimmt (Restituierung des Privateigentums von Christen).

227. Wie es aber auch schon Maximinus Daia getan hatte: siehe vorige Anm.

228. Lact. mort. pers. 48, 2 – 6. Vgl. Eus. HE X 5, 3 – 8 (in der Sache, wenn auch nicht in allen Formulierungen mit dem unten zitierten Passagen des Laktanztextes übereinstimmend). – Die besondere Akzentsetzung verkennt (u.a.) *Bleicken* (wie Anm. 29), 19, wenn er schreibt, es werde »*allgemeine* Religionsfreiheit verkündet und dabei das Christentum *gleichrangig* neben alle anderen Religionen gestellt« (Hervorhebungen von Bleicken). – *H. Nesselhauf*, Das Toleranzgesetz des Licinius, in: HJb 74 (1955), 44 – 61, hält die Variationen für Dubletten und baut u.a. darauf seine These, im Liciniusbrief seien zwei verschiedene Dokumente verarbeitet. Ähnlich dann Christensen (wie Anm. 225), passim (mit dem Versuch, eine ›gemeinsame Quelle‹ – *litterae Constantini* als Basis eines ›Mailänder Ediktes‹ – zu rekonstruieren: 163f.). Vgl. jedoch *Calderone* (wie Anm. 17), 188ff.; *Bleicken* (wie Anm. 29), 18f. A. 29.

länder Beratungen die Freiheit nicht der Christen, sondern eben der Andersgläubigen auf dem Spiel gestanden[229]! Die Kaiser bestimmen nämlich:
- sowohl den Christen als auch allen anderen Menschen wird Freiheit der religiösen Richtungsentscheidung zugestanden,
(*Lact.* mort. pers. 48, 2: *ut daremus et Christianis et omnibus liberam potestatem sequendi religionem, quam quisque voluisset*)
- niemandem, weder einem Christen noch einem Nichtchristen, wird die praktische Möglichkeit versagt, von dieser Freiheit Gebrauch zu machen,
(48, 3: *ut nulli omnino facultatem abnegandam putaremus, qui vel observationi Christianorum vel ei religioni mentem suam dederet, quam ipse sibi aptissimam esse sentiret*)
- jedermann darf sich jetzt frei und ohne Bedingungen dem Christentum anschließen,
(48, 4: *nunc libere ac simpliciter unus quisque eorum, qui eandem observandae religionis Christianorum gerunt voluntatem, ... id ipsum observare contendant*)
- auch die Möglichkeit der vollständig freien Religionsausübung ist für die Christen garantiert,
(48, 5: *nos liberam atque absolutam colendae religionis suae facultatem isdem Christianis dedisse*)
- da den Christen freie Religionsausübung gestattet ist, gilt dies um der öffentlichen Ruhe und Ordnung willen in gleicher Weise für die Nichtchristen,
(48, 6: *quod cum isdem a nobis indultum esse pervideas, intellegit dicatio tua, etiam aliis religionis suae vel observantiae potestatem similiter apertam et liberam pro quiete temporis nostri esse concessam* – man beachte den Begründungszusammenhang *cum – etiam aliis ...*)!
- dies, d.h. die Freiheit der Religionsausübung für die Christen und die von daher ordnungspolitisch begründete Freiheit auch für die anderen, wurde verfügt, damit keinem (Priester-)Amt und keinem Kult etwas weggenommen zu sein erscheine.
(48, 6: *quod a nobis factum est, ut neque cuiquam honori neque cuiquam religioni detractum aliquid a nobis videatur*).

Offensichtlich also hatten in den Verhandlungen von Mailand im Frühjahr 313 außer der Zukunft des Christentums auch die Rechte der heidnischen Priesterschaften (vgl. *honor*) und die Freiheit der nichtchristlichen Religionen (vgl. *religio*) zur Debatte gestanden bzw. drohte der nach Konstantins Willen neue Rang des monotheistischen und universalistischen Christentums, der in den zeitlich etwas früheren Briefen an den Prokonsul Anullinus und an andere bereits unmißverständlich festgelegt war, auf Kosten der Rechte und der Freiheit der nichtchristlichen

---

229. Vgl. die ebenfalls in diese Richtung gehende Beobachtung von *Christensen* (wie Anm. 225), 150f., 166ff.

Religionen und damit vor allem der traditionellen Staatsreligion zu gehen. Aber ebenso deutlich wird, daß Konstantin sich nicht hatte durchsetzen können. Denn als Kompromiß[230] wurde eine Lösung vereinbart, die den Christen (des Ostens) etwas gab bzw. garantierte, nämlich die in jeder Hinsicht freie Religionsausübung[231], und die den Anhängern der anderen (noch) zugelassenen Religionen und namentlich der römischen Staatsreligion ›nichts wegnahm‹ – doch wohl ebenfalls die freie Religionsausübung, und dies erklärtermaßen obendrein noch einzig unter dem ordnungspolitischen Gesichtspunkt – zur Vermeidung etwaiger Unruhen: *pro quiete temporis nostri*! Mit anderen Worten: Konstantin hatte in Mailand aus Sorge vor möglichen Unruhen – im wenig christianisierten, also weit überwiegend heidnischen Westen – und auf Druck des Heiden Licinius, vielleicht auch aus nicht unbegründeter Angst vor einer möglichen Allianz zwischen Licinius und Maximinus Daia[232], von etwaigen Maßnahmen zur Einschränkung oder gar Abschaffung des Heidentums aber Abstand genommen.

Indem uns der Liciniusbrief durch seine Diktion die entsprechenden Informationen und Indizien liefert, fordert er geradezu den Schluß heraus, daß Konstantin zur fraglichen Zeit nicht nur in einer irgendwie unspezifischen Weise dem Christentum ›zuneigte‹ und daß er, im Sinne des *primus gradus* des Christseins, nicht nur für sich persönlich gleichsam privat den Christengott als den einzigen Gott akzeptierte, sondern daß er sich entschieden und mit allen politischen Konsequenzen als Herrscher in seiner Politik auf den Boden des christlichen Monotheismus und Universalismus gestellt hatte. Lediglich ordnungspolitische und machtpolitische Ge-

---

230. U.a. *Jones*, LRP I (wie Anm. 2), 80f., versteht das Abkommen als einen von Konstantin erzwungenen »compromise«. Da jedoch die Vereinbarungen von Mailand nach Maßgabe der *litterae Licinii* weit hinter dem zurückblieben, was Konstantin bereits für den ihm direkt unterstehenden Teil des Reiches verfügt hatte (s.o. 53), hat Konstantin offensichtlich zurückstecken müssen, so daß anzunehmen ist, daß Licinius sich in der stärkeren Position befunden hat. – Auch *Dörries*, Konstantinische Wende und Glaubenfreiheit: Drei Toleranzedikte (wie Anm. 225), 21 mit A. 36, betont den Kompromißcharakter des Dokumentes. Ich kann ihm jedoch nicht folgen, wenn er 20f. Konstantin als den »Überlegenen« bezeichnet und wenn er 23f. (mit dem schönen Bild von der Ellipse mit den zwei Brennpunkten) Christentum und nichtchristliche Religionen in dem zitierten Text als gleichgestellt ansieht: die nichtchristlichen Religionen sind doch schon jetzt, nach dem Wortlaut zu urteilen, in der Defensive! – Auch *Piétri* in *Piétri* (Hg.), Das Entstehen (wie Anm. 13), 207, sieht Konstantin in »einer Position der Stärke«.

231. Und (was Konstantin gemäß Eus. HE X 5, 15ff.=Soden Nr. 7 im Brief an Anullinus schon Ende 312 für seine neugewonnenen Gebiete verfügt hatte) Rückerstattung konfiszierten Gemeindeeigentums (sowie Entschädigung für die neuen Eigentümer): Lact. mort. pers. 48, 7 – 10. Von finanzieller Unterstützung der Gemeinden und von Privilegien (Immunität) für den Klerus wie im konstantinischen Westen seit Ende 312 (Einzelheiten s.u. Teil VI 2a) ist hier jedoch keine Rede: das Christentum im Reichsteil Konstantins hat einen wesentlich anderen Rang als das Christentum im Reichteil des Licinius!

232. Vgl. *Castritius* (wie Anm. 61), 84f.

sichtspunkte und somit Überlegungen der Opportunität waren es, die eine – in welcher Form auch immer bereits zu diesem frühen Zeitpunkt vielleicht geplante – sofortige Umsetzung in die Praxis verhinderten, die nur zum Nachteil der Nichtchristen bzw. der traditionellen Staatsreligion hätte ausfallen können. Das eigentümliche Bekenntnis zur ›Toleranz‹ in dem besprochenen Dokument vom Sommer 313 war, wie schon mehrfach betont, nur der ›kleinste gemeinsame Nenner‹ zwischen Konstantin und Licinius[233]. Der Kompromißcharakter manifestiert sich im gleichen Text sodann auch in den Aussagen des Licinius über das Göttliche: *divinitatis reverentia* (*Lact.* mort. pers. 48, 2) – *quicquid ‹est› divinitatis in sede caelesti* (48, 2) – *summa divinitas* (48, 3) – *divinus favor* (48, 11). Diese von Licinius gewiß polytheistisch oder auch henotheistisch gemeinten[234], bei einigen Wohlwollen aber auch christlich interpretierbaren oder, wie die Dedikationsinschrift des Konstantinbogens[235], einer christlichen Interpretation doch wenigstens nicht völlig entgegenstehenden Formulierungen des Liciniusbriefes repräsentieren nicht den Stand der ›religiösen Entwicklung‹ Konstantins persönlich, da dieser ja, wie gezeigt, eindeutig mit dem *primus gradus* des Christseins auch den christlichen Monotheismus angenommen hatte. Für Konstantin, der nicht mehr den alten Göttern, sondern spätestens seit dem Sieg über Maxentius dem Christengott seine Herrschaft zu verdanken glaubte, der sich daher als ›Beauftragter‹ dieses Gottes und als *famulus dei* verstand[236], der deshalb den Christengott als *deus noster*, Christus als *salvator noster* bezeichnete[237], die Bischöfe als seine *fratres*[238], für diesen Christen Konstantin also waren die Anhänger der alten Götter aus der ins Christlich-Universalistische gewandelten Perspektive nur noch abschätzig die *gentes* bzw. die *gentiles*[239], und christliche Schismatiker brandmarkte er als ›Wahnsinnige‹[240]. Welche Politik würde er solchen religiösen Gemeinschaften gegenüber einschlagen, wenn er einmal allein an der Spitze des Reiches stehen würde?

233. S.o. A. 175. – *Bringmann* (wie Anm. 39), 45.
234. S.o. A. 181. – *Bringmann* (wie Anm. 39), 33f.
235. ILS 694: *INSTINCTU DIVINITATIS* habe Konstantin über Maxentius gesiegt.
236. Eus. HE X 5, 18=Soden Nr. 12, 10f. (313); Opt. Append. III=Soden Nr. 14, 70f. (314); Opt. Append. V=Soden Nr. 18, 12ff. (*famulus dei*) (314).
237. Opt. Append. V=Soden Nr. 18, 3, 68 und 56, 61 (314).
238. Offenbar erstmals im Brief an die ›Konzilsväter‹ in Arles (314): Opt. Append. V=Soden Nr. 18, 2, 16, 55, 71. – *E. Jerg*, Vir venerabilis, Wien 1970, 149ff.
239. Opt. Append. V=Soden Nr. 18, 22f. und 46 (314).
240. So erstmals schon im Brief an Caecilianus von Karthago (Ende 312/Anfang 313): Eus. HE X 6, 4f.=Soden Nr. 8, 20ff., hier 27: μανία. Vgl. auch den Brief an Chrestos von Syrakus (314): Eus. HE X 5, 21ff.=Soden Nr. 15, 4ff. Dann z.B. Brief an die Synodalen in Arles (314), Opt. Append. V=Soden Nr. 18, 32: *vesania*; 45f.: *rabida furoris audacia*. – Konstantins Politik gegenüber Ketzern: unten Teil VI 1 b.

3. Monotheistisch-universalistische Elemente in späteren Briefen Konstantins

a. Zeugnisse aus den Jahren 314/15

Die auch mit Hilfe der *litterae Licinii* erschließbare christlich-universalistische Grundhaltung Konstantins manifestiert sich noch in weiteren Zeugnissen aus der Zeit kurz nach der ›Wende‹. Sie begegnet uns z.B. in einem Brief aus dem Jahre 314 an die in Arles zu einem Reichskonzil (dem zweiten, nach Rom 313) versammelten Bischöfe. Hier spricht der Kaiser von der *aeterna et religiosa inconprehensibilis pietas dei nostri* – des Christengottes also, der der Gott Konstantins geworden war – bezüglich der *humana condicio* allgemein: allen Menschen sei erwiesenermaßen durch Gott, der dem Menschengeschlecht in einer Haltung der *pietas* gegenüberstehe, erneut (*denuo*)[241] die Möglichkeit gegeben, aus Finsternis und verkehrter Gesinnung auf dem Weg des Heils ans Licht zu kommen und sich – wie er, der Kaiser selber – der *regula iustitiae* zuzuwenden (*converti*)[242]. Das ist zwar aus Anlaß der Entscheidungen des Konzils gesagt, das Konstantin in einem Akt der ›kaiserlichen Synodalgewalt‹ nach dem Fehlschlagen des römischen Reichskonzils im Jahr zuvor wegen der schismatischen Bewegung des Donatismus veranstaltet hatte[243]; es schließt aber eben doch, wie der Hinweis auf die *humana condicio* beweist, die Menschheit insgesamt und damit zusätzlich zu den christlichen ›Abweichlern‹ und zum Kaiser persönlich, der sich ja ausdrücklich als das prominenteste Beispiel für die Wirkung der *pietas* des Christengottes und für den ›Weg des Heils‹ zur *regula iustitiae* durch *conversio* vorgestellt hatte[244], den gesamten nichtchristlichen Teil der Menschheit ein. Auch die im gleichen Brief als *gentes* bzw. *gentiles* bezeichneten, außerhalb des Christentums stehenden Menschen können und sollen also nach der Vorstellung des Kaisers den ›Weg des Heils‹ zum Gott der Christen finden und eine *conversio* zur *regula iustitiae* vollziehen.

---

241. Vermutlich denkt Konstantin hier an die Heilstat Christi, die jetzt in der Gegenwart unter Mitwirkung des Kaisers ›erneut‹ ihre Wirkung entfalten kann; siehe bereits oben A. 68.
242. Opt. Append. V=Soden Nr. 18, 2ff.: *aeterna et religiosa inconprehensibilis pietas dei nostri nequaquam permittit humanam condicionem diutius in tenebris oberrare neque patitur exosas quorundam voluntates usque in tantum praevalere, ut non suis praeclarissimis luminibus denuo pandens iter salutare eas det ad regulam iustitiae converti. habeo quippe cognitum multis exemplis, haec eadem ex me ipso metior. fuerunt enim in me primitus, quae iustitiae carere videbantur* – etc.
243. Vgl. im A. 242 zitierten Text: *exosas quorundam voluntates*. – Zu den Reichskonzilien: *K.M. Girardet*, Die Petition der Donatisten an Kaiser Konstantin (Frühjahr 313) – historische Voraussetzungen und Folgen, in: Chiron 19 (1989), 185 – 206; *ders.*, Das Reichskonzil von Rom (313) – Urteil, Einspruch, Folgen, in: Historia 41 (1992), 104 – 116; *ders.*, Konstantin d. Gr. und das Reichskonzil von Arles (314). Historisches Problem und methodologische Aspekte, in: *D. Papandreou/W.A. Bienert/K. Schäferdiek* (Hg.), Oecumenica et Patristica (FS W. Schneemelcher), Chambésy-Genf 1989, 151 – 174.
244. S.o. A. 68.

Diese universalistische Programmatik aber ist nichts anderes als die Frucht des christlich-monotheistischen Denkens, das Konstantin mit dem *primus gradus* des Christseins sich offensichtlich zu eigen gemacht hatte.

Eine weitere Grundsatzerklärung sei hier noch angesprochen, die ebenfalls im Jahre 314 vielleicht noch deutlicher die seit Herbst 312 erkennbar neue christlich-universalistische Richtung des kaiserlichen *officium* hervortreten läßt. Ich meine Konstantins Brief an den *vicarius Africae* (?) Ablabius[245], einen hochgestellten Amtsträger also, der durch die Anrede: *cum apud me certum sit te quoque dei summi esse cultorem*, als ein Christ[246] gekennzeichnet wird. Der Kaiser bringt hier in einer über den konkreten Anlaß des Donatistenstreites wieder hinausweisenden Reflexion die Verpflichtung des christlichen Kaisers und christlicher Reichsbeamten[247] zum Ausdruck, um des politischen Wohls des Imperiums und um der kaiserlichen *securitas* willen dafür zu sorgen, daß alle Menschen – *universi* – gegenüber dem als *summus deus, summa divinitas*, als *potentissimus* und *sanctissimus deus* bezeichneten Christengott brüderlich-einträchtig den *debitus cultus catholicae religionis* vollziehen[248].

Universi: alle Menschen, d.h. aktuell die derzeit in Nordafrika untereinander zerstrittenen Christen, aber gewiß darüber hinaus auch die augenblicklich noch im Götterdienst befangenen Nichtchristen sollen die *catholica religio* haben, die überall auf Erden verbreitete und von ihrem Stifter für alle Menschen gedachte Religion; denn vom Christengott ist in dem Text gesagt[249], daß er dem *Maximus Augustus* Konstantin *terrena omnia moderanda commisit*, und so könnte der strafende Zorn dieses Gottes über eventuelle Vernachlässigung des kaiserlichen *officium* außer dem Herrscher das *humanum genus* insgesamt treffen. Dadurch ist eben dieses *officium* als ein universalistisches, auf die Christianisierung aller Menschen abzielendes erwiesen, zumal da ja auch die *religio*, die hier gemeint ist, ausdrücklich eben als *catholica religio* bezeichnet wird, d.h. als eine bzw. als die Universalreligion.

Und schließlich in gleichem Sinne[250] der Brief Konstantins an den *vicarius Africae* Celsus aus dem Jahre 316: das politische Ziel des Kaisers, wiederum über den

---

245. Zu diesem s.o. 55.
246. *Dörries*, Selbstzeugnis (wie Anm. 17), 22 mit A. 1. – Zu Konstantins Bezeichnungen für den Christengott (u.a. *summus deus*) s.o. 35f. – *Maier*, Dossier I (wie Anm. 203), 157 A. 19 bemerkt zu der zitierten Stelle: »A cette époque, Constantin compte parmi les adorateurs du grand Dieu, bien qu'il ne soit pas encore chrétien«. Diese Ansicht ist jedoch durch nichts gerechtfertigt.
247. A.a.O., an den Christen Ablabius, 66 – 68: *confiteor gravitati tuae, quod nequaquam fas esse ducam, ut eiusmodi contentiones et altercationes dissimulentur a nobis.* – Zur Personalpolitik Konstantins s.u. Teil VI 2. – Ablabius als Christ: s.o. A. 187.
248. Opt. Append. III=Soden Nr. 14, 66 – 76.
249. Z. 70ff.
250. *Dörries*, Selbstzeugnis (wie Anm. 17), 36 mit A. 1.

Donatistenstreit als den konkreten Anlaß der Aussage hinausweisend, ist es, nach Maßgabe des *munus principis* »dafür zu sorgen, daß nach Auslöschung der Irrtümer und Vernichtung aller Tollkühnheit alle – erneut: *universi* – die ›wahre Religion‹ besitzen, einträchtige Aufrichtigkeit zeigen und die dem allmächtigen (Christen-)Gott zustehende Form der Verehrung praktizieren«[251]. Auch durch diese Sätze wird die vom *munus principis* hergeleitete und daher generell alle Untertanen ins Auge fassende Absicht des Kaisers zum Ausdruck gebracht, die religiöse Einheit des Reiches unter christlichen Vorzeichen – und somit implizit durch Bekämpfung bzw. Auslöschung alles Nichtchristlichen, des Schismatisch-Ketzerischen wie des Paganen – herbeizuführen (*perficiam*); es äußert sich hierin, so schreibt J. Vogt, »eine vom Christentum ausgehende missionarische Herrscherauffassung in ihrer ganzen Tragweite und Gefährlichkeit«[252] für die anderen Religionen. Zu ihren Grundlagen gehört die von Konstantin immer wieder betonte Auffassung, daß der christliche Glaube absolute Wahrheit enthalte und vermittle, und hierdurch wird allen anderen Religionen ›Wahrheit‹ abgesprochen, das Christentum implizit als universalistisch begriffen. Im Hinblick auf das Problem der Toleranz wird daher später noch die Frage zu erörtern sein (unten Teil V), ob und wie sich dies in der praktischen Politik auswirkt. Daß im übrigen der religiöse Universalismus mit dem aus heutiger Sicht eher profanen politischen Universalismus im Sinne eines Strebens nach der Alleinherrschaft über das universale *Imperium Romanum* eine wechselseitig vorteilhafte Symbiose einzugehen imstande war, sollte sich in und nach Konstantins Auseinandersetzung der Jahre 323/324 mit Licinius zeigen[253].

b. Proklamationen seit 324

Die bisher besprochenen Dokumente beweisen nach meiner Ansicht zweifelsfrei, daß Konstantin bereits 312/13 sämtliche Grundsatzentscheidungen getroffen hat, die den weiteren Weg seiner universalistischen Religions- bzw. Christianisierungspolitik bestimmen werden. Der Gedanke nun, daß das Christentum, die *lex Christiana*, der Intention nach die einzige wahre, auf den einzigen, den wahren Gott ausgerichtete Religion sei und daß sie solchermaßen einen universalen, einen ›katholischen‹, Anspruch erhebt, wird von Konstantin auch unmittelbar nach dem Sieg über Licinius sowie in späteren Briefen in vielfältigen Variationen öffentlich

---

251. Opt. Append. VII=Soden Nr. 23, 41ff.: ... *ut discussis erroribus omnibusque temeritatibus amputatis veram religionem universos concordemque simplicitatem atque meritam omnipotenti deo culturam praesentare perficiam.*
252. *Vogt,* Die constantinische Frage (wie Anm. 136), 385.
253. Der »christliche Glaube als absolute Wahrheit«, vgl. *Dörries,* Selbstzeugnis (wie Anm. 17), 312ff. – Krieg mit Licinius als Religionskrieg: *Lorenz* II (wie Anm. 13), 117.

proklamiert. Ich greife nur einige wenige Beispiele heraus, um die Geradlinigkeit und Kontinuität des kaiserlichen Denkens deutlich werden zu lassen. Der Sieg des Jahres 324 über Licinius hat Konstantin nach zeitgenössischem Verständnis zum Universalherrscher gemacht[254]. Es war ein Sieg über den ›Drachen‹, eine Befreiung der Welt vom Untier und ›Feind des Menschengeschlechts‹, ein Sieg des christlichen Monotheismus über den Polytheismus – triumphal durchbohrt auf einer Münzserie (Abb. 26) das kaiserliche Panier mit dem Christogramm, das Labarum, unter der Parole SPES PUBLICA die zu Boden gestreckte Schlange[255]. Die politische Wohlfahrt, eine hoffnungsvolle Zukunft des Reiches ist, so lautet die Botschaft, nur durch den Christengott und das siegreiche Christentum zu erringen und zu gewährleisten[256]. Eusebius von Caesarea ›antwortete‹, indem er das Kreuz bzw. das Christogramm als das Schutzzeichen (φυλακτήριον) »des römischen Reiches und der gesamten Kaiserherrschaft« bezeichnete[257]. Mit Worten, die an Deutlichkeit nichts zu wünschen übriglassen, proklamierte Konstantin dann gleich nach dem Sieg in seinem wie ein Missionsschreiben wirkenden Brief an die (überwiegend nichtchristlichen) Bewohner der ›befreiten‹ Provinzen des Ostens seine vordringliche Herrscheraufgabe: es gibt nur einen einzigen Gott, den Gott der Christen, und in dessen Namen, mit dessen Hilfe wurde der Christengegner Licinius bezwungen[258]; dieser Gott hatte Konstantin, so des Kaisers eigene Formulierung, in seinen Dienst genommen (nicht umgekehrt!), und daher hatte Gott – und nicht bzw. nur mittelbar der Kaiser als Gottes ›Instrument‹ – vom äußersten Westen her nach Osten fortschreitend die Mächte des Schreckens nie-

---

254. Siehe z.B. Eus. HE X 9, 6. – VC II 19, 1f.; IV 50f. – In der sog. politischen Theologie des Eusebius ist der Monotheismus die metaphysische Entsprechung der Universalmonarchie, der Polytheismus die Entsprechung der verderblichen politischen Polyarchie: *Straub*, Herrscherideal (wie Anm. 45), 118ff.; *H. Eger*, Kaiser und Kirche in der Geschichtstheologie Eusebs von Cäsarea, in: ZNW 38 (1939), 97 – 115; *F.E. Cranz*, Kingdom and Polity in Eusebius of Caesarea, in: HThR 45 (1952), 47 – 66; *R. Farina*, L'impero e l'imperatore cristiano in Eusebio di Cesarea. La prima teologia politica del Cristianesimo, Zürich 1966, 107ff.; *D. Stringer*, The Political Theology of Eusebius Pamphili, Bishop of Caesarea, in: The Patristic and Byzantine Review 1 (1982), 137 – 151; *Winkelmann*, Euseb (wie Anm. 159), 138ff.; *Kinzig*, Novitas Christiana (wie Anm. 3), 517ff., bes. 541ff. – Ähnliches gilt aber auch für Laktanz: Ende des Polytheismus in inst. div. V 4, 1 – 8 (bes. 7f.) sowie, dadurch bewirkt, Ende allen Übels auf Erden und Entstehung einer universalen *civitas Christiana* in inst. div. V 8, 6ff.
255. So auch bereits im Brief Konstantins von 324 über den Kirchenbau: Eus. VC II 46, 2 (der ›Drache‹). – Die Münze von ca. 327/28 (hier Abb. 26) in P. Bruun, RIC VII 573 Nr. 26 und 579 Nr. 14. – Vgl. Eus. VC III 2f. über ein Gemälde im Kaiserpalast, das eine ähnlich Szene wiedergibt. Wertung des Sieges durch Eusebius von Caesarea persönlich: u.a. VC III 1. – *Lorenz* II (wie Anm. 13), 116f.; *Leeb* (wie Anm. 11), 49ff.
256. So bereits 315 die Botschaft des Silbermedaillons von Ticinum mit SALUS REI PUBLICAE (hier Abb. 27): oben 64.
257. VC I 40, 1. Ähnlich VC III 49; LC IX 8.
258. Eus. VC II 24ff., 42. – Vgl. *Calderone*, Costantino (wie Anm. 17), 205ff.

dergekämpft zu dem einen Zweck und Ziel: »auf daß die Menschheit, durch mein (sc. des Kaisers) Tun belehrt, die Religion des allerheiligsten Gesetzes zu ihrer Rettung annehme und zugleich sich der allerseligste Glaube unter der führenden Hand des Höchsten weiter verbreite« (ἵν' ἅμα μὲν ἀνακαλοῖτο τὸ ἀνθρώπειον γένος τὴν περὶ τὸν σεμνότατον νόμον θεραπείαν τῇ παρ' ἐμοῦ παιδευόμενον ὑπουργίᾳ, ἅμα δ' ἡ μακαριστὴ πίστις αὔξοιτο ὑπὸ χειραγωγῷ τῷ κρείττονι)[259]. Die Wiederherstellung und Förderung des Christentums im Osten ist daher die kaiserliche Antwort auf das göttliche *beneficium* des Sieges, ist geradezu ›Gottesdienst‹[260].

Das ist, wie gesagt, an die Adresse der Bewohner der östlichen Reichshälfte gerichtet, besonders der nichtchristlichen Untertanen: der neu gewonnenen Universalmonarchie Konstantins unter Führung des christlichen Universalgottes soll auf Erden in Zukunft die monotheistische Universalreligion der Christen zur Seite treten; die Nichtchristen sind hier implizit und explizit aufgefordert, sich, überzeugt durch die politisch-militärischen Erfolge Konstantins, zu ›bekehren‹[261], und als gleichsam flankierende Maßnahme ergreift der Kaiser in Erwartung massenhafter Hinwendungen zum Christentum sofort, wie er es schon seit Ende 312 in Rom (Lateran) und im Westen getan hatte[262], die Initiative zum Kirchenbau in großem Stil (*Eus.* VC II 46, 2; vgl. auch IV 36, 1).

Der christlich-monotheistische Universalismus steht außerdem programmatisch im Mittelpunkt von Konstantins ebenfalls noch 324 geschriebenem Brief an die – christlichen wie nichtchristlichen – Bewohner aller Provinzen[263]; auch dies ein für den ersten christlichen Kaiser charakteristisches Lehr-, Mahn- und Missionsschreiben. Hier werden, teilweise in Form eines Gebetes, der christliche Universalgott (δεσπότης τῶν ὅλων) und die christliche Universalreligion dem nichtchristlichen Teil der Menschheit zu gläubiger Annahme empfohlen[264]. Das Wohlergehen der Oikumene und der ganzen Menschheit (56, 1: ὑπὲρ τοῦ κοινοῦ τῆς οἰκουμένης καὶ τοῦ πάντων ἀνθρώπων χρησίμου) hänge davon ab, daß das ›Volk Gottes‹ künftig in Frieden, d.h. unbehelligt von seiten der Nichtchristen, leben kann und daß es frei von innerer Spaltung bleibt (εἰρηνεύειν σου τὸν λαὸν καὶ ἀστασίαστον μένειν), und dieser Friede wiederum sei die Gewähr dafür, daß schrittweise

---

259. Eus. VC II 28, 2.
260. Eus. VC II 29, 1 und II 38.
261. Besonders nachdrücklich in der ersten großen Proklamation von 324: Eus. VC II 28, 2 und 42. Zu diesem Text s.u. Teil V 4.
262. S.o. A. 142.
263. Eus. VC II 48 – 60; vgl. den Kommentar des Eusebius in 47 und 61. Zu diesem Brief siehe auch unten Teil V 4. – An ›alle Provinzen‹ und ›alle Menschen‹, also wohl nicht nur die Bewohner des neugewonnenen Ostens: Eus. VC II 47, 1f. Der von Eusebius übersetzte Text wäre dann die speziell für den Osten modifizierte Ausfertigung (vgl. II 55, 1).
264. Eus. VC II 60, 2: ὅπερ συνεβούλευσα ἂν πᾶσιν ἀνθρώποις etc. – Gleichzeitig ruft der Brief aber zur ›Toleranz‹ der Christen auf; dazu unten Teil V 4.

alle Menschen der Segnungen des Christenglaubens teilhaftig werden, der heidnische ›Irrtum‹ hingegen, der dem allgemeinen Besten Schaden zufüge, endlich verschwindet (59 und 60, 2).
Sodann, im Brief an die theologisch zerstrittenen Alexandriner, den Bischof Alexander und den Presbyter Arius, spricht Konstantin (*Eus.* VC II 64 – 72) im Herbst 324 über seine politisch-universalistische ›Doppelstrategie‹: als erstes habe er, durch Vermittlung von Erkenntnis, also durch Belehrung, die religiösen Ansichten ›aller Völker‹ (ἁπάντων τῶν ἐθνῶν) in Richtung auf den christlichen Monotheismus vereinheitlichen wollen; als zweites habe er, unter Einsatz von Waffengewalt (gegen Maxentius und Licinius), dem ›Körper der allen gemeinsamen Oikumene‹, der an einer schweren Wunde litt, Heilung bringen wollen (*Eus.* VC II 65, 1). Auf dieser Basis gibt er jetzt seiner Hoffnung Ausdruck, daß sein religionspolitischer Universalismus im Sinne des Christentums, der dem Universalismus der Heilstat Christi[265] entsprechen soll, ausgehend von einer in sich einigen Christenheit zu einer der künftigen ›frommen – d.h. christlichen – Gesinnung aller‹ entsprechenden μεταβολή der τῶν δημοσίων πραγμάτων (*Eus.* VC II 65, 2) führen werde: zu einer vollständigen Umwälzung der praktischen Politik.
In gleichem Zusammenhang ist auch der berühmte Brief von ca. 325 (?) an den persischen Großkönig Shapur II. zu sehen[266]. Konstantin (*Eus.* VC IV 9 – 13) bekennt sich darin zum christlichen Universalgott (10, 2; 11, 1; 13), den er als seinen Helfer bei der (gegen Maxentius 312 und Licinius 324 gerichteten) ›oikumenischen‹ Rettungsaktion preist (9). Seinem christlich-monotheistischen Universalismus gemäß, der auf die *condicio humana* und die universalistische Heilstat Jesu reflektiert[267], tritt aber zur kaiserlichen ›Heidenmission‹ (und Bekämpfung schismatischer und häretischer christlicher Bewegungen) innerhalb des Reiches (bes. 9) nun auch die Fürsorge für die Christen außerhalb der Reichsgrenzen (12 f.) und die indirekte Empfehlung an den ›König der Könige‹ hinzu, auch selber das Christentum anzunehmen (13). Eusebius von Caesarea interpretiert Konstantin in seinem Selbstverständnis darum ganz zutreffend als οἷά τις κοινὸς τῶν ἁπανταχοῦ κηδεμών mit der πρόνοια ὑπὲρ τῶν ἁπάντων (8) und als den κυβερνήτης aller Völker der ganzen Oikumene (14, 1), d.h.: als ›eine Art allen überall gemeinsamen Beschützer‹, dessen Fürsorglichkeit alle Menschen erfaßt, und als den ›Lenker‹ der gesamten Menschheit.

265. Konstantins Rede ›an die Versammlung der Heiligen‹: Kap. XVI. – Zum Zeitpunkt und zum Anlaß der Rede jetzt *B. Bleckmann,* Ein Kaiser als Prediger: Zur Datierung der konstantinischen »Rede an die Versammlung der Heiligen«, in: Hermes 125 (1997), 183 – 202; mit weitgehend überzeugenden Argumenten dafür, daß die Rede in Nikomedien gehalten worden sein dürfte (bes. 195ff.), und zwar (197ff.) im Rahmen der 328 in dieser Stadt veranstalteten ›Nachsynode‹ zum 1. Oikumenischen Konzil von Nicaea (325).
266. Vgl. *Dörries,* Selbstzeugnis (wie Anm. 17), 125ff.; *T.D. Barnes,* Constantine and the Christians of Persia, in: JRS 75 (1985), 126 – 136.
267. S.o. A. 68 und 241.

Der politische, schon in den Zeiten der römischen Republik formulierte Weltherrschaftsanspruch Roms[268] wurde hier mit dem christlich-monotheistischen Universalismus zu einer untrennbaren Einheit verschmolzen. Des Christengottes Wille ist es nun einmal, so schreibt Konstantin 330 an eine mit den Donatisten zerstrittene Gruppe numidischer Bischöfe, *ut omne humanum genus in commune consentiat et quodam societatis affectu quasi mutuis amplexibus glutinetur* – wobei kein Zweifel daran sein kann, daß das einigende Band der Menschheit das in sich einige Christentum sein soll[269]. Und so wird schließlich verständlich, daß der Universalherrscher Konstantin nicht nur seinen (paganen) Untertanen ›Missionspredigten‹ zur Verbreitung des christlichen Monotheismus hält[270], sondern mit Blick auf die gesamte Menschheit problemlos das uralte imperiale Selbstverständnis der Römer mit seinem christlichen Sendungsbewußtsein zu verbinden wußte: »Auf Grund meiner gläubigen Verehrung Gottes«, so schrieb er 335, »ist der Erdkreis befriedet, auch die Barbaren selbst, die bisher die Wahrheit nicht kannten, lobpreisen aufrichtig den Namen Gottes; es ist ja offenkundig, daß, wer die Wahrheit nicht kennt, auch nicht Gott erkennt. Überdies also, wie gerade gesagt, haben auch die Barbaren jetzt durch mich, den wahren Verehrer Gottes, Gott erkannt und haben gelernt, furchtsam ihn zu ehren, von dem sie durch die Tatsachen selbst wahrgenommen haben, daß er mein Schutzschild ist und für mich sorgt. Insbesondere deshalb auch kennen sie Gott, den sie wegen der Furcht, die sie vor uns haben, furchtsam verehren« (etc.)[271].

›Ein Gott – Ein Reich – Ein Kaiser‹, so lautet nun die Parole[272], ergänzt um die nach ›innen‹ gerichteten Schlagworte: »Ein Herr – Ein Glaube – Eine Taufe«[273].

---

268. *J. Vogt*, Orbis Romanus. Ein Beitrag zum Sprachgebrauch und zur Vorstellungswelt des römischen Imperialismus, in: *ders.*, Orbis. Ausgewählte Schriften zur Geschichte des Altertums, Freiburg 1960, 151 – 171. – *P.A. Brunt*, Laus imperii (1978), in: *ders.*, Roman Imperial Themes, Oxford 1990, 288 – 323.
269. Opt. Append. X=Soden Nr. 36, 5ff.
270. U.a. Eus. VC II 61, 1; III 1; IV 29f. und 55. – Nach Auskunft des Eusebius waren diese Bemühungen zumeist jedoch ohne Erfolg: VC IV 29, 4f.; 30, 2.
271. Brief Konstantins an die Synodalen von Tyros 335 (Athan. apol. sec. 86, 10f.): τοιγαροῦν διὰ τῆς ἐμῆς πρὸς τὸν θεὸν λατρείας ... – In ähnlichem Sinne Eus. LC XVI 6. – Vgl. *J. Vogt*, Die kaiserliche Politik und die christliche Mission im 4. und 5. Jahrhundert, in: *H. Frohnes/U.W. Knorr* (Hg.), Kirchengeschichte als Missionsgeschichte, Bd. I: Die Alte Kirche, München 1974, 166 – 188; *Lorenz* II (wie Anm. 13), 210ff.
272. Eus. VC I 5, 6, 24; II 19. Außerdem Eus. LC III 3 – 6; XVI 3 – 7.
273. Siehe z.B. Eus. eccl. theol. II 19, 3: εἷς κύριος – μία πίστις – ἓν βάπτισμα. – *E. Peterson*, Εἷς θεός. Epigraphische, formgeschichtliche und religionsgeschichtliche Untersuchungen, Göttingen 1926, 214 u. 255.

V. Politik der Christianisierung I
Die Nichtchristen im Denken und Handeln Konstantins

Das grundlegend Neue im religiös-politischen Denken Konstantins trat bereits in den frühesten Selbstzeugnissen des Kaisers unmittelbar mit und nach der ›Wende‹ 312/13 in Erscheinung: der christliche Monotheismus und der vom Christentum her begründete religionspolitische Universalismus. Gegenüber der seit unvordenklichen Zeiten gewachsenen Welt des griechisch-römischen Pantheons hat sich dadurch das religiös-geistige ›Koordinatensystem‹ geändert. Religionspolitik kann von nun an unter dem neuen Vorzeichen nichts anderes mehr sein als Christianisierungspolitik.
In welcher Weise wirkte sich dies in der Zeit Konstantins aus? Ich meine damit die Frage nach den programmatischen und praktischen Aspekten des Problems der religionspolitischen Toleranz (Teil V 1) zunächst gegenüber Nichtchristen, also den Anhängern des Judentums und der paganen Religionen (Teil V 2), dann aber auch gegenüber Ketzern und Schismatikern (s.u. Teil VI 1). Sind religiöse Toleranz und Religionsfreiheit im Geiste des Galeriusediktes von 311 nach der Konstantinischen Wende überhaupt noch möglich? Welche praktischen Chancen konnte das Mailänder Abkommen von 313 im Verantwortungsbereich Konstantins haben? Und inwiefern könnte es gerechtfertigt sein, die Politik des Kaisers gegenüber Nichtchristen als Christianisierungspolitik zu betrachten? Wie also sah die politische Praxis aus?

1. Zum Begriff und zur Möglichkeit von Toleranz im christlichen Kaiserreich

Das Christentum war durch das Galeriusedikt 311 zu *religio licita* geworden, d.h. es hatte, was von polytheistischen und auch henotheistischen Voraussetzungen her möglich war, einen Platz im römischen System der ›friedlichen Koexistenz‹ einer differenzierten Vielzahl von Göttern und Religionen erhalten. Dem Christentum jedoch, als einer monotheistischen Religion, ist ein auf die gesamte Menschheit gerichteter absoluter Exklusivitäts- und Universalitätsanspruch eigen. Daher stellt sich in dem Augenblick, da ein Kaiser, das politische Haupt des Weltreiches und der Herr des Machtapparats, das Christentum als seine persönliche Religion angenommen hat, die Frage nach dem politisch-programmatischen Willen und der politisch-praktischen Möglichkeit zu religiöser Toleranz und Religionsfreiheit. Sind Religionsfreiheit und Toleranz von den neuen Komponenten des christlichen Monotheismus und Universalismus her politisch überhaupt denkbar und möglich? Trifft es zu, daß, wie man mit Blick auf das Mailänder Programm von 313 gemeint hat, der Christ Konstantin im Geiste einer aus christlichem Glauben erwachsenden Toleranz die ›friedliche Koexistenz‹ der Religionen beibehalten wollte[274]?

274. *H.A. Drake,* Policy and Belief in Constantine's »Oration to the Saints«, in: Studia Patristica XIX (1989), 47; *ders.,* Constantine and Consensus, in: Church History 64 (1995), 5ff., mit der

Das moderne, seit der Aufklärung entwickelte Verständnis von Toleranz setzt die Säkularisation von Staat und Gesellschaft voraus, und es verlangt, als Ergebnis eines philosophischen Skeptizismus und Relativismus, den Verzicht auf absoluten Wahrheitsanspruch[275]. Für die Christen jedoch gilt der Ausspruch Jesu: »Ich bin der Weg, die Wahrheit und das Leben. Niemand kommt zum Vater denn durch mich« (Joh 14, 6). Eine auf Einsicht in die Begrenztheit, Unabgeschlossenheit und daher Relativität allen menschlichen Wissens und Erkennens gegründete Einstellung, die dem jeweils anderen eben aus dieser Einsicht heraus ein Recht auf Anderssein und Andersheit, Andersdenken und Andersglauben zugesteht, und ein politisch so motivierter und garantierter Pluralismus der Religionen ist unter dem Vorzeichen des christlichen Wahrheits- und Absolutheitsanspruchs mithin unmöglich. Konstantin teilt, als Christ, diesen absoluten Wahrheitsanspruch[276]. Ein Satz wie der des heidnischen Senators Q. Aurelius Symmachus: *uno itinere non potest perveniri ad tam grande secretum* (rel. III 10 aus dem Jahre 384), wäre daher im Munde des ersten christlichen Kaisers und überhaupt eines Christen völlig undenkbar[277].

These (7), »that Constantine's goal was to create a neutral public space in which Christians and pagans could both function«, daß der Kaiser also, anders gesagt (ebd.), ein «program of ›peaceful co-existence‹« zwischen Christen und Nichtchristen entwickelt habe; weiter ausgeführt in *ders.*, Lambs into Lions: Explaining Early Christian Intolerance, in: P&P 153 (1996), 3 – 36. Ähnlich u.a. bereits *Dörries*, Konstantinische Wende und Glaubensfreiheit: Konstantin und die moderne Toleranz (wie Anm. 225), 68: Religionsfreiheit und Toleranz »als eine Forderung des Glaubens« …; dadurch halte »er sie heraus aus den Erwägungen der Zweckmäßigkeit, als habe auch die Freiheit ihren Preis und als müsse es von den Umständen abhängen, ob man sie aufrecht erhalten wolle oder nicht«; *Pietri*, Constantin (wie Anm. 442), 82, mit Blick auf die Dokumente von 324: »C'est la religion du prince qui fonde la tolérance«. – *P. Chuvin*, A Chronicle of the Last Pagans. Cambridge/Mass. 1990, 30 (ff.), diagnostiziert bei Konstantin gegenüber den Paganen (Definition des Begriffs: ebd. 7 – 13) einen religionspolitischen »pragmatism« und meint, des Kaisers gesetzgeberische Maßnahmen »went back to Tiberius and were motivated by political rather than religious considerations«.

275. Siehe zusammenfassend *K. Schreiner*, Art.: Toleranz I – X, und Art.: Toleranz XIV – XVI, in: Geschichtliche Grundbegriffe VI (1990), 445 – 494, 524 – 605; G. Besier, Art.: Toleranz XI – XIII, in: Geschichtliche Grundbegriffe VI (1990), 495 – 523. – Vgl. auch die Erwägungen von *Dörries*, Konstantinische Wende und Glaubensfreiheit: Konstantin und die moderne Toleranz (wie Anm. 225), 65 – 79, bes. 72ff. (zur Begriffsgeschichte); *J. Vogt*, Toleranz und Intoleranz im constantinischen Zeitalter: der Weg der lateinischen Apologetik, in: Saeculum 19 (1968), 344 – 361 (Arnobius, Laktanz, Firmicus Maternus); *B. Kötting*, Religionsfreiheit und Toleranz im Altertum, Opladen 1977; *A.H. Armstrong*, The Way and the Ways: Religious Tolerance and Intolerance in the Fourth Century, in: Vigiliae Christianae 38 (1984), 1 – 17; *W. Speyer*, Toleranz und Intoleranz in der alten Kirche, in: *I. Broer/R. Schlüter* (Hg.), Christentum und Toleranz, Darmstadt 1996, 83 – 106.

276. *Dörries*, Selbstzeugnis (wie Anm. 17), 312ff. mit den Texten über ›Wahrheit des Christentums‹ und ›Irrtum‹, ›Falschheit‹, ›Lüge‹ der anderen Religionen.

277. Wie Symmachus dachte übrigens in seiner Jugend auch Augustinus: soliloqu. I 13, 23. In den retract. (I 4, 3) hat er sich später davon distanziert.

Wenn es also richtig ist, daß der Christengott als der wahre und der einzige Gott, zu dem man nur durch Christus gelangen kann, 312 und 324 der Sieghelfer Konstantins gewesen war, muß der Kaiser, um sich der göttlichen *beneficia* würdig zu erweisen und künftige zum politischen Wohle des Reichs (und seiner selbst) erhoffen zu können, dem Kultus des Christengottes zunächst zu reichsweiter innerer Einheitlichkeit und dann auch zu allgemeiner Verbreitung unter der Reichsbevölkerung verhelfen. In diesem Punkte gelangen christlicher Missionsgedanke und traditionelle religionspolitische Pflicht eines römischen Kaisers zu überraschender Konvergenz. Denn einerseits ist da der sog. Missionsbefehl des auferstandenen Christus und der Universalismus der christlichen Heilsbotschaft[278]: »Gehet hin in alle Welt und prediget das Evangelium aller Kreatur« (Mk 16, 15) bzw.»Gehet hin und lehret alle Völker und taufet sie im Namen des Vaters und des Sohnes und des Heiligen Geistes und lehret sie halten alles, was ich euch befohlen habe« (Mt 28, 19 f.). Dies gilt nun auch und gerade für den Kaiser als einen Christen, und mit Recht hat R. Lorenz im Blick auf die Christianisierungspolitik Konstantins gesagt, daß der erste christliche Kaiser »der größte christliche Missionar des 4. Jahrhunderts« gewesen ist[279]. Andererseits fordert, wie zu sehen war, das traditionelle römische Verständnis des *ius publicum* und des *munus principis* vom römischen Kaiser und *pontifex maximus*, zur Sicherung der Wohlfahrt des Reiches und seiner selbst (*salus rei publicae, imperii* und *imperatoris*) sowie ganz generell zur Gewährleistung des politischen und militärischen Erfolges, für die Einheit der Reichsbevölkerung im Kultus der Götter bzw., wenn er, wie jetzt Konstantin, ein Christ ist, für die Einheit aller Untertanen im Kultus des Christengottes zu sorgen[280]. Widrigenfalls mußte man mit schlimmsten göttlichen Strafen rechnen[281], die sich nach dem auch von den Christen geteilten Glauben der Zeit ganz unmittelbar erfahrbar gleichsam innerweltlich einstellen würden: Krieg, Hungersnöte, Epidemien, Naturkatastrophen, Zusammenbruch der öffentlichen Ordnung etc. Ein Pluralismus von Religionen erscheint unter solcher Voraussetzung ideell, vom gedanklichen Ansatz her, als unmöglich. Etwas anderes ist natürlich die politische Praxis, die sich an bestimmten nicht oder nur schwer verrückbaren Gegebenheiten orientieren muß (ohne daß man gleich mit dem denunziatorischen Vorwurf des ›Opportunismus‹ argumentieren sollte). Wo nämlich, wie bei Konstantin, der christ-

---

278. Vgl. auch etwa Eus. praep. evang. I 1, 6; I 3, 10 und 4, 1; theophan. II 76; LC XVI 4 und 6.
279. *Lorenz* II (wie Anm. 13), 210 (ff.). – *E. Krebs,* Die missionsgeschichtliche Bedeutung Konstantins d. Gr., in: ZfMissGesch 3 (1913), 173 – 186; *Vogt,* Kaiserliche Politik (wie Anm. 271), passim.
280. S.o. Teil III 2.
281. Vgl. dazu *W. Speyer,* Religiös-sittliches und frevelhaftes Verhalten in seiner Auswirkung auf die Naturgewalten. Zur Kontinuität einer volkstümlichen religiösen Vorstellung in Antike und Christentum, in: JbAC 22 (1979), 30 – 39; *ders.,* Toleranz und Intoleranz in der alten Kirche, in: *I. Broer/R. Schlüter* (Hg.), Christentum und Toleranz, Darmstadt 1996, 94ff.

lich motivierte Grundsatz herrscht: ›Ein Gott – Ein Reich – Ein Kaiser‹[282], da kann es gegenüber Nichtchristen ebenso wie gegenüber solchen Christen, die von einer verbindlichen, wie auch immer definierten Linie des Glaubens abweichen, politisch allenfalls, mit sorgsamem Blick auf Mehrheits- und somit Kräfteverhältnisse in der Bevölkerung und besonders in der Führungsschicht, taktisches Stillhalten oder vorsichtig-flexibles repressives Vorgehen geben. Was aus der Perspektive eines ›rechtgläubigen‹ christlichen Monotheismus und Universalismus in der Praxis möglich wäre, könnte somit nicht Toleranz im heutigen Verständnis, sondern nur eine Art von mehr oder weniger stark ausgeprägter, grundsätzlich aber mißbilligender Duldung sein, und deren Dauer würde eben von den politischen Umständen abhängen[283]. Im günstigsten Falle mag auch die aller Ehren werte, u.a. von Tertullian und Laktanz mit Blick auf die antichristliche Religionspolitik der Herrscher ihrer Zeit formulierte Einsicht mitwirken, daß erzwungener Glaube kein echter Glaube sein kann, daß also recht verstandenes Glauben sich nicht erzwingen läßt[284], und daß somit eine – seitens eines christlichen Kaisers potentiell die Nichtchristen wie auch die Schismatiker und Häretiker treffende – Politik des Glaubenszwanges *a limine* zum Scheitern verurteilt wäre.

Einen ersten Einblick in die spezifische Art von Duldung, wie Konstantin sie verstand, ermöglichten bereits die *litterae Licinii* (s.o. IV 2). Die Anfang des Jahres 313 in Mailand zwischen Konstantin und Licinius verabredete ›Toleranzerklärung‹ zu Gunsten von Christen und allen Andersgläubigen war um des Zieles willen formuliert worden, Benachteiligungen zu vermeiden und so die öffentliche Ruhe und Ordnung zu gewährleisten (*pro quiete temporis*)[285]. Damit ist über den Charakter dieser ›Toleranz‹ Wesentliches gesagt: die proklamierte Freiheit der Religionen basierte nicht auf der Anschauung, daß alle Religionen legitim seien, oder auf dem Prinzip der Gewissensfreiheit[286]. Sie war – zum Schutz nicht so sehr der Christen, als vielmehr der Nichtchristen, denen offensichtlich von seiten Konstantins bereits so früh ›Benachteiligung‹ drohte[287] – rein ordnungspolitisch motiviert. Das bedeutete zugleich, daß sie prekär war, daß sie aufgehoben oder eingeschränkt werden konnte, wenn die ordnungspolitischen Bedingungen, die ihre Einführung begründet hatten, nicht mehr gegeben waren[288].

Ein wichtiger Faktor ist dabei, außer dem religionspolitisch-programmatischen Wollen der Herrschenden, sehr vordergründig, aber politisch-praktisch sehr wir-

---

282. Quellenhinweise oben in A. 272.
283. ›Toleranz‹ und ›Opportunität‹: *Grünewald* (wie Anm. 11), 80.
284. Tert. apol. 26, 6; 28, 1f.; 46, 3f.; Scap. 2, 2 (vgl. auch ebd. 24, 6). – Lact. inst. div. V 19, 11 – 13, 21ff.; ders., epit. 48, 6ff. und 49, 1f.
285. Lact. mort. pers. 48, 6. – S.o. Teil IV 2. Vgl. *F. Corsaro,* La pace religiosa nella ›Realpolitik‹ costantiniana, in: QC 10 (1988), 221 – 237.
286. Zu diesem Gedanken siehe *H. Chadwick,* Art.: Gewissen, in: RAC 10 (1978), bes. 1096ff.
287. S.o. Teil IV 2.
288. Gegen Dörries und Drake, oben A. 274.

kungsvoll, die quantitative Relation zwischen christlicher und nichtchristlicher Bevölkerung, namentlich der Anteil von Christen bzw. Nichtchristen innerhalb der Führungsschicht im zivilen und militärischen Bereich[289]. So hat denn Licinius in seinem Reichsteil, der zwar weitaus stärker christianisiert war als der Westen, aber letztlich eben doch überwiegend von ›Altgläubigen‹ bewohnt war, wohl etwa um 320 begonnen, die Religionsfreiheit zu Ungunsten der Christen wieder einzuschränken[290]. Konstantin wiederum behinderte und verhinderte seinerseits die 313 ja auch in seinem, des *Maximus Augustus* Namen proklamierte Religionsfreiheit dort, wo er es gefahrlos tun zu können glaubte, nämlich im Fall der Donatisten[291], die doch, aufs Ganze des westlichen Reichteils gesehen, im Vergleich mit den Nichtchristen ebenso wie mit den ›rechtgläubigen‹ Christen eine religiöse Minderheit bildeten. Es zeigt sich daran unmißverständlich die gleichsam strukturelle, entsprechend den Mehrheitsverhältnissen aktivierbare Prekarität jener Erklärung der Religionsfreiheit von 313.

Unter der Prämisse, daß Konstantin seit 312/13 das Christentum als die einzige für das Reich und für ihn persönlich heil- und erfolgversprechende Religion ansah, ist nun also auf jeden Fall mit einer Religionspolitik zu rechnen, die sich, ausgesprochen oder unausgesprochen, als Christianisierungspolitik versteht und die zumindest das Mittel der Benachteiligung aller nichtchristlichen Religionen (und der christlichen ›Abweichler‹) einsetzt[292], ganz abgesehen von harter Bekämpfung der christlichen ›Abweichler‹ (siehe Teil VI 1) und massiver Werbung für das Christentum sowie Förderung der christlichen Gemeinden und des Klerus durch Privilegien (siehe Teil VI 2). In den folgenden Abschnitten sollen daher zunächst programmatische Aussagen zur ›Duldung‹ und politisches Handeln des Kaisers gegenüber dem Judentum (Abschnitt 2) und dem Paganismus (Abschnitt 3) behandelt werden.

2. *Nefaria secta* – das Judentum

Konstantin hat am Rechtsstatus des Judentums, das seit alters als Religionsgemeinschaft staatlich anerkannt war, nichts grundsätzlich geändert[293]; die jüdische Geist-

---

289. Dazu s.o. Teil III 1.
290. Christenpolitik des Licinius 320 – 324: *Feld* (wie Anm. 180), 108ff.; zusammenfassend *Lorenz* II (wie Anm. 13), 116f. – Programmatische Münzprägung des Licinius: *v. Schoenebeck* (wie Anm. 126), 49f.
291. S.u. Teil VI 1 b.
292. So auch die in die gleiche Richtung weisende Überlegung von *Lorenz* II (wie Anm. 13), 119. – Trotzdem versteht G. *Bonner* (wie Anm. 101, 356) die »extinction of paganism and its supersession by Christianity« als »an evolutionary process«!
293. Zum Rechtsstatus siehe etwa *C.D. Reichardt,* Die Judengesetzgebung im Codex Theodosianus, in: Kairos 20 (1978), 16 – 39; *A.M. Rabello,* The Legal Condition of the Jews in the

lichkeit erhielt durch ihn sogar, ähnlich (aber nicht gleich) dem christlichen Klerus, bestimmte Privilegien[294]. Indessen, tendenziell steht die kaiserliche Judenpolitik im Rahmen einer Christianisierungspolitik, und wie wenig überdies die ›Freiheit der Religionen‹, die der Kaiser im Januar/Februar 313 bei der Konferenz von Mailand mit Licinius vereinbart hatte, mit Toleranz im heutigen Sinne zu tun hatte, zeigt sich wie an seinen Aussagen über die Donatisten und andere christliche ›Abweichler‹ (unten Teil VI 1), so auch, trotz manchen Unterschieden, an denen über das Judentum[295]. Ein Gesetz vom 18. Oktober 315 (oder erst 329?) sollte, unter Strafandrohung bei Zuwiderhandeln, vom Judentum zum Christentum Konvertierte gegen Übergriffe ihrer ehemaligen Glaubensgenossen schützen und zusätzlich generell jegliche Konversion zur jüdischen Religion verhindern (CTh XVI 8, 1)[296]. Für den Fall genannter Übergriffe ist die barbarische Strafe des Verbrennens bei lebendigem Leibe vorgesehen[297]. – In dem Text bezeichnete Konstantin das Judentum als eine *feralis* und *nefaria secta*. Darin mag zum einen ein gewisser Antijudaismus nachwirken, der, trotz gesetzlicher Anerkennung der jüdischen Religion, in der vorkonstantinischen

Roman Empire, in: ANRW II 13 (1980), 662 – 762; *E.M. Smallwood,* The Jews under Roman Rule, Leiden ²1981; *K.L. Noethlichs,* Das Judentum und der römische Staat, Darmstadt 1996, 20ff. (historischer Überblick), 76ff. (Rechtslage bis Ende des 3. Jh.). – *K.L. Noethlichs,* Die gesetzgeberischen Maßnahmen der christlichen Kaiser des vierten Jahrhunderts gegen Häretiker, Heiden und Juden, Diss. phil., Köln 1971, 32 – 40 (Gesetze Konstantins); *H. Langenfeld,* Christianisierungspolitik und Sklavengesetzgebung der römischen Kaiser von Konstantin bis Theodosius II, Bonn 1977, 42ff., 59ff.; *F. Blanchetière,* L'évolution du statu des Juifs sous la dynastie constantinienne, in: *E. Frézouls* (Hg.), Crise et redressement dans les provinces européennes de l'Empire, Strasbourg 1983, 127 – 141; *J. Neusner,* Judaism and Christianity in the Age of Constantine. History, Messiah, Israel, and the Initial Confrontation, Chicago/London 1987, z.B. 13ff.; *A. Linder,* The Jews in Roman Imperial Legislation, Detroit/Jerusalem 1987, 67ff., 120 – 144 (die konstantinischen Gesetze).

294. CTh XVI 8, 2 (330); 8, 4 (331). Vgl. auch 8, 3 (321). – *Noethlichs,* Maßnahmen (wie Anm. 293), 35f.; *ders.,* Judentum (wie Anm. 293), 102f.; *Langenfeld* (wie Anm. 293), 60f.; *Linder* (wie Anm. 293), 67ff., 132ff.
295. *Dörries,* Selbstzeugnis (wie Anm. 17), 277f.; *ders.,* Konstantinische Wende und Glaubensfreiheit: Konstantin und die Häretiker (wie Anm. 225), 115 A. 198.
296. *Dörries,* Selbstzeugnis (wie Anm. 17), 170; *Noethlichs,* Maßnahmen (wie Anm. 293), 33f. (mit 252ff. A. 207 zur Datierung auf 315); *Linder* (wie Anm. 293), 124 – 132 (mit Datierung auf 329). – Dazu auch Const. Sirmond. IV (335), aus welcher die Gesetze CTh XVI 9, 1 und CTh XVI 8, 5 stammen; *Noethlichs,* Maßnahmen (wie Anm. 293), 38f.; *Langenfeld* (wie Anm. 293), 66ff.; *de Giovanni,* Libro XVI (wie Anm. 396), 109ff.; *Linder* (wie Anm. 293), 79, 138 – 144.
297. Wer zum Christentum Konvertierte angreift, *mox flammis dedendus est et cum omnibus suis participibus concremandus.* Diese Strafe konnte u.a. für das Delikt des Sakrilegs verhängt werden: dig. 48, 13, 7. – *D. Grodzynski,* Tortures mortelles et catégories sociales. Les *summa supplicia* dans le droit romain aux IIIe et IVe siècles, in: Du châtiment dans la cité, Paris 1984, 361 – 403; *D. Liebs,* Unverhohlene Brutalität in den Gesetzen der ersten christlichen Kaiser, in: *O. Behrends* (Hg.), Römisches Recht in der europäischen Tradition (FS F. Wieacker), Ebelsbach 1985, 89 – 116.

Kaiserzeit u.a. im Verbot des Werbens von Proselyten mehrfach zutage getreten war[298]; auch dort wurde ja wie hier der Übertritt zum Judentum als grundsätzlich strafbar deklariert. Andererseits spricht aber nichts[299] gegen die Annahme, daß sich im zitierten Gesetz gleichzeitig auch schon christlich-theologisch motivierte Judenfeindschaft bemerkbar macht. Denn 314 hatte das von Konstantin berufene Konzil von Arles, das, nach dem Fehlschlag des ersten Reichskonzils der Geschichte 313 in Rom, im Donatistenstreit entscheiden sollte und dessen Akten dem Kaiser gewiß ebenso wie schon die Akten des römischen Konzils in Trier vorgelegt worden sind[300], in seinen Kanones auch zu dem alten Konflikt um den Ostertermin Stellung genommen. Mehrheitlich nämlich waren im Verlauf des 2. und 3. Jahrhunderts reichsweit die christlichen Gemeinden dazu übergegangen, an Stelle des 14. Nisan, des Termins des jüdischen Passahfestes, den 1. Sonntag danach als Ostertermin anzunehmen[301]. Sinn dieser Veränderung war es, Distanz zu den Juden herauszustellen, die als für den Tod Jesu verantwortlich betrachtet wurden und die, entsprechend dem furchtbaren Wort Mt 27, 25 (»Sein Blut komme über uns und unsere Kinder«), bis in alle Ewigkeit die ›Kollektivschuld‹ an diesem Frevel tragen sollten[302]. Ein Teil

---

298. *Noethlichs*, Maßnahmen (wie Anm. 293), 32f.; *Langenfeld* (wie Anm. 293), 42ff.; *Linder* (wie Anm. 293), 99 – 120; *Noethlichs*, Judentum (wie Anm. 293), 77ff. – *M. Goodman*, Mission and Conversion. Proselytizing in the Religious History of the Roman Empire, Oxford 1994, bes. 129ff.

299. Auch nicht die Tatsache, daß z.B. den Donatisten *nefas* vorgeworfen wurde: so etwa 314 im Brief an das Konzil von Arles Opt. Append. V=Soden Nr. 18, 33; dann 316 im Brief an Celsus: Opt. Append. VII=Soden Nr. 23, 7f., 29ff. Vgl. auch Konstantins Brief von 330 Opt. Append. X=Soden Nr. 36, 51f.: Donatisten als *impii, scelerati, sacrilegi, profani, perfidi, inrelegiosi* (ähnlich 15ff.).

300. Zu den Konzilien von Rom und Arles vgl. *Girardet*, Reichskonzil von Rom (wie Anm. 243), passim; *ders.*, Reichskonzil von Arles (wie Anm. 243), passim. – Akten von Rom 313 in Trier vorgelegt: Opt. Append. III=Soden Nr. 14, 14ff.

301. Zu den kirchengeschichtlichen Dimensionen des Osterfeststreits, in welchem mehrere Bischöfe von Rom eine zentrale Rolle spielten, u.a. *Ed. Schwartz*, Osterbetrachtungen (1906), in: *ders.*, Gesammelte Schriften Bd. 5, Berlin 1963, 1 – 41, bes. 13ff.; *K. Baus/(H. Jedin)*, Von der Urgemeinde zur frühchristlichen Großkirche (=Handbuch der Kirchengeschichte I), Freiburg 1963, 309ff.; *Frend*, Rise (wie Anm. 148), 240, 342; *E. Dassmann*, Kirchengeschichte I, Stuttgart 1991, 221f.

302. Vgl. *W.P. Eckert u.a.* (Hg.), Antijudaimus im Neuen Testament? Exegetische und systematische Beiträge. München 1967; *F. Blanchetière*, Aux sources de l'anti-judaisme Chrétien, in: RHPhR 53 (1973), 354 – 398; *Th.C. de Cruif*, Art.: Antisemitismus III (Im Neuen Testament), in: TRE 3 (1978), 122ff., *N.R.M. de Lange*, Art.: Antisemitismus IV (Alte Kirche), in: TRE 3 (1978), 128ff.; *K. Hoheisel*, Das antike Judentum in christlicher Sicht. Ein Beitrag zur neueren Forschungsgeschichte, Wiesbaden 1978; *H. Schreckenberg*, Die christlichen Adversus-Judaeos-Texte und ihr literarisches und historisches Umfeld (1. – 11. Jh.), Frankfurt 1982; *R. Kampling*, Mt 27, 25 bei den lateinischsprachigen christlichen Autoren bis zu Leo dem Großen, Münster 1984; *ders.*, Das Blut Christi und die Juden, Münster 1984; *J. van Amersfort/J. van Oort* (Hg.), Juden und Christen in der Antike, Kampen 1990; *J. Lieu/J. North/T. Rajak* (Hg.), The Jews among the Pagans and Christians, London 1992; *Noethlichs*, Judentum (wie Anm. 293), 91ff. – Eus. HE I 1, 2; II 6, 3; III 5, 2. 6.

der Christenheit jedoch, besonders in Kleinasien und Syrien, aber möglicherweise auch in Gallien, behielt das Osterfest am 14. Nisan bei.

Auf diesem Hintergrund heißt es jetzt in Kanon 1 des von Konstantin veranstalteten Reichskonzils von Arles (314): *censemus ... pascha domini per orbem totum una die observari*[303]. Damit war formell die am jüdischen Passahtermin orientierte christliche Osterfeier erneut, nun aber erstmals durch ein Reichskonzil mit der Autorität Konstantins als des *Maximus Augustus* und mit der Forderung nach weltweiter Umsetzung (*per orbem totum*), abgelehnt. Wenn Konstantin also in dem eben zitierten Gesetz ein Jahr (?) später die jüdische Religion durch den Ausdruck *nefaria secta* als ein *nefas* – d.h. als ein Sakrileg – charakterisierte, so könnte dies durch den christlichen Vorwurf an die Juden motiviert sein, sie hätten den Tod des Gottessohns verursacht. Von daher würde dann auch leichter verständlich, daß er bei gewalttätigen jüdischen Übergriffen auf Konvertiten vom Judentum zum Christentum – und nur in solchen Fällen; jüdische Konvertiten zum Heidentum sind nicht genannt – die u.a. für das Delikt des Sakrilegs vorgesehene Todesstrafe durch Verbrennen androhte[304].

Völlige Sicherheit läßt sich hier über solche Zusammenhänge aber wohl nicht gewinnen. Der innere Bezug zwischen antijüdischem Sentiment bei Konstantin und den innerkirchlichen Kontroversen um den Ostertermin bzw. um die Frage, ob der Ostertermin mit dem Termin des jüdischen Passahfestes identisch sein solle oder nicht, wird jedoch unbezweifelbar evident in dem Synodalbrief, den der Kaiser 325 im Anschluß an das von ihm persönlich als dem Vorsitzenden geleitete 1. Oikumenische Konzil in Nicaea[305] geschrieben hat. Die Juden werden hier mit einem bemerkenswerten Verbalradikalismus[306] als ›Christusmörder‹ gebrandmarkt. Der Brief des Konzilsvorsitzenden (*Eus.* VC III 16 und 17 – 20) ist an die in Nicaea nicht vertretenen Gemeinden im Reich bzw. an die nicht nach Nicaea gekommenen Bischöfe gerichtet und enthält die Entscheidung des Konzils über den Ostertermin[307]. Ich stelle die wichtigsten Aussagen zusammen[308]:

---

303. Opt. Append. IV=Soden Nr. 16, 33 – 38.
304. S.o. A. 297 (Verbrennungsstrafe für Sakrileg).
305. *K.M. Girardet*, Kaiser Konstantin d. Gr. als Vorsitzender von Konzilien. Die historischen Tatsachen und ihre Deutung, in: Gymnasium 98 (1991), 548 – 560; *ders.*, Der Vorsitzende des Konzils von Nicaea (325) (wie Anm. 161), passim.
306. Vgl. *Langenfeld* (wie Anm. 293), 64f. mit Hinweis auf die Tradition der Invektive; doch dies allein scheint mir das wütende Engagement Konstantins nicht hinreichend zu erklären.
307. Vgl. damit den Brief, den die in Nicaea versammelten Bischöfe an die Alexandriner bzw. Ägypter geschrieben haben: Athan. de decr. Nic. syn. 36, 12; hier zum Ostertermin ohne antijüdische Ausfälle Mitteilung über die Einigung mit denjenigen Christen im Osten, die sich bisher an den Brauch der Juden gehalten hätten.
308. *Dörries*, Selbstzeugnis (wie Anm. 57), 66ff.; *Kraft*, Entwicklung (wie Anm. 17), 220ff. – *Christ*, Kaiserzeit (wie Anm. 29), 769f.; *Lorenz* II (wie Anm. 13), 115f., 134.

18, 1: Mitteilung über die Einigung, daß reichsweit ein einheitlicher Ostertermin (Sonntag nach dem jüdischen Passahtermin) gelten solle; dies entspricht Kanon 1 von Arles 314.

18, 2: Absage an den Brauch der Osterfeier am 14. Nisan, dem Passahfest der Juden mit der Begründung: die Juden haben ›ihre Hände besudelt mit frevelhaftem Verbrechen‹ (τὰς ἑαυτῶν χεῖρας ἀθεμίτῳ πλημμελήματι χράναντες) und sind daher unrein/verrucht/verflucht/gottlos (μιαροί); darum keine Gemeinsamkeit mit dem »verhaßten Judenpack« (μηδὲν τοίνυν ἔστω ὑμῖν κοινὸν μετὰ τοῦ ἐχθίστου τῶν Ἰουδαίων ὄχλου).

18, 4: der Vorwurf, »Herrenmord« (κυριοκτονία: 1 Thess 2, 15), Vatermord begangen zu haben; »angeborener Wahnsinn« (ἔμφυτος μανία).

Bewahren der reinen christlichen Seele vor Gemeinsamkeit mit den Bräuchen »von völlig verderbten Menschen« (ἄνθρωποι πάγκακοι).

19, 1: noch einmal die Juden als »Vater- und Herrenmörder«. Darum: keine Gemeinsamkeit mit dem Eidbruch (ἐπιορκία – »Bundesbruch« ?) der Juden.

19, 2: Berechnung des Ostertermins gemäß jüdischem Brauch wäre das Befolgen von »fremder Verderbtheit und Sündhaftigkeit« (ἀλλοτρία πλάνη καὶ ἁμάρτημα).

In gleichem Ton und gleichem Geiste scheint ein im Wortlaut nicht erhaltenes Gesetz Konstantins formuliert gewesen zu sein. Eusebius von Caesarea referiert den Inhalt folgendermaßen (VC IV 27, 1): die Juden, als »Mörder von Propheten und als Mörder des Herrn« (προφητοφόνται καὶ κυριοκτόνοι), dürften generell keine christlichen Sklaven besitzen (etc.). Möglicherweise ist dies eine verkürzende Wiedergabe einer in anderen Quellen nicht bezeugten Regelung[309]. Aber die Ausdrucksweise ist, wie der Vergleich mit dem Synodalbrief des Kaisers von 325 lehrt, durchaus konstantinisch[310].
Von Toleranz kann nach solchen verbalen Ausfällen und Schmähungen also keine Rede sein. Indessen ist ein Vergleich der Judenpolitik des ersten christlichen Kaisers mit der Heiden- und der Häretikerpolitik aufschlußreich: die Juden, so *K.L. Noethlichs* in seiner Untersuchung ›Das Judentum und der römische Staat. Minderheitenpolitik im antiken Rom‹ (1996) im Rückblick auf die spätantiken Verhältnisse, nahmen »im Vergleich zu den Heiden und Häretikern eine eindeutige Sonderstellung ein«, die sich aus der prinzipiellen Existenzberechtigung des jüdischen Glaubens ergab[311]. Konstantin hat, wenn auch offenkundig widerwillig, an den

---

309. Vgl. *Langenfeld* (wie Anm. 293), 73ff.; *Noethlichs,* Maßnahmen (wie Anm. 293), 38f.; *de Giovanni* (wie Anm. 396), a.a.O.
310. Dagegen: *Langenfeld* (wie Anm. 293), 75 (mit der Begründung, der Ton sei nicht der in Gesetzen übliche).
311. A.a.O. 117.

Grundlinien staatlicher Judenpolitik festgehalten, wie sie in den vorangehenden Jahrhunderten der Kaiserzeit herausgebildet worden waren. Für seine Politik gilt, daß sie trotz ihrer geistigen Intoleranz und allen verbalen ›Entgleisungen‹ – die allerdings, mit Blick auf die späteren Folgen im christlichen Mittelalter, nicht verharmlost werden dürfen – den jüdischen Kultus und die jüdische Religion als solche nicht angegriffen bzw. verboten oder eingeschränkt hat. Unverkennbar tritt andererseits zutage, daß die Judenpolitik auch Teil der Christianisierungspolitik ist: die Gesetze (CTh XVI 8, 1 und 5) zum Schutz vor gewalttätigen jüdischen Übergriffen gelten nur für solche Personen, die von Judentum zum Christentum übergetreten sind; sie gelten also nicht für Konvertiten zu einer heidnischen Religion. Indirekt werden dadurch Menschen, die vom Judentum wegstreben, auf das Christentum als die ›bessere Alternative‹ verwiesen. Und beim generellen Verbot einer Konversion zum Judentum (CTh XVI 8, 1) wird man nicht nur an die traditionellen Verbote des Proselytenmachens, sondern auch daran zu denken haben, daß aus der Sicht des christlichen Kaisers eine unerwünschte Konkurrenz zur christlichen Mission ausgeschaltet wurde.

3. Der Paganismus in Proklamationen und politischer Praxis

Durch die Ablehnung des Gangs zum Kapitol und der Darbringung des Opfers an Juppiter Optimus Maximus am 29. Oktober 312 sowie durch das Unterlassen der Saecularfeiern Anfang 313 mit den feierlichen Staatsopfern hatte Konstantin unmißverständlich dargetan, daß er sich vom Paganismus getrennt hatte und ein Verehrer des Christengottes geworden war[312]. In der Folgezeit machte er aus seiner negativen Beurteilung des traditionellen Götterglaubens und der damit verbundenen kultischen Praktiken keinen Hehl. Bereits die *litterae Licinii* vom Frühjahr 313, die auf die Verhandlungen zwischen den beiden Kaiser in Mailand zurückgehen, bewahren deutliche Spuren dieser gewandelten Einstellung[313]. Ein Jahr später, 314, lesen wir im sog. Entlassungsschreiben an die Bischöfe, die Konstantin zum Reichskonzil nach Arles eingeladen hatte, die verächtliche Bezeichnung der Heiden als *gentes* bzw. *gentiles* (die nach des Kaisers Ansicht von den bösartigen, mit dem Teufel im Bunde stehenden Donatisten nachgeahmt werden)[314]. In Gesetzestexten wird bald paganer Kult an Altären und in Tempeln als das Erfüllen von *praeteritae usurpationis officia* deklariert (CTh IX 16, 2 von 319), erscheint der Paganismus (CTh XVI 2, 5 von 323) im Gegensatz zur *sanctissima lex* des Christentums als *aliena superstitio*[315]. Daher, wenn

---

312. S.o. Teil II 2.
313. S.o. Teil IV 2.
314. Opt. Append. V=Soden Nr. 18, 20ff., 45ff.
315. *M.R. Salzman,* ›Superstitio‹ in the *Codex Theodosianus* and the Persecution of Pagans, in:VChr 41 (1987), 172 – 188.

der Kaiser als der Herr des Reiches sich in dieser Weise vernehmen ließ, nimmt es nicht Wunder, daß die letzte derzeit nachweisbare Weihung eines Statthalters (Domitius Zenofilus) an pagane Gottheiten aus dem Jahre 320 stammt (AE 1919 Nr. 30). Hat diese ablehnende Haltung, zunächst (a) in den Jahren bis zum Beginn der Alleinherrschaft (324), praktische Folgen für Konstantins Politik gehabt?

a. 312 bis 324

Es war zu einem früheren Zeitpunkt schon davon die Rede, daß Konstantin bei der Konferenz mit Licinius in Mailand 313 wahrscheinlich mit Absichten, die die alten Religionen in signifikanter Weise benachteiligt hätten, sich nicht hatte durchsetzen können[316]. In den nächsten Jahren verhielt sich der Kaiser sehr vorsichtig, was wohl nicht zuletzt damit zusammenhängt, daß sein westlicher Reichsteil im Vergleich mit dem Osten einen nur sehr geringen Christianisierungsgrad aufwies; eine forcierte antiheidnische Politik im Westen hätte unter solchen Umständen das auch von ihm selbst, dem gepriesenen FUNDATOR QUIETIS (ILS 694), verfolgte Ziel der *quies temporis* gefährdet.

Nun sind aber aus der Zeit bis 324 mehrere Gesetze überliefert, die sich gegen gewisse heidnische Praktiken wenden[317]. So wird 318 Schadenzauber verboten[318], Heilmagie hingegen gestattet (CTh IX 16, 3 vom 23. Mai 318). Im Jahr darauf ergehen Gesetze gegen die (private) Haruspicin (CTh IX 16, 1 und 2 von 319), wird 320 die Befragung der *haruspices* bei Blitzschlag auf dem Palatin und an öffentlichen Gebäuden in Rom unter bestimmten Auflagen erlaubt (CTh XVI 10, 1)[319]. – War dies »ein erster Angriff auf das Heidentum«[320]? Kein Zweifel kann daran sein, daß Konstantin, der *contra haruspicum monita*, wie uns eine pagane Quelle informiert[321], 311/12 den Krieg gegen Maxentius geführt hatte, dem Paganismus gegenüber grundsätzlich feindlich eingestellt war. Indessen dürften dieje-

---

316. S.o. Teil IV 2.
317. *Noethlichs,* Maßnahmen (wie Anm. 293), 19 – 32; *ders.,* Art.: Heidenverfolgung, in: RAC 13 (1986), 1151 – 1155; *Barnes,* CE (wie Anm. 17), 52f.; *de Giovanni,* Costantino (wie Anm. 107), 15ff.; *ders.,* Libro XVI (wie Anm. 396), 126ff.; *J. Gaudemet,* La législation anti-païenne de Constantin à Justinien, in: Cristianesimo nella storia 11 (1990), 451 – 455.
318. *de Giovanni,* Costantino (wie Anm. 107), 64ff.
319. *Noethlichs,* Maßnahmen (wie Anm. 293), 21ff.; *de Giovanni,* Costantino (wie Anm. 107), 23ff.; *F. Lucrezi,* Costantino e gli aruspic. in: Atti dell' Accademia di Scienze Morali e Politiche (Neapel) 97 (1987), 171 – 198; *M.T. Fögen,* Die Enteignung der Wahrsager. Studien zum kaiserlichen Wissensmonopol in der Spätantike, Frankfurt 1993, 34ff., 254ff.
320. *Lorenz* I (wie Anm. 13), 12. – Als »antiheidnisch« auch bei *Noethlichs,* Maßnahmen (wie Anm. 293), 20 (ff.). Eher zurückhaltend *ders.,* Heidenverfolgung (wie Anm. 317), 1152f.
321. Paneg. Lat. XII/9 (313) 2, 4. – Das setzt immerhin, wohl als Konzession an das heidnische Offizierscorps, eine Befragung von *haruspices* voraus.

nigen in der Forschung Recht haben, die die zitierten Gesetze dennoch nicht als Akte einer repressiven Religionspolitik zugunsten des Christentums bzw. gegen das Heidentum als solches, sondern als konventionell-traditionell sicherheitspolitisch bedingt ansehen; denn Magier und *haruspices* standen auch in vorkonstantinischer Zeit immer schon mit herrscherfeindlichen Aktivitäten in Zusammenhang oder wurden damit in Zusammenhang gebracht[322]. Im übrigen garantierte 319 eines der Gesetze, die sich gegen private Haruspicin und gegen private Götterdienste unter Mitwirken von *sacerdotes* wenden, den Paganen, wenn auch voller Verachtung für diejenigen, die noch immer von der vermeintlichen Nützlichkeit der alten Religion überzeugt waren, den freien Zugang zu öffentlichen Altären und Heiligtümern (CTh IX 16, 2). Allerdings: die Tatsache, daß dies im Gesetz ausdrücklich gestattet wird, deutet an, daß es nun nicht mehr unumstritten selbstverständlich war!

b. Nach dem Sieg 324: die Proklamationen

Im Jahre 324 war mit dem Christengegner Licinius der letzte Konkurrent um die Alleinherrschaft beseitigt – ein militärischer Sieg über den ›Drachen‹ programmatisch im Zeichen des Christentums (Abb. 26), der nach Aussage Konstantins die Macht des Christengottes unter Beweis stellte[323]. Wenn Licinius 313 in Mailand eine den Paganismus benachteiligende Politik Konstantins noch hatte verhindern können, so stellt sich nun die Frage, ob der siegreiche Konkurrent mit dem Beginn seiner Alleinherrschaft einen verschärft antiheidnischen Kurswechsel eingeleitet hat.

Unter den damaligen Christen mag es manche gegeben haben, die nicht nur mit Genugtuung das Ende des Licinius und die Tötung einer Anzahl von Christengegnern zur Kenntnis genommen[324], sondern die vom Sieger auch eine energische Politik der Verdrängung der nichtchristlichen Religionen erhofft oder gar gefordert

---

322. So z.B. *C. Pharr*, The Interdiction of Magic in Roman Law, in: TAPAPhA 63 (1932), 269 – 295; *Gaudemet*, Législation (wie Anm. 317), 452f.
323. Z.B. in der Proklamation von 324: Eus. VC II 28; außerdem in einem Brief an Eusebius von Caesarea: VC II 46, 1f. (Vernichtung des ›Drachen‹). – Vgl. die Schilderung des Eusebius in VC II 10ff. – *Lorenz* II (wie Anm. 13), 117. – Licinius unter Führung Juppiters: *Feld* (wie Anm. 180), 122f.
324. Vgl. Eus. VC II 28: Tötung von Beratern des Licinius, die für dessen antichristliche Politik mitverantwortlich waren. Vgl. dazu *Grünewald* (wie Anm. 11), 134ff. – Ähnlich Vorkommnisse wohl auch schon 313 nach dem Tode des Christenverfolgers Maximinus Daia: Eus. HE IX 11, 1ff.; praep. evang. IV 2, 10f. Dazu *Barnes*, NE (wie Anm. 17), 127f. mit Erwägungen zu den – möglicherweise damit in Zusammenhang stehenden – mäßigenden Bestimmungen des Gesetzes ›de accusationibus‹ CTh IX 5, 1 von 314 (? oder 324?); ders., Settlement (wie Anm. 11), 647 mit A. 48.

haben, so daß das Gerücht entstehen konnte, der Paganismus sei gänzlich verboten worden[325]. Doch Konstantin hat an seiner bisherigen Linie festgehalten. Dabei dürfte erneut die Tatsache eine nicht zu unterschätzende Rolle gespielt haben, daß das Christentum, wenn es im Osten auch stärker verbreitet war als im Westen, dennoch eine relativ kleine Minderheit darstellte, und zwar nicht nur in der einfachen Bevölkerung, sondern vor allem in den Führungsschichten der Metropolen, der Städte und auf dem Lande. Jedenfalls kann von einem Verbot des Paganismus, wie es nach dem Sieg über Licinius von manchen erhofft bzw. befürchtet worden war, keine Rede sein. Denn Konstantin garantierte, ohne auch nur den geringsten Zweifel an seiner universalistischen Christianisierungsabsicht[326] aufkommen zu lassen, 324 in zwei großen, im Wortlaut erhaltenen Proklamationen den Paganen eine – allerdings höchst verachtungsvolle – Duldung ihres ›Wahnsinns‹ und ihrer ›Torheit‹ und eine Religionspolitik unter Verzicht auf Gewaltanwendung. Es ergibt sich hinsichtlich der hier diskutierten Frage nach Möglichkeit und Grenzen von religiöser ›Toleranz‹ im Denken und in der praktischen Politik Konstantins das folgende Bild:

Das ›Restitutionsedikt‹ zugunsten der Christen, adressiert an alle Bewohner der östlichen Provinzen (Eus. VC II 24 – 42)
Die Einzelheiten der Regelungen, die u.a. mit der Rückerstattung konfiszierten Privateigentums von Christen einen Schritt weiter gehen als die Verfügung in den *litterae Licinii* von 313, brauchen hier nicht wiederholt bzw. neu diskutiert zu werden[327]. Wichtig erscheint, da der Brief nicht speziell an die Christen, sondern allgemein an die Bewohner des Ostens gerichtet war, die sehr nachdrückliche Betonung des universalistischen, als Auftrag des Christengottes dargestellten Missionsgedankens (28 f.). Das Christentum soll, so lautet die unmißverständliche Botschaft an die überwiegend nichtchristlichen Untertanen des Ostens, Reichs- und Menschheitsreligion werden. Der Sieg über Licinius ist der Beweis für die Richtigkeit dieser Religion des Kaisers. Die Christianisierungsintention und ihre Verwirklichung sind nach Konstantins Verständnis Ableistung von *officium* – ›Gottesdienst‹ – als pflichtschuldige Reaktion auf das *beneficium* Gottes in Gestalt des Sieges über Licinius (ebd. sowie 38). Weitergehende, unmittelbar die praktische Politik betreffende Konsequenzen, etwa im Sinne von Glaubenszwang oder der Androhung von Gewaltmaßnahmen zur Beeinträchtigung oder gar Abschaffung des Heidentums, werden daraus aber nicht gezogen. Darüber sollte man jedoch einen aus meiner Sicht grundlegenden Gedanken nicht außer Acht lassen. Zum einen be-

---

325. Darauf spielt Konstantin offenbar an in der Proklamation von 324: Eus. VC II 60, 2; dazu auch weiter unten in diesem Kapitel.
326. S.o. Teil IV 3b.
327. Siehe etwa *Dörries*, Selbstzeugnis (wie Anm. 17), 43ff.; *Kraft*, Entwicklung (wie Anm. 17), 74ff. und 201ff. – *Lorenz* II (wie Anm. 13), 118.

tont Konstantin, daß er als ›Diener Gottes‹ sich verpflichtet fühlt, sämtliches Unrecht aus der Zeit des ›Tyrannen‹ Licinius aufzuheben (d.h. auch Unrechtsakte gegen Nichtchristen)[328]. Zum anderen proklamiert er als Prinzip seiner künftigen Politik die ›Freiheit von Angst‹, was nichts anderes bedeuten kann, als daß weder die Christen noch – und das dürfte entscheidend sein – die in ihrer Mehrheit nichtchristlichen Untertanen des Ostens in ihrer physischen Existenz durch die Politik des ›Dieners Gottes‹ bedroht sein werden: »Unter unserer Herrschaft, die wir *Diener Gottes* zu sein uns rühmen und überzeugt sind, ein Leben in Angst zu führen«, stünde, so schreibt er, in völligem Widerspruch zu den politischen Absichten eines Mannes, der sich sogar aufgerufen fühlt, die Verfehlungen anderer – der Christenverfolger – wieder gut zu machen (31, 3). Konstantin will in programmatischem Gegensatz zu anderen kein Verfolger sein.

Der Brief an die Bewohner aller Provinzen im Reich (Eus. VC II 48 – 60)
Auch aus diesem großen Dokument[329] des Jahres 324 sollen hier nur die Gedanken angesprochen werden, die für die hier gewählte Fragestellung nach dem Willen des Kaisers zu ›Toleranz‹ aufschlußreich sind. – Eusebius von Caesarea schreibt, Konstantin habe allen seinen Untertanen[330] mit dem ›Lehr- und Mahnschreiben‹ (47, 1: διδασκαλία, προτρέπων) »die nachdrückliche Empfehlung gegeben, die wahre Religion anzunehmen« (61, 1: τὴν ... ἀληθῆ μετιέναι θεοσέβειαν ἐγκελευόμενος)[331]. Der Brief ist also, auch nach dem Verständnis des Kaisers selber (60, 2: συνεβούλευσα), eine missionarische, gleichsam seelsorgerliche Aufforderung an die ganze Menschheit[332], zum Christentum überzutreten: eine Aufforderung, Mahnung, Rat, Einladung – aber kein, womöglich strafbewehrter, Befehl!
Wieder läßt der Kaiser von seiner christlich-universalistischen Intention her keinen Zweifel daran, daß er die Christenverfolger und überhaupt das Heidentum

---

328. In diesem Schreiben Eus. VC II 29, 3 sowie die Regelungen in 30ff. Siehe auch den Hinweis des Eusebius in VC II 22! – CTh XV 14, 1 (324): *Remotis Licini tyranni constitutionibus et legibus omnes sciant veteris iuris et statutorum nostrorum observari debere sanctionem.*
329. *Dörries,* Selbstzeugnis (wie Anm. 17), 51ff.; *ders.,* Konstantinische Wende und Glaubensfreiheit: Drei Toleranzedikte (wie Anm. 226), 25ff.; *Kraft,* Entwicklung (wie Anm. 11), 74ff. und 208ff.
330. Offenbar sowohl im Osten als auch im Westen: der Brief wird nach Eusebius τοῖς κατὰ πᾶν ἔθνος ἐπαρχιώταις geschickt, auf daß er ›allen Menschen‹ bekannt werde, und der griechische Text, den Eusebius aus dem Lateinischen übersetzt hat, ist das an die orientalischen Provinzialen gerichtete Exemplar (VC II 47, 1f.; vgl. 55, 1 den speziellen Bezug auf den Osten). Ein westliche bzw. lateinische Überlieferung existiert nicht.
331. *Dörries,* Selbstzeugnis (wie Anm. 17), 51 mit A. 1.
332. Universalistischer Ansatz bereits in den ersten Worten des Schreibens 48, 1: ›Gesetze der Natur‹, ›alle Menschen‹; dann auch 56, 1: Nutzen für ›alle Menschen‹; 59: Friede für ›alle Menschen‹; 60, 2: Rat an ›alle Menschen‹.

(49 ff.) zutiefst verachtet und ablehnt: die Heiden gehen in die Irre (56, 1); die Existenz des Heidentums als eines verderblichen Trugs ist gleichsam ein gewalttätiger Aufstand (gegen die gottgewollte christliche Weltordnung), maßlos tief verwurzelt in den Seelen mancher, zum Schaden für das Wohl aller (60, 2). Jedoch, diesen verbalen Diskriminierungen zum Trotz – nicht weniger deutlich und entschieden proklamiert Konstantin, in Analogie zum Prinzip ›Freiheit von Angst‹ in der ersten Proklamation, jetzt das Prinzip ›Freiheit von Zwang und Gewalt‹. Die dem heidnischen Trug Ergebenen, so sagt er, sollen den gleichen Frieden und die gleiche Ruhe genießen wie die Christus-Gläubigen, niemand – eine Mahnung an die Adresse eifernder Christen – soll den anderen wegen seines Glaubens belästigen, jeder soll den Regungen seiner Seele folgen dürfen (56, 1). Und in der Konsequenz besagt dies: wer sich den Gesetzen Gottes, d.h. dem Christentum, meint entziehen zu sollen, der möge dies tun; er möge weiterhin »die Tempel von Lug und Trug« behalten (56, 2: τὰ τῆς ψευδολογίας τεμένη), wobei aber auch für die Heiden die Forderung gilt, die Andersgläubigen, also die Christen, gewähren zu lassen (56, 1; 59). Tempeldienst, Götterkult, heidnische Religiosität insgesamt also bleiben mithin unangetastet. Aber das Ziel des Kaisers ist klar (ebd.): die κοινὴ ὁμόνοια, die allumfassende Eintracht der Menschheit im Zeichen des Christentums; Genuß der Segnungen des christlichen Friedens als eines allen Menschen angebotenen Geschenks und Absage an alles, was diesem Ziel entgegensteht (59) – sozusagen die *pax Romana* als *pax Christiana*.

Der Brief endet mit einem eindrucksvollen Appell, dessen ›Adressaten‹, wie schon die Absage an ›Belästigung‹ anderer aus Glaubensgründen (56, 1), wohl in erster Linie christliche Eiferer waren, die offenbar schon darüber frohlockten, daß mit Konstantins Sieg über Licinius auch sogleich »das Tempelwesen und die Macht der Finsternis« aus der Welt geschafft wären (60, 2: τῶν ναῶν περιῃρῆσθαι τὰ ἔθη καὶ τοῦ σκότους τὴν ἐξουσίαν). Der Kaiser wünscht sich nichts mehr, als daß dies so sein möge (ebd.), ist sich jedoch im Klaren darüber, daß der Paganismus noch zu fest in den Herzen der Menschen verankert ist. Auf keinen Fall aber, so seine beschwörende Mahnung (60, 1), darf es aus christlicher Glaubensüberzeugung zu Übergriffen auf Andersdenkende, zu gewaltsamen Bekehrungsversuchen kommen: »Denn es ist etwas anderes, die Mühsal des Strebens nach der Unsterblichkeit freiwillig auf sich zu nehmen, etwas anderes, dies mit Strafandrohung zu erzwingen« (ἄλλο γάρ ἐστι τὸν ὑπὲρ ἀθανασίας ἆθλον ἑκουσίως ἐπαναιρεῖσθαι, ἄλλο τὸ μετὰ τιμωρίας ἐπαναγκάζειν). Deutlicher kann der Verzicht auf eine Politik der Zwangschristianisierung nicht mehr formuliert werden! Es soll – wie es die verfolgten Christen einst durch Tertullian und zuletzt noch durch Laktanz von ihren Verfolgern gefordert hatten[333] – das Prinzip der Freiwilligkeit gelten. Konstantins Vorstellung von einer fortschreitenden freiwilligen Christianisierung basiert auf der Überzeugung von der Attraktivität der Friedengemeinschaft

---

333. S.o. die Stellen in A. 284.

eines in sich einigen Christentums, welches die Nichtchristen auf den »richtigen Weg« bringen wird (56, 1), die so schließlich, durch Einbeziehung in die allgemeine Eintracht, der christlichen ›Herzensfreude‹ teilhaftig werden (56, 2). Soweit die zentralen programmatischen Äußerungen Konstantins[334]. Wie sah die religionspolitische Praxis aus? Entsprach sie den Proklamationen, oder stand sie doch wenigstens nicht in Widerspruch zur proklamierten Duldung? Oder folgten den verbalen Diskriminierungen rechtliche und praktische?

c. Politische Praxis

Bemerkenswert ist zunächst einmal die Tatsache, daß der *Codex Theodosianus* aus der Zeit ab 324 nach dem Sieg über Licinius kein einziges gegen das Heidentum gerichtetes Gesetz Konstantins enthält; die Ablehnung blutrünstiger Gladiatorenspiele und das Verbot, künftig Verbrecher dadurch zu bestrafen, daß man sie zu Gladiatoren macht (CTh XV 12, 1 von 325), sind wohl keine »mesure antipaïenne«[335], sondern wollen einem ›zivilistischen‹ Ruhe- und Ordnungsgedanken Rechnung tragen: *cruenta spectacula in otio civili et domestica quiete non placent.* Im Zentrum der neueren Forschungsdiskussion steht aber die Kontroverse um die Frage, ob Konstantin ein generelles, d.h. sowohl den öffentlichen als auch den privaten Bereich erfassendes, Opferverbot erlassen hat. So könnte es jedenfalls nach einigen Aussagen des Eusebius von Caesarea und wegen einer Bezugnahme auf Konstantin in einem Gesetz des Konstantinsohnes Konstantius II. scheinen[336], durch welches 341 jegliches Opfern bei Strafe verboten wurde. Ein derartig weit gehendes Opferverbot Konstantins wäre in der Tat ein frontaler Angriff auf das Heidentum[337], der zu den besprochenen Proklamationen des Kaisers in schärfstem Widerspruch stünde.

334. Vgl. auch die ›Rede an die Versammlung der Heiligen‹ (328 in Nikomedien; so *Bleckmann* (wie Anm. 17). Hier z.B. programmatisch gegen die ›Verruchtheit‹ der Heiden: Kap. I, IV, XI (mit Betonung von ›Toleranz‹ – Erlaubnis zum Opfer), XXIIf.; Aufruf zur ›Bekehrung‹: Kap. XI Anfang, XXIII; christliches ›Opfer‹: Kap. XII; Universalismus des Christentums/der Heilstat Jesu mit Ziel der Ausrottung des Paganismus: Kap. XVI; *beneficia* Gottes für Konstantin (Siege etc.): Kap. XXII Anfang, XXVI; daraus resultierende *officia* Konstantins gegenüber dem Christengott: Kap. V, XXVI.
335. *Gaudemet,* Législation (wie Anm. 317), 452. Ähnlich *Noethlichs,* Maßnahmen (wie Anm. 293), 26f.; *ders.,* Heidenverfolgung (wie Anm. 317), 1153 (»keine primär antiheidn. Tendenz«). – Vgl. aber *Barnes,* CE (wie Anm. 17), 53.
336. Eus. VC II 45 (generell »niemand« darf mehr opfern) mit IV 23 und 25. – CTh XVI 10, 2 (341): Opferverbot mit Bezugnahme auf ein – nicht erhaltenes – Gesetz Konstantins. Dazu *Noethlichs,* Maßnahmen (wie Anm. 293), 29f. und 54f.; *de Giovanni,* Costantino (wie Anm. 107), 137ff.
337. So u.a. zuletzt *Bringmann,* Konstantinische Wende (wie Anm. 39), 42. – Zum Rang des Opfers im Rahmen der paganen Religiosität vgl. *K.W. Harl,* Sacrifice and Pagan Belief in Fifth- and Sixth-Century Byzantium, in: P&P 128 (1990), 7 – 27.

Ein generelles Opferverbot?
Das Problem kann hier nicht in allen Aspekten erörtert werden[338]. Was darf als sicher gelten? Gesichert ist Konstantins Abscheu vor Opferhandlungen[339]. Gesichert ist ferner seine Verweigerung des persönlichen Vollzugs von Opfern am 29. Oktober 312, dann Anfang 313 (Unterlassen der Saecularfeiern mit den großen Staatsopfern), 315 bei den Decennalien, 325 bei den Vicennalien, 335/6 bei den Tricennalien[340]. Gesichert ist schließlich, daß der Kaiser gezielt für bestimmte Fälle die Darbringung von Opfern verboten hat, darunter das in der römischen Welt bisher selbstverständliche Opfer der Magistrate bei allen Amthandlungen und das Opfer im Rahmen des Kaiserkultes[341]. – Gegen die Richtigkeit der darüber hinausgehenden Angaben des Eusebius spricht indessen, abgesehen vom Fehlen be-

338. Gegen ein generelles Opferverbot: u.a. bereits *Moreau*, Religionspolitik (wie Anm. 13), 109; *Dörries*, Selbstzeugnis (wie Anm. 17), 207; *ders.*, Konstantinische Wende und Glaubensfreiheit: Drei Toleranzedikte (wie Anm. 225), 34, 36f. A. 51, und 45 (Grundsatztreue Konstantins im Sinne von ›Toleranz‹). – Für ein generelles Opferverbot plädiert jedoch nachdrücklich *Barnes*, CE (wie Anm. 17), 210ff., 246, 269; *ders.*, Constantine's Prohibition of Pagan Sacrifice, in: AJPh 105 (1984), 69 – 72; *ders.*, Reformation (wie Anm. 7), 49ff.; *ders.*, Settlement (wie Anm. 11), 649f.; *de Giovanni*, Costantino (wie Anm. 107), 137ff. – Dagegen u.a. *H.A. Drake* in der Rezension von Barnes, CE: AJPh 103 (1982), 464; *A. Cameron*, in: JRS 73 (1983), 189; *R.M. Errington*, Constantine and the Pagans, in: GRBS 29 (1988), 309 – 318; *Drake*, Policy and Belief (wie Anm. 274), 43 – 51; *Gaudemet*, Législation (wie Anm. 317), 455; *T.G. Elliott*, Eusebian Frauds in the *Vita Constantini*, in: Phoenix 45 (1991), 169f.; *Lorenz* I (wie Anm. 13), 13 und II (wie Anm. 13), 121; *Bonamente*, »Svolta« (wie Anm. 23), 112. Vgl. auch (mit Kompromißversuchen) *Bradbury*, Constantine and the Problem of Anti-Pagan Legislation in the Fourth Century, in: CPh 89 (1994), 121 – 139.
339. So z.B. in Eus. VC III 53, 1; IV 10, 1 (Brief an Shapur); Constant., orat. ad coet. sanct. XI 7.
340. S.o. Teil II 2. Decennalien: Eus. VC I 48. Vicennalien: Eus. VC III 15. Tricennalien: LC II 5ff.
341. CTh XVI 2, 5 (323): Bestrafung von behördlichem Opferzwang gegenüber Christen, später dann wohl generell nach Eus. VC II 44 Opferverbot bei staatlichem Zeremoniell bzw. magistratischen Akten; dieses Opferverbot hat natürlich, neben der Reduzierung des paganen Elements in der staatlichen Repräsentation, die Wirkung, daß Christen nunmehr ungehindert am öffentlichen Leben in jeglicher Form teilnehmen konnten. – CTh XVI 10, 1 von 320: *domestica sacrificia* sind *specialiter* – d.h. im Spezialfall der erlaubten Befragung von *haruspices* bei Blitzschlag in öffentliche Gebäude – verboten; VC III 52f. von 325/26: Opferverbot mit Androhung der Todesstrafe beim christlichen Heiligtum von Mambre (vgl. *Bradbury* (wie Anm. 338), 131f.). – Siehe auch die berühmte Inschrift von Hispellum ILS 705 (ca. 333), die eine *aedes Flaviae gentis* erlaubt, den ›Trug ansteckenden Aberglaubens‹ (*fraudes contagiosae superstitionis*) jedoch verbietet, d.h. doch wohl Opferhandlungen. Dazu u.a. *Dörries*, Selbstzeugnis (wie Anm. 17), 209ff.; *Moreau*, Religionspolitik (wie Anm. 13), 108ff.; *J. Gascou*, Le rescrit d'Hispellum, in: MEFRA 79 (1967), 609 – 659; *Noethlichs*, Maßnahmen (wie Anm. 293), 29; *ders.*, Heidenverfolgung (wie Anm. 317), 1153; *de Giovanni*, Costantino (wie Anm. 107), 132ff.; *Vittinghoff* (wie Anm. 12), 22f. – *Gaudemet*, Législation (wie Anm. 317), 453f. meint, die *fraudes* seien Magie und »incantations«. – Vgl. allgemein zu Kaiseropfer und Opferverbot: *R.F. Price*, Rituals and Power. The Roman imperial cult in Asia Minor, Cambridge 1984, bes. 207ff., 220ff., 227.

stätigender Nachrichten in anderen Quellen, die Überlegung, daß, wenn der erste christliche Kaiser tatsächlich ein generelles Opferverbot erlassen hätte, dieses um seiner exemplarischen Bedeutung willen doch wohl, wie in vergleichbaren anderen Fällen[342], in den *Codex Theodosianus* aufgenommen worden wäre. Außerdem hätte es dann der verschiedenen Opferverbote für spezielle Gelegenheiten nicht bedurft. Schließlich ist auch das immer wieder zitierte Gesetz CTh XVI 10, 2 (341), das ein allgemeines Opferverbot Konstantins bestätigen soll, weit davon entfernt, die gewünschten Schlüsse zu tragen. Denn der erhaltene Anfangssatz mit den Worten: *Cesset superstitio, sacrificiorum aboleatur insania*, ist seiner sprachlichen Form nach kein gesetzgeberischer Befehl, sondern ein Wunsch; er könnte, wenn sein Wortlaut denn konstantinisch ist, eine von Konstantin in einem nicht erhaltenen Gesetzestext mit einem speziellen Opferverbot[343] geäußerte allgemeine Zielvorstellung gewesen sein, die (noch) kein generelles Verbot aussprach und (noch) keine Strafe verhängte. Diese Zielvorstellung Konstantins wäre dann, wie es der Wortlaut auch nahelegt, in dem Gesetz von 341 aufgegriffen und mit Strafandrohung zu einem ›gerichtsverwertbaren‹ Rechtssatz umgewandelt und erweitert worden: *Nam quicumque contra legem divi principis parentis nostri et hanc nostrae mansuetudinis iussionem ausus fuerit sacrificia celebrare, conpetens in eum vindicta et praesens sententia exeratur.* – Und im übrigen sind gegen Konstantin von heidnischer Seite, u.a. von Kaiser Julian, mancherlei Vorwürfe erhoben worden[344], nur der eine, der sicher am schwersten wiegende, nicht: daß er die für den paganen Kult essentiellen Opfer grundsätzlich verboten hätte. Zudem wird Konstantin in christlichen, von Eusebius unabhängigen Quellen der Spätantike nie als derjenige gepriesen, der das Opfer als das Zentrum des heidnischen Götterkultes abgeschafft hätte[345], und umgekehrt versichert daher Libanios wohl zutreffend, Konstantin habe den Götterkult nicht angetastet[346].

---

342. Z.B. die Privilegierung des christlichen Klerus: s.u. Teil VI 2 a.
343. Z.B. mit dem Opferverbot bei magistratischen Handlungen: Eus. VC II 44.
344. Vgl. das Konstantinbild nichtchristlicher Autoren: *J. Vogt,* Kaiser Julian über seinen Oheim Constantin d. Gr., in: Historia 4 (1955), 339 – 352; *G. Bonamente,* Eutropio e la tradizione pagana su Costantino, in: *L. Gasperini* (Hg.), Scritti storico-epigrafici in memoria di M. Zambelli, Rom 1978, 17 – 59; *Neri,* Medius Princeps (wie Anm. 10), passim. – Der sogar aus paganer Sicht in übertriebenem Maße dem Opferdienst ergebene Julian (verspottet als *victimarius*: Amm. Marcell. XXII 14, 3!), der Konstantin bekanntlich ganz und gar nicht wohlgesonnen war, behauptet nicht, daß Konstantin die Opfer verboten hätte, sondern lediglich, er habe die Tempel ›vernachlässigt‹ und ›beraubt‹: Iul. or. VII 228 BC.
345. Vgl. *Winkelmann,* Religionspolitik (wie Anm. 10), passim.
346. Libanios, or. XXX (pro templis) 6: keine Änderung des öffentlich-rechtlichen Charakters des Paganismus durch Konstantin und kein Opferverbot; vgl. auch XXX 3.

Einzelmaßnahmen

Wenn also auf der einen Seite feststehen dürfte, daß der Rechtsstatus der ›altgläubigen‹ Kulte und Kultformen unverändert geblieben ist[347], so hat dies doch mit Toleranz nicht das Geringste zu tun. Denn auf der anderen Seite steht, wie gezeigt, ebenso fest, daß Konstantin den Paganismus nicht nur programmatisch-ideell grundsätzlich ablehnte und verbal diskriminierte[348], sondern daß er auch, unterhalb der Schwelle von gesetzlichem Ge- und Verbot und von systematischer Gewalt und staatlichem Terror, politisch-praktisch alles daransetzte, den heidnischen Kultus zu beeinträchtigen und nach Möglichkeit zum Verschwinden zu bringen[349]: Verbot des Opfers bei Amtshandlungen der Magistrate (Eus. VC II 44), Verbot der Tempelprostitution als einer aus christlicher Sicht schandbaren Kultform[350], Plünderung und Enteignung von Tempeln[351], auch gezielte Zerstörung einzelner heidnischer Kultstätten z.B. aus Gründen der Moral (wegen Tempelprostitution)[352] oder zur Wiedergewinnung früher Stätten des Christentums (und deren Umwandlung zu heiligen Stätten)[353]. Es handelt sich aber in allen Fällen um Einzelmaßnahmen einer Form von Christianisierungspolitik, die den Paganismus als ›Konkurrenten‹ des Christentums schwächen sollten, die jedoch nicht auf ein reichsweites Verbot des heidnischen Kultus zurückzuführen sind.

---

347. Daher erklärt sich auch die Bestätigung von Privilegien (ehemaliger) heidnischer Priester durch den *pontifex maximus* Konstantin: CTh XII 1, 21 (4. 8. 335) und XII 5, 2 (21. 5. 337). – Eine Ausnahme bei den Kultformen: Verbot der Tempelprostitution, unten A. 353.
348. Auch o. Teil II 2 u.ö.
349. Siehe z.B. *Noethlichs*, Maßnahmen (wie Anm. 293), 28f. (Liste); *ders.*, Heidenverfolgung (wie Anm. 317), 1153 – 1155; *Praet* (wie Anm. 13), 10ff.; *de Giovanni*, Costantino (wie Anm. 107), 95ff.; *Lorenz* I (wie Anm. 13), 12f.; II 121f.
350. Eus. VC III 58, 2: gesetzliches Verbot, zugleich moralische Belehrungen und, in einem zusätzlichen Schreiben, Aufforderung zur Annahme des Christentums.
351. *D. Metzler*, Ökonomische Aspekte des Religionswandels in der heidnischen Spätantike. Die Enteignung der heidnischen Tempel seit Konstantin, in: Hephaistos 3 (1981), 27 – 40; *G. Bonamente*, Sulla confisca dei beni mobili dei templi in epoca costantiniana, in: *ders./F. Fusco* (Hg.), Costantino il Grande Bd. I (wie Anm. 14), 171 – 201; *Bonamente*, ›Svolta‹ (wie Anm. 23), 110ff.
352. Eus. VC III 55 und 58; LC VIII 5ff.
353. So in Jerusalem am Grabe Christi: Zerstörung eines Aphroditetempels Eus. VC III 26f. – Zerstörung einer heidnischen Kultstätte in Mamre (wo Gott dem Abraham erschienen war): Eus. VC III 51 sowie (Brief Konstantins mit der Anordnung) 52f. – *G. Fowden*, Bishops and Temples in the East Roman Empire 320 – 435, in: JThSt 29 (1978), 53 – 78; *R. Hanson*, The Transformation of Pagan Temples into Churches in the Early Christian Centuries, in: *ders.*, Studies in Christian Antiquity, Edinburgh 1985, 347 – 358; *R. Klein*, Antike Tempelzerstörungen im Widerspruch christlicher Urteile, in: Studia Patristica 24 (1993), 135 – 142; *ders.*, Distruzione di templi nella tarda antichità. Un problema politico, culturale e sociale, in: Atti dell' Accademia romanistica Costantiniana X, Perugia 1995, 127 – 152; Abschaffung des Asklepioskultes in Aigeai möglicherweise aus politisch-demonstrativen Gründen (einstige Förderung dieses Kultes durch die Christenverfolger Decius und Valerian): *R. Ziegler*, Aigeai, der Asklepioskult, das Kaiserhaus der Decier und das Christentum, in: Tyche 9 (1994), 187 – 212.

Erzwungene Christianisierung?
Konstantin hatte, wie gezeigt, seine antiheidnische, das Christentum fördernde Politik programmatisch dem Prinzip des Verzichts auf Gewalt und Erzeugung von Angst verpflichtet. In der Tat hat er sich durchweg daran gehalten. Der Paganismus als solcher wurde nicht frontal angegriffen, sondern u.a. durch eine offenbar systematisch angelegte Politik bekämpft, christianisierten Gemeinden bzw. Städten Statusvorteile zu gewähren[354], mit anderen Worten also: sie für die Abkehr vom Paganismus zu belohnen[355]. Außerdem hat der Kaiser keine Gelegenheit ungenutzt gelassen, in Gesetzen, Proklamationen und öffentlicher Rede für die Absage an den Paganismus und die Hinwendung zum Christentum zu werben[356]. Erzwungene Konversionen scheinen aber nicht vorgekommen zu sein[357]. Als Testfälle mögen die Armee und die Beamtenschaft dienen. Man hat behauptet, seit 312 sei die Armee »offiziell« christlich geworden[358]. Davon kann jedoch nach dem Quellenbefund überhaupt keine Rede sein. Zwar focht die Armee, aber wohl erst seit den 320er Jahren, unter dem christlichen Feldzeichen, das ›Labarum‹ genannt wurde (Abb. 26)[359]; auch mag das Christogramm seit 312 manchen Helm oder Schild (Abb. 23) geziert haben. Ferner hat Konstantin[360], der selber, möglicherweise als erster, dieses apotropäische Zeichen trug (vgl. Abb. 27), den Tag der Sonne, der für die Christen im Rahmen der Planetenwoche als Wochentag der Auferstehung Jesu der ›Herrentag‹ war, als staatlichen Feiertag eingeführt[361]. Der neue ›Sonntag‹ war u.a. für den Kirchgang der christlichen Soldaten vorgese-

---

354. *Wischmeyer,* Von Golgatha zum Ponte Molle (wie Anm. 54), 63ff.
355. Beispiele: Stadtrechtvergabe wegen christlicher Einwohnerschaft in Orkistos/Phrygien (323/331): FIRA I Nr. 95 – ILS 6091 (dazu *A. Chastagnol,* MEFRA 93 (1981), 381ff.); Maiuma/Gaza: Eus. VC IV 38 und Soz. HE II 5 und V 3; Antaradus: Eus. VC IV 39 und Soz. HE II 5.
356. U.a. Eus. VC II 61, 1; III 1; III 58, 2; IV 29f. und 55. – Nach Auskunft des Eusebius waren diese Bemühungen zumeist jedoch ohne Erfolg: VC IV 29, 4f.; 30, 2.
357. Vgl. *MacMullen,* Christianizing (wie Anm. 1), Kap. X: ›Conversion by Coercion‹ (86 – 101). – Etwas anderes ist natürlich der durch Entzug von Privilegien, Konfiskationen etc. ausgeübte indirekte Zwang gegenüber den Ketzern mit dem Ziel einer ›Re-Christianisierung‹: unten Teil VI 1 b.
358. *Barnes,* CE (wie Anm. 17), 48: »After this momentous step, the army of Constantine became officially Christian, whatever private religious sentiments his troops might cherish«. Gemeint sind mit dem »step« Kampf und Sieg am 28. Oktober 312 unter dem Zeichen des Christentums.
359. Dazu auch Eus. VC I 31 (mit der Kapitelüberschrift). Zur Sache ferner Eus. VC II 6ff. (im Krieg gegen Licinius); IV 9 (im Brief an Shapur II.), 21. – Das Labarum erst ca. 324: s.o. A. 11.
360. Bezeugt durch das Medaillon von 315 (Ticinum); hier Abb. 27 – Münzen Konstantins mit Christogramm: *P. Bruun,* The Christian Signs on the Coins of Constantine, in: Arctos 3 (1962), 15 – 37. – S.o. 39ff.
361. Vgl. dazu den Hinweis bei *Barnes,* Settlement (wie Anm. 11), 656 A. 47: vor Oktober 325 übernimmt in Ägypten der *dies solis* die Funktion des regelmäßigen wöchentlichen Feiertages anstelle des bis dahin üblichen Juppiter-Tages – P. Oxyrh. 3759; vgl. 3741.

hen, während die heidnischen Armeeangehörigen auf freiem Feld ein vom Kaiser selbst verfaßtes monotheistisches Gebet zu sprechen hatten[362]. Aber über Benachteiligung von Paganen oder systematische Bevorzugung von Christen in der Armee und vor allem im Offizierscorps hört man nichts, und alle Anzeichen deuten sogar darauf hin, daß die weit überwiegende Mehrheit in der Armee auch noch Jahrzehnte nach der Konstantinischen Wende nicht dem Christentum angehörte[363].

Ähnliches wird man über die hohe und höchste Reichsbeamtenschaft sagen können. Eusebius von Caesarea behauptet zwar, Konstantin habe – zumindest seit Beginn der Alleinherrschaft 324 – fast nur noch Christen in den hohen Staatsdienst (Provinzstatthalterschaft etc.) aufgenommen[364]. Doch die wegen der unbefriedigenden Quellenlage unter großen Schwierigkeiten angestellten prosopographischen Studien der letzten Zeit erlauben allenfalls die Feststellung, daß sich in den hohen Rängen nur sehr allmählich die Relation zwischen christlichen und nichtchristlichen Amtsträgern zugunsten der Christen verändert hat[365]. So etwas wie eine prinzipiell auf Christen zurückgreifende, ebenso prinzipiell Heiden ausgrenzende Personalpolitik Konstantins gab es also offenbar nicht. Eine andere Sache ist natürlich das Opferverbot bei Amtshandlungen (*Eus.* VC II 44). Es grenzt aber nicht Personen, sondern heidnische Praktiken heidnischer Beamten aus; es verbannt den Götterkult aus der staatlichen Sphäre, ist also ein Element der gewiß systematisch betriebenen Entpaganisierung der staatlichen Repräsentation. Und wenn der augenblickliche epigraphische Befund kein Zufall sein sollte, daß 320 die letzte Weihung eines Statthalters an heidnische Götter bezeugt ist[366], so besagt dies nicht, daß nunmehr solche Weihungen verboten waren oder daß ausschließlich oder überwiegend Christen die hohen Ämter innehatten; sondern es besagt lediglich, daß, bei der allgemein bekannten christlichen Einstellung des

362. Eus. VC IV 18f.; vgl. auch LC IX 9f. – Ferner C Th II 8, 1 (3. Juli 321); CJ III 12, 2. – Text des Gebetes: Eus. VC IV 20. Vgl. damit ein sehr ähnliches (henotheistisches) Gebet, das Licinius (der seinerseits aber u.a. ein Verehrer des Sonnengottes war: ILS 8940) seinen Soldaten vorgeschrieben hatte: Lact. mort. pers. 46, 6. Dazu Eus. HE IX 9; vgl. IX 11, 9 (für Licinius ist der angesprochene ›höchste Gott‹ aber nicht der Christengott, sondern Juppiter: RIC VII 591 – 608; auch Sol: ILS 8940, CIL VIII 8712). – *F.J. Dölger,* Die Planetenwoche der griechisch-römischen Antike und der christliche Sonntag, Kap. 5: Kaiser Konstantin und der Sonntag, in: *ders.,* AuC 6 (1950), 228 – 238.
363. *A. Alföldi,* The Conversion of Constantine and Pagan Rome, Oxford ²1969, 102; *E. Gabba,* Per la storia dell'esercito romano in età imperiale, Bologna 1974, 97ff.; *ders.,* I cristiani nell'esercito romano del quarto secolo dopo Cristo, in: Transformation et conflits au IVe siècle ap. J.-C., Bonn 1978, 33 – 52, bes. 45ff.; *MacMullen,* Christianizing (wie Anm. 1), 44ff.; *M. Clauss,* Art.: Heerwesen (Heeresreligion), in: RAC 13 (1986), 1073 – 1113, bes. 1105ff.
364. Z.B. Eus. VC II 44.
365. *v. Haehling* (wie Anm. 151), bes. 513ff.; *MacMullen,* Christianizing (wie Anm. 1), 46ff.; zuletzt *Bonamente,* »Svolta« (wie Anm. 23), 115 (mit Lit.).
366. AE 1919 Nr. 30.

Kaisers, wohl eine Art von Selbstzensur der paganen Magistrate stattgefunden haben dürfte. Konstantin jedenfalls hat augenscheinlich sehr pragmatisch in Armee und Beamtenschaft den Gesichtspunkt von Fähigkeit, Leistung und Loyalität in den Vordergrund gestellt, und er hat im übrigen, da seine Religionspolitik Christianisierungspolitik war, auf die Attraktivität der in sich einigen, durch vielfältige Privilegien gestärkten Christengemeinde unter Leitung des Bischofs innerhalb der städtischen Bürgergemeinschaft gebaut[367].

VI. Politik der Christianisierung II
Ketzer und ›Katholiken‹

Die Religionspolitik des *pontifex maximus* und *episcopus episcoporum* Konstantin ist ihrer öffentlich proklamierten Intention und ihrer praktischen Tendenz nach Christianisierungspolitik: der Kaiser steht nicht über den Religionen oder außerhalb der Religionen, sondern er hat sich zum monotheistischen Christentum bekannt, und sein politisches Programm ist erklärtermaßen um der allgemeinen Wohlfahrt willen die Hinführung aller Reichsbewohner, ja der ganzen Menschheit zum Glauben an den Gott der Christen[368]. Religiöse Toleranz im modernen Sinne des Begriffs konnte es von daher nicht geben (oben Teil V 1). Judentum und traditionelle nichtchristliche Religionen wurden, auf der Basis eines grundsätzlichen Verzichts auf Gewaltanwendung seitens des christlichen Kaisers, einer allenfalls verachtungsvollen Duldung gewürdigt (oben Teil V 2 und 3), verbunden mit der sicheren Gewißheit, daß ein in sich geeintes Christentum auf längere Sicht den Sieg davontragen werde. Des Kaisers Proklamationen, die die Juden und die Heiden verbal diskriminierten, ferner seine punktuellen Repressionsmaßnahmen, die Benachteiligungen, die ›Missions‹-Predigten oder -Reden standen ganz im Dienste der übergeordneten Absicht, das Christentum als die einzige ›richtige‹ Religion erscheinen zu lassen und die Abkehr von den nichtchristlichen Religionen zu fördern.

Das war die eine Seite der konstantinischen Christianisierungspolitik. Die andere Seite bestand, unter dem Gesichtspunkt der traditionellen Verpflichtung zur religiös-kultischen Einheit, im Umgang des Kaisers mit dem Problem der christlichen Schismatiker und Ketzer (Abschnitt 1) sowie in den Methoden einer staatlichen Förderung der als ›katholisch‹ anerkannten Bischofsgemeinden, wodurch ein attraktives, implizit durch seine schiere Existenz zur Konversion auffordernes Vorbild für die Nichtchristen geschaffen werden sollte (Abschnitt 2).

---

367. Siehe den Anfang seines Briefes an Alexander und Arius (324): Eus. VC II 65, 1f., sowie unten Teil VI 2 b.
368. S.o.Teil IV 1 und 3.

1. Schismatiker und Ketzer in Proklamationen und in der Praxis

In den *litterae Licinii*, die auf dem religionspolitischen Programm basierten, das Konstantin und Licinius während der Mailänder Konferenz im Januar/Februar 313 vereinbart hatten, waren, von einem henotheistischen Ansatz her, allen Priesterschaften und religiösen Richtungen eine durch nichts beeinträchtigte Existenzberechtigung und der Fortbestand ihrer Rechte zugesichert worden[369]. Dies entsprach, wie sich herausgestellt hat[370], durchaus nicht den ursprünglichen Intentionen Konstantins, die offenbar auf eine starke Bevorzugung der Christen und gleichzeitige Benachteiligung der Nichtchristen und ihrer Priesterschaften hinausgelaufen wären. Aber die machtpolitische Lage zur Zeit der Konferenz hatte es Licinius ermöglicht, sich mit seinem henotheistischen Programm der Religionsfreiheit durchzusetzen: es ging um den Erhalt der *quies temporis*, die beiden Kaisern derzeit als der ›kleinste gemeinsame Nenner‹ am Herzen lag[371].

Das proklamierte Prinzip hätte natürlich auch für diejenigen Christen gelten müssen, die Theologien oder Bräuche vertraten, die von denen der Mehrheit abwichen. Doch Konstantin war, bereits 312/13 im Geiste des christlichen Monotheismus[372], nicht gesonnen, in seinem Machtbereich die proklamierte Religionsfreiheit auch in vollem Umfang zu verwirklichen. Das tritt, schon gleich nach der Mailänder Konferenz und von da an kontinuierlich, in seinem Denken und seinem Verhalten gegenüber Ketzern und Schismatikern zutage[373], die die aus seiner Sicht sowohl in einem höheren Sinne als auch buchstäblich ›notwendige‹ kultische Einheit des Christentums verhinderten. Gegen diese ›Abweichler‹ ist er während seiner Regierungszeit von Anfang an bedeutend härter vorgegangen als gegen Juden und Heiden, und es läßt sich in der Tat nicht in Abrede stellen, daß »in der Kirchengeschichte die Verfolgung der Ketzer und Schismati-

---

369. Lact. mort. pers. 48, 2: ... *ut daremus et Christianis et omnibus liberam potestatem sequendi religionem, quam quisque voluisset*; 48, 3: ... *ut nulli omnino facultatem abnegandam putaremus, qui vel observationi Christianorum vel ei religioni mentem suam dederet, quam ipse sibi aptissimam esse sentiret.* Das Henotheistische ebd. 48, 2: *quicquid ‹est› divinitatis in sede caelesti* solle den Kaisern und dem Reich günstig gesonnen bleiben. Keiner Priesterschaft (*honor*) und keinem Kult (*religio*) solle etwas weggenommen werden: ebd. 48, 6.
370. S.o. Teil IV 2.
371. Vgl. eine der Inschriften am Konstantinbogen (von 315), die Konstantin als den FUNDATOR QUIETIS preist: CIL VI 1139=ILS 694. – S.o. 21f. (in Teil I 2: Bringmann über Mailand 313).
372. S.o. Teil IV 1 und 3.
373. *Dörries*, Konstantinische Wende und Glaubensfreiheit: Konstantin und die Häretiker (wie Anm. 225), 80 – 117; *Kraft*, Entwicklung (wie Anm. 17), 126ff.; *Noethlichs*, Maßnahmen (wie Anm. 293), 6 – 19. – *St.G. Hall*, The Sects under Constantine, in: *J. Sheils/D. Wood* (Hg.), Voluntary Religion, 1986, 1 – 13 (mir nicht zugänglich). – Allgemein zur Problematik der Begrifflichkeit: *N. Brox*, Art.: Häresie, in: RAC 13 (1986), passim, bes. 259ff. (Altkirchliche Vorstellungen), 275ff. (Häresie und Schisma), 281ff. (Staatliche Häretikergesetze).

ker durch den Staat« ausgerechnet vom ersten christlichen Kaiser eröffnet worden ist[374]. Aber man sollte hinzufügen: er konnte kaum oder gar nicht anders, als so zu handeln, wie er es getan hat. Die Verbindung der traditionellen, in Jahrhunderten ›gewachsenen‹ Pflicht eines Kaisers, durch Herstellung und Wahrung der kultischen Einheit im Reich für die *pax deorum* zu sorgen, mit dem christlichen Monotheismus und Einheitsgedanken (a) ließ praktisch keine Wahl. Zugleich darf nicht übersehen werden, daß Konstantin das Mittel der staatlichen Repression erst als *ultima ratio* angewandt hat (b): seine Religionspolitik als Christianisierungspolitik war, nach Maßgabe der ›richtigen‹ Auffassung von Kultus und Glaube, den Ketzern und Schismatikern gegenüber primär ›Re-Christianisierungspolitik‹. Allerdings – der Weg zu einer Politik der Verfolgung Andersglaubender und des Glaubenszwangs hat, wie sich zeigen wird, hier bei Konstantin seinen Anfang genommen.

a. Der Einheitsgedanke

Im Neuen Testament, vor allem in den Briefen des Apostels Paulus, wird immer wieder, bedingt durch entsprechende Probleme in den urchristlichen Gemeinden, mit großem Nachdruck der Gedanke der Einheit beschworen (z.B. Eph 4, 3 und 5; 1 Kor 8, 6 und 11, 18; Phil 2, 2). Tatsächlich allerdings hat die hier mit theologischen Gründen geforderte Einheit bis zu Kaiser Konstantin nie bestanden. Zu allen Zeiten gab es Schismen, die, als Manifestationen von Dissens in Fragen des Kultus oder der Theologie, im Aufbau konkurrierender Hierarchien und Gemeinden in Erscheinung traten. Als Kriterium für die Richtigkeit eines Brauchs oder einer theologischen Auffassung hatte sich angesichts dessen die brieflich hergestellte *communio* vornehmlich mit den Häuptern der großen, überregionales Ansehen genießenden Kirchengemeinden wie derjenigen von Alexandrien, Antiochien, Rom herausgebildet: ›katholisch‹ im Sinne von ›rechtgläubig‹ war, wer mit diesen und so in der Regel reichsweit mit der Mehrheit in Gemeinschaft stand[375]. Ein bedeutender Teil der Kirchengeschichte in den ersten Jahrhunderten war von dem – auch mit dem Mittel der Ausgrenzung (Exkommunikation) arbeitenden – Bemühen gekennzeichnet, auf diese Weise die *unitas spiritus* über alle äußeren und vor allem inneren Schwierigkeiten hinweg herzustellen und, wenigstens in Ansätzen, zu behaupten.

Spaltungen traten aber nicht nur zwischen benachbarten Gemeinden oder zwischen den Kirchengemeinschaften verschiedener Regionen auf, wie beispiels-

---

374. *Lorenz* II (wie Anm. 13), 119.
375. Siehe etwa Opt. I 26=Soden Nr. 24, 7f.: *illam esse catholicam* (erg. *ecclesiam*), *quae esset in toto orbe terrarum diffusa*. – Vgl. *Noethlichs*, Maßnahmen (wie Anm. 293), 9 und 208ff. – Zu ›katholisch‹ auch im Sinne des universalen Anspruchs des Christentums s.o. A. 216.

weise im Ketzertaufstreit oder im Streit um den Ostertermin[376]; sondern oft ging der Riß auch mitten durch eine einzelne Gemeinde. Als Beispiel dafür mag die Kirche von Rom dienen, die im Verlauf des 2. und 3. Jahrhunderts mehrfach vom Schisma betroffen war. Hier amtierten zeitweilig konkurrierende römische Bischöfe neben einander, und es kam sogar vor, daß die Gemeinde, wie gewiß andere Kirchen in anderen Regionen des Reiches auch, durch gewalttätige Auseinandersetzungen erschüttert wurde, bei denen es Todesopfer gegeben hat; das war etwa in den Jahren 307/308 der Anlaß für ordnungspolitische Zwangsmaßnahmen gegen einander bekämpfende römische Bischöfe, zu denen sich der im Grundsatz gar nicht christenfeindliche Kaiser Maxentius genötigt sah[377]. Der Kaiser Julian, ein ehemaliger Christ, hat Jahrzehnte später – wohl primär im Rückblick auf die innerkirchlichen Streitereien in und seit der konstantinischen Zeit, aber doch wohl auch auf die Zeit davor – mit seiner Behauptung gewiß reichlich übertrieben, wilde Tiere seien für Menschen nicht so gefährliche Feinde wie die Christen untereinander (*Amm. Marcell.* XXII 5, 4). Jedoch gehörte theologischer Streit mit wechselseitigen Exkommunikationen und auch gelegentlichen Gewalttaten, gehörte die Existenz einer beträchtlichen Anzahl von schismatischen christlichen Gemeinschaften, die von der kirchlichen Mehrheit als häretisch angesehen und aus der sakramentalen *communio* ausgeschieden worden waren, zum gleichsam normalen Erscheinungsbild der frühen Christenheit[378].

Das Christentum am Beginn des 4. Jahrhunderts bildete also, ganz abgesehen von dem Fehlen einer umfassenden organisatorischen Einheit und einer quasimonarchischen universalkirchlichen Spitze, eines ›Papsttums‹, durchaus keine in sich einige Glaubensgemeinschaft. Mit diesem Zustand wurde Konstantin sofort beim Beginn seiner Politik der Privilegierung des Christentums 312/13 in einer für ihn wohl überraschenden und enttäuschenden Weise konfrontiert; denn in Karthago war es über der Frage nach dem seelsorgerischen Umgang mit solchen Christen, die in der diokletianischen Verfolgung ›zu Fall gekommen‹ waren (*lapsi*), zwischen Rigoristen – später nach ihrem prominentesten Mitglied Donatus ›Donatisten‹ benannt – und Befürwortern einer milderen Bußpraxis zum Schisma

---

376. Zu den genannten Streitigkeiten: Überblick z.B. bei *Andresen,* Kirchen (wie Anm. 13), 255 – 283; *Andresen/Ritter* (wie Anm. 5), 43ff. – Zum Osterstreit s.o. Teil V 2, 83ff.
377. Eine wichtige Quelle dafür sind die Epigramme des römischen Bischofs Damasus: Nr. 18 über Heraclius und Eusebius, Nr. 40 über Marcellus (ed. A. Ferrua. Rom 1942, 129ff., 181). – Zu den römischen Schismen: *E. Caspar,* Geschichte des Papsttums I, Tübingen 1930, 22ff., 66ff., 97ff.; *D. de Decker,* La politique religieuse de Maxence, in: Byzantion 38 (1969), 472 – 562, bes. 504 – 510; *Kriegbaum* (wie Anm. 57), 38ff.
378. Grundlegend: *W. Bauer,* Rechtgläubigkeit und Ketzerei im ältesten Christentum (1934), Tübingen ²1963. Vgl. den Überblick von *Andresen/Ritter* (wie Anm. 5), Kap. II und III; *W.H.C. Frend,* The Rise of Christianity, London 1984, Kap. 4, 6, 7, 8, 11; *E. Dassmann,* Kirchengeschichte I, Stuttgart 1991, Teile VI und VII.

gekommen[379]. Dahinter stand das zentrale theologische Problem der Zulässigkeit einer Wiedertaufe (von »Gefallenen«) und damit der Auffassung vom Taufsakrament überhaupt, weshalb die gegnerischen Gruppen die jeweils andere Seite wegen der Annahme bzw. der Ablehnung einer Wiedertaufe als ketzerisch betrachteten und aus der Christenheit ausschlossen. Welche Seite also war, als Konstantin mit der Privilegierung des christlichen Klerus begann, die ›richtige‹, welche war ›katholisch‹? – Auf das gleiche, in der Verfolgungszeit aufgekommene Problem wie in Nordafrika ging die Entstehung der melitianischen Sondergemeinden in Ägypten zurück, nachdem der Bischof Melitius von Lykopolis in der Diokletianischen Verfolgung die mildere Bußpraxis des alexandrinischen ›Papstes‹ Petros abgelehnt und mit dem Aufbau einer eigenen Hierarchie begonnen hatte[380]. Der nahezu gleichzeitig ausgebrochene Streit um die Theologie des alexandrinischen Presbyters Arius hingegen, der Konstantin seit 324/25 jahrelang plagende ›Arianische Streit‹[381], war nicht aus der seelsorgerlichen Praxis, sondern aus der philosophisch-theologischen Reflexion über die Gottheit Christi entstanden.

Als Kaiser und als verantwortungsvoller Politiker, der auch als Christ im traditionell-römischen Sinne die herrscherliche Aufgabe des *pontifex maximus* zu erfüllen hatte, jeglichen schädigenden Einfluß der himmlischen Mächte zu verhindern bzw. deren positiven Einfluß zu erwirken (s.o. Teil III 2), betonte Konstantin unermüdlich den zerstrittenen Christen gegenüber den Zusammenhang von Einheit innerhalb der Christenheit[382] und politischem Erfolg zum Wohle der ganzen Menschheit[383], da nur durch die Einheit im Kultus die notwendige Gunst des Christengottes erworben und erhalten werden konnte. Von einem in den wesentlichen Fragen des Glaubens und des Kultus in sich einigen Christentum[384] hing seiner Ansicht nach auch der Erfolg seines Programms einer angst- und gewaltfreien Christianisierung der nichtchristlichen Welt ab[385]. Umgekehrt betrachtete

---

379. *E.L. Grasmück*, Coercitio. Staat und Kirche im Donatistenstreit, Bonn 1964; *Lorenz* I (wie Anm. 13), 7f., 9ff.; *Frend,* Rise (wie Anm. 378), 488ff.; *Martin,* Spätantike (wie Anm. 2), 14ff., 157ff.
380. *Lorenz* II (wie Anm. 13), 113. – T.D. *Barnes,* Athanasius and Constantius. Theology and Politics in the Constantinian Empire, Cambridge/Mass. 1993, 14ff.; *A. Martin,* Athanase d'Alexandrie et l'église d'Égypte au IVe siècle (328 – 373), Rom 1996, Teil II, Kap. 3 (219 – 298) sowie Teil III, Kap. 4 (303ff.).
381. *Lorenz* II (wie Anm. 13), 126 – 139, 142f.; *A.M. Ritter,* Art.: Arianismus, in: TRE 3 (1978), 692 – 719; *Barnes* (wie Anm. 386); T.G. *Elliott,* Constantine and ›the Arian Reaction after Nicaea‹, in: JEH 43 (1992), 169 – 194.
382. Vgl. *H.A. Drake,* Constantine and Consensus, in: Church History 64 (1995), 1ff. – *Lane Fox* (wie Anm. 36), 658: Konstantin als »the most tireless worker for Christian unity since St. Paul«.
383. So etwa in Eus. VC II 56, 1 (324 an die Provinzialen); 65, 2 (324 an Alexander und Arius); III 17, 1 (Konstantins Synodalbrief aus Nicaea 325 an die Kirchen).
384. Vgl. etwa im Brief an Alexander und Arius 324: Eus. VC II 71, 5 und 7.
385. So nach Eus. VC II 56 und 60 (Proklamation von 324). Ebenfalls im Brief an Alexander und Arius (324): Eus. VC II 65, 2. – Das Programm: oben Teil V 3 b.

er, von seinen Voraussetzungen her ganz konsequent, Zwietracht unter den Christen wegen der Gefahr des Zorns des Christengottes als Schädigung des ganzen Menschengeschlechts[386]. Schisma und Häresie in der Welt des Christentums hatten somit, anders als in vorkonstantinischer Zeit, eine hochpolitische Dimension: Streit innerhalb der Kirche bzw. des Episkopates, so Konstantin in mehreren Briefen, ruft nicht nur den politisch gefährlichen Zorn Gottes hervor[387], sondern auch den politisch nicht minder gefährlichen Spott der Paganen[388]; diese bildeten ja bei weitem die Mehrheit der Bevölkerung im Reich und namentlich in den zivilen und militärischen Führungsschichten, und nur allzu leicht könnten sie von der Zerstrittenheit der Diener des Christengottes auf dessen Machtlosigkeit oder auf die mangelnde Begünstigung des christlich gewordenen Herrschers durch diesen (›Minderheiten‹-)Gott schließen.

Zentrale, von den zeitgenössischen Christen nie infrage gestellte Aufgabe Konstantins war es daher, bestehende Spaltungen zu beenden, entstehende Spaltungen zu verhindern und die auch mit Blick auf die Nichtchristen politisch notwendige Einheit und Eintracht der christlichen Glaubensgemeinschaft, die es in der Geschichte bisher noch nie gegeben hatte, herbeizuführen und natürlich dauerhaft zu verankern[389]. Das politische Fernziel des *pontifex maximus* und *episcopus episcoporum* auf dem Kaiserthron[390] war die von Gott gewollte und durch die

---

386. So z.B. im Brief an Ablabius 314: Opt. Append. III=Soden Nr. 14, 65 – 76; im Brief an das Reichskonzil von Arles 314: Opt. Append. V=Soden Nr. 18, 67ff.; an den *vicarius Africae* Celsus 316: Opt. Append. VII=Soden Nr. 23, 39ff.; an das Konzil von Tyros 335: Athan. apol. sec. 86, 11.

387. Siehe die Texte in der vorhergehenden Anm. sowie oben Teil III 2 (*munus principis* etc.).

388. So z.B. Opt. App. III=Soden Nr. 14, 28ff. (Brief an Ablabius 314); vgl. hier auch 59ff.: Sorge vor *dedecus* durch *seditio* und *altercatio* (als Grund für Repressionsmaßnahmen gegen die Donatisten). – Eus. HE X 5, 22=Soden Nr. 15, 25ff. (Brief an Bischof Chrestos von Syrakus 314). – Eus. VC II 61, 5 (324/25 an Alexander und Arius): Grund für diplomatische Ausgleichbemühungen des Kaisers; Appelle an Einsicht etc. Auch VC III 21 mit entsprechend motivierten Mahnungen im Anschluß an das Konzil von Nicaea 325.

389. So z.B. im Brief an Miltiades von Rom (313): Eus. HE X 5, 18ff.=Soden Nr. 12, 12ff., 27ff.; an Alexander und Arius (324): Eus. VC II 64f.; ebd. 68, 2f.; 71, 4f.;72, 1. Dann Konstantins Rede in Nicaea (325): Kampf gegen innere Zwietracht, Eus. VC III 12. – Vgl. *Dörries*, Selbstzeugnis (wie Anm. 17), 317ff.

390. Auch in neueren Publikationen liest man in diesem Zusammenhang gelegentlich immer noch das Wort ›Caesaropapismus‹; so bei *Demandt*, Spätantike (wie Anm. 2), 74, 454 (u.ö.); *M. Grant*, The Emperor Constantine, London 1993, 159; leider auch bei *Ch. Piétri* in *Piétri* (Hg.), Das Entstehen (wie Anm. 13), 345 (ff.), 369 (ff.). Vgl. *M. Meslin*, Art.: Césaropapisme, in: Encyclopaedia Universalis IV (1988), 543 – 545. – Spätestens seit den Studien von *A.W. Ziegler*, ›Die byzantinische Religionspolitik und der sog. Cäsaropapismus‹ (in: *E. Koschmieder/A. Schmaus* (Hg.), Münchener Beiträge zur Slavenkunde (FS P. Diels), München 1953, 81 – 97), und von *W. Enßlin*, ›Staat und Kirche von Konstantin dem Großen bis Theodosius dem Großen‹ (1956), in: *G. Ruhbach* (Hg.), Die Kirche angesichts der konstantinischen Wende, Darmstadt 1976, S 74 – 86, sollte klar sein, daß das Wort gänzlich inadäquat ist.

angestrebte Einheit fundierte *renovatio imperii* bzw. der ganzen Oikumene aus dem Geiste des in Glauben und Kultus geeinten Christentums[391]. Das setzte allerdings voraus, daß man Kriterien ermittelte für das, was theologisch bzw. kultisch ›richtig‹ war.

b. Repression und Duldung

Gegenüber der nichtchristlichen Mehrheit im Reich hat Konstantin auf eine Politik des Glaubenszwangs ausdrücklich verzichtet; für sie hatte er, ohne ›tolerant‹ zu sein, ein Programm der Christianisierung entwickelt, das ohne das Mittel der Gewalt und der Erzeugung von Angst auskommen sollte[392]. Man gewinnt den Eindruck, daß es aber nicht nur vordergründig die für die Christen höchst ungünstige quantitative Relation zwischen Christen und Nichtchristen gewesen ist, sondern daß es mindestens eben so sehr die geschilderten Intentionen des Weges zur *renovatio imperii* waren, die Konstantin dazu gebracht haben, gegen Schismatiker und Häretiker sehr viel schärfer vorzugehen als gegen die Nichtchristen[393]. Von ›Toleranz‹ im Sinne jener Mailänder Vereinbarung von 313 kann hier jedenfalls noch weniger die Rede sein als in der Juden- und der Heidenpolitik (oben Teil V 2 und 3).
Konstantin hatte in seiner Umgebung einen fach-, sach- und sprachkundigen ›Sektenbeauftragten‹, der ihn über die Situation gleichsam am Rande der Großkirche unterrichtete[394]. Die Einzelheiten und der historische Verlauf seiner Maßnahmen und Gesetzgebung gegen Donatisten, Arius, die Arianer und sonstige (um das polemische Wort ›Ketzer‹ einmal zu vermeiden:) christliche Andersgläu-

---

391. So ausgesprochen z.B. im Brief Konstantins als des Konzilsvorsitzenden in Nicae 325 an die Christen von Nikomedien: ... τῆς οἰκουμένης ἀνανέωσις (Athan. de decr. 41, 7). Vgl. auch im Brief des Jahres 330 an numidische Bischöfe (Opt. App. X=Soden Nr. 36, 5ff.) den Eingangssatz: *cum summi dei .... hanc voluntatem esse constet, ut omne humanum genus in commune consentiat et quodam societatis affectu quasi mutuis amplexibus glutinetur* (etc.).
392. Dazu s.o. 96ff.
393. Vgl. zu möglichen Gründen *Dörries,* Konstantinische Wende und Glaubensfreiheit: Konstantin und die Häretiker (wie Anm. 225), 112ff.
394. Amm. Marcell. XV 13, 2: Strategius ›Musonianus‹ als zweisprachiger Dolmetscher und im Dienste Konstantins Erkunder der *superstitionum sectae* (wie der Manichäer und anderer).
395. Die sich ihrerseits selbstverständlich als die ›wahren‹, die ›katholischen‹ Christen betrachteten und ihren Gegnern den Christennamen bzw. die Bezeichnung ›katholisch‹ absprachen. So z.B. die der diokletianischen Zeit (304) entstammenden donatistischen ›Akten der Märtyrer von Abitina‹ 2=*J.-L. Maier,* Le dossier du donatisme I, Berlin 1987, Nr. 4, 15ff.: die *sancta communio* der *ecclesia catholica* (=der ›donatistischen‹ Christen) im Gegensatz zur *communio profana* (=der ›antidonatistischen‹ Christen); auch ebd. 19, 823ff.; ebd. 23, 1064ff. – Ein donatistischer *libellus* (312) gegen den ›Katholiken‹ Caecilianus von Karthago, gerichtet an den Prokonsul Anullinus bzw. an Kaiser Konstantin, ist ein *libellus ecclesiae catholicae criminum Caeciliani*:

bige[395] brauchen hier nicht dargestellt zu werden[396]. Ich will nur auf einige charakteristische Merkmale aufmerksam machen, um die Eigenart seiner Ketzerpolitik deutlich werden zu lassen.

Ketzerei und Schisma als ›Wahnsinn‹ etc. und die ›Reichssynode‹ als Kampfinstrument
Verbal hat der Kaiser das ganze schier unerschöpfliche Arsenal der Invektive gegen die ›christlichen Andersglaubenden‹ aufgeboten. Wer, wie die Donatisten und die Arianer, die gottgewollte und politisch notwendige Einheit stört oder verhindert, steht mit dem Teufel im Bunde, hat den Teufel zum Vater, ist vom Teufel besessen (*a diabolo possessi*), handelt *instinctu diaboli*[397]. Solche Menschen sind wahnsinnig, krank, verrückt, gottlos, vertiert, Frevler gegen die (wahre) Religion[398]

Aug. ep. 88, 2=Soden Nr. 10, 16f. – In einem Aktenstück vom 19. August 314 stellt sich ein Maximus als Anwalt der »Donatisten« folgendermaßen vor: *loquor nomine seniorum christiani populi catholicae legis.* – Konstantin hat ca. 316/17 offensichtlich versucht, die Bezeichnung ›katholisch‹ für die antidonatistische Seite zu monopolisieren: sermo de passione sancti Donati episcopi Abiocalensis 3 (vgl. auch 5 und 10)=Maier Nr. 28, 102ff., 108ff. In den donatistischen Märtyrerakten von 317 bezeichnen die Donatisten ihre Gegner daher nur mit Sarkasmus als ›katholisch‹: sermo de passione (etc.) 12=Maier Nr. 28, 319ff. – Im Jahre 380, durch das Glaubensedikt des Theodosius I., wird den zu Ketzern Deklarierten der Name ›katholische Christen‹, ihren Gemeinschaften der Name ›ecclesia‹ verboten: CTh XVI 1, 2. Daß sie sich danach weiterhin wenigstens noch ›Christen‹ nennen durften, ist in höchstem Maße fraglich.

396. *Dörries,* Konstantinische Wende und Glaubensfreiheit: Konstantin und die Häretiker (wie Anm. 225), 80 – 117; *Kraft,* Entwicklung (wie Anm. 17), 46ff., 123ff., 230ff.; *Noethlichs,* Maßnahmen (wie Anm. 293), 6ff.; *Lorenz* I (wie Anm. 13), 9f. (Donatisten); *ders.* II (wie Anm. 13), 112ff., 126ff., 129 – 144 (Arianer und andere); *L. de Giovanni,* Il libro XVI del Codice Teodosiano, Napoli ³1991, 39ff.

397. So z.B. in Opt. Append V=Soden Nr. 18, 18 und 44; Opt. Append. X=Soden Nr. 36, 9 – 41 (*instinctu diaboli* u.ä.); ferner (über Arius) z.B. Synodalbrief des Kaisers 325 an die Alexandriner: Athan. de decr. 38, 2. 5; Brief 325 an Arius und Genossen: Athan. de decr. 40, 1. 4 Teufel als »Vater« des Arius). 12. 16. 35. – Umgekehrt hat aus Sicht der Donatisten der karthagische Bischof Caecilianus, den sie exkommuniziert hatten, den Teufel, den alten Drachen, den Bekämpfer des Christentums als Ratgeber (*diabolo consiliatore; inveteratus draco; Christiani nominis impugnator*: sermo de passione (etc.) 2=Maier Nr. 28, 50ff.).

398. So bereits 312/313: ›Wahnsinn‹, ›Raserei‹ etc. im 1. Brief Konstantins an Caecilianus – Eus. X 6, 4f.=Soden Nr. 8, 21 – 30 (›Donatisten‹ als bösartige verkehrte Geister, Wahnsinnige etc.). Von da an durchgängig, z.B. 314: Opt. Append. V=Soden Nr. 18 (an das Konzil von Arles) passim; ebenso 316: Opt. Append. VII – Soden Nr. 23 (an Celsus), bes. 29ff.: *alienum a veritate et incongruum; contra fas et religionem ipsam; rei violentes conpetentis venerationis; insania; obstinatio temeraria*; 326 das Ketzeredikt Eus. VC III 64, 1 und 4: Wahnsinn, Gift, Krankheit, Tod; sehr aufschlußreich auch Opt. Append. X=Soden Nr. 36 von 330 die Epitheta in 15 – 18: der Ketzer bzw. Schismatiker als *insanus, perfidus, inrelegiosus, profanus, deo contrarius, ecclesiae sanctae inimicus, – a deo sancto, vero, iusto, summo atque omnium domino recedens*; ähnlich ebd. 51ff. – Arius als ›halbes Tier‹: Brief Konstantins 325 an Arius und Genossen, Athan. de decr. 40, 32.

etc. Um mit ihnen fertig zu werden, verläßliche Kriterien für ›richtig‹ und ›falsch‹ aufzustellen und auf ihrer Basis die Einheit der Christenheit herbeizuführen, hat Konstantin die ›kaiserliche Synodalgewalt‹ eingesetzt, die zur ›Reichssynode‹, dem Bischofsgericht als Kaisergericht, als der kirchenpolitisch wohl wichtigsten Neuerung dieser Zeit führte (z.B. Rom 313, Arles 314, Nicaea 325)[399]. Hier war Konstantin in Fragen des Glaubens, des Kultus und der Disziplin der oberste *iudex*, die synodal vereinten Bischöfe seine *consiliarii*, und die von ihm persönlich geleitete Reichssynode (Nicaea 325) erkämpfte triumphal den Sieg über den Teufel[400].

›Werbung‹ um Abkehr vom ›Wahnsinn‹
Konstantin hat mit beträchtlicher Geduld in einer Art Re-Christianisierungspolitik zunächst alles daran gesetzt, schismatische bzw. häretische Bewegungen vor und nach Reichskonzilien auf gütlichem Wege für die Einigung mit der Mehrheitskirche zu gewinnen. Davon zeugen zahlreiche erhaltene Briefe: u.a. einige zum Donatistenstreit[401], der große Brief von 324 an Alexander und Arius[402], der Brief 325/26 an Arius und seine Anhänger[403], sogar auch das sogen. Ketzeredikt von 325/326, obwohl es insgesamt in rüdem Ton gehalten war[404]. Ein besonders eindrucksvolles Beispiel ist der hier schon häufiger zitierte Brief an den *vicarius* Celsus (316), in welchem es um die durch Reichskonzilien (Rom 313, Arles 314) und staatlich-gerichtliche Untersuchungen (315 in Mailand und in Karthago) theologisch und disziplinarrechtlich abgewiesenen Donatisten geht. Von ihnen heißt es in dem Brief, sie seien *a veritate dei digressi*, hätten sich einem *error pravissimus* hingegeben, führten *res nefariae* im Schilde, seien des Deliktes der *seditio* und

---

399. *K.M. Girardet,* Kaisergericht und Bischofsgericht, Bonn 1975. – *Martin,* Spätantike (wie Anm. 2), 515ff., 129f., 157f., 216ff.
400. *H.J. Sieben,* Die Konzilsidee der Alten Kirche, Paderborn 1979, 424ff., 428ff. – Zum Konzilsvorsitz siehe Girardet, oben Teil V 2, A. 305. – Vgl. *Barnes,* Athanasius (wie Anm. 380), 16ff.
401. Aufruf zur Einheit Ende 312/Anfang 313: Aug. ep. 88, 2 (Bericht des Anullinus an Konstantin mit Bezug auf einen kaiserlichen ›Unionsbrief‹ an die zerstrittenen Christen in Karthago)=Soden Nr. 10, 4 – 8; Freiwilligkeit (αὐθαίρετος συγκατάθεσις) und gütliche Einigung: Eus. HE X 5, 22 und 24=Soden Nr. 15, 27f., 38ff.; *patientia*: Opt. Append. V=Soden Nr. 18, 56 – 58; Hoffnung auf Einsicht in Aug. ep. 88, 4=Soden Nr. 20, 22ff.; *dissimulatio*: Opt. Append. VII=Soden Nr. 23, 14ff.; Einsatz von *omnia humanitatis et moderationis officia*: Opt. Append. IX=Soden Nr. 31, 3ff.; *cohortatio*: Opt. Append. X=Soden Nr. 36, 88f.; Hoffnung auf ›Umkehr‹ der *haeretici vel schismatici*: ebd. 82 – 86.
402. Eus. VC II 64ff., bes. 68, 2f.; 70, 6 und 8; 72, 1ff.
403. Aufruf zur Versöhnung: Athan. de decr. 40, 42.
404. Das Edikt: Eus. VC II 64f. Darin Werbung um Einheit: Eus. VC II 65, 2. – Über das Edikt *Dörries,* Selbstzeugnis (wie Anm. 17), 82ff.; *ders.,* Konstantinische Wende und Glaubensfreihheit: Konstantin und die Häretiker (wie Anm. 225), 103ff.; *Kraft,* Entwicklung (wie Anm. 17), 126ff.; zuletzt *O. Norderval,* Kaiser Konstantins Edikt gegen die Häretiker und Schismatiker (Vita Constantini III, 64 – 65), in: SO 70 (1995), 95 -115 (ohne weiterführende Erkenntnisse).

des *tumultus* schuldig⁴⁰⁵. Angesichts dessen kündigt Konstantin sein persönliches Erscheinen in Karthago an (das aber nicht stattgefunden hat), um dort allen zerstrittenen Christen zu demonstrieren, *quae et qualis summae divinitati sit adhibenda veneratio et cuiusmodi cultus delectare videatur*⁴⁰⁶ Doch dann folgt die Drohung mit Gewalt: wer sich auch jetzt nicht belehren lassen will, wer weiterhin Unruhe stiftet und dadurch vor allem den einzig ›richtigen‹ Kultus behindert, dem wird der Kaiser *merita exitia* bereiten: »solche Personen, die Dinge dieser Art (Aufruhr etc.) entfachen und dafür sorgen, daß Gott dem Allerhöchsten nicht die ihm gebührende Verehrung zuteil wird, werde ich zerschmettern und vertilgen« (*easdem personas, quae res istius modi concitant faciuntque, ut non cum ea, qua oportet, veneratione summus deus colatur, perdam atque discutiam*)⁴⁰⁷.

Repressionsmaßnahmen
Die eben zitierten Ankündigungen (*exitia parare, perdere, discutere*) waren keine leeren Drohungen. Im Fall der Donatisten erging offenbar 316/317 ein (im Wortlaut nicht erhaltenes) Uniondekret des Kaisers, in welchem u.a. auch bestimmt worden zu sein scheint, daß die Einheitsverweigerer (die sich natürlich als die ›Katholischen‹ betrachteten) künftig nicht mehr ›katholisch‹ genannt werden durften, sondern nur noch als ›*haeretici*‹ zu bezeichnen waren⁴⁰⁸. Gegen die Donatisten und die Arianer, die sich widerspenstig zeigten, wurde ebenso wie gegen andere Ketzer bzw. Schismatiker das geradezu klassische Repertoire an staatlichen Repressionsmitteln eingesetzt, das vor noch nicht gar so langer Zeit durch heidnische Kaiser gegen die Christen aufgeboten worden war⁴⁰⁹: Exilierung der führenden Personen, Versammlungsverbot, Enteignung⁴¹⁰. Hinzu kam der Entzug von Privilegien (Immunität), die nur den ›rechtmäßigen‹=›katholischen‹ Dienern des Christengottes zugesprochen worden waren⁴¹¹. Im Fall der Donatisten in Nordafri-

405. Opt. Append. VII=Soden Nr. 23, 3ff.
406. Ebd. 20ff.; ähnlich 35ff.
407. Ebd. 25ff. und 33.
408. S.o. 56 u. 72. – Sermo de passione (etc.) 3 (vgl. auch 5 und 10)=Maier Nr. 28, 102ff., 108ff.
409. *Noethlichs,* Maßnahmen (wie Anm. 293), 9f., 19.
410. Exil für Donatisten (Kleriker), Internierung in Trier 314: Opt. Append. V=Soden Nr. 18, 62ff.; Rückkehr 315/16 aus Trier nach Nordafrika: Opt. Append. VIII=Soden Nr. 22; Aug. ad Donat. p.c. 31, 54 und 33, 56=Soden Nr. 30: Freilassungen aus dem Exil 321. – Exil für Arianer und andere: Drohung mit Exil in Nicaea 325 bei Philostorg. I 9 a (mag. offic. Philoumenos); Exilierungen im Anschluß an Nicaea 325: *Lorenz* II (wie Anm. 13), 133, 136f. (Arius, Eusebius von Nikomedien, Theognis von Nicaea, Maris von Chalkedon, Eustathius von Antiochien); Markell v. Ankyra 336: *Lorenz* II (wie Anm. 13), 144. – Enteignungen: z.B. donatistische Kirchen an den Fiskus nach Aug. ep. 88, 8=Soden Nr. 26 (ca. 316). – Versammlungsverbot: z.B. im Häretikergesetz Eus. VC III 64f. von 326.
411. So wohl schon gegenüber den Donatisten, die sich nicht mehr ›katholisch‹ nennen durften und denen dann folglich auch nicht mehr die den ›katholischen Klerikern‹ zugesprochenen Privilegien (vgl. etwa Konstantins Briefe Eus. HE X 6, 1 – 5=Soden Nr. 8; Eus. HE X 7, 2=So-

ka sah sich Konstantin sogar genötigt, wegen *seditio* und *tumultus* – also nicht wegen ihrer Ketzerei an sich, sondern wegen andauernder Störung der öffentlichen Ordnung und des ›richtigen‹ Kultus durch (gewalttätige) Demonstrationen oder Widersetzlichkeit gegenüber den kaiserlichen Anordnungen bezüglich der Privilegien, Übergabe der Kirchen etc. – die Armee einzusetzen[412], mit der vorhersehbaren Folge donatistischer Todesopfer, die von ihren Anhängern natürlich als Märtyrer aufgefaßt wurden[413]. Und auch auf kirchlicher Seite griff jetzt der Gedanke Platz, daß ein Schisma mit den unvermeidlichen Begleitumständen (Aufruhr, Behinderung des Kultus) ein staatlich-kriminalrechtlicher Straftatbestand sei: tatsächlich hat schon im Jahre 328 ein Konzil in Antiochien durch einen Kanon die Einschaltung der Staatsgewalt auf kirchliche Initiative hin – mit der implizierten Möglichkeit von staatlichen Todesurteilen für *tumultus* und *seditio* – vorgesehen und hat damit ›das Schwert‹ in den Dienst der Kirche genommen[414].

Glaubenszwang

In Konstantins Anordnungen zur Bekämpfung von Schisma und Häresie finden sich, wie schon ein Teil der dargestellten Repressionsmaßnahmen erkennen läßt, erste Ansätze zu einer Politik des gegen ›Abweichler‹ gerichteten Glaubenszwangs bzw. des Zwangs zur Einheit mit denjenigen Christen, die als die ›katholischen‹ galten: die Strafandrohung soll zum Abgehen von ›falschem‹ und zur Annahme des ›richtigen‹ christlichen Glaubens und der ›richtigen‹ christlichen Bräuche und Kultformen nötigen, soll sozusagen die ›Re-Christianisierung‹ fördern. In einigen Dokumenten wird dieser Zusammenhang unumwunden ausgesprochen. Der Brief des Kaisers ›*an Arius und seine Anhänger*‹ (wohl von 325/26), geschrieben nach dem Konzil von Nicaea, spart nicht mit einerseits scharf ablehnenden und war-

den Nr. 9, 15ff.) zustanden. Vgl. dazu die Inspektionsreise der Bischöfe Eunomius und Olympius 316 nach Karthago mit dem Auftrag, die ›Katholizität‹ zu überprüfen: Opt. I 26=Soden Nr. 24; ferner die Angaben in der Märtyrerakte von 317: sermo de passione (etc.) 3=Maier Nr. 28, 102ff. – Als Grundsatz formuliert in CTh XVI 5, 1 (326): *privilegia, quae contemplatione religionis indulta sunt, catholicae tantum legis observatoribus prodesse oportet* (etc.). – Auferiegung der *munera* als Drohung an die Parteigänger des Arius 325: Athan. de decr. 40, 41.

412. Donatisten als Unruhestifter: *seditio, altercatio* (314): Opt. Append. III=Soden Nr. 14, 59ff.; *turbulenti* (315): Opt. Append. VI=Soden Nr. 21, 7; *obstinatus animus/nimia obstinatio* (315): 21, 8, 11f.; *seditio, tumultus* (316): Opt. Append. VII=Soden Nr. 23, 5ff.; notwendige *coercitio*: ebd. Nr. 23, 14; *obstinatio temeraria*: ebd. 23, 32f.; *seditiosa pars Donati* (ca. 316): Opt. I 26=Soden Nr. 24, 4ff. – Das Unionsdekret von 316/317 hatte Tumulte und Einsatz von Militär mit zahlreichen Toten und Verletzten zur Folge: sermo de passione (etc.) 3 – 11=Maier Nr. 28, 115ff.; vgl. die unter Soden Nr. 27 genannten Texte.
413. Siehe z.B. den gesamten Text des sermo de passione (etc.)=Maier Nr. 28. – Konstantin hatte 316 die Donatisten davor gewarnt, für sich die Glorie des Märtyrertums in Anspruch zu nehmen: Opt. Append. VII=Soden Nr. 23, 27ff.
414. Kanon V von Antiochien 328 (früher auf 341 datiert). – *K.M. Girardet,* Trier 385 – Der Prozeß gegen die Priszillianer, in: Chiron 4 (1974), 606f.

nenden, andererseits werbenden Worten[415]. Die staatliche Macht, so Konstantin, wird gezielt eingesetzt zur ›Auslöschung des Feuerbrandes der (vom Teufel und seinen Dienern entfachten) Ketzerei‹[416]. Als Strafmaßnahmen für arianische Kleriker droht er hier die zehnfache Kopfsteuer sowie den Entzug der dem christlichen (›katholischen‹) Klerus zugesprochenen Immunität an, mit dem erklärten Ziel, diese Kleriker von der Ketzerei abzubringen und ihre Rückkehr zur »rettungbringenden Kirche«, zum »Frieden der Liebe« durch den »Heiltrank der Eintracht« und zum »unzerstörbaren Glauben« in die Wege zu leiten[417]. Im sog. Häretikergesetz, das wohl aus dem Jahre 326 stammt, heißt es, die Wurzeln der ketzerischen Verderbtheit müßten »durch staatliche Ahndung« (διὰ δημοσίας ἐπιστρεφείας) ausgerissen werden[418]. Dies erfolgt in der Weise, daß ein Versammlungsverbot verhängt wird, das sich auch auf Privathäuser erstreckt; daß die »Versammlungshäuser«, also Kirchen, beschlagnahmt und den ›Katholiken‹ übergeben werden, der sonstige Gemeindebesitz an den Fiskus fällt; daß die ketzerische Lehre – der »Aberglaube« (δεισιδαιμονία) – radikal verboten wird[419] Das ist eingestandenermaßen Anwendung von staatlicher Zwangsgewalt, die aber aus der Sicht Konstantins nicht Selbstzweck, sondern das ›Mittel zum Zweck‹, zum Zweck einer ›Therapie‹ in Gestalt der Rückführung zum rechten Glauben sein soll[420]. Für einen bestimmten Extremfall aber drohte der Kaiser sogar die Todesstrafe an. In einem Edikt gegen Arius, wohl vom Jahre 333, wurde festgelegt, daß die Arianer künftig nach dem Namen des großen Christengegners Porphyrios, dessen Schriften inzwischen verbrannt worden waren[421], ›Porphyrianer‹ heißen sollten und daß die Schriften des Arius daher den Feuer zu übergeben seien; auf den Besitz dieser Bücher nach Erlaß des Gesetzes stand die augenblicklich zu vollziehende Todesstrafe[422]. – Ge-

---

415. Athan. de decr. 40, 1ff.: Arius ein Abbild der Satans etc.; 40, 22f.: Warnung vor *communio* mit Arius; 40, 24ff. und 42: theologisch-argumentativer Versuch Konstantins, Arius von seiner Ketzerei abzubringen und zu überzeugen. – Der Brief scheint also zeitlich vor und nicht, wie manche meinen (z.B. *Dörries*, Selbstzeugnis (wie Anm. 17), 103ff.; *Barnes*, Athanasius (wie Anm. 380), 21 mit 247f. A. 5), nach der Rehabilitierung des Arius 327/28 geschrieben zu sein.
416. Ebd. 40, 40: αὐτίκα σου τὰς φλόγας ὁ τῆς δυνάμεως ὡς εἰπεῖν ὄμβρος ἀποσβέσει.
417. Ebd. 40, 39 und 40, 41.
418. Eus. VC III 64, 4.
419. Ebd. 65 passim.
420. Ebd. 65, 3: ὑπὲρ δὲ τοῦ τῆς θεραπείας ταύτης καὶ ἀναγκαίαν γενέσθαι τὴν ἰσχὺν προσετάξαμεν, etc. Die Rückführung in 65, 2. – Vgl. dazu *Dörries*, Konstantinische Wende und Glaubensfreiheit: Konstantin und die Häretiker (wie Anm. 225), 103ff.; *Kraft*, Entwicklung (wie Anm. 17), 126ff. (Ketzergesetz). – Über den zweifelhaften Erfolg einer solchen Politik berichtet Eusebius in VC III 66.
421. Zu Porphyrios: *Barnes*, CE (wie Anm. 17), 211 mit 377 A. 14. – *W. Speyer*, Bücherverbrennung und Zensur des Geistes bei Heiden, Juden und Christen, Stuttgart 1981, 134f.
422. Athan. de decr. 39; Rückbezug darauf in CTh XVI 5, 66 pr. (a. 435). – Vgl. *Dörries*, Selbstzeugnis (wie Anm. 17), 112f.; *ders.*, Konstantinische Wende und Glaubensfreiheit: Konstantin und die Häretiker (wie Anm. 225), 110f.; *Noethlichs*, Maßnahmen (wie Anm. 293), 16.

wiß, das Gesetz sollte ›nur‹ abschrecken[423]; von einer Anwendung, also dem Vollzug der Todesstrafe, hört man in den Quellen nichts, und Arius selbst wurde, in Gnaden vom Kaiser persönlich der ›rechtgläubigen‹ Christenheit wieder eingegliedert (s.u.). Aber der Gedanke war nun in der Welt, daß man auch aus christlicher Motivation die Schriften Andersgläubiger verbrennen[424] und ihren Besitz mit dem Tode bestrafen könne bzw. sogar müsse. Von hier aus ist dann der Weg zu der Ansicht nicht mehr allzu weit, daß Ketzerei an sich ein durch staatliche Gerichte oder den Kaiser selbst zu ahndender Straftatbestand sei. Unter Konstantin scheint kein Fall dieser Art vorgekommen zu sein. Aber noch (oder schon) im 4. Jahrhundert, in den Jahren 384/85, findet, gegen den spanischen Bischof Priszillian und seine Anhänger, in Trier der erste Ketzerprozeß der Geschichte statt, in welchem Ketzerei und Hexerei (›Manichäismus‹ und *maleficium*) die Grundlage für die von bischöflichen Kollegen erwirkten Todesurteile bildet[425].

Duldung und Integration
Im Fall des Donatistenstreites ist Konstantin mit seiner Politik des Wechselspiels von Integrationsversuchen und Repression gescheitert. Eine nicht geringe Rolle spielte dabei gewiß die Tatsache, daß im römischen Nordafrika allen staatlichen Maßnahmen zum Trotz die ›Katholiken‹ nur eine verschwindend kleine Minderheit darstellten[426] und die wohl durchweg heidnischen Statthalter, *vicarii* sowie lokalen Magistrate sich in der Bekämpfung des Donatismus nicht allzu eifrig erzeigten[427]. Auch die zunehmenden Spannungen zwischen Konstantin und Licinius seit 320 mögen ihren Teil dazu beigetragen haben, daß der Kaiser schließlich 321 alle Versuche aufgab, des Problems Herr zu werden. Das war aber keineswegs eine Wendung zu religionspolitischer Toleranz und dem Prinzip der Glaubensfreiheit. Es war ein resigniertes Gewährenlassen, aus der Einsicht heraus, daß sich der ›fundamentalistische‹ Wille der Donatisten durch den Einsatz staatlicher Gewalt nicht brechen ließ. Die exilierten Donatisten durften in die Heimat zurückkehren,

---

423. *Dörries* (wie Anm. 225), 111: »Schreckgesetz«. – Das Gesetz war ergangen, nachdem Arius, vom Kaiser ca. 327 rehabilitiert, aber in Alexandrien nicht akzeptiert, mit einem Schisma gedroht hatte: vgl. *Lorenz* II (wie Anm. 13), 142f.
424. Bücherverbrennung unter Diokletian gegen christliche Schriften: Lact. mort. pers. 12, 2. – *Speyer,* Bücherverbrennung (wie Anm. 421), 76ff., 127ff., 142ff., 149f.
425. *Girardet,* Trier 385 (wie Anm. 414), 577 – 608; *ders.,* Kaiser, Ketzer und das Recht von Staat und Kirche im spätantiken Trier, in: Kurtrierisches Jahrbuch 1984, 35 – 52. – Die ersten Opfer von Hexenwahn sind also Männer gewesen.
426. Siehe z.B. Opt. I 20: .... *praeter paucos catholicos peccaverant universi.*
427. Sonst wäre z.B. der Fall kaum denkbar gewesen, daß die Donatisten den ›Katholiken‹ ungehindert Kirchengebäude wegnehmen konnten. – Sogar im römischen Nordafrika, das als besonders stark christianisiert gilt, waren die munizipalen Magistrate noch bis ins 5. Jh. hinein zumeist heidnisch: *C. Lepelley,* Les cités de l'Afrique romaine au Bas-Empire Bd. I., Paris 1979, z.B. 343ff., 352ff., 371ff.

ihre Bestrafung für Schisma und Ketzerei erwartete Konstantin, mit starken Worten in einem zu christlicher Geduld mahnenden Schreiben an die ›Katholiken‹ in Nordafrika, von der *caelestis medicina*, von der *vindicta*, die allein Gott anheim gestellt sei und die in jedem Falle schrecklicher ausfallen werde als alle irdischen Strafen[428]. Nicht zu Unrecht hat Augustinus diese Art der Duldung eine *ignominiosissima indulgentia* genannt[429] – Im Fall des Arius und seiner Anhängerschaft hingegen ist Konstantin erfolgreicher gewesen. Doch auch hier kann von Duldsamkeit oder gar Toleranz nicht im entferntesten die Rede sein. Das Bekenntnis von Nicaea[430] war die – interpretationsfähige – Norm der Orthodoxie, und Konstantin hatte sich 325 auf den Grundsatz festgelegt, »daß niemand, der sich dem Einigungswerk ... unterwirft, von der Kirche ausgeschlossen bleiben soll«[431]. Seit 327/28 gehörten Arius und andere mit ihm und nach ihm als Arianer Exkommunizierte und Exilierte, nachdem der Kaiser persönlich ihre Orthodoxie überprüft und sie konziliar rehabilitiert hatte, formell wieder zur Gemeinschaft der Christen[432]. Nur die völlige Integration des Arius, die 335 auf dem von Konstantin nach Jerusalem zur Einweihung der von ihm erbauten Grabeskirche einberufenen Konzil ihren Abschluß finden sollte, gelang nicht, da Athanasius als neuer Bischof von Alexandrien (seit 328) sich ihr hartnäckig widersetzte. Auch im Fall der schismatischen Kirche der Melitianer, für deren Integration 325 das Reichskonzil von Nicaea die Modalitäten festgelegt hatte[433], erwies sich Athanasius als das schwierigste Hindernis[434]; er wurde von Konstantin schließlich 335, nachdem ihn das Konzil von Tyros abgesetzt hatte, als Störenfried nach Trier verbannt[435].

---

428. Opt. Append. IX=Soden Nr. 31. Ähnlich 330 in einem Brief an ›katholische‹ Bischöfe in Numidien, nachdem die Donatisten den ›Katholiken‹ eine vom Kaiser gestiftete Basilica abgenommen hatten: Opt. Append. X=Soden Nr. 36; hier u.a. Lob für die *patientia* der Bischöfe (41ff., 63f.), Vertrauen auf die *vindicta* seitens Gottes (44ff.), Stiftung einer neuen Basilica (66ff.). – *Dörries*, Konstantinische Wende und Glaubensfreiheit: Konstantin und die Häretiker (wie Anm. 225), 96ff.
429. Aug. ad Donat. p.c. 31, 54 (und 33, 56)=Soden Nr. 30, 4. – *Dörries* (wie Anm. 225), 92ff.
430. Darüber zuletzt *R. Staats*, Das Glaubensbekenntnis von Nizäa-Konstantinopel. Historische und Theologische Grundlagen, Darmstadt 1996.
431. *Lorenz* II (wie Anm. 13), 138.
432. *Dörries* (wie Anm. 225), 109f., 111f.; *O. Nordervaĺ*, The Emperor Constantine and Arius: Unity in the Church and Unity in the Empire, in: STh 42 (1988), 113 – 150. – Dies und das Folgende nach *Lorenz* II 138f., 142f.; *Barnes*, Athanasius (wie Anm. 380), 17f.
433. *Lorenz* II (wie Anm. 13), 133; das weitere ebd. 140 – 144.
434. *Barnes*, Athanasius (wie Anm. 380), 20ff.; *A. Martin*, Athanase 341ff.
435. *Girardet*, Kaisergericht und Bischofsgericht (wie Anm. 399), 66ff.; *H.A. Drake*, Athanasius' First Exile, in: GRBS 27 (1986), 193 – 204; *Martin*, Athanase (wie Anm. 380), 357ff., 387ff.

2. Bischof und Klerus als städtische Institutionen

Verschiedene allgemein bekannte, mit der ›Wende‹ möglicherweise mittelbar oder unmittelbar in Zusammenhang stehende Bereiche der Politik Konstantins bleiben im Folgenden außer Betracht. Dazu gehört die offenbar betont christliche Gründung der neuen Kaiserresidenz Konstantinopel (324/330), einer Stadt, die – als zweites oder neues Rom – anfangs wohl noch nicht als neue ›Reichshauptstadt‹ und nicht als eine Art antiheidnisches Gegenrom gedacht war[436], sondern als eine Residenz neben anderen (wie etwa Serdika, Nikomedien, Antiochien). Sodann gehe ich nicht eigens auf die einst umstrittene Problematik christlicher Einflüsse auf die staatliche Gesetzgebung[437] – wie z.B. im Familienrecht[438] – ein. Nicht besprochen werden ferner die Stiftungen[439] und die bereits Ende 312 (Lateran) einsetzende Kirchenbaupo-

---

436. *H. Chantraine,* Konstantinopel – vom Zweiten Rom zum Neuen Rom, in: GWU 43 (1992), 3 – 15. – Vgl. demgegenüber jedoch *E. Follieri,* La fondazione di Costantinopoli: riti pagani e cristiani, in: Roma, Costantinopli, Mosca. Da Roma alla terza Roma, Napoli 1983, 217 – 231; *R. Krautheimer,* Three Christian Capitals. Topography and Politics. Rome – Constantinople – Milan, Berkeley 1983, 41ff.; *G. Schmalzbauer,* Art.: Konstantinopel, in: TRE 19 (1990), 503 – 518; *Grünewald* (wie Anm. 11), 139ff.; *Lorenz* II (wie Anm. 13), 123f. (»keine von christlichen Motiven bestimmte Gründung«), 149; *E. La Rocca,* La fondazione di Costantinopoli, in: *G. Bonamente/F. Fusco* (Hg.), Costantino il Grande, Bd. II, Macerata 1993, 553 – 583; *Bonamente,* »Svolta« (wie Anm. 23), 102ff.; *P. Speck, Urbs, quam Deo donavimus.* Konstantins des Großen Konzept für Konstantinopel, in: Boreas 18 (1995), 143 – 174; *Bleckmann,* Konstantin der Große (wie Anm. 17), 109 – 119.
437. Die wohl doch nur minimal waren: *J. Vogt,* Zur Frage des christlichen Einflusses auf die Gesetzgebung Konstantins des Großen, in: FS L. Wenger, Bd. II, München 1944, 118ff.; *Dörries,* Selbstzeugnis (wie Anm. 17), 162ff. (die Gesetze), 265ff. (Konstantin als Gesetzgeber); *Lorenz* I (wie Anm. 13), 11f., 13f.; *ders.,* II (wie Anm. 13), 118f., 120 – 123, 125f., 146 – 149. – *C. Lepelley,* Les limites de la christianisation de l'état romain sous Constantin et ses successeurs, in: *M. Carrez* u.a. (Hg.), Christianisme et pouvoirs politiques. Essai d'histoire religieuse, Lille 1972, 25 – 41; *G. Crifò,* Romanizzazione e cristianizzazione. Certezze e dubbi in tema di rapporto tra cristiani e istituzioni, in: *G. Bonamente/A. Nestori* (Hg.), I Cristiani e l'Impero nel IV secolo, Macerata 1988, 75 – 106. – Vgl. zur Brutalität des (wohl nicht durch christlichen Einfluß bewirkten) Strafens in den konstantinischen Gesetzen *MacMullen,* Christianizing (wie Anm. 1), 50; *Liebs,* Unverhohlene Brutalität (wie Anm. 297), passim; *B. Raspels,* Der Einfluß des Christentums auf die Gesetze zum Gefängniswesen und zum Strafvollzug von Konstantin d. Gr. bis Justinian, in: ZKG 102 (1991), 289 – 306; *D. Hunt,* Christianizing the Roman Empire: the evidence of the Code, in: *J. Harries/I. Wood* (Hg.), The Theodosian Code, London 1993, 143 – 158. – Abschaffung der Kreuzigungsstrafe: *Elliott,* Explanation (wie Anm. 27), 226f.; *E. Dinkler-v. Schubert, Nomen ipsum crucis absit* (Cicero, Pro Rabirio 5, 16). Zur Abschaffung der Kreuzigungsstrafe in der Spätantike, in: Gymnasium 102 (1995), 225 – 241.
438. *J. Evans Grubb,* Constantine and Imperial Legislation on the Family, in: *J. Harries/I. Wood* (Hg.), The Theodosian Code, London 1993, 120ff.
439. Siehe z.B. Eus. VC IV 28. 36. – *L. Voelkl,* Die Kirchenstiftungen des Kaisers Konstantin im Lichte des Sakralrechts, Köln/Opladen 1964.

litik des Kaisers⁴⁴⁰, die den Gedanken der ›Heiligkeit des Ortes‹ im Christentum heimisch machte, den charakteristischerweise ›Basilika‹ genannten, vom ›Basileus‹ Konstantin selbst initiierten Bautyp als einen Sakralbau in die Geschichte des Kirchenbaus einführte⁴⁴¹ und die so im Stadtbild einen markanten, den Rang des Bischofs als des gleichsam amtlichen Dieners der neuen Gottheit Konstantins hervorhebenden Akzent setzte. Schließlich übergehe ich auch das Thema der schrittweisen ›Entpaganisierung‹ von Kaiseramt und Kaiserkult⁴⁴², und ausgeklammert

440. Siehe z.B. Eus. VC I 42, II 44 und 46, III 30ff. 52f. – Zuletzt *R. Klein,* Das Kirchenbauverständnis Constantins d. Gr. in Rom und in den östlichen Provinzen, in: *Ch. Börker/M. Donderer* (Hg.), Das antike Rom und der Osten (FS K. Parlasca), Erlangen 1990, 77 – 101; *Brandenburg,* Konstantinische Kirchen (wie Anm. 142), passim; *Leeb* (wie Anm. 11), 71 – 92; *R. Krautheimer,* The ecclesiastical building policy of Constantine, in: *G. Bonamente/F. Fusco* (Hg.), Costantino il Grande, Bd. II, Macerata 1993, 509 – 552. Besonders zur Kaiserrresidenz Trier die schöne Darstellung von *H. Heinen,* Frühchristliches Trier. Von den Anfängen bis zur Völkerwanderung, Trier 1996, 98ff. – Lateran bereits seit Ende 312: *Pietri,* Roma Christiana I (wie Anm. 142), 4ff.; *P. Barceló,* Trajan, Maxentius und Constantin. Ein Beitrag zur Deutung des Jahres 312, in: Boreas 14/15 (1991/92) 145 – 156 (Mit Taf. 10 und 11); *Brandenburg,* Konstantinische Kirchen (wie Anm. 142), 35 (ff.).

441. Heiligkeit des Ortes: *Dörries,* Selbstzeugnis (wie Anm. 17), 334. – *C. Andresen,* Einführung in die christliche Archäologie. Die Kirche in ihrer Geschichte I B 1, Göttingen 1971, 23ff., bes. 27f. (Basilika); *V. Saxer,* Domus ecclesiae: οἶκος τῆς ἐκκλησίας in den frühchristlichen literarischen Texten, in: RQA 83 (1988), 167-179; *Klein,* Kirchenbauverständnis (wie Anm. 440), 79f.; *Brandenburg,* Konstantinische Kirchen (wie Anm. 142), 33ff.; *Leeb* (wie Anm. 11), 71 – 120. Vgl. auch die Studie von *U. Süßenbach,* Christuskult und kaiserliche Baupolitik bei Konstantin, Bonn 1977, 57ff., 83ff., 108ff.

442. *G. Bowersock,* The Imperial Cult: Perceptions and Persistence, in: *B.F. Meyer/E.P. Sanders* (Hg.), Jewish and Christian Self-Definition, Bd. 3 (Self-Definition in the Graeco-Roman World), London 1982, 171 – 182; *J.R. Fears,* RAC 14 (1988), 1047 – 1093, bes. 1084ff.; *Lorenz* II (wie Anm. 13), 146 – 148. – *K. Aland,* Der Abbau des Herrscherkults im Zeitalter Konstantins d. Gr. (1954), in: *ders.,* Kirchengeschichtliche Entwürfe, Gütersloh 1960, 240 – 256; *ders.,* Kirche und Staat (wie Anm. 11), 90 – 106. – Aufsätze von *I. Karayannopulos* (1956) und *L. Koep* (1958) in: *A. Wlosok* (Hg.), Römischer Kaiserkult, Darmstadt 1978, 485ff., 509ff.; wichtig dazu die Einleitung von *Wlosok,* bes. 49 – 52, sowie die Bibliographie 551ff.; *Ch. Pietri,* Constantin en 324. Propagande et théologie impériales d'après les documents de la *Vita Constantini,* in: *E. Frézouls* (Hg.), Crise et redressement dans les provinces européennes de l'Empire, Strasbourg 1983, 63 – 90. – Ferner zu der Inschrift von Hispellum (ILS 705), die die Errichtung eines *templum* bzw. einer *aedes Flaviae gentis,* aber ohne Opferdienst, erlaubt: *J. Gascou,* Le rescrit d'Hispellum, in: MEFRA 79 (1967), 609 – 659; *de Giovanni,* Costantino (wie Anm. 107), 130ff., 132ff.; *G. Forni, Flavia Constans Hispellum.* Il tempio ed il pontefice della gente flavia costantiniana, in: AARC IX (1993), 401 – 406. – Vgl. auch die gleichsam programmatische Studie (Untertitel) von *Leeb* (wie Anm. 11). – Christianisierte Form des Kaiserkultes in Gestalt der konstantinischen Memorialkirchen mit Mausoleum: *Brandenburg,* Konstantinische Kirchen (wie Anm. 142), passim, bes. 51ff. – Entfernung der Kaiserbilder aus den Tempeln: Eus. VC IV 16. – Kaiseropfer und Opferverbot: *R.F. Price,* Rituals and Power. The Roman imperial cult in Asia Minor, Cambridge 1984, bes. 207ff., 220ff., 227.

bleibt hier auch der Aufbau einer spezifisch christlichen Herrscherideologie bzw. -theologie[443]. In diesem abschließenden Abschnitt sollen vielmehr einige Konsequenzen dargestellt werden, die sich in der Praxis aus Konstantins politisch-religiöser Bewertung des christlichen (›katholischen‹) Klerus (s.o. Teil IV 1) im Rahmen der kaiserlichen Christianisierungspolitik ergeben haben.

a. ›Immunität‹

Bereits in den letzten Wochen des Jahres 312 oder Anfang 313, jedenfalls wohl noch vor der Konferenz von Mailand mit Licinius (wohl Januar/Februar 313), hat Konstantin eine zunächst nur in dem von ihm direkt beherrschten westlichen Reichsteil geltende, von Licinius 313 nicht übernommene, später (324) aber auf das gesamte Reich ausgedehnte Regelung bezüglich des christlichen Klerus getroffen[444], deren religionspolitische Signalwirkung in der Forschung nicht immer gebührend herausgestellt wird. Ich meine die sogenannte Immunität der Kleriker[445]. Betrachten wir die Quellen:

443. Dazu grundlegend *Straub,* Herrscherideal (wie Anm. 45), bes. 113 – 129 (Eusebius von Caesarea). – Neuere Arbeiten: *R. Farina,* L'impero e l'imperatore cristiano in Eusebio di Cesarea. La prima teologia politica del cristianesimo, Zürich 1966; *K.M. Girardet,* Das christliche Priestertum Konstantins d. Gr. Ein Aspekt der Herrscheridee des Eusebius von Caesarea, in: Chiron 10 (1980), 569 – 592; *Pietri,* Constantin (wie Anm. 442), 63 – 90; *Lorenz* II (wie Anm. 13), 146 – 148; *Winkelmann,* Euseb (wie Anm. 159), 138ff., 146ff., 156ff.; *Leeb* (wie Anm. 11), z.B. 121ff. – Konstantin vom Christengott erwählt: z.B. Eus. HE X 5, 18=Soden Nr. 12, 10ff.; Opt. Append. III=Soden Nr. 14, 70f.; Eus. VC II 28, 2 (Konstantins Proklamation von 324). Dazu die ›Hand Gottes‹ auf Münzen: *B. Overbeck,* Christliche Symbolik auf spätrömischen Münzen, in: *G. Gottlieb/P. Barceló* (Hg.), Christen und Heiden in Staat und Gesellschaft des zweiten bis vierten Jahrhunderts, 1992, 145 und 147, Nr. 24 und 25.
444. *W. Eck,* Der Einfluß der konstantinischen Wende auf die Auswahl der Bischöfe im 4. und 5. Jahrhundert, in: Chiron 8 (1978), 561 – 585; *K.L. Noethlichs,* Materialien zum Bischofsbild aus den spätantiken Rechtsquellen, in: JbAC 16 (1973), 28 – 59; *E. Herrmann,* Ecclesia in re publica. Die Entwicklung der Kirche von pseudostaatlicher zu staatlich inkorporierter Existenz, Frankfurt 1980, 290ff. – Siehe den Überblick von *F. Millar,* Empire and City, Augustus to Julian: Obligations, Excuses and Status, in: JRS 73 (1983), 76 – 96.
445. *Ehrhardt* (wie Anm. 18), passim, bes. 422ff.; *Calderone,* Costantino (wie Anm. 17), 146ff., 296ff.; *Jones,* LRE I (wie Anm. 2), 89ff.; *Cl. Dupont,* Les privilèges des clercs sous Constantin, in: RHE 62 (1967), 729 – 752; *Jerg* (wie Anm. 238), 56ff.; *K.L. Noethlichs,* Zur Einflußnahme des Staates auf die Entwicklung eines christlichen Klerikerstandes, in: JbAC 15 (1972), 136 – 152; *T.G. Elliott,* The Tax Exemptions Granted to Clerics by Constantine and Constantius II, in: Phoenix 32 (1978), 326 – 336; *Herrmann* (wie Anm. 444), 326ff.; *Millar,* Empire (wie Anm. 444), bes. 83f.; *Lane Fox* (wie Anm. 36), 623f.; *Vittinghoff* (wie Anm. 12), 14ff.; *de Giovanni,* Libro XVI (wie Anm. 396), 55ff., 60ff., 64ff.; *Chr. Schweizer,* Hierarchie und Organisation der römischen Reichskirche in der Kaisergesetzgebung vom vierten bis zum sechsten Jahrhundert, Frankfurt 1991, hier z.B. 130ff.: Sonderstellung der Kirche (Privilegien etc.). – Das Er-

- Nach dem frühesten erhaltenen Dokument, einem Brief Konstantins an den Prokonsul Anullinus in Karthago von Ende 312/Anfang 313, sollen die christlichen (katholischen) Kleriker »von allen ›Liturgien‹ – also allen öffentlich-rechtlichen Dienstleistungen – ein für allemal vollständig befreit sein« (ἀπὸ πάντων ἁπαξαπλῶς τῶν λειτουργιῶν)[446].
- Oder, bestätigend in der Antwort des Anullinus vom 15. April 313: die Kleriker sind künftig *omni omnino munere ... liberati*[447].
- Oder (CTh XVI 2, 2 vom 21. Okt. 313 [? 319]): alle Kleriker *ab omnibus omnino muneribus excusentur*.
- Oder (CTh XVI 2, 1 vom 31. Okt. 313): zu den *privilegia* der christlichen Kleriker gehört die Freiheit von den *nominationes* (Nominierung für Mitgliedschaft im Dekurionenrat) und den *susceptiones* (Übernahme des Steuereinzugs).
- Gleiche Privilegien für die Kleriker des Orients 324 nach dem Sieg über Licinius: CTh XV 14, 1 (Mai 324).
- Die Privilegien gelten nur für die *observatores catholicae legis*; Häretiker und Schismatiker sind davon nicht nur ausgeschlossen, sondern sollen gezielt für *munera* in Anspruch genommen werden: CTh XVI 5, 1(1. Sept. 326).
- Die *immunitas plenissima*, die Freiheit vom Dienst in der städtischen *curia* einschließt, gilt wie im Osten so im Westen auch für niedrige Grade des Klerus; Kleriker, die *per iniuriam haereticorum ad curiam devocati sunt*, sollen die Immunität zurückerhalten: CTh XVI 2, 7 (5. Febr. 330).

Ein bedeutender Teil der Forschung interpretiert dies als die rechtliche Gleichstellung der christlichen Kleriker mit den (städtischen) heidnischen Priesterschaften[448]. Demgegenüber müssen wir jedoch, worauf zuletzt F. Vittinghoff 1989 aufmerksam gemacht hat[449], zur Kenntnis nehmen, daß diese noch bzw. schon seit Ende 312/ Anfang 313 verfügte und später mehrfach unter Modifikationen eingeschärfte Privilegierung ganz entschieden über die der heidnischen Priester (*sacerdotes, flamines, pontifices*) in den Städten hinausgeht, und ich sehe gerade darin, daß hier dem christlichen Priesterstand der höchste Rang eingeräumt wurde, ein zusätzliches Indiz für die Richtigkeit der oben (Teil IV 1) verteidigten Ansicht, daß Konstantin sich bereits Ende 312 klar als Christ präsentiert hat. Der wichtigste Punkt ist der folgen-

gebnis der Konferenz von Mailand 313 blieb hinter diesem von Konstantin für seinen Verantwortungsbereich geschaffenen Rechtszustand eindeutig zurück: s.o. Teil I 2, 20.
446. Eus. HE X 7, 2=Soden Nr. 9, 18ff.
447. Aug. ep. 88, 2=Soden Nr. 10, 5f.
448. U.a. *H.E. Feine*, Kirchliche Rechtsgeschichte. Die katholische Kirche, Köln ⁵1972, 72; *Lorenz* I (wie Anm. 13), 8; *Noethlichs*, Maßnahmen (wie Anm. 293), 8f.; *Aland*, Kirche und Staat (wie Anm. 11), 89; *Demandt*, Spätantike (wie Anm. 2), 71, vgl. 445f.; vgl. auch *Lane Fox* (wie Anm. 36), 623; *Martin* (wie Anm. 2), 22, 126.
449. *Vittinghoff*, Staat (wie Anm. 12), 14ff. – Ähnlich bereits *Eck*, Einfluß (wie Anm. 444), 562; *Herrmann* (wie Anm. 444), 327.

de: die Priester der städtischen Kulte waren zu ihrem Amt in der Regel für ein Jahr gewählte Angehörige der politisch und ökonomisch führenden Schicht des Reiches bzw. der Städte, die, als Mitglieder des munizipalen Senatoren- bzw. Dekurionenstandes, zusätzlich zur Steuerpflichtigkeit mit ihrem Besitz auch für alle möglichen sehr aufwendigen und kostenintensiven Dienstleistungen sowie öffentlichen Funktionen einstehen mußten[450]. Von diesen Leistungen wie auch von der Steuerpflicht waren sie für die Zeit ihres priesterlichen Amtes partiell befreit[451], sie bleiben aber Mitglieder der *curia* mit den entsprechenden Amtspflichten.

Das alles galt also nun aber seit Ende 312 für kurienpflichtige christliche Personen, die Kleriker waren (bzw. werden würden), nicht mehr: sie wurden, im Unterschied zu den paganen Priestern, ausdrücklich und ohne Einschränkung von sämtlichen *munera* befreit, gerade auch von der vermögensabhängigen Pflicht zur Übernahme kommunaler Ämter und Funktionen, und hinzugekommen war auch die Steuerfreiheit[452]. Und da das Amt des kirchlichen Klerikers[453] im Unterschied zu dem der munizipalen Priester nicht zeitlich befristet war, galten für ihn die Privilegien tendenziell lebenslänglich. Welche politische und gesellschaftliche Bedeutung dieses umfassende Privileg besaß, mag man daran ermessen, daß wohl schon recht bald das unerfreuliche Phänomen ökonomisch motivierter Konversionen in Erscheinung trat und nun innerhalb kürzester Zeit offensichtlich ein Strom von Dekurionen, also von Mitgliedern der vergleichsweise reichen Führungsschicht der Städte, in die christlichen Gemeinden und in den Klerikerstand einsetzte. Schließlich mußte der Kaiser gesetzgeberische Maßnahmen gegen diese Dekurionenflucht ergreifen und geradezu einen *numerus clausus* für den Klerikerstand einführen[454].

450. *D. Ladage*, Städtische Priester- und Kultämter im Lateinischen Westen des Imperium Romanum zur Kaiserzeit. Phil. Diss., Köln (1970) 1971, 111ff. (Befreiung heidnischer Priester von den *munera personalia*, doch nicht von den *munera patrimoniorum*); *L. Neesen*, Die Entwicklung der Leistungen und Ämter (*munera et honores*) im römischen Kaiserreich des zweiten bis vierten Jahrhunderts, in: Historia 30 (1981), 203 – 235; *H. Horstkotte*, Heidnische Priesterämter und Dekurionat im vierten Jahrhundert n. Chr., in: *W. Eck* (Hg.), Religion und Gesellschaft in der römischen Kaiserzeit (FS F. Vittinghoff), Köln 1989, 165 – 183.
451. Siehe die Zusammenstellung bei *Neesen* (wie Anm. 450), bes. 222f., 224ff.
452. *Dupont* (wie Anm. 445), 739ff. (nicht direkt, sondern durch spätere Rückbezüge bezeugt); *Barnes*, CE (wie Anm. 17), 50; *Elliott*, Tax Exemptions (wie Anm. 445), passim; *W. Goffart*, Caput and Colonate. Towards a History of Late Roman Taxation, Toronto 1974, 22ff.
453. *Andresen*, Kirchen (wie Anm. 13), 50ff., 205ff.; *J. Martin*, Die Genese des Amtspriestertums in der frühen Kirche. Freiburg 1972; *J. Neumann*, Art.: Bischof, in: TRE 6 (1980), 653 – 682.
454. CTh XVI 2, 3 vom 18. Juli 320 (mit Rückbezug auf ein nicht erhaltenes früheres Gesetz); 2, 6 vom 1. Juni 326. – *Dupont* (wie Anm. 445), 736f.; *Noethlichs*, Einflußnahme (wie Anm. 445), 137ff., 151. – *Lane Fox* (wie Anm. 36) meint, diese Gesetze seien gegen »rich pagans« gerichtet, »who were showing a fascinating ingenuity and were claiming exemption as alleged Christian priests« (623, ähnlich 667). Man wird aber mindestens ebenso mit kurienpflichtigen Christen rechnen können, die sich nun zum Klerikerstand hingezogen fühlten. Vgl. *H. Montgomery*, Decurions and the Clergy. Some Suggestions, in: Opuscula Romana 15 (1985), 93 – 95.

Schon um die Jahreswende 312/13 also hat Konstantin begonnen, das Christentum zur Staatsreligion zu machen, den christlichen Priesterstand als neue privilegierte ›Klasse‹ in den Staat zu integrieren und ihm den Spitzenrang unter den übrigen Priesterschaften der Gemeinden des Reiches zuzuweisen[455].

b. Der Bischof als ›Instanz‹ in der zivilen Gemeinde

Die geschilderte Tendenz manifestiert sich auch in weiteren Maßnahmen Konstantins, die ich hier nur abschließend erwähnen, aber nicht eigens erörtern will. Ich nenne als erstes die *manumissio in ecclesia*, also die Sklavenfreilassung durch Kleriker im Angesicht der zum Gottesdienst versammelten Christengemeinde und mithin die Zulassung zum römischen Bürgerrecht[456]. Bisher waren für diesen wichtigen hoheitlichen Akt ausschließlich ›profane‹ (Gerichts-)Magistrate zuständig. Sie blieben das natürlich auch weiterhin. Aber jetzt gab es parallel dazu die kirchliche Alternative, die zudem von mancherlei Formalitäten frei sein sollte und die dadurch bedeutend attraktiver wurde. Abgesehen davon erhöhte diese neue Einrichtung selbstverständlich das Sozialprestige des christlichen Klerus. – Eine gewiß noch wichtigere hoheitliche Funktion wurde der Kirche in Gestalt der *episcopalis audientia* zugesprochen[457]. Diese Institution ist in der rechtshistorischen Forschung umstritten. Ich folge denen[458], die im Ergebnis den Bischof als eine quasistaatliche Gerichtsinstanz bei zivilrechtlichen Streitigkeiten der Bürger betrachten, als eine Instanz, deren Rang insofern über den eines privaten Schiedsgerichts wie auch den des staatlichen Zivilrichters deutlich hinausgeht, als der Bischof nicht von beiden streitenden Parteien, sondern nur von einer Partei als Richter angerufen werden konnte und als der Spruch des Bischofs, ausgestattet mit einem von staatlichen Instanzen anzuwendenden vollstreckungsrechtlichen Privileg, inappellabel sein sollte – ganz so, wie sonst in der Reichsgerichtsbarkeit nur das Urteil des Kaisers selbst. Ferner erhielten die Bischöfe ein Testierrecht für Eheschließungen[459]. Zur Verteilung an Bedürftige wie etwa die *virgines* und die Witwen und Waisen wurden ihnen auch staatliche Lieferungen von Grundnahrungsmitteln (Brotgetreide) zugeteilt, und durch kaiserliche Geldgeschenke wie

---

455. *Barnes,* Reformation (wie Anm. 7), passim. – Daß die paganen Priesterschaften und Kulte nicht sofort angegriffen wurden, hat natürlich, mit Blick auf die Mehrheitsverhältnisse, politische Gründe; vgl. Teil V 3.
456. CJ I 13, 1; CTh IV 7, 1. – *Herrmann* (wie Anm. 444), 232ff. ; *Vittinghoff* (wie Anm. 12), 16.
457. Die Quellen: CTh I 27, 1 (318); Const. Sirm. 1 (333). – *Herrmann* (wie Anm. 444), 207ff.
458. *W. Waldstein,* Zur Stellung der *episcopalis audientia* im spätrömischen Prozeß, in: *D. Medicus/H.H. Seiler* (Hg.), FS M. Kaser, München 1976, 533 – 556. Zuletzt umfassend und grundlegend *M.R. Cimma,* L'*episcopalis audientia* nelle costituzioni imperiali da Costantino a Giustiniano, Turin 1989 (dazu die Rezension von *K. Hackl,* SZ Rom Abt. 109 (1992), 678 – 683).
459. *Herrmann* (wie Anm. 444), 273ff.

vor allem durch das neue Privileg der Kirchengemeinde, Erbschaften anzutreten⁴⁶⁰, wurde die ökonomische Basis ihrer in der antiken Welt unvergleichlichen sozialen Dienste⁴⁶¹ gesichert. Die systematische Förderung des Kirchenbaus durch den Kaiser⁴⁶² tat ein übriges, die überragende Stellung des Bischofs innerhalb nicht nur der Christengemeinde, sondern auch der Bürgergemeinde für alle sichtbar in Erscheinung treten zu lassen.

Diese Maßnahmen waren sämtlich Bestandteil der Christianisierungspolitik Konstantins: die unter der Leitung des Bischofs stehende Christengemeinde sollte in ihrer Attraktivität für die Nichtchristen gestärkt werden. Ein vielleicht typisches Beispiel hat Eusebius von Caesarea überliefert (VC III 58). Der Kaiser habe, so berichtet er, durch gesetzliche Verfügung die Tempelprostitution beim Aphroditeheiligtum von Heliopolis/Phönizien verboten. Dem Verbot sei ein belehrendes Schreiben beigefügt gewesen, da der Kaiser sich von Gott inspiriert fühlte, alle Menschen in den Gesetzen der rechten Einsicht zu unterweisen. Den Worten, so Eusebius weiter, ließ Konstantin Taten folgen (ebd. 58, 3 f.): er erbaute in Heliopolis eine sehr große christliche Kirche (οἶκον εὐκτήριον ἐκκλησίας μέγιστον); Presbyter und Diakone zogen erstmals in die – bis dahin offensichtlich gänzlich heidnische – Stadt ein, ebenso ein Bischof, dessen Aufgabe es nach der mehrdeutigen, nicht zwischen Christen und Heiden unterscheidenden Formulierung des Eusebius war, »an der Spitze der dortigen Menschen zu stehen« (τῶν τῇδε προκαθέζεσθαι). Und schließlich: um die heidnische Bevölkerung zu motivieren, die »heilbringende Lehre« anzunehmen, und den Übertritt zum Christentum zu beschleunigen, ließ Konstantin fürsorglich den Armen in großzügiger Weise Spenden zukommen.

Wenn wir uns die spezifischen Eigenheiten, das Ausmaß und die Intensität der kaiserlichen Förderung von Klerus, Kirchenbau und Christentum allgemein durch Privilegien, Finanzmittel und belehrende Proklamationen vor Augen führen, dürfen wir konstatieren, daß durch Konstantin unmittelbar nach und seit der ›Wende‹ die Grundlagen dafür geschaffen worden sind, daß Generationen später ein Augustinus den Inhaber des Bischofsamtes im Blick auf seinen soziopolitischen Rang

---

460. CTh XVI 2, 4 (321). – *Barnes*, CE (wie Anm. 17), 50: »Constantine thereby set the tie of religion above the bonds of family«.
461. Dafür auch kaiserliche Geldgeschenke: Eus. HE X 6, 1ff.=Soden Nr. 8 (an Caecilian v. Karthago); Eus. VC III 58 (Heliopolis); Getreidelieferungen des Kaisers an Bischöfe zur Versorgung von Jungfrauen und Witwen bzw. allgemein an Bedürftige: Athan. apol. sec. 18; Soz. HE I 8, 10 und 5, 2f.; Thdt. HE I 11, 2f. Kaiserliche Hilfe bei einer Hungersnot 333 in Syrien und Kilikien durch Vermittlung der Bischöfe: *Lorenz* II 119 mit A. 27 (Quellen). – Vgl. *Ch. Pietri*, Evergétisme et richesses ecclésiastiques dans l'Italie du IVe à la fin du Ve siècle: l'exemple romain, in: Ktema 3 (1978), 317 – 337; *Lorenz* I (wie Anm. 13), 102f.; II (wie Anm. 13), 224ff.; *Herrmann* (wie Anm. 444), 306ff.; *Vittinghoff* (wie Anm. 12), 17; *Brown*, Macht und Rhetorik (wie Anm. 9), Teil 3: Armut und Macht, 95 – 152.
462. S.o. A. 440.

innerhalb der ›profanen‹ Bürgergemeinschaft als *princeps populi* und *rector civitatis* bezeichnen konnte[463]. Es war die Voraussetzung dafür, daß die Bischofsgemeinde im weiteren Verlauf der Spätantike während der Völkerwanderungszeit den Zusammenbruch der staatlich-zivilen Strukturen nicht nur überdauerte, sondern daß sie vielerorts als einzige intakte Institution an deren Stelle treten konnte[464]. Das ist eine jener politischen Wirkungen der Konstantinischen Wende, die von denjenigen in der Forschung nicht beachtet oder unterschätzt werden[465], die die Christianisierung seit Konstantin als eine schwere Belastung des seit den 70er Jahren des 4. Jh. gegen die fremden Völker an Rhein und Donau mehr und mehr um seine Existenz kämpfenden Reiches bewerten.

Schluß

Vom christlich-theologisch fundierten Fortschrittsgedanken her hatten, wie eingangs dargelegt, Laktanz und Eusebius von Caesarea die Konstantinische Wende und die konstantinische Monarchie als den Beginn einer neuen, einer für die ganze Menschheit segensreichen Zeit interpretiert[466]. Ebenso faßte es der erste christliche Kaiser auf: er hatte sein politisches Wirken mit des Christengottes Hilfe bzw., wie er es selber sah, als Diener und Helfer des Christengottes seit Ende 312 öffentlich unter den Anspruch einer *renovatio imperii* aus dem Geiste des Christentums gestellt[467]. Gedanken der Toleranz und der Religionsfreiheit gegenüber Nichtchristen und christlichen ›Abweichlern‹ hatten darin allerdings keinen Platz. Fast könnte es nun scheinen, als habe Julian, der zum Paganismus konvertierte letzte Sproß der konstantinischen Dynastie auf dem Kaiserthron (355 bzw. 360 – 363), das Stichwort *renovatio* aufgegriffen, um es polemisch gegen Konstantin zu wenden, indem er seinen Onkel in einem öffentlichen Schreiben als einen *novator* denunzierte, als einen Umstürzler. Der heidnische Historiker Ammianus Marcellinus nämlich berichtet: *memoriam Constantini ut novatoris turbatorisque priscarum*

---

463. Aug. c. ep. Parmen. II 4, 8f. – Vgl. *Andresen,* Kirchen (wie Anm. 13), 398ff.
464. Exemplarisch *M. Heinzelmann*, Bischofsherrschaft in Gallien. Zur Kontinuität römischer Führungsschichten vom 4. – 7. Jh., Zürich/München 1976; *Baumgart,* Die Bischofsherrschaft im Gallien des 5. Jahrhunderts. Eine Untersuchung zu den Gründen und Anfängen weltlicher Herrschaft der Kirche, München 1995; *W. Eck,* Der Episkopat im spätantiken Afrika, in: HZ 236 (1983), 265 – 296. Siehe auch *Jerg* (wie Anm. 238), 63ff.; *Herrmann* (wie Anm. 444), 306ff.; *Lorenz* I (wie Anm. 13), 71ff., bes. 73, 87ff.; II (wie Anm. 13), 212ff.; *Wischmeyer*, Von Golgatha zum Ponte Molle (wie Anm. 54), 126ff. – Vgl. *R. P.C. Hanson*, The Reaction of the Church to the Collaps of the Western Roman Empire in the Vth Century, in: VC 26 (1972), 272 – 287.
465. S.o. A. 12.
466. S.o. Teil I, 10.
467. S.o. Teil IV 1.

legum et moris antiquitus recepti vexavit, eum aperte incusans, quod barbaros omnium primus ad usque fasces auxerat et trabeas consulares[468]. Nach diesem vielzitierten Text, dessen Interpretation im einzelnen umstritten sein mag[469], hat Julian (›Apostata‹) also das Andenken des ersten christlichen Kaisers geschmäht, indem er, der Vorkämpfer des religiösen ›Hellenismus‹, seinen Onkel, gleichsam den Vorkämpfer eines religiösen ›Barbarismus‹, als einen ›Neuerer und einen Verwirrer der altehrwürdigen Gesetze und des von den Vorfahren übernommenen Normengefüges‹ charakterisierte, der den mit ›Barbaren‹ gemeinten Christen als erster den Weg zum Konsulat, dem prestigeträchtigsten Amt der *res publica*, geebnet habe. Damit ist, aus der Perspektive der ›Julianischen Wende‹ in den Jahren um 360, zumindest tendenziell auch die sogenannte ›Konstantinische Wende‹ angesprochen und negativ bewertet[470]. Andererseits: es war Praxagoras von Athen, ein paganer Historiker, der seinem Zeitgenossen Konstantin in einer zweibändigen Monographie über den Kaiser, die leider nicht erhalten ist, offenbar als erster mit höchster Anerkennung den Namen ›der Große‹ beigelegt hat[471]!

Die Kette einander widersprechender Urteile über den Kaiser und seine politischen Leistungen ist seither bis in die Gegenwart hinein nicht mehr abgerissen[472]. Die unmittelbare Folge der Konstantinischen Wende jedenfalls war bis 337, dem Todesjahr des Kaisers, eine vergleichsweise behutsame Politik der Christianisierung des römischen Weltreiches sowie, allerdings weniger rücksichtsvoll, der gegen Ketzer und Schismatiker gerichteten Vereinheitlichung innerhalb des Christentums. Fortgeführt und intensiviert (337 – 361) durch Konstantins Söhne und

---

468. Amm. XXI 10, 8. – ›Barbaren‹ hier nicht Germanen etc., sondern Christen: *Barnes*, CE (wie Anm. 17), 403 A. 3 (u.a. mit dem Argument, daß unter Konstantin nachweislich kein »Barbar« *consul ordinarius* geworden ist); *J. den Boeft/D. den Hengst/H.C. Teitler*, Philological and Historical Commentary on Ammianus Marcellinus XXI, Groningen 1991, 143ff., bes. 145.
469. Siehe u.a. die in A. 468 zitierte Literatur. Ferner *J. Rougé*, Questions d'époque constantinienne, in: *E. Frézouls* (Hg.), Crise et redressement dans les provinces européennes de l'Empire, Strasbourg 1983, 115f. Vgl. jetzt auch *KJ. Szidat*, Historischer Kommentar zu Ammianus Marcellinus Buch XX-XXI, Stuttgart 1996, 110ff. (113: ohne durchschlagendes Argument gegen die u.a. von Barnes sowie oben im Text vertretene Auffassung von ›Barbaren‹).
470. *Vogt*, Kaiser Julian (wie Anm. 10), passim; vgl. *Winkelmann*, Konstantins Religionspolitik (wie Anm. 10), 252f.
471. Fragmente: FGrHist II Nr. 219, 6 (Jacoby p. 949, 10 und 32 (Buchtitel)). Es handelte sich offenbar um eine panegyrische Schrift, und Grund für die Bezeichnung ›der Große‹ war, nach den wenigen Fragmenten bzw. Angaben des Photios zu urteilen, die Erringung der ›großen Herrschaft‹ 324, also der Alleinherrschaft über den *orbis Romanus* nach dem Sieg über Licinius. – *P.P. Spranger*, Der Große. Untersuchungen zur Entstehung des historischen Beinamens in der Antike, in: Saeculum 9 (1958), 22 – 58; zu Konstantin: 52ff. (hier aber 56 fälschlich Hinweis auf Amm. Marcell. XV 5, 19 als vermeintlich frühesten Beleg für *Constantinus magnus*; tatsächlich ist die Rede von Ursicinus als einem *dux prudentissimus et Constantini magnus ... commilito*).
472. S.o. Teil I 1, 12.

Nachfolger Konstantin II., Konstantius II. und Konstans, nur kurzfristig unterbrochen durch die ›Julianische Wende‹ (360/61 – 363), vorsichtig wieder aufgegriffen von Jovian (363/64), von Valentinian I. und seinem Bruder Valens (364 – 375 bzw. 378), wurde diese Politik durch die *imperatores Christianissimi* Gratian (367 – 383) und namentlich Theodosius d. Gr. (379 – 395) unter dem nachhaltigen Einfluß des Bischofs Ambrosius von Mailand entschlossen und kompromißlos ihrem Ziel zugeführt. *Romanitas* und *Christianitas* gelangten schließlich zu einer Synthese, in welcher das Christentum ebenso wie maßgebende nichtchristliche Traditionen der hellenistisch-römischen Weltkultur in jenem dreifachen Sinne ›aufgehoben‹ waren[473]. So kann denn die Konstantinische Wende von ihren Wirkungen her abschließend als »die epochemachende geistige Revolution der Kaiserzeit« (*Fr. Vittinghoff*) bezeichnet werden, und es bedeutete gewiß »eine der größten politischen Leistungen des Kaisers, die Kirchen in das politische und soziale Gefüge des Weltreiches integriert zu haben, ohne daß seine Einheit daran zerbrach oder merklichen Schaden litt«[474]. Weil dies gelungen war, hat »Konstantins Tat, die Überleitung des römischen Reichs in die christliche Religion und die Aufnahme der Kirche unter die Institutionen des Reiches, ... den Grund gelegt für das byzantinische Reich und das abendländische Mittelalter« (*R. Lorenz*)[475]. Von da ausgehend stellt die monotheistische Religion des Christentums heute, wie auch immer man das beurteilen mag, das konstitutive Element der spezifisch europäischen Form von Politik, Kultur und Zivilisation dar, welche, universalhistorisch betrachtet, seit der frühen Neuzeit bis zur Gegenwart schrittweise zu einem globalen Phänomen geworden ist[476]. Der Weg aber, der dahin geführt hat, beginnt, wie nicht mehr bezweifelt zu werden braucht, im Oktober des Jahres 312 mit Kaiser Konstantin und seinem sogleich noch in diesem Jahr öffentlich dokumentierten »christlichen Sendungsbewußtsein« (*J. Straub*)[477]: ohne die Konstantinische Wende, die individuell-

---

473. Vgl. darüber zuletzt die Aufsätze in *C. Colpe/L. Honnefelder/M. Lutz-Bachmann* (Hg.), Spätantike und Christentum. Beiträge zur Religions- und Geistesgeschichte der griechisch-römischen Kultur und Zivilisation der Kaiserzeit, Berlin 1992; *Brown*, Entstehung (wie Anm. 9), zum 3./4. Jh. hier bes. 31ff., 48ff. – Zur wechselseitigen Beeinflussung von Christlichem und Nichtchristlichem in den ersten sechs Jahrzehnten des 4. Jh. vgl. *Bowder* (wie Anm. 11), 129 – 193 (»Christian and Pagan Life and Art«). Die vielfältigen Konvergenzen betont *E.R. Dodds*, Heiden und Christen in einem Zeitalter der Angst (engl. 1965), Frankfurt 1985; dazu *R.C. Smith/J. Lounibos* (Hg.), Pagan and Christian Anxiety. A Response to E.R. Dodds, Lanham/ New York/London 1984.
474. *Vittinghoff*, Staat, Kirche und Dynastie (wie Anm. 12), 2.
475. *Lorenz* I (wie Anm. 13), 16.
476. *A. Heuß,* Zur Theorie der Weltgeschichte, Berlin 1968, z.B. über die »Welthaftigkeit« des Europäischen: 16ff., 18ff., 21ff.
477. Konstantins christliches Sendungsbewußtsein (1942), in: *ders.,* Regeneratio Imperii (I). Aufsätze über Roms Kaisertum und Reich im Spiegel der heidnischen und christlichen Publizistik, Darmstadt 1972, 70 – 88.

persönliche und politisch-programmatische Abwendung dieses Herrschers von den traditionellen Göttern Roms und Hinwendung zum Gott der Christen, vom Polytheismus über einen vagen philosophischen Henotheismus zum christlichen Monotheismus, hätte die Weltgeschichte einen anderen Verlauf genommen.

Una demum Constantini oblivio est humani generis occasus (*paneg. Lat.* IV/10, 12, 4). Dieser Satz stammt aus der Feder eines zeitgenössischen Panegyristen, des Nazarius, der im Jahre 321 in Rom aus Anlaß der Quinquennalien von Konstantins Söhnen Crispus Caesar und Konstantin (II.) Caesar eine Festrede gehalten hat[478]. Die darin zum Ausdruck gebrachte Überzeugung hat sich immerhin schon für die 1685 Jahre, die seit Konstantins Verweigerung des Götteropfers am 29. Oktober 312 vergangenen sind, als zutreffend erwiesen.

---

478. *Straub,* Herrscherideal (wie Anm. 45), bes. 146ff. zur Bedeutung der panegyrischen Literatur für den Historiker.

Die »Konstantinische Wende« und ihre Bedeutung für die Kirche[1]

Friedhelm Winkelmann

Die Behandlung eines so komplexen und brisanten Themas in einem knappen Vortrag erfordert die Eingrenzung auf die Zeit der Wende selbst, das heißt auf die Regierung des Kaisers Konstantin I. Auch so bleibt die Aufgabe noch schwierig genug, zum einen aus methodischen Gründen wegen der komplizierten Quellen- und Forschungslage, zum anderen aus sachlichen Gründen, da alle Probleme, die sich für das Verhältnis von Kirche und christlichem Staat in den folgenden Jahrhunderten ergaben, hier bereits *in nuce* zu konstatieren sind, und da schließlich damit ein Ereignis von großer Tragweite für die Geschichte des mittelmeerischen Raumes und Europas angesprochen wird, dem erst im 7./8. Jahrhundert weitere vergleichbare historische Zäsuren durch die Machtansprüche des Islam und der Franken folgten.

1.

Den Einstieg nehme ich bei dem Begriff der »Konstantinischen Wende«, beschränkt allerdings auf das hier zur Debatte stehende Thema der Bedeutung für die Kirche.[2]

---

1. Die Vortragsform ist beibehalten, doch wurde sie für die Publikation durch Anmerkungen ergänzt und an einigen Stellen erweitert. Der Vortrag, dessen Thema mir vorgegeben war, hatte zum Ziel, die Grundlage für eine Diskussion zu bieten. Aus diesem Grunde sind Thesen formuliert, die jeweils durch erläuternde Bemerkungen abgesichert wurden. Erleichert wurde meine Aufgabe dadurch, daß sich der Vortrag an einen Kreis wohlinformierter Fachleute richtete, von denen einige durch ihre Forschungen ganz entscheidend zu neuen Beurteilungen der kirchenhistorischen Epoche des 4. Jh. beigetragen haben. So konnte sowohl auf ausgedehnte Präliminarien als auch auf detaillierte Darstellungen der Forschungslage verzichtet werden. Deshalb wird nur auf einige neuere, besonders förderliche Studien verwiesen, aber weder ein vollständiger Überblick über die derzeitige Forschungslage noch etwa eine Einführung in die Geschichte der Erforschung der Probleme der »Konstantinischen Wende« zu geben versucht.
2. Die Folgen der Wende für die römische Gesellschaft und den römischen Staat werden oben nur ganz am Rande gestreift. Nur auf ein neueres Werk, das sich ausführlicher den Veränderungen im 4. Jh. auf diesen Gebieten, die durch die Christianisierung des Imperium Romanum bedingt waren, widmet, sei hier hingewiesen: *Peter Brown*, Power and Persuasion in Late

These 1: Von den Schlagworten, die zur Bezeichnung des Wandels der römischen Religionspolitik im ersten Drittel des 4. Jh. im Umlauf sind, ist das der »Wende« am brauchbarsten, da es zwei wesentliche Aspekte zum Ausdruck bringt, zum einen daß es sich um keinen totalen Bruch mit dem bisherigen römischen Kult- und Religionsverständnis handelte, zum anderen daß sich der Wandel in einem längeren Prozeß vollzog.

Der Begriff der Wende wird im Duden folgendermaßen definiert: »einschneidende Veränderung«, »Wandel in der Richtung eines Geschehens oder einer Entwicklung«[3]. Der Begriff als solcher ist nicht wertend, sondern deskriptiv. In diesem Sinne ist er für uns brauchbar. Die Entwicklung, die seit dem Jahr 311 auf religionspolitischem Felde im Imperium Romanum zu beobachten ist, läßt sich präzis mit der im Duden gegebenen Definition des Begriffes der Wende fassen, denn – das ist als erstes zu nennen – es blieben das römische Religionsverständnis und die Bedeutung des öffentlichen Kultes im Sinne des dritten Faktors der *Religio tripertita* [4] im Grunde weiterhin in Kraft, wenn sie auch mehr und mehr auf die Basis der christlichen Kirche gestellt und auf eine christlich akzentuierte Staatsideologie ausgerichtet wurden.

Der Grundsatz des römischen staatlichen Kultverständnisses, den wir im Toleranzedikt des Galerius finden, daß die Christen *debebunt deum suum orare pro salute nostra et rei publicae ac sua, ut undique uersus res publica praestetur [perstet Cod. Paris. 2.627, perstet Baluzius und Moreau, SCh 39, 118] incolumis et securi uiuere in sedibus suis possint* [5], blieb auch für Konstantins Kirchenpolitik bestimmend. Die Mailänder Vereinbarung, die uns allerdings nur in Verlautbarungen des Licinius erhalten ist, schloß mit dem Gedanken, daß die öffentliche Ruhe bewahrt bleiben solle. *hactenus fiet, ut ... diuinus iuxta nos fauor ... per omne tempus prospere successibus nostris cum beatitudine publica perseueret*[6]. Für die spätere Zeit zitiere ich nur aus dem Brief Konstantins an Alexander und Arius aus dem Jahr 324: Ein doppeltes Ziel verfolge er. »Denn erstens wollte ich das Streben aller Völker zum Göttlichen in einem einzigen Verhaltenszustand vereinen, zweitens den Körper der gesamten Oikumene, der wie an einer schweren Wunde litt, wieder zu Kräften bringen und vereinigen«. Dabei habe ihn die Überzeugung ge-

---

Antiquity. Towards a Christian Empire, Madison/Wisconsin 1992 (das Buch enthält sehr viele Literaturangaben zur neuesten Forschung vor allem aus dem englischsprachigen Raum). Vom 5. Jh. an waren es dann vor allem die kirchlichen Spaltungen, die das Reich stark beeinflußten. Für die Darlegung dieser Problematik sei hier nur *John Meyendorff,* Imperial Unity and Christian Divisions. The Church 450-600 A.D., Crestwood/ New York 1989, genannt.

3. Duden. Deutsches Universalwörterbuch, 2. Aufl. Mannheim u.a. 1989, 1730.
4. Vgl. dazu *Godo Lieberg,* Die ›theologia tripertita‹ in Forschung und Bezeugung, in: ANRW I 4, Berlin 1973, 63-115.
5. Lactanz, De morte persecutorum 34, 5, ed. Brandt, CSEL 27, Wien 1897, 213, 19-22; vgl. auch Euseb, Hist. eccl. 8, 17, 10.
6. Lactanz, De morte persecutorum 48, 11, ed. Brandt, 233, 7-11; vgl. auch Euseb, Hist. eccl. 10, 5, 13.

leitet, »daß, wenn ich durch meine Gebete ein allgemeines Einvernehmen unter allen Dienern Gottes herstellen könnte, auch die staatlichen Angelegenheiten eine Veränderung erzielen könnten, die der frommen Gesinnung aller entspricht«.[7] Ein weiteres Beispiel sei aus dem Brief über die Osterfrage zitiert: »Ich habe aus dem Wohlergehen des Staates die Erfahrung gewonnen, wie groß die Güte der göttlichen Macht geworden ist. So entschied ich, daß dieses vor allen anderen Dingen mein Ziel zu sein habe, daß bei den so glücklichen Anhängern der katholischen Kirche ein einziger Glaube und eine aufrichtige Liebe und eine einmütige Verehrung des allmächtigen Gottes bewahrt werde« [8].
Der zweite Aspekt ist, daß sich die Wende nicht auf ein Ereignis, auf einen ganz bestimmten Zeitpunkt der Entwicklung konzentrieren läßt, etwa die Schlacht an der Mulvischen Brücke, obgleich Konstantins Eigendeutung der Geschehnisse ein solches Verständnis nahelegte, sondern um einen längeren Prozeß, der erst am Ende des 4. Jh., unter Kaiser Theodosius I. einen ersten Abschluß erreichte.

These 2: Der Begriff »Konstantinische Wende« verbindet den Wandel in der Religionspolitik mit Kaiser Konstantin I. Das geschieht zu Recht, da er ihn von allen römischen Kaisern im ersten Viertel des 4. Jh. am engagiertesten und konsequentesten vollzogen hat. Konstantin war von seiner besonderen Berufung durch den Christengott durchdrungen, und er verfolgte stetig seine eigenen religionspolitischen Ziele.
Die Frage erhebt sich sogleich, ob man mit der Konzentration auf Konstantin nicht ein Opfer der späteren konstantinischen Propaganda wird.
Als erstes ist festzuhalten, daß am Anfang der Wende nicht eine Tat oder eine Entscheidung Konstantins stand, sondern daß es das Edikt des Galerius war, das den Startschuß in eine neue Epoche gab. Zwar äußerte Laktanz in *De mortibus persecutorum* 24,9 und *Divinae institutiones* 1, 1, 13 die Ansicht, Konstantin habe bereits gleich nach seiner Usurpation im Jahre 306 in seinem Herrschaftsbereich die Verfolgungsdekrete annulliert, doch scheinen mir die Ergebnisse der Untersuchung von Eberhard Heck überzeugend zu sein, daß es sich dabei um eine spätere, erst nach dem Jahr 318 von Laktanz formulierte, propagandistische und sehr unwahrscheinliche Interpretation der Ereignisse durch Konstantin gehandelt habe[9].

---

7. Euseb, Vita Constantini 2, 65, 2, ed. F. Winkelmann, GCS Euseb I 1, 2. Aufl. Berlin 1991, 74, 5-8. 10-13.
8. Euseb, Vita Constantini 3, 17, 1, ed. Winkelmann, 89, 18-22 = Hans-Georg Opitz, Athanasius Werke III 1, Leipzig/Berlin 1934/5, Urk. 26, 54f.
9. *Eberhard Heck,* Die dualistischen Zusätze und die Kaiseranreden bei Lactantius, Heidelberg 1972, 127f.,158f. Die Texte lauten: *suscepto imperio Constantinus Augustus nihil egit prius quam Christianos cultui ac deo suo reddere. haec fuit prima eius sanctio sanctae religionis restitutae* (Lactanz, De morte persecutorum 24, 9, ed. Brandt, 201, 79). *Nam cum dies ille felicissimus orbi terrarum illuxisset, quo te Deus summus ad beatum imperii columen euexit, salutarem universis et optabilem principatum praeclaro initio auspicatus es, cum euersam*

Am Ende seines Lebens schrieb Euseb in der Vita Constantini, von allen Kaisern sei allein (μόνος) Konstantin Christ gewesen.[10]
Im 6. Buch seiner Kirchengeschichte, das schon vor der diokletianischen Verfolgung verfaßt wurde, hatte Euseb aber schon einen der Soldatenkaiser, nämlich Philippus Arabs (244-248) als einen Christen bezeichnet. Der kritischen Meinung von Ernst Stein widersprachen in neuerer Zeit vor allem Henri Crouzel und besonders nachdrücklich Irfan Shahîd.[11] Wir brauchen dieses Problem hier nicht weiter zu verfolgen. Philippus hatte jedenfalls keine religionspolitische Wende vollzogen. Insofern war er kein früher Vorläufer Konstantins.
Schwieriger ist die Einschätzung der religionspolitischen Motivationen, Zielstellungen und Leistungen des Maxentius und des Licinius, da sie uns aus konstantinischer, verzerrender Sicht präsentiert werden. Auch diese beiden Kaiser hatten die Zeichen der Zeit auf religionspolitischem Gebiet verstanden, allerdings nur aus Einsicht in die politische Notwendigkeit. Für den Usurpator Maxentius braucht hier nur auf die Untersuchungen von H. v. Schoenebeck und Daniel de Decker verwiesen zu werden.[12] Dem Christentum gegenüber war er tolerant, hob die Verfolgungsedikte auf und gab der römischen Gemeinde gewisse Freiheiten,[13] war aber sicher innerlich vom Christentum unberührt.
Den Kaiser Licinius stellte Euseb in seiner Kirchengeschichte als Beschützer der Christen dar, berichtete aber in seiner viele Jahre später abgefaßten Vita Constantini von einer Verfolgung der Christen durch diesen Kaiser in der zweiten Phase der Regierung. Als Grund für den Gesinnungswandel nannte er Opposition gegen Konstantin.[14] Neuere Forschungen vermuten die kirchlichen Unruhen im Osten als Anlaß der späteren Erlasse des Licinius gegen die Christen.[15] Von Licinius ist uns jedenfalls kein Zeugnis überliefert, das auf eine innere Bindung an das Christentum schließen ließe.[16]

sublatamque iustitiam reducens taeterrimum aliorum facinus expiasti (Lactanz, Divinae institutiones 1, 1, 13, ed. P. Monat, Sources Chrétiennes 326, Paris 1986, 36, 8489).
10. Euseb, Vita Constantini 1, 3, 4, ed. Winkelmann, 16, 31f.
11. Vgl. vor allem Euseb, Hist. eccl. 6, 34. Diese und andere Stellen sind bei Stein wörtlich zitiert. *Ernst Stein,* Art.: Iulius (Philippus) Nr. 386, in: Paulys Real-Encycl. d. class. Altertumswiss. 10, 1 (1918), 755-770, besonders 768-770; *Henri Crouzel,* in: Gregorianum 56 (1975), 545-550; *Irfan Shahîd,* Rome and the Arabs, Washington, D.C. 1984, 65-93.
12. *Hans von Schoenebeck,* Beiträge zur Religionspolitik des Maxentius und des Constantin (Klio, Beiheft 43), Leipzig 1939 = Repr. Aalen 1967; *Daniel de Decker,* La politique religieuse de Maxence, in: Byzantion 38 (1968), 472-562.
13. Vgl. Euseb, Hist. eccl. 8, 14, 1.
14. Vgl. Euseb Hist. eccl. 9, 11, 1f.; 10, 2, 2; Euseb, Vita Constantini 1, 51-56; 2, 1f.
15. Vgl. *Werner Portmann,* Zu den Motiven der diokletianischen Christenverfolgung, in: Historia 39 (1990), 212-248, hier 244.
16. Henri Grégoire hatte in Licinius die treibende Kraft für den religionspolitischen Wandel gesehen und in der älteren Forschung damit Anklang gefunden. Vgl. die Literaturangaben von *Jochen Bleicken* (s.u. Anm. 20), 5 Anm. 5. Diese Hypothese wird auch von Bleicken abge-

So scheint Konstantin zu Recht im Mittelpunkt jeder Untersuchung des religionspolitischen Wandels im 4. Jh. zu stehen. Leider bleibt es aber nach wie vor unmöglich, eine allseitig befriedigende Beurteilung seines Wirkens und seines Wollens zu finden. Konträre Positionen werden in der Forschung bezogen. Es sei aber in Erinnerung gerufen, was der englische Historiker und Konstantinforscher Norman H. Baynes vor nunmehr über 60 Jahren als das eigentliche Problem aller Bemühungen um eine gerechte Beurteilung von Persönlichkeit, Leistung und historischer Bedeutung Konstantins, den Kern der Sache treffend, formulierte. Er sagte in einer am 12. März 1930 gehaltenen Raleigh Lecture on History: »Constantine marks in his own person a turning-point in European history. No student of the Middle Ages can evade Constantine: he is one of the few inescapable figures in European history and one of the most intractable ... The more closely Constantine's life and achievement are studied, the more inevitably is one driven to see in them an erratic block which has diverted the stream of human history ... he was not merely the creation of the past, but marked in himself a new beginning which was in such large measure to determine the future of the Roman world«.[17]

Die Beurteilung der religionspolitischen Handlungen Konstantins wurde den Zeitgenossen und wird den Historikern dadurch erschwert, daß sein politisches Handeln und seine öffentliche Symbolik immer so gehalten waren, daß sie zwar von den Christen als Bekenntnis zum Christentum, von den Heiden aber, die einen beträchtlichen Anteil an der Bevölkerung behielten und auf die der Kaiser natürlich Rücksicht nehmen mußte, als in antiken Traditionen stehend gedeutet werden konnten. Konstantin vermied bei seiner zunehmenden Förderung der Kirche nach Möglichkeit jede unnötige Konfrontation mit den Anhängern der alten Kulte. Gute Beispiele sind die Gründung Konstantinopels und die Besetzung der hohen Funktionen im Reich. Daß Konstantin auch bei der Gründung seiner neuen Hauptstadt religionspolitische Ausgewogenheit bewies, hat pointiert Cyril Mango herausgestellt.[18] Zur

lehnt: »Ich teile ... nicht die Hauptthese Grégoires, daß ein ausgesprochen christenfreundlicher Licinius die treibende Kraft einer neuen Religionspolitik gewesen sei. In dieser These erscheint Constantin nur durch Licinius ersetzt, erscheint der Blick auf jeden Fall für die Ursachen des religionspolitischen Wandels weiterhin auf eine einzelne Person fixiert« (6).

17. *Norman H. Baynes,* Constantine the Great and the Christian Church, 2nd ed. with a preface by Henry Chadwick, London 1972, 3.
18. *Cyril Mango,* Le développement urbain de Constantinople, Paris 1985. Weitere Literaturangaben zu Konstantinopel s.u. Anm. 48. Als Letzter hat sich *Paul Speck,* Urbs, quam Deo donavimus. Konstantins des Großen Konzept für Konstantinopel, in: Boreas. Münstersche Beiträge zur Archäologie 18 (1995), 143-173, zur Deutung von Mausoleum, Kapitol und Hagia Sophia in Konstantinopel geäußert und sie als Zeichen des Anspruchs Konstantins auf Christusgleichheit gedeutet. Er gelangt bei seiner Untersuchung zu sehr gewagten Schlüssen, die sicher stärkerer Untermauerung bedürften: »Konstantins Konzept für Konstantinopel meinte also eine Stadt für den christusgleichen Kaiser Konstantin, die neben Rom für das Reich und Jerusalem für Christus die dritte Stadt im Reich sein sollte. So versteht man auch, warum Konstantinopel im Osten zu liegen hat: als dritter Punkt eines Dreiecks« (150).

Beamtenschaft ist auf die materialreiche Untersuchung von Raban von Haehling zu verweisen.[19]

Aus neuerer Zeit sind einige beachtliche Beiträge zum besseren Verständnis der Religionspolitik Konstantins und der Selbstdarstellung des Kaisers zu nennen.[20] Eine allseitig befriedigende Lösung steht aber immer noch aus. Wegen der von ihnen verwendeten breiten Materialgrundlage seien hier besonders die Arbeiten von Grünewald und Leeb hervorgehoben. Die Basis von Grünewalds Studie ist ein umfangreicher Katalog der lateinischen Inschriften Konstantins. Diese epigraphischen Zeugnisse lassen im Verein mit entsprechenden literarischen Texten einen konsequenten, den jeweiligen politischen Veränderungen angepaßten Wandel der politischen und religiösen Selbstdarstellung des Kaisers erkennen. Als besonders bedeutsame Zäsuren dieses Prozesses betont Grünewald die Ereignisse der Jahre 310, 312, 324, 332 (Sieg über die Goten) und 335 (Tricennalien). Leeb hat vor allem durch den Versuch einer Zusammenschau von Sachresten und literarischen Zeugnissen der weiteren Forschung Impulse gegeben, wobei er natürlich auf Grünewalds Arbeit aufbauen konnte. Konstantin habe in einem längeren Prozeß stetig und konsequent ein Programm kaiserlicher Repräsentation verfolgte, das seine Wurzeln in der hellenistischen Herrscherideologie hatte[21] und das er in eine christliche Kaiserideologie überleitete. In der Setzung von Zäsuren in diesem Prozeß stimmt Leeb im wesentlichen mit Grünewald überein: die Siege über Maximian

---

19. *Raban von Haehling*, Die Religionszugehörigkeit der hohen Amtsträger des Römischen Reiches seit Constantins I. Alleinherrschaft, Bonn 1978.
20. Ich nenne die Arbeiten in der Abfolge ihres Erscheinens: *Thomas Grünewald*, Constantinus Maximus Augustus. Herrschaftspropaganda in der zeitgenössischen Überlieferung (Historia Einzelschriften 64), Stuttgart 1990; *Wolfgang Kuhoff*, Ein Mythos in der römischen Geschichte: Der Sieg Konstantins des Großen über Maxentius vor den Toren Roms am 28. Oktober 312 n. Chr., in: Chiron 21 (1991), 127-174; *Jochen Bleicken*, Constantin der Große und die Christen. Überlegungen zur konstantinischen Wende (Beihefte zur Histor. Zeitschr. 15), München 1992. Er nimmt hier einige Thesen Henri Grégoires wieder auf: »Ich teile die Überzeugung Grégoires, daß eine ›Bekehrung‹ Constantins im Jahre 312 oder bald danach aus unseren Quellen nicht zu beweisen ist – und wenn sie denn bewiesen werden könnte, sie dennoch die Wende in der Religionspolitik des Reiches nicht erklären kann« (5); dazu *Klaus Bringmann*, Die konstantinische Wende. Zum Verhältnis von politischer und religiöser Motivation, in: Histor. Zeitschr. 260 (1995), 21-47; *Rudolf Leeb*, Konstantin und Christus. Die Verchristlichung der imperialen Repräsentation unter Konstantin dem Großen als Spiegel seiner Kirchenpolitik und seines Selbstverständnisses als christlicher Kaiser (Arbeiten zur Kirchengeschichte 58), Berlin/New York 1992; eine Bilanz aller dieser Entwürfe zieht *A. Martin Ritter*, Constantin und die Christen, in: ZNW 87 (1996), 251-268; *Manfred Clauss*, Konstantin der Grosse und seine Zeit, München 1996. Es ist hier nicht der Ort einer gründlichen Auseinandersetzung mit diesen Entwürfen.
21. Zum Nachwirken der hellenistischen politischen Traditionen in Ostrom vgl. *Gilbert Dagron*, L'Eglise romain d'Orient au Ive siècle et les traditions politiques de L'Hellénisme. Le témoignage de Thémistius, in: Travaux et Mémoires 3 (1968), 35-82.

(310), Maxentius (312), Licinius und damit die Erringung der Alleinherrschaft (324). Besonders hebt Leeb die Ermordung des Crispus und der Fausta im Jahr 326 hervor.[22] Für die Entwicklung der religionspolitischen Konzeptionen Konstantins wären unbedingt auch Konstantins Erfahrungen mit der Zerstrittenheit der Kirche vor allem in den donatistischen und arianischen Streitigkeiten zu nennen. Konstantin habe den Weg zum Christentum auf die antike Weise der Suche nach dem stärksten Gott im Krieg gefunden. So sei das Christentum für ihn als Siegesideologie legitimiert gewesen und habe sich als eine das Reich umfassende und tragende Religion empfohlen. Leeb hat besonders die Parallelisierung Konstantins mit Christus und die Bedeutung der Christussymbole betont. Mit seinen Deutungen ist noch nicht das letzte Wort gesprochen. Nicht zu übersehen ist aber die Selbsteinschätzung Konstantins als *das* auserwählte Werkzeug des christlichen Gottes, weit abgehoben von allen seinen Untertanen und die zielgerichtete Hofpropaganda. Beides ist bei der Behandlung des speziellen Themas dieses Beitrages im Auge zu behalten.

2.

Wie nun aber – das ist die Frage, die sich als nächstes stellt – war die Situation der Christenheit zur Zeit der Wende in der römischen Religionspolitik beschaffen? Wie sah der von Konstantin auserwählte Partner seiner neuen Religionspolitik aus? Zwei Aspekte scheinen mir hier besonders hervorhebenswert zu sein:

These 3: Die Kirche war – wenn auch regional unterschiedlich – im Laufe des 3. Jh. zu einer mächtigen und dynamischen Institution angewachsen, die von den Regierenden zunehmend weniger ignoriert werden konnte, und deren Entwicklung mehr und mehr dahin tendierte, in dieser römischen Gesellschaft und für diese römische Gesellschaft Verantwortung übernehmen zu wollen.

Das Galeriusedikt hatte auf die beiden grundlegenden Befürchtungen der römischen Kaiser und der staatstragenden Kräfte gegenüber den Christen hingewiesen, die zunehmend als Gefahr für das römische Reich an Bedeutung gewannen, und schließlich zur großen letzten Verfolgung geführt hätten, zum einen die Abwendung von der *publica disciplina Romanorum*, von der *secta parentum suorum* und zum anderen das Anwachsen der Kirche zu einer unübersehbaren, das ganze Reich erfassenden und die gesellschaftlichen Schichten durchdringenden Organisation, deren Mitglieder sich Normen setzten, die von den römischen Traditionswerten abwichen oder sie gar annullierten. *siquidem quadam ratione tanta*

---

22. Vgl. zum Verhältnis Konstantins zu seinem ältesten Sohn *N.J.E. Austin,* Constantine and Crispus, in: Acta Classica 23 (1980), 133-138; *H.A. Pohlsander,* Crispus. Brilliant Career and Tragic End, in: Historia 33 (1984), 79-106.

eosdem Christianos uoluntas inuasisset et tanta stultitia occupasset, ut non illa ueterum instituta sequerentur, quae forsitan primum parentes eorundem constituerant, sed pro arbitrio suo atque ut isdem erat libitum, ita sibimet leges facerent quas obseruarent, et per diuersa uarios populos congregarent. [23]

Kein Kult oder Götterglaube und keine philosophische Richtung konnten sich an Bedeutung mit der Kirche messen. Die meisten der übrigen Kulte machten im Vergleich mit dem Christentum einen ausgelaugten Eindruck. Jedenfalls hatten die Nichtchristen nichts Gleichwertiges der Dynamik, Überzeugungskraft und Entschlossenheit der Christen entgegenzusetzen. Sie bildeten zudem keine Einheit, sondern zerfielen in Anhänger unterschiedlichster Kulte, religiöser Vorstellungen und philosophischer Richtungen. Es ist ja charakteristisch, daß es nur wenig Widerstand gegen die religionspolitischen Tendenzen und Gesetze Konstantins, die das Heidentum einschränkten, gab – jedenfalls nichts, das mit dem Widerstand der Christen gegen die antichristlichen Maßnahmen der nichtchristlichen Kaiser zu vergleichen wäre.

Die christliche Anpassung an die römische Gesellschaft hatte sich in einem längeren Prozeß schon vor der Wende entwickelt. Ich verweise nur auf die räumliche und soziale Ausbreitung, auf die Übernahme der sozialen Strukturen, auf das Hineinwachsen in die hellenistisch-römische Kultur, auf die Identifizierung mit dem Imperium Romanum, auf den zunehmenden Fortschrittsgedanken.[24] Diese Entwicklung vollzog sich allerdings weder ohne innere Widerstände noch blieb sie konkurrenzlos. Aus kulturellen Wurzeln des Alten Testaments, aus apokalyptischen und aus asketischen Traditionen erwachsene Auffassungen wiesen in eine andere Richtung. Nur auf Hippolyt sei hier als renommiertes Beispiel aus vorkonstantinischer Zeit für eine kritische Haltung zum römischen Staat verwiesen. Auch er kannte das Modell der Parallelisierung von römischem Kaiserreich und Christentum, für das uns die an Kaiser Mark Aurel gerichtete Apologie des Meliton von Sardes frühestes Zeugnis ist (Euseb, Hist. eccl. 4, 26, 5 – 11) – allerdings deutete er es anders als Meliton eindeutig kritisch: »Denn da im 42. Jahr des Kaisers Augustus der Herr geboren wurde, erblühte von ihm (Augustus) an das Reich der Römer. Durch die Apostel rief der Herr alle Völker und alle Zungen herbei und schuf sich ein Volk gläubiger Christen ... Auf die gleiche Weise ahmte das Reich, das gemäß

---

23. Lactanz, De morte persecutorum 34, 2; ed. Brandt, 212, 16-213, 4.
24. Es handelt sich dabei um vielschichtige Probleme, für deren Darlegung hier nur auf einige neuere Literatur verwiesen sei: *Elisabeth Herrmann*, Ecclesia in Republica. Die Entwicklung der Kirche von pseudostaatlicher zu staatlich inkorporierter Existenz (Europäisches Forum 2), Frankfurt/Bern 1980; *Wolfgang Wischmeyer*, Von Golgatha zum Ponte Molle. Studien zur Sozialgeschichte der Kirche im dritten Jahrhundert, Göttingen 1992; *Hanns Christof Brennecke*, Ecclesia est in re publica, id est in imperio Romano. Das Christentum in der Gesellschaft an der Wende zum ›Konstantinischen Zeitalter‹, in: Jb f. Bibl. Theol. 7 (1992), 209-239; *Wolfram Kinzig*, Novitas Christiana. Die Idee des Fortschritts in der Alten Kirche bis Eusebius, Göttingen 1994.

der ›Kraft des Satans‹ (2. Thess. 2, 9) herrscht, dieses (das Volk der Christen) nach. In der gleichen Weise sammelte es aus allen Völkern die Edelsten, machte sie zum Kampf bereit und nannte sie Römer. Und deshalb erfolgt die erste Eintragung unter Augustus, als der Herr in Bethlehem geboren wurde, damit die Menschen dieser Welt, die dem irdischen König zugeschrieben sind, Römer genannt werden, die aber an den himmlischen König Glaubenden, die an ihrer Stirn das Siegeszeichen über den Tod tragen, den Namen Christen haben«.[25] Am Ende des 3. Jh. überwog die positive Bewertung von antiker Kultur und Gesellschaft in der Kirche, doch blieb eine kritische Haltung immer als Korrektiv erhalten. Das Gros der Christen wartete aber auf eine Anerkennung durch die Kaiser. Eine religiöse Bewegung, die an Bedeutung immer zunahm, konnte nicht ständig abseits von der Gesellschaft stehen bleiben.

These 4: Schon vor der diokletanischen Verfolgung bot die Kirche keineswegs ein Bild der Geschlossenheit. Die Verfolgung rief zusätzlich neue Schwierigkeiten hervor, die zu einer Identitätskrise führten. Eine Phase der theologischen Klärung und der ekklesiologischen Selbstfindung wäre notwendig gewesen.
Es fehlten der Kirche zur Zeit der Wende zum einen die nötige Geschlossenheit, weiter überzeugende eigene Konzeptionen zur Rolle der Kirche in der Gesellschaft und schließlich charismatische Persönlichkeiten, die dem Kaiser Konstantin ebenbürtig gewesen wären.
Deutliche Einblicke in die kirchliche Situation vor, während und nach der Verfolgung gewährt uns Euseb im gleich nach der Beendigung der Verfolgung verfaßten 8. Buch seiner Kirchengeschichte und im zu etwa gleicher Zeit verfaßten 12. Kapitel seiner Kurzfassung der *Märtyrer in Palästina*. In beiden Schriften deutete er die Verfolgung als göttliches Strafgericht über die Streitereien unter den Bischöfen vor der Verfolgung, geißelte das unwürdige Verhalten der Bischöfe in der Verfolgung, aber auch die Spaltungen unter den Bekennern nach der Verfolgung. Er wolle, so heißt es im 12. Kapitel der Schrift über die palästinensischen Märtyrer, nur das Positive, also die Taten der bewundernswerten Märtyrer, überliefern und es nur bei Andeutungen über den schlimmen Zustand der Kirche belassen.»Wie die göttliche Gerechtigkeit sie (die Bischöfe) aus Hirten der vernünftigen Schafe Christi, die sie nicht den Satzungen gemäß geleitet hatten, gleich als ob sie es so verdienten, zu Wärtern von Kamelen machte, eines unvernünftigen und nach seiner Leibesbildung völlig gekrümmten Tieres; ... weiter die ehrgeizigen Bestrebungen vieler, die willkürlichen und unrechtmäßig erfolgten Handlungen, die Spaltungen unter den Bekennern selbst; wie sehr ferner die unruhestiftenden Neuerer absichtlich auch noch das, was von der Kirche geblieben war, schädigten, da-

---

25. Hippolyt, Danielkommentar 4, 9; ed. N. Bonwetsch, GCS Hippolyt I, Leipzig 1897, 206, 11-55. 16-208, 4. Dieser Kommentar und die Schrift *De Antichristo* enthalten noch viele weitere Beispiele.

durch daß sie immer neue Dinge ersannen, rücksichtslos die Leiden der Verfolgungen noch vergrößerten und Übel Übeln entgegen stellten – alles das darf ich wohl übergehen«. Die zweite, nach 324 verfaßte Ausgabe der *Märtyrer in Palästina* enthielt dieses Kapitel allerdings nicht mehr. Auch Eusebs wohl im Jahr 315 gehaltene Rede zur Kirchweihe in Tyros läßt deutlich sein Suchen nach einer neuen Ekklesiologie erkennen. Später waren es dann die arianischen und melitianischen Streitigkeiten, die ihn über die Zerrissenheit der Kirche klagen ließen.[26]
Werner Portmann hat einen Katalog von kirchlichen Streitigkeiten vor der Verfolgung zusammengestellt[27], der in Einzelheiten sicher zu hinterfragen wäre – vor allem gilt das für seine Hypothese, daß die Auseinandersetzungen unter den Christen ein wesentlicher Grund für die Auslösung der Verfolgung gewesen seien. Portmanns Verdienst ist es aber, uns wieder in Erinnerung gerufen zu haben, daß die Zerrissenheit der Kirche nicht erst nach dem Toleranzedikt des Galerius in den donatistischen oder melitianischen Schismen und den späteren arianischen Streitigkeiten sichtbar wurde.
Summa: Nach der Anerkennung hatten sich die Christen gesehnt, aber die Kirche war zu diesem Zeitpunkt noch nicht reif, um den Zielen, die Konstantin mit ihr verfolgte, eine eigene Konzeption entgegenzusetzen.

3.

Erst auf der Grundlage der bisher erreichten Abklärungen können wir sinnvoll nach den Folgen der »Konstantinischen Wende« für die Christen im Imperium Romanum fragen. Damit ist ein sehr komplexes Problem gegeben, das eine Fülle von

---

26. In Hist. eccl. 8, 1, 7-2, 3 deutete Euseb die diokletianische Verfolgung als göttliches Strafgericht für die Lage der Kirche am Ende des 3. Jh. Einer habe den anderen beschimpft und beneidet. Im Wortstreit haben sie sich beinahe wie mit Schwert und Speer bekämpft. Bischöfe standen gegen Bischöfe, Laien gegen Laien (8, 1, 7). Die Bischöfe entbrannten in Eifersucht gegeneinander. Sie waren von Machtgier, Streit, Drohung, Neid, Haß bestimmt (8, 1, 8). Euseb wolle weder über das widersinnige Gebahren der Bischöfe vor der Verfolgung, noch der Lapsi und Traditores genauer berichten (8, 2, 2). In der Verfolgung hätten sich die Bischöfe teils in schimpflicher Weise versteckt, teils seien sie schmählich gefangengenommen und verhöhnt worden (8, 2, 1).
    Die oben gegebene Übersetzung von Mart. Pal. 12 stammt von *J.M. Pfättisch*, BKV 2. Aufl. Bd. 9, Kempten 1913, 307f. Zur zweiten, nach 324 erstellten Fassung der Schrift vgl. *Ed. Schwartz*, GCS 9, 3, LIX-LX.
    Die Kritik Eusebs in seiner um 315 gehaltenen Rede zu Tyros (Hist. eccl. 10, 4) ist zurückhaltender und rhetorisch verbrämt, aber auch hier wird deutlich, daß die Verfolgung die Strafe für die Sünden der Bischöfe und der Kirche war (vgl. besonders 10, 4, 11. 12. 34. 35. 57. 59).
    Später waren es dann die Auseinandersetzungen unter den Bischöfen und unter den Gläubigen im arianischen und im melitianischen Streit, die Euseb beklagte (vgl. Vita Constantini 2, 61 und 3, 4).
27. *Werner Portmann* (wie Anm. 15), 228-233.

Untersuchungen und unterschiedlicher Forschungsergebnisse unter Beteiligung aller geisteswissenschaftlichen Disziplinen hervorgerufen hat. Um nun nicht in der Flut einzelner Fragen zu versinken, wage ich es auch hier, nur einige Aspekte herauszustellen, die mir als Beitrag zur Klärung der speziellen Themenstellung dieses Vortrages besonders bedeutsam zu sein scheinen.

These 5: Von Beginn der Wende an blieb die Kirche mehr oder weniger Objekt des kaiserlichen Handelns. An positiven Folgen für sie wären Rechtssicherheit, ungehinderte Möglichkeit der Konsolidierung und in Grenzen gesellschaftliche Aufwertung zu nennen.

Einige Modifizierungen sind sogleich notwendig. Schon das Edikt des Galerius versprach den Christen Toleranz, also Rechtssicherheit, wenn auch höchst widerwillig, aber immerhin für *alle* Christen im Reich ohne Unterschied. Auch Konstantin bekannte sich zu religionspolitischer Toleranz, wie noch zu zeigen sein wird. Im Blick auf die Kirche fiel aber unter die konstantinische Toleranz schon von einem sehr frühen Zeitpunkt an – nämlich mit dem Beginn der Auseinandersetzung zwischen der donatistischen und der katholischen Kirche in Nordafrika – nur *ein Teil der Christen* im Reich. Wenn wir in Bezug auf die konstantinische Zeit von Kirche reden, kann also nur die Großkirche gemeint sein. Deren Mitglieder konnten jetzt nicht nur aufatmen, sondern auch *Vertrauen* in eine *langanhaltende* Rechtssicherheit haben.

Jedoch nicht so sehr die Gesetze waren es, die das Vertrauen in den neuen Kurs begründen konnten; denn Toleranz und Restitution des kirchlichen Vermögens war ja nun nicht das erste Mal verordnet. Euseb hat uns Galliens Toleranzreskript vom Jahr 260 erhalten, das auch die Restitution der gottesdienstlichen Stätten verfügte.[28] Es findet in der Forschung allerdings unterschiedliche Deutung: Handelte es sich dabei nur um die Aufhebung der Gesetze Valerians gegen die Christen oder wurde in ihm die Anerkennung des Christentums als *religio licita* ausgesprochen?[29] Euseb berichtet zumindest von einem weiteren, nach diesem Reskript erfolgten Martyrium.[30] Immerhin hatte es der Kirche eine über 40 Jahre andauernde Phase der Ruhe beschert, wenn es auch nicht die diokletianische Verfolgung verhinderte. Zur Beendigung dieser Verfolgung verfügte Galerius im Jahr 311 Toleranz, die auch eventuell schon mit Vermögensrestitution verbunden war. Dieses Gesetz hinderte jedoch Maximinus Daja nicht, in seinem Herrschaftsgebiet die Verfolgung fortzuführen.[31] Solche Erfahrungen waren wenig geeignet, den Christen das Ge-

---

28. Euseb, Hist. eccl. 7, 13.
29. Vgl. zur Forschung *Richard Klein,* Das frühe Christentum bis zum Ende der Verfolgungen, Bd. 1 (Texte zur Forschung 60), Darmstadt 1993, 395f.
30. Euseb, Hist. eccl. 7, 15.
31. Vgl. *Stephen Mitchell,* Maximinus and the Christians in A.D. 312: A New Latin Inscription, in: Journ. Rom. Stud. 78 (1988), 105-124.

fühl wirklicher Sicherheit zu vermitteln, zumal man auch ansonsten Erfahrungen mit der begrenzten Wirkung von Kaisergesetzen hatte.

Ausschlaggebend für die Möglichkeit des Vertrauens der Christen in die Wende war, daß der Kaiser selbst ihnen mehr und mehr zuneigte, daß er sich ihnen gegenüber als Glaubensgenosse – wenn auch einer besonderer Qualität – zu erkennen gab und daß sich auch seine Familie zunehmend als sichtbar christlich geprägt zu erkennen gab.[32] Somit waren es nicht nur Gesetze, sondern war es das Verhalten des Kaisers selbst, das eine langfristige neue Orientierung der römischen Religionspolitik garantierte. *Das* löste Vertrauen aus.

Spürbar wurden die positiven Seiten der neuen Situation für die Christen in folgendem:

Als erstes ist die Aufhebung aller diffamierenden Bestimmungen, die im Zuge der diokletianischen Verfolgung getroffen worden waren, zu nennen. Sie war mit der Restitution des kirchlichen Vermögens verbunden. Ein neuer Aspekt war die Erbberechtigung der Kirche. Vor allem das Gesetz vom Jahre 321 über die Zulassung letztwilliger Verfügungen an die Kirche war dazu angetan, der Kirche eine beachtliche ökonomische Position zu verschaffen.[33]

Als nächstes ist unter den Positiva die Möglichkeit der ungehinderten Ausbreitung des Christentums zu verbuchen – bei gleichzeitiger Einschränkung heidnischer Kulte. Konstantin hatte sich zwar sowohl in der Mailänder Vereinbarung wie auch noch einmal nach der Besiegung des Licinius in Briefen an die Christen der Ost-

---

32. Vgl. *Joseph Vogt*, Pagans and Christians in the Family of Constantine the Great, in: *A.D. Momigliano* (Hrsg.), The Conflict between Paganism and Christianity in the Fourth Century, Oxford 1963, 38-55. Konstantin hatte den christlichen Philosophen Lactanz zum Erzieher seines ältesten Sohnes, Crispus, gemacht. Die Kaiserinmutter, Helena, engagierte sich sichtbar für die Belange der Kirche. Zu ihrer Geschichte und Legende vgl. *Jan Willem Drijvers*, Helena Augusta. The Mother of Constantine the Great and the Legend of Her Finding of the True Cross (Brill's Studies in Intellectual History 27), Leiden 1992.
Johannes Straubs These, Konstantins Verzicht auf den Gang zum Jupiteraltar auf dem Kapitol nach dem Sieg über Maxentius sei als eindeutiges Zeichen eines klaren Bekenntnisses zum Christentum schon zu diesem frühen Zeitpunkt zu werten, hat viel Zustimmung gefunden: *Straub*, Konstantins Verzicht auf den Gang zum Kapitol, in: Historia 4 (1955), 297-313 = *ders.*, Regeneratio Imperii, 1972, 100-118. Vgl. zur Problematik *Michael McCormick*, Eternal victory, Cambridge 1986, 36f. 100f. und *Ritter* (wie Anm. 20), 264 Anm. 45. An ablehnenden Stimmen aus neuerer Zeit seien genannt *Th.G. Elliott*, Constantine's Conversion: Do we Really Need it?, in: Phoenix 41 (1987), 420-438; *Kuhoff* (wie Anm. 20); *Bleicken* (wie Anm. 20), 34ff.
33. CTh 16, 2, 4. Daß es sich bei den Auswirkungen auf die Religionspolitik Konstantins um einen langen Prozeß handelte, hob besonders *Ramsay MacMullen* hervor: The Meaning of A.D. 312. The Difficulty of Converting the Empire, in: The 17th Intern. Byzantine Congress, Major Papers, New York 1986, 1-15, vgl. bes. 4: »... that the year 312 cannot have had any very sharp effect ... even inside one man's head, the old ways and his new religious allegiance might coexist«.

hälfte des Reiches (VC 2, 24-42; 48-60) zur Toleranz allen Religionen gegenüber bekannt. Ich zitiere aus der von Laktanz überlieferten Fassung der Mailänder Vereinbarung: *etiam aliis religionis suae vel obseruantiae potestatem similiter apertam et liberam pro quiete temporis nostri ‹esse› concessam, ut in colendo quod quisque delegerit, habeat liberam facultatem. ‹quod a nobis factum est, ut neque cuiquam› honori neque cuiquam religioni ‹detractum› aliquid a nobis ‹uideatur›*.[34] In seinem Brief an die Orientalen vom Jahre 324 findet sich der Toleranzgedanke aber nur noch am Rande. Dagegen bekannte er sich in diesem Schreiben klar zum Christengott: Er habe alle seine Unternehmungen unter Gottes Leitung vollbracht. »So verlangt es mich auch, es selbst auf meine Schultern zu nehmen, dein (Gottes) heiligstes Haus wieder zu erneuern, das jene Abscheuliche und Gottlose durch sinnlose Zerstörung verwüstet haben«.[35]

Konstantins Gesetzgebung zum Heidentum ist nicht ganz leicht zu bewerten. Als erstes ist festzuhalten, daß es kein Gesetz zur Förderung des Heidentums gab, im Unterschied zu den Christengesetzen. Seine Gesetze gegen Haruspizien und Magie lagen zwar auf der Linie seiner Vorgänger, doch war der Ton abweisender geworden.[36] Euseb nannte zudem eine Reihe heidenfeindlicher Maßnahmen, die nicht durch uns erhaltene Gesetzestexte abgesichert sind.[37] Seine Angaben sind aber sicher nicht frei erfunden, wenn auch ihre Bewertung durch Euseb übertrieben sein mag. Zum Teil ging es dabei um das Verbot von Kulten, die wider den römischen Moralkodex verstießen und aus diesem Grunde schon in vorkonstantinischer Zeit Ablehnung gefunden hatten. Zum Teil lagen fiskalische Interessen zu Grunde. Die Gesamttendenz Konstantins war aber doch eine Ablehnung der Kulte der Altgläubigen.

Als letztes ist auf die Förderung des christlichen Klerus und der gesellschaftlichen Aufgabenstellungen des Bischofsamtes durch Konstantin zu verweisen. Zur Privilegierung des Klerus sind die schon 313 erfolgte Befreiung des Klerus von allen *munera*, also die Gleichstellung mit den heidnischen Priestern, und für die gesellschaftliche Aufwertung des Bischofsamtes besonders die *manumissio in ecclesia* und die *audientia episcopalis* zu nennen.[38] Alle drei genannten Punkte hatten für die Groß-

---

34. Lactanz, De morte persecutorum 48, 6; ed. Brandt, 230, 13-231, 7. Die in ‹ › gesetzten Passagen sind durch die Handschrift nicht gestützt, vgl. den von Euseb, Hist. eccl. 10, 5, 8 überlieferten Text.
35. Euseb, Vita Constantini 2, 55, 2; ed. Winkelmann, 70, 29-31.
36. Vgl. *Karl-Leo Noethlichs,* Die gesetzgeberischen Maßnahmen der christlichen Kaiser des vierten Jahrhunderts gegen Häretiker, Heiden und Juden, Diss. phil. Köln 1971, 19-30; *Timothy D. Barnes,* Constantine's Prohibition of Pagan Sacrifice, in: American Journ. of Philology 105 (1984), 69-72; *R M. Errington,* Constantine and the Pagans, in: Greek, Roman and Byzantine Studies 29 (1988), 309-318.
37. Vgl. Euseb, Vita Constantini 2, 44f.; 3, 26. 48. 53-56; 4, 16. 18. 25.
38. Vgl. zur Privilegierung *Clemence Dupont,* Les privilèges des clercs sous Constantin, in: Revue d'Histoire Ecclésiastique 62 (1967), 729-752; *Karl-Leo Noethlichs,* Zur Einflußnahme des Staa-

kirche große Bedeutung, selbst wenn man sich bei den beiden zuletzt genannten Fakten der Hypothese anschlösse, es sollten dadurch nur die öffentlichen Gerichte entlastet werden, und es seien diese Aufgaben zudem auf den innerkirchlichen Bereich beschränkt geblieben. Richtig ist allerdings, daß sich die gesellschaftliche Aufwertung des Klerus unter Konstantin für den äußeren Betrachter in Grenzen hielt.

These 6: Der Einfluß christlicher Prinzipien und christlicher ethischer Maximen auf den konstantinischen Staat blieb gering.

Ein häufig diskutiertes Thema ist die Frage nach der Auswirkung christlicher moralischer Maximen auf die konstantinische Gesetzgebung. Nur weniges scheint in diese Richtung zu deuten: Einige Bestimmungen aus dem Bereich der Familiengesetzgebung (Ehegesetze und Aufhebungen von Erbbeschränkungen) könnten hier genannt werden, doch setzten sie eigentlich nur die Linie der römischen Familienplanung fort. Weiter wird auf die Schätzung des Gesichtes als »Ebenbild göttlicher Schönheit« hingewiesen. Hier könnte christliches Denken sichtbar werden. Allerdings steht diesem kümmerlichen Ergebnis entgegen, daß die konstantinische Strafgesetzgebung gerade durch eine Vulgarisierung zu einem Bruch mit der vorhergehenden Entwicklung führte. Die Strafen wurden in einer uns unerträglich erscheinenden Weise verschärft.[39]

Auf Mommsens Strafrecht geht die Meinung zurück, Konstantin habe die Kreuzigungsstrafe abgeschafft. Doch lautet das Ergebnis der Untersuchungen von Erika Dinkler-von Schubert, das mir gut abgesichert zu sein scheint, viel zurückhaltender: »Die Abschaffung der Kreuzigungsstrafe ist durch ein Gesetz Konstantins nicht zu belegen, ein diesbezüglicher Rechtstext fehlt«.[40]

tes auf die Entwicklung eines christlichen Klerikerstandes, in: Jahrb. f. Antike u. Christentum 15 (1972), 136-153; *Werner Eck,* Der Einfluß der konstantinischen Wende auf die Auswahl der Bischöfe im 4. u. 5. Jahrhundert, in: Chiron 8 (1978), 561-585; *Timothy D. Barnes,* Emperor and Bishops, A.D. 324-344. Some Problems, in: Journ. of Ancient History 3 (1978), 53-75; *Henry Chadwick,* The Role of the Christian Bishop in Ancient Society, in: Centre for Hermeneutical Studies, Berkeley: Colloquy 35 (1980), 1-14; *Peter Brown,* ebda., 15-22; *G.W. Bowersock,* From Emperor to Bishop. The Self-Conscious Transformation of Political Power in the Fourth Century A.D., in: Classical Philology 81 (1986), 298-307. Bowersock versuchte, den Wandel in den Machtverhältnissen an einer Gegenüberstellung der Ereignisse der Jahre 325 (Konstantin und das Konzil zu Nikaia) und 390 (Theodosius und Ambrosius) zu exemplifizieren. Ein überzeugendes Rezept für die weitere Entwicklung ist damit aber nicht gefunden. In Ostrom zumindest blieb immer das Konzept Konstantins Vorbild. Vgl. weiter *Rita Lizzi,* Il potere episcopale nell'Oriente Romano, Rom 1987. Zur Manumissio und zur Audientia vgl. *Noethlichs,* in: L'église et l'empire au ive siècle (Entretiens sur l'Antiquité Classique 34), Vandoeuvres – Genève 1989, 270-273 (mit weiteren Literaturhinweisen).

39. Vgl. *Noethlichs* (wie Anm. 38), 255-260.
40. Art.: Kreuz, in: Reallexikon zur Byzantin. Kunst 5 (1991), 23f. Vgl. auch *dies., Nomen ipsum crucis absit* (Cicero, Pro Rabirio 5, 16). Zur Abschaffung der Kreuzigungsstrafe in der Spätantike, in: Jahrb. f. Antike u. Christentum 35 (1992), 135-146.

Der *dies solis* wurde laut den erhaltenen Gesetzen von Konstantin ohne christlichen Bezug eingeführt. Das entsprach seinem Bemühen um eine ausgewogene Religionspolitik. Euseb deutete die Einführung dieses Feiertages später natürlich in einem rein christlichen Sinne.[41]
Bei der Frage nach der Wirkung christlicher Impulse auf die konstantinische Gesetzgebung ist also nur sehr weniges zu nennen. Und dieses wenige kann noch in Frage stellt werden.
Peter Brown umreißt generalisierend, aber treffend im Blick auf die Entwicklung Ostroms die Wirkung des Christentums auf die römische Gesellschaft, aber auch die Grenzen dieser Wirkung mit der folgenden Formulierung: »The eastern empire became a more markedly Christian state, as he had wished it to be, but little change had occurred in the profane structures that supported its civic life«.[42]

These 7: Die Wende brachte auch Veränderungen kirchlicher Interna mit sich. Teils kamen dabei Tendenzen zum Tragen, die schon vor der diokletianischen Verfolgung in der kirchlichen Entwicklung vorgebildet waren. Teils aber wurden auch neue Prozesse durch die Einwirkung kirchenfremder Intentionen, Konzeptionen und Entwicklungen in die Wege geleitet.
Hier ist eine ganze Reihe von Punkten zu nennen, die eigentlich alle gründliche Erwägungen und Absicherungen erforderten, die allerdings über den Rahmen eines Vortrages weit hinaus führen würden. So muß ich mich mit einigen Hinweisen begnügen.
Sachfremde Einwirkungen auf theologische und kirchenpolitische Auseinandersetzungen können im arianischen Streit zur Genüge beobachtet werden.[43]
In Eusebs Vita Constantini 1, 44 findet sich der vieldiskutierte Satz, Konstantin habe, wenn Streit in der Kirche ausbrach, Synoden von Bischöfen einberufen οἷά τις κοινὸς ἐπίσκοπος.[44] Euseb jedenfalls hielt das für völlig unproblematisch. In der Bemühung um den Einsatz staatlicher Macht zur Lösung innerkirchlichen Strei-

---

41. Es handelt sich um zwei Gesetze aus dem Jahr 321, von denen das eine im CTh (II 8, 1), das andere im CJ (III 12, 2) überliefert ist. Eusebs Interpretation in: Vita Constantini 4, 18-20, ed. Winkelmann, 126f.
42. *Brown* (wie Anm. 2), 119. *Bowersock* (wie Anm. 38) hatte wohl mit seiner Formulierung mehr die abendländische Entwicklung im Blick: »The foundation of Christendom brought with it a radical restructuring of social and political life that reflected the priorities of the kingdom of God« (298). Aber auch da scheint mir die realpolitische Orientierung nicht genügend berücksichtigt zu sein.
43. Am berühmtesten, wenn auch sehr umstritten, ist die Bemerkung Eusebs in dem sehr diplomatischen Schreiben an seine Gemeinde, ed. Opitz (s. oben Anm. 8), 44, 1-9.
44. An Literatur sei hier nur genannt *Klaus M. Girardet,* Das christliche Priestertum Konstantins d. Gr., in: Chiron 10 (1980), 569-592, und *Daniel de Decker,* L'épiscopat de l'empereur Constantin, in: Byzantion 50 (1980), 118-157. In beiden Aufsätzen wird ältere Forschungsliteratur zitiert.

tes hatten Christen ja auch schon in vorkonstantinischer Zeit keine Hemmung gehabt. Dieser Aspekt jedenfalls scheint mir an dem Bericht des Euseb über den Fall des Paulus von Samosata glaubwürdig zu sein. Auf jeden Fall hat Euseb, der diesen Abschnitt seiner Kirchengeschichte vor dem Jahr 303 niederschrieb, in einer Appellation an einen heidnischen Kaiser kein Problem gesehen.[45]
Konstantin berief in aller Selbstverständlichkeit das I. Ökumenische Konzil zu Nikaia, er regulierte und präsidierte. Alle fanden das normal, obwohl es sich doch um einen schwerwiegenden Eingriff in die kirchliche Eigengestaltung handelte. Die entscheidende Weichenstellung war aber schon im Beginn des donatistischen Streites erfolgt. Es reicht hier, auf die intensiven Forschungen von Klaus Girardet und Hanns Christof Brennecke zur Veränderung des kirchlichen Synodalverständnisses zu verweisen.[46] Ihr Hinweis auf das Amt des Pontifex Maximus, aus dem Konstantin von Anfang an die Berechtigung seiner Eingriffe in kirchliche Interna abgeleitet habe, ist sehr erwägenswert. Mit ihm, weiter mit dem Anspruch Konstantins auf eine besondere Auserwähltheit durch Gott und schließlich mit des Kaisers Orientierung am römischen Kultverständnis haben wir drei grundlegende Faktoren der konstantinischen Kirchenpolitik gefaßt.

Bei den Auswirkungen auf die überregionalen kirchlichen Strukturen und Machtverhältnisse scheint mir das Problem, ob die kirchliche Metropolitan- und Diözesenordnung sich der staatlichen anschloß oder umgekehrt nicht von so weittragender Bedeutung für unsere Fragestellung zu sein, wie vielmehr die Bestätigung der Machtfülle einiger weniger Bischofssitze, die schon längst umfassende Geltung angestrebt hatten, wenn auch bei einer Eingrenzung ihrer noch viel weiter gehenden Machtansprüche. Im 6. Kanon des I. Ökumenischen Konzils zu Nikaia wurden Alexandreia, Rom und Antiocheia hervorgehoben. Keine namentliche Er-

---

45. Vgl. Euseb, Hist. eccl. 7, 30, 19. Den gesamten Bericht über die Affäre des Paul von Samosata beurteilen mit Recht sehr skeptisch *Fergus Millar,* Paul of Samosata, Zenobia and Aurelian. The Church, Local Culture and Political Allegiance in Third-century Syria, in: Journ. Rom. Stud. 61 (1971), 1-17, und *Hanns Christof Brennecke,* Zum Prozeß gegen Paul von Samosata. Die Frage nach der Verurteilung des Homoousios, in: ZNW 75 (1984), 270-290.

46. Von *Klaus Martin Girardet* sind hier eine Reihe von Untersuchungen zu nennen: Kaisergericht und Bischofgericht (Antiquitas I 21), Bonn 1975; Das Reichskonzil von Rom (313) – Urteil, Einspruch, Folgen, in: Historia 61 (1992), 104-116; Die Petition der Donatisten an Kaiser Konstantin (Frühjahr 313) – historische Voraussetzungen und Folgen, in: Chiron 19 (1989), 185-206; Konstantin d. Gr. und das Reichskonzil von Arles (314). Historisches Problem und und methodologische Aspekte, in: Oecumenica et Patristica, FS W. Schneemelcher, Stuttgart 1989, 151-174; Kaiser Konstantin d. Gr. als Vorsitzender von Konzilien. Die historischen Tatsachen und ihre Deutung, in: Gymnasium 98 (1991), 548-560; Der Vorsitzende des Konzils von Nicaea (325) – Kaiser Konstantin d. Gr., in: Klassisches Altertum, Spätantike und frühes Christentum, FS A. Lippold, Würzburg 1993, 331-360. Vgl. zudem *Hanns Christof Brennecke,* Bischofsversammlung und Reichssynode. Das Synodalwesen im Umbruch der konstantinischen Zeit, in: Oikonomia Bd. 25, Erlangen 1989, 35-53. 140-147.

wähnung fanden in den Kanones andere, in der bisherigen Kirchengeschichte bedeutsame christliche Zentren, wie z.B. Karthago, Caesarea/Palästina, Caesarea/Kappadokien, Herakleia, Ephesos, Edessa. Stark beeinflußt wurde die weitere Entwicklung noch besonders durch die Rangerhöhung Jerusalems (Nikaia can. 7) und vor allem durch die Gründung Konstantinopels als neuer Reichshauptstadt. Dessen spätere kirchliche Aufwertung durch die oströmischen Kaiser[47] allerdings ist Konstantin selbst nicht anzulasten, aber sie ergab sich notgedrungen aus der Verlagerung der Hauptstadt nach dem alten Byzanz. Damit waren die die weitere Entwicklung der Kirche mitbestimmenden großen Machtkämpfe einiger weniger Bischofssitze um überregionale Einflußsphären mit allen Möglichkeiten übler Intrigen vorprogrammiert.

Von großer Auswirkung war die neue Beurteilung derer, die von der Großkirche abwichen. Sie wurden nun nicht nur zu Kirchenfeinden, sondern auch zu Staatsfeinden. Ihren Abschluß fand diese Entwicklung unter Theodosius I.[48]

Die Verchristlichung der Kaiserideologie, deren Wurzeln sowohl in hellenistischrömischer Tradition als auch in der theologischen Entwicklung lagen, ist ein komplexes Problem, das hier nicht in der notwendigen Ausführlichkeit abgehandelt werden kann. Ihre Vorbereitung erfuhr sie bereits in vorkonstantinischer Zeit. Sie bildete jedenfalls einen die weitere Kirchengeschichte wesentlich beeinflussenden Faktor.[49]

Zu nennen ist weiter die Verstärkung der Gleichsetzung von »christlich« und »römisch«, verbunden mit der Aneignung der Barbarenvorstellung. Für die recht komplexe Entwicklung der Barbarenvorstellung haben Ilona Opelt und Wolfgang Speyer das Material zusammengestellt.[50] In der Zeit der Antike und im frühen Christentum hatte der Barbarenbegriff eine große Bandbreite der Bedeutung, trotzdem lassen sich gewisse Stufen der christlichen Beurteilung benennen, wenn es auch verschiedene Nebenlinien gab. Vor der Wende bereits machte sich der Gedanke eines Kultur-

---

47. Vgl. Kanon 2. 3 und 4 des II. Ökumenischen Konzils zu Konstantinopel 381 und Kanon 28 des IV. Ökumenischen Konzils zu Chalkedon. Zur Entwicklung Konstantinopels vgl. *Mango, Speck* (s. oben Anm. 18); *Hans-Georg Beck*, Großstadt-Probleme. Konstantinopel vom 4. bis 6. Jh., in: *ders.* (Hrsg.): Studien zur Frühgeschichte Konstantinopels (Miscellanea Byzantina Monacensia 14), München 1973, 1-26; *G. Dagron,* Naissance d'une capital. Constantinople et ses institutions de 330 à 451, Paris 1974; *ders.*, Constantinople imaginaire, Paris 1984; *Albrecht Berger,* Untersuchungen zu den Patria Konstantinupoleos, Bonn 1988; *Gudrun Schmalzbauer*, Art.: Konstantinopel, in: TRE 19 (1989), 503-518.
48. Vgl. dazu *Noethlichs* (s. oben Anm. 34).
49. Aus der Fülle der Forschungsliteratur nenne ich hier nur *Timothy D. Barnes,* Constantine and Eusebius, Cambridge/ Mass. 1981, 245ff. 390ff. (mit umfänglichen Literaturangaben); *F. Heim,* Virtus. Idéologie politique et croyance religieuse au Ive siècle (Publ. Univ. europ. 15, Philol. et Litt. class. 49), Bern 1991; *ders.*, La théologie de la Victoire. De Constantin à Théodose (Théol. hist. 89), Paris 1992.
50. Jahrb. f. Antike u. Christentum 10 (1967), 271-282.

gefälles, verbunden mit einer moralischen Abwertung, breit. Durch die Barbareneinfälle seit dem 3. Jh. trat dazu noch die Angstvorstellung. Die Wende bewirkte durch die einsetzende Identifizierung von römisch mit christlich noch eine weitere Stufe der Entwicklung, nämlich die Abwertung der Barbaren als heidnisch oder als häretisch. Von großer Bedeutung war die Veränderung der heilsgeschichtlichen Zielvorstellung durch die Zurückdrängung der auf ein Eschaton ausgerichteten Blickrichtung durch eine Orientierung am *status quo* eines *Imperium Romanum Christianum*. Natürlich blieb die Lehre der Kirche von den Letzten Dingen als Glaubensformel erhalten, doch praktisch verbreitete sich die Auffassung, daß mit dem verchristlichten Römerreich doch schon irgendwie das heilsgeschichtliche Ziel erreicht sei. Eusebs Darstellung wäre hier als erstes zu nennen. Sie hatte große Wirkung auf alle christlichen Kulturbereiche. Auch die erste umfassende christliche Weltgeschichte des Okzidents, das Werk des Orosius, war romorientiert. Selbst die griechischen Chroniken, die ja das heilsgeschichtliche Ablaufschema zugrundelegten, wiesen nicht über ihre Zeit hinaus. Charakteristisch ist Johannes Malalas, für den die Inkarnation Christi genau die Mitte der Zeit bildete. Um das deutlich zu dokumentieren, widmete er 9 Bücher der Darstellung der Zeit vor Christus und 9 Bücher der Darstellung der Zeit von Christus bis zur Gegenwart des Autors (565 oder 574, Darstellung erhalten bis 563).

Das Ende der Märtyrerkirche hatte den weiteren Ausbau der bischöflichen Machtstellung zur Folge, der allerdings in den Geistansprüchen der Asketen und Mönche eine neue Konkurrenz erwuchs. Ich verweise nur auf einen Aufsatz von Jochen Martin, der die Bemühungen der Bischöfe, ihr Amt mit dem Flair des Heiligen zu verbinden, herausarbeitet.[51] Daß Konstantinopel in besonderer Weise zum Austragungsort der Kämpfe zwischen Asketen und dem Episkopat wurde, hat Gilbert Dagron uns deutlich vor Augen geführt.[52]

4.

Es steht noch die Beantwortung der Frage nach der Reaktion der Christen auf die »Konstantinische Wende« aus. Auf zwei Aspekte möchte ich hier die Aufmerksamkeit lenken:

These 8: Unter den Christen der konstantinischen Regierungszeit überwog die Dankbarkeit über die Wende, über die zunehmende Förderung der Kirche und

---

51. *Jochen Martin,* Die Macht der Heiligen, in: *ders.,* Christentum und antike Gesellschaft, Darmstadt 1990, 440-474. Zu den größeren Zusammenhängen sei hier nur auf *Peter Brown,* Society and the Holy in Late Antiquity, Berkeley/California 1982, und *ders.,* The Cult of the Saints, Chicago 1981, verwiesen.
52. *Gilbert Dagron,* in: Travaux et Mémoires 4 (1970), 229-276.

über die Anerkennung durch den Kaiser. Grundsätzliche Kritik oder gar neue eigenständige christliche Konzeptionen sind uns nicht überliefert. Es finden sich höchstens Distanzierungen von einzelnen Symptomen. Die neue Situation konnten die Christen nach den hinter ihnen liegenden furchtbaren Zeiten der Verfolgung nur mit großer Dankbarkeit Gott und dem Kaiser gegenüber und mit ungläubigem Staunen aufnehmen. Als wie unfaßbar die neue Lage unter Konstantin erschien, zeigt zum Beispiel eindrücklich der berühmte Bericht Eusebs über den Empfang von Bischöfen am kaiserlichen Hof aus Anlaß der Feiern zum zwanzigjährigen Regierungsjubiläum Konstantins: »Jeder Beschreibung aber spottet, was da geschah; denn Leibwächter und Trabanten wachten, die scharfen Schwerter gezückt, rings um den Vorhof des kaiserlichen Palastes; mitten zwischen ihnen konnten aber furchtlos die Gottesmänner hindurchgehen und bis ins Innerste des Palastes gelangen. Da nun lagen die einen auf demselben Polster zu Tisch wie der Kaiser, während die andern auf Polstern zu beiden Seiten ruhten. Leicht hätte man das für ein Bild vom Reiche Christi halten oder wähnen können, es sei alles nur ein Traum und nicht Wirklichkeit«.[53] Nichts deutet darauf, daß andere Christen die Wende zur Zeit Konstantins grundsätzlich nicht ähnlich beurteilt hätten.

Eine solche Haltung schloß Kritik an einzelnen Zügen der Politik Konstantins nicht aus. Schon Giorgio Pasquali hatte die *psogoi* in Eusebs *Vita Constantini* entdeckt.[54] Man erkennt heute noch mehr Korrekturen an der konstantinischen Repräsentationspropaganda in dieser Schrift.

Auch Athanasius übte keine grundsätzliche Kritik an Konstantin I. und an dem sich zunehmend verchristlichenden Staat.[55] Das gilt auch für die Verlierer der kirchlichen Auseinandersetzungen und der kaiserlichen Kirchenpolitik[56] – Donatisten und Melitianer oder Anhänger und Gegner der Ergebnisse des Konzils zu Nikaia (325).

53. Euseb, Vita Constantini 3, 15, 2; ed. Winkelmann, 89, 4-10; Übers. *J. Pfättisch*, BKV 2. Aufl. Bd. 9, Kempten 1913, 105.
54. *Giorgio Pasquali,* in: Hermes 45 (1910), 382f. 385. Euseb, Vita Constantini 4, 29-31; 54,2.
55. Vgl. zu dieser Problematik besonders *Karl Friedrich Hagel,* Kirche und Kaisertum in Lehre und Leben des Athanasius, Diss. Tübingen 1933, 1-14 (Die Lehre des Athanasius von Kirche und Kaisertum) = *Gerhard Ruhbach* (Hrsg.): Die Kirche angesichts der Konstantinischen Wende, Darmstadt 1976, 259-278; *Hans Lietzmann,* Die Anfänge des Problems Kirche und Staat, in: Sb Berlin 1938 = Kleine Schriften 1, Berlin 1958 = *Ruhbach,* a.a.O., 11: »Es kam zu einer großen kirchlichen Aktion gegen Athanasius, dem man schwere Gewalttätigkeiten vorwarf, und eine Synode zu Tyrus verurteilte ihn feierlich. Da ist es Athanasius gewesen, der diesem kirchlichen Urteil die Rechtskraft absprach und eine unmittelbare kaiserliche Entscheidung verlangte. Derselbe Athanasius, der in späterer Zeit als Vorkämpfer der kirchlichen Freiheit gegen staatliche Bevormundung erscheint, hat für seine Person die Berufung vom kirchlichen an das staatliche Gericht in der Ostkirche eingeführt.«; *Vincent Twomey,* Apostolikos Thronos, Münster 1982, 252 passim; *Timothy D. Barnes,* Athanasius and Constantius. Theology and Politics in the Constantinian Empire, Cambridge/ Mass 1993, bes. 19-33.
56. Vgl. z B. *Leeb* (wie Anm. 20), 160-165.

These 9: Die Problematik der Person des Kaisers und der Auswirkungen der Wende auf die Kirche wurden nicht in kritischer Auseinandersetzung verarbeitet. Man schritt einen anderen Weg, nämlich den der Entschärfung aller Probleme, indem man Konstantin in die kirchliche Heiligenvorstellung einpaßte.
In späterer christlicher Sicht brachte man zwar dem Kaiser Konstantin die gebührende Dankbarkeit entgegen, doch korrigierte und eliminierte man nach Möglichkeit das, was man als negativ empfand und was von heidnischen Historikern als besonders verwerflich herausgestellt wurde. Konstantin wurde einfach in den Rahmen der kirchlichen Frömmigkeit gestellt und auf diese Weise zu einem moralischen Vorbild für alle nachfolgenden Kaiser gemacht. Neben ihm wurde das Bild der heiligen Helena aufgebaut. Während in den orthodoxen Ostkirchen am 21. Mai der Heiligen Konstantin und Helena bis heute gedacht wird, widmete die lateinische Kirche den 18. August nur der Helena und gedenkt an diesem Tag besonders ihrer Kreuzfindung und ihrer Bauten im Heiligen Land. Doch beeinflußten einige Aspekte der konstantinischen Legende im Rahmen der Donatio Constantini viele Jahrhunderte das Konstantinbild des Abendlandes.[57]

Das griechische hagiographische Konstantinbild bot in mannigfachen Formen die folgenden Grundelemente, und sie sind in der orthodoxen Christenheit bis heute verbreitet: Sohn des Constantius Chlorus und dessen Konkubine Helena, der ehemaligen Wirtstochter. Dieser Makel wurde also nicht verschwiegen. / Konstantins wunderbare Bekehrung zum Christentum durch Zeichen, Erscheinungen und Träume vor dem Kampf mit Maxentius. / Rechtgläubige Taufe nach der Bekehrung durch Papst Silvester I. (314 – 335), fußend auf der im 5. Jh. im lateinischen Bereich entstandenen Silvesterlegende, verbunden mit Polemik gegen Berichte, Konstantin habe erst kurz vor seinem Tode vom Häretiker Euseb von Nikomedeia die Taufe empfangen. / Kreuzauffindungs- und Pilgerlegenden der Helena. / Legenden über Gründung und Ausbau Konstantinopels als christlicher Hauptstadt. / Siege über Maxentius und Licinius mit Hilfe Christi und des Kreuzeszeichens. / Berichte über das I. Ökumenische Konzil. Dabei Darstellung der Bischöfe und Märty-

---

57. Vgl. zur lateinischen hagiographischen Überlieferung *A. Linder,* The Myth of Constantine the Great in the West. Sources and Hagiographic Commemoration, in: Studi Medievali, 3. Ser. 16 (1975), 43-95; *W. Levison,* Konstantinische Schenkung und Silvesterlegende, in: Miscellanea Francesco Ehrle, Bd. 2, Rom 1924, 159 -247; *E. Ewig,* Das Bild Constantin des Großen in den ersten Jahrhunderten des abendländischen Mittelalters, in: Histor. Jahrb. 75 (1956), 1-46; *W. Pohlkamp,* Kaiser Konstantin, der heidnische und der christliche Kult in den Actus Silvestri, in: Frühmittelalterl. Studien 18 (1984), 357-400; *Thomas Grünewald:* Constantinus novus. Zum Constantin-Bild des Mittelalters, in: *Giorgio Bonamente* u. *Franca Fusco* (Hrsg.): Costantino il Grande dall'Antichità all' Umanesimo, Bd. 1, Macerata 1992, 461-485; *Wolfgang Maaz,* in: Enzyklopädie des Märchens 8 (1995), 193-210 auch zur griechischen und slawischen Überlieferung (mit umfangreichen Literaturangaben); zur Rezeption *Herwig Wolfram,* Constantin als Vorbild für den Herrscher des hochmittelalterlichen Reiches, in: Mitteilungen d. Inst. f. österr. Gesch.forschung 68 (1960), 226-243.

rer als gleichberechtigte Partner des Kaisers. / Tod Konstantins nach einem vorbildlich frommen und moralisch einwandfreien Leben.[58] Von der eigentlichen, der historischen Bedeutung Konstantins für die Kirche, nämlich von der durch ihn im wesentlichen initiierten und vor allem stabilisierten Wende in der römischen Religionspolitik ist in solchen Schilderungen keine Rede. Mit der Darstellung Konstantins und seiner Mutter als christlichen Heiligen wurde die Wirkung dieses Kaisers in eine Formel gefaßt, die einer Auseinandersetzung mit der wirklichen Bedeutung der Wende und auch ihrer Problematik für die Kirche aus dem Wege ging. Konstantin und Helena wurden vielmehr zu moralischen Leitbildern für alle späteren Herrscher erhoben. Und so endet die älteste und am meisten verbreitete hagiographische griechische Vitenfassung mit dem Gebet: »Gott, der du deine Knechte Konstantin und Helena wegen ihrer Tugend und wegen ihres reinen Glaubens an dich verherrlicht hast, würdige auch die kommenden Kaiser bis zur Vollendung der römischen Herrschaft, deren (Konstantins und Helenas) Glauben und Tugend nachzueifern, damit dein Volk in Frieden, Freude und aller Seligkeit wandle und dir, dem Herrn aller, einen Ruhmeshymnus und ein Dankgebet emporsende, zugleich dem Vater und dem Sohn und dem Heiligen Geist jetzt und immerdar und in alle Ewigkeit«.[59]

---

58. Vgl. zur griechischen hagiographischen Überlieferung *F. Halkin*, Bibliotheca Hagiographica Graeca, 3. Aufl. Brüssel 1957, Nr. 361x-369k und *ders.*, Novum Auctarium, Brüssel 1984, Nr. 361x-369n; *F. Winkelmann,* Das hagiographische Bild Konstantin Jl. in mittelbyzantinischer Zeit, in: *V. Vavrinek* (Hrsg.), Beiträge zur byzantinischen Geschichte im 9.-11. Jahrhundert, Prag 1978, 179-203 = *ders.,* Studien zu Konstantin dem Grossen und zur byzantinischen Kirchengeschichte, Birmingham 1993, Nr. XIV; *Mario Mazza,* Costantino nella storiografia ecclesiastica, in: *Giorgio Bonamente* und *F±ãnca Fusco* (Hrsg.), Costantino il Grande dall' Antichità all' Umanesimo, Bd. 2, Macerata 1993, 659-692.
59. Ed. F. Winkelmann, in: *J. Dummer* (Hrsg.), Texte und Textkritik (Texte und Untersuchungen 133), Berlin 1987, 637f.

Die Wende Constantins und die Denkmäler

Hans Georg Thümmel

Die Gestalt Constantins ist seit langem Gegenstand heftiger Auseinandersetzungen, die vor allem die Bekehrung des ersten christlichen Kaisers zum Inhalt haben. Während die einen den Christen Constantin herausstellten, haben die anderen ihn für einen Heiden gehalten, der erst spät einen Zugang zum christlichen Glauben gefunden hat.[1] Die verschiedenen Positionen sind nicht nur Sache unterschiedlicher Ideologien, sondern auch in der Quellenlage begründet. Der Kirchenhistoriker, der den entscheidenden Punkt jener Entwicklung sucht, die aus dem heidnischen Römischen Reich ein christliches gemacht hat, befragt die – vor allem christlichen – Quellen danach, was sich eigentlich in der Bekehrung Constantins abgespielt hat. Und er stößt auf den Jubel der Christen, die vor dem unfaßbaren Ereignis stehen, daß der Kaiser des Reiches, das sie eben noch aufs heftigste blutig verfolgt hat, selbst Christ wird. Der Profanhistoriker dagegen geht den staatsrechtlich verbindlichen und offiziellen Äußerungen nach, was vor allem Panegyrici, Münzen und Inschriften sind, und er findet in ihnen weithin den Fortbestand geläufiger Formeln und heidnischer Symbolik. Das sollte nicht verwundern, wird doch die staatliche Repräsentation als letztes verchristlicht. 1930/31 hat ein Aufsatz von Grégoire, der in Constantin einen Heiden sehen wollte, großes Aufsehen

---

1. Zur Einordnung Constantins s.u. die Ausführungen von Herrn Nowak. Hier sei nur einiges Wichtige genannt: *H. Grégoire,* La ›conversion‹ de Constantin, in: Revue de l´Université de Bruxelles 36 (1930/1931), 231-272, deutsch in: Constantin der Große, hrsg. v. *H. Kraft* (Wege der Forschung 131), Darmstadt 1974, 175-223; zuletzt *J. Bleicken,* Constantin der Große und die Christen (Historische Zeitschrift, Beiheft 15), München 1992. Nach Bleicken haben die Christen Constantin eingeredet, er sei eigentlich auch Christ, und er hat es ihnen schließlich geglaubt. Die Verchristlichung des Römischen Reiches war eine Art Betriebsunfall. Andererseits sieht etwa *H. Kraft,* Kaiser Konstantins religiöse Entwicklung (Beiträge zur Historischen Theologie 20), Tübingen 1955, 1-27, eine kontinuierliche Entwicklung über die Vorstellung eines höchsten Gottes, in der auch der Sonnengott einen Platz finden konnte, gegeben und versucht, Vorstufen dieser Entwicklung bereits bei Constantius zu finden. Gewiß wird die Gläubigkeit im Rahmen eines philosophisch abgeklärten spätantiken Synkretismus die Brücke zum Bekenntis zum Christengott gewesen sein, doch muß eine solche Entwicklung zu zeichnen notgedrungen immer der Versuch bleiben, spärliche Anhaltspunkte in ein System zu bringen. *R. Leeb,* Konstantin und Christus. Die Verchristlichung der imperialen Repräsentation unter Konstantin dem Großen als Spiegel seiner Kirchenpolitik und seines Selbstverständnisses als christlicher Kaiser (Arbeiten zur Kirchengeschichte 58), Berlin-New York 1992. Zu Bleicken s. das ausgewogene Urteil von *K. Bringmann,* Die konstantinische Wende. Zum Verhältnis von politischer und religiöser Motivation, in: Historische Zeitschrift 260 (1995), 21-47.

erregt.² Doch steht in einer breiten Schicht archäologischer und historischer Literatur nichts anderes. Inzwischen sind die Quellen weithin gesichtet, und es sollte nur noch darum gehen, beiden Arten von Quellen ihr Recht zu geben und beide Seiten Constantins anzuerkennen und in ein gemeinsames Bild einzubringen.³

1. Der Constantinsbogen

Für Constantin ist ein Triumphbogen errichtet worden (Abb. 4), der durch die Voten *VOTIS X VOTIS XX* und *SIC X SIC XX* sich eindeutig auf die Decennalien Constantins im Jahre 315 bezieht.⁴ Für die Herstellung sind in großem Maße Spolien verwendet worden, Reliefs älterer Kaiserdenkmäler, in denen die Kaiserporträts ausgewechselt oder umgearbeitet wurden.⁵

Der Anlaß zur Errichtung war ein doppelter. Zunächst handelt es sich um ein Denkmal des Sieges, durch den Constantin Rom einnahm. Die große Inschrift, textgleich auf beiden Seiten, tut dies kund:⁶

2. S. die vorige Anm.
3. Für die Numismatik und das offizielle Porträt s. *Delbrueck* (s.u. Anm. 92) und *L´Orange* (s. nächste Anm.), die Inschriften am besten bei *Th. Grünewald,* Constantinus Maximus Augustus. Herrschaftspropaganda in der zeitgenössischen Überlieferung (Historia, Einzelschriften 64), Stuttgart 1990, hier: 179-280, der überhaupt ein sehr ausgewogenes Bild bietet. Die christlichen Quellen sind in einer Fülle von Literatur bearbeitet, wichtig ist vor allem der Bereich, wo das Politische angesprochen ist, dazu *H. Dörries,* Das Selbstzeugnis Kaiser Constantins (Abhandlungen der Akademie der Wissenschaften in Göttingen, phil.-hist. Kl., 3. Folge Nr. 34), Göttingen 1954.
4. *H.P. L´Orange* u. *A. v. Gerkan,* Der spätantike Bildschmuck des Konstantinsbogens (Studien zur spätantiken Kunstgeschichte 10), Berlin 1939. *S. De Maria,* Gli archi onorari di Roma e dell´Italia Romana, Rom 1988, 203-211. 316-319 (Lit.!); vgl. *W. Kuhoff,* Ein Mythos in der römischen Geschichte: Der Sieg Konstantins des Großen über Maxentius vor den Toren Roms am 28. Oktober 312 n. Chr., in: Chiron 21 (1991), 127-174, hier: 146 Anm. 52. 165-167. Die Frage, ob nicht ein älterer Bogen wiederverwendet wurde, spielt für unseren Zusammenhang nur insofern eine Rolle, als der Koloß des als Sol dargestellten Nero sich genau auf der Achse des Bogens befindet. Behauptet man Bezüge zum Sonnenkult, dann sind sie hier am ehesten gegeben. Ist der Bogen älter, kann das nicht auf Constantin bezogen werden. Vgl. *M. Bergmann,* Der Koloß Neros, die Domus Aurea und der Mentalitätswechsel im Rom der frühen Kaiserzeit (Trierer Winckelmannsprogramme 13), Mainz 1994.
5. Es handelt sich um Denkmäler Trajans, Hadrians und Marc Aurels. Doch kann man gewiß nicht daraus auf die Übernahme von Herrscheridealen durch Constantin schließen, wie das etwa L'Orange, *L´Orange-v. Gerkan* (wie Anm. 4), 191, oder *R. Calza* (s.u. Anm. 10), 134-136, tun. Wenn die Wiederverwendung mehr wäre als nur einfache Benutzung von Spolien, dann müßte die Austilgung der älteren Porträts als *Damnatio memoriae* gelten. Dies anzunehmen gibt es keinen Grund. Ähnlich *R.R. Holloway,* The Spolia of the Arch of Constantine, in: Numismatica e Antichità Classiche. Quaderni Ticinesi 14, Lugano 1985, 261-273.
6. Corpus Inscriptionum Latinarum (CIL) VI,1 1139 (ed. *E. Bormann* et *G. Henzen,* Berolini 1876, 236).

IMP(eratori) CAES(ari) FL(avio) CONSTANTINO MAXIMO P(io) F(elici) AUGUSTO S(enatus) P(opulus)Q(ue) R(omanus) QUOD INSTINCTU DIVINITATIS MENTIS MAGNITUDINE CUM EXERCITU SUO TAM DE TYRANNO QUAM DE OMNI EIUS FACTIONE UNO TEMPORE IUSTIS REM PUBLICAM ULTUS EST ARMIS ARCUM TRIUMPHIS INSIGNEM DICAVIT

»Dem Imperator Caesar Flavius Constantinus dem Großen, dem frommen und glücklichen Augustus, hat Senat und Volk von Rom, weil er durch Antrieb der Gottheit in der Größe der Gesinnung mit seinem Heer den Staat sowohl an dem Tyrannen wie zugleich an seiner ganzen Partei in einem gerechten Waffengang gerächt hat, den durch die Triumphe ausgezeichneten Bogen gestiftet«.

Im mittleren Durchgang sind wiederverwendete trajanische Reliefs mit den Titeln *LIBERATORI URBIS* und *FUNDATORI QUIETIS* versehen worden. Der um den Bogen herumlaufende, neu hergestellte Bildfries zeigt fortschreitend den Feldzug in den Szenen Profectio, Belagerung Veronas, Schlacht am Pons Milvius, Ingressus in urbem, und kommt dann auf der Nordseite, die als Hauptschauseite gelten muß, in zwei symmetrisch komponierten Szenen zum Stehen: die Ansprache Constantins auf der Rostra und die Geldspende *(liberalitas, congiarium)*.

Der zweite Anlaß besteht in der Feier der Decennalien Constantins. Dieser weilte vom 21. Juli bis zum 27. September 315 in Rom, am 25. Juli wurden die Decennalien eröffnet. Die Angabe der *Vota soluta* und *Vota suscepta* meint genau dies: So wie du zehn Jahre regiert hast, mögest du auch die nächsten zehn (also zusammen zwanzig) Jahre regieren. Beides, die Einnahme Roms und die Feier der Decennalien, hängt so miteinander zusammen, daß jetzt ein gedankliches Konzept vor der Empirie herrscht. Der Kaiser braucht nicht mehr Siege aufzuweisen, um als Sieger zu gelten, sondern der Kaiser ist an sich Sieger. Die konkreten Siege sind nur Manifestationen seiner Sieghaftigkeit. So werden auch die Triumphfeiern auf die Jubileen gelegt, auf denen die Sieghaftigkeit des Kaisers, die Victoria perpetua, gefeiert wird.[7] Ikonographisch tut sich das darin kund, daß die Victorien nicht mehr die Siege auf die Schilde schreiben, sondern die Vota.[8]

Die Zone über den historischen Reliefs besteht aus acht hadrianischen Medaillons, die einst auf dem Bogen von rechteckigen Porphyrfeldern eingefaßt waren, so daß diese Zone farblich besonders hervortrat. Sie nimmt auf zwei kai-

---

7. Die bringt etwa ein in Ticinum 315 geprägter Goldsolidus zum Ausdruck: Roma überreicht einen Kranz, Victoria krönt den Kaiser, die Legende lautet *VICTORIOSO SEMPER*, M.R. Alföldi, Die constantinische Goldprägung. Untersuchungen zu ihrer Bedeutung für Kaiserpolitik und Hofkunst, Mainz 1963, Kat. Nr. 662, Abb. 67.
8. Vgl. etwa das Goldmultiplum (Ticinum 315) mit der Aufschrift *VICTORIAE LAETAE AUGG(ustorum) NN(ostrorum)*, ebd. Kat. Nr. 643, Abb. 87.

serliche Grundtugenden Bezug, Virtus und Pietas, wobei die Vorstellung zugrundeliegt, daß die kaiserlichen Tugenden unmittelbar im Reich wirksam werden. Die Virtus wird auf der Jagd bewiesen, die Pietas im Opfer nach der Jagd. Die Kaiserköpfe sind für die Neuverwendung ausgewechselt worden.[9] Erhalten haben sich der Kopf Constantins in einem der Jagdreliefs und im Opfer an Diana (Artemis) und der Kopf eines anderen Kaisers im Opfer an Hercules und an Apollo. L'Orange hat in dem anderen Kaiser Licinius und somit in dem Bogen ein Denkmal der Dyarchie gesehen. Doch hat R. Calza diese Deutung bestritten und den zweiten Kaiser als Constantius Chlorus bestimmt.[10] Dann bringt der Bogen die Legitimation Constantins auf dynastische Weise zum Ausdruck: Er herrscht mit denselben Tugenden wie sein Vater.

Auf der Attika sind acht Reliefs angebracht, die von einem Monument Marc Aurels stammen. Sie zeigen Amtshandlungen des Kaisers, Adventus, Kriegsszenen, Gnadenakte. Auf dem Bogen sind jeweils zwei Reliefs zusammengestellt, die formal zusammenstimmen. Wie hier die Köpfe überarbeitet waren, ist nicht mehr feststellbar, da 1733 alle Kaiserköpfe erneuert wurden.

Nicht in gleicher Weise thematisch geschlossen ist die den Kaiser kennzeichnende Felicitas zum Ausdruck gebracht.[11] Sie stellt sich in Flußgöttern, Jahreszeitengenien u.a. dar, wobei letztere besonders die *Felicitas perpetua* oder *aeterna* meinen. Den gleichen kosmischen Rahmen bezeichnen die beiden Medaillons an den Schmalseiten, die für den Bogen angefertigt wurden. Im Osten erscheint *Sol,* im Westen *Luna,* beide in der Quadriga, wobei ersterer als *Sol invictus,* d.h. als Sonnengott, in der geläufigen Weise wiedergegeben ist. Außer der Strahlenkrone ist er durch die erhobene Rechte und durch den Globus in der Linken gekennzeichnet, so daß er nicht einmal die Zügel des Viergespanns halten kann.

Mit *Sol* ist zu dem beherrschenden Thema des Bogens übergeleitet, der *Victoria*. Der Sieg ist die Folge von *Virtus* und *Pietas* wie der Grund von *Felicitas* und *Pax*. Victorien bringen dieses Thema zur Geltung. Sie finden sich vor allem in den Zwickeln und auf den Postamenten, sie schreiben die *Vota* und krönen den Kaiser. Auf den Feldzeichen sind sie mit *Sol invictus* vergesellschaftet.

---

9. Nach *Calza* (s. nächste Anm.), 136, ist der Kopf im Silvanus-Opfer nicht verändert worden.
10. R. *Calza,* Un problema di iconografia imperiale sull'arco di Costantino, in: Atti della Pontificia Accademia di Archeologia Romana, ser. III: Rendiconti 32 (1959/60), 133-161. Ihre Gründe sind von unterschiedlichem Gewicht. Entscheidend dürfte sein, daß Licinius nicht in der Inschrift genannt ist, und die ikonographische Bestimmung des zweiten Kaisers. Auf Constantius hatten auch schon andere verwiesen (148 Anm. 45), Jucker u.a. sind Frau Calza gefolgt, *H. Jucker,* Von der Angemessenheit des Stils und einigen Bildnissen Konstantins des Großen, in: Von Angesicht zu Angesicht. Porträtstudien. Michael Stettler zum 70. Geburtstag, hrsg. von *F. Deuchler, M. Flury-Lemberg, K. Otavsky,* Bern 1983, 40-70.
11. *PIUS FELIX* ist fester Bestandteil der Kaisertitulatur.

Man hat im Constantinsbogen ein Denkmal des Sonnenkultes gesehen.[12] Solche Deutung ist gewiß verfehlt. *Sol* begegnet fünfmal auf dem Bogen, dreimal davon winzig klein auf Feldzeichen, einmal eher versteckt als Büste im seitlichen Durchgang. Die repräsentativste Darstellung ist die eben genannte im Medaillon. Aber gerade hier ist sie in kosmische Symbolik eingebunden. Bei den übrigen Darstellungen ist doch eher an allgemeine Siegesmetaphorik zu denken, zumal dort, wo *Sol* mit *Victoria* auftritt. Am ehesten könnte der Bezug auf den Sonnengott in der Ausrichtung des Bogens auf den Koloß des als *Sol* dargestellten Nero zum Ausdruck kommen. Dieser wandte sich der Hauptschauseite des Bogens zu.[13] Doch ist nicht deutlich, ob nicht die *Meta sudans* dazwischen den Zusammenhang störte. Die zentrale Inschrift bietet den neutralen Ausdruck *INSTINCTU DIVINITATIS*.[14] Zwar kann man meinen, mit der *Divinitas* sei *Sol* gemeint, aber eben dies ist nicht ausdrücklich gesagt.[15] Die Darlegung hat deutlich gemacht, daß sich auf dem Bogen nichts findet, was als christlich gelten müßte.

12. Z.B. *L´Orange-v. Gerkan* (wie Anm. 4), 176-181; *H.P. L´Orange* u. *R. Unger,* Das spätantike Herrscherbild von Diokletian bis zu den Constantin-Söhnen, 284-361 n. Chr. (Das römische Herrscherbild, III. Abt.), Berlin 1984, 49. Zur Verbindung de Siegesvorstellung mit *Sol* s. *J.R. Fears,* The Theology of Victory at Rome: Approaches and Problems, in: Aufstieg und Niedergang der Römischen Welt II 17, 2, Berlin-New York 1981, 736-826, hier: 822-824. *Sol invictus* ist »the divine paradigme for the eternal triumph of legitimate kingship«, »the eternal promise of victory«, ebd. 822. Freilich deutet Fears (823) Constantins *Sol* als persönliche Gottheit (als *Comes Augusti*), während mir eine mehr symbolische Deutung angemessener erscheint. Zum Verhältnis Constantins zum Apollo- und Sol-Kult s. auch *J. Gagé,* Apollon impérial, Garant des ›Fata Romana‹, in: ebd. 561-630, hier: 602-612.
13. *Bergmann,* Koloß (wie Anm. 4), 17, vgl. *C. Lega,* Il colosso die Nerone, in: Bulletino della Commissione Archeologica Comunale di Roma 93 (1989-1990), 339-378.
14. Der Begriff begegnet auch bei dem unbekannten Panegyriker von 313, XII Panegegyrici latini rec. R.A.B. Mynors, Oxonii 1964, XII 11,4: 279: *tu divino monitus instinctu.*
15. Die römische Religion (von den einströmenden orientalischen Kulten einmal abgesehen) bestand in einem Opferkult, der weder mit einer Überzeugung noch mit einem Ethos verbunden war. Gleichwohl herrschte das Bewußtsein, daß der Vollzug des Opfers den Bestand der römischen Herrschaft garantiere. Ein Synkretismus hatte inzwischen die römischen Götter mit denen der Religionen der unterworfenen Völker identifiziert, und die Anschauung brach sich immer mehr Bahn, daß hinter allen Göttern ein höchster Gott oder überhaupt nur ein einziger Gott stünde. Dieser Vorstellung kam ein philosophischer, von vornherein monotheistischer Gottesbegriff entgegen. Und dieser vergeistigte Gottesbegriff wiederum verband sich leicht mit einem kaum anthropomorph gedachten Sonnengott. Gerade auf dem Gebiet der philosophischen Religion gab es auch Grenzüberschreitungen. Die Heiden, die in die Lehrvorträge des Origenes kamen (Eusebios, Kirchengeschichte VI 3,13: GCS Eus. II 2, 528 Schwartz), wollten philosophische Theologie studieren, aber nicht Christen werden. Und weiterhin fügt sich diesem bunten Bild ein religiös geprägter Symbolismus ein, innerhalb dessen bestimmte Vorstellungen als Götter deklariert wurden. Besonders die römische Religion hatte hier ihre Tradition (*Fors, Bonus Eventus, Victoria,* etc.). Ob sich mit dem *Sol Invictus* bei Constantin Symbolvorstellungen oder ein vergeistigter Gottesbegriff verbanden, ist schwer zu sagen. Doch hat er offenbar *Sol* weder Tempel und Altäre gestiftet noch ihm geopfert.

Eine Gesamtdeutung des Bogens nach dem neueren Forschungsstand, doch auch an Einzelbeobachtungen von L'Orange anschließend, hat J. Ruysschaert versucht.[16] Zwei Thesen bilden die Grundlage: 1. Die Säulen mit den Figuren darauf gliedern das Denkmal vertikal. Die dabei entstehenden Kompartimente sind als Einheiten zu betrachten. 2. Szenen auf vorgegebenem Material (Spolien) wurden in ein neues Programm übernommen und meinen nun Taten Constantins.

Der zweiten These ist vorbehaltlos zuzustimmen. Wenn die Reliefs aus der Zeit Marc Aurels jetzt von Constantin handeln, dann sind sie mit den zeitgenössischen historischen Reliefs zusammenzusehen. So sieht Ruysschaert entsprechend der ersten These in den Doppelreliefs der Attika jeweils eine einleitende und eine abschließende Szene zu der Hauptszene des »historischen« Frieses unten.[17] Das klingt einleuchtend, betrachtet man jedoch daraufhin den Bogen, kommen Zweifel. Immerhin sind die Reliefs der Attika von den constantinischen nicht nur durch das aufwendige Gebälk, sondern auch durch die hadrianischen Tondi getrennt. Und die wiederverwandten Reliefs sind viel größer als die neu angefertigten Friese, denen sie doch – nach Ruysschaert – eher rahmend untergeordnet sein sollten. Hier scheint noch nicht das letzte Wort gesprochen zu sein. Der Zone der Tondi schreibt auch Ruysschaert symbolische Bedeutung zu, die er in der *Virtus* sieht.[18]

Wenn Ruysschaert den religiösen Gehalt der übernommenen Reliefs als traditionell abtut, hat er damit gewiß recht. Wenn er die religiöse Stimmung in den neu angefertigten Reliefs als apollinisch beschreibt, so ist dies nicht im ikonographischen Bestand gegeben.[19] Und so ist auch die Diskrepanz nicht vorhanden, die er zwischen dem heidnischen ikonographischen Gehalt des Bogens und dem neutralen Inhalt der Inschrift findet.[20] Die Ikonographie des Bogens ist ebenso neutral. Dazu stimmt eine weitere Beobachtung. Ruysschaert kann gute Gründe dafür beibringen, daß zum Programm auf Monumenten dieser Art der Triumphzug mit dem Opfer auf dem Capitol gehört und daß die entsprechenden Szenen auf den Denkmälern vorhanden waren, die für den Constantinsbogen ausgeplündert wurden. So ist die Wahrscheinlichkeit groß, daß diese Szenen absichtlich fortgelassen wurden,[21] und das wiederum entspricht doch sehr genau den Intentionen Constantins nach der Schlacht am Pons Milvius.[22]

16. *J. Ruysschaert,* Essai d'interprétation synthétique de l'arc de Constantin, in: Atti della Pontificia Accademia Romana di Archeologia, ser. III: Rendiconti 35 (1962/1963), 79-100. Es ist hier nicht der Ort, alle manchmal sehr ins Detail gehenden Ausführungen zu diskutieren.
17. Ebd. 86-88.
18. Ebd. 90-93. Doch spricht er nicht von einem separaten Sinngehalt der Opferszenen im Sinne von *Pietas.*
19. Ebd. 94f. Was hier als »apollinisch« bezeichnet ist, meint nichts anderes als das, was zuvor auf Sol bezogen wurde. S. dazu oben Anm. 12.
20. Ebd. 95f.
21. Ebd. 96-99.
22. Die Formulierung »Paien par ce qu'il exprime, l'arc de Constantin est chrétien par ce qu'il taît« (ebd. 99) bringt das etwas zu pointiert zum Ausdruck.

2. Die Münzen

Spiegel politischer Situation und Instrument kaiserlicher Propaganda sind vor allem die Münzen. Wichtig geworden ist die Änderung der Situation im Jahre 310. Maximian wurde gestürzt, die Herrschaft Constantins war nun nicht mehr durch Adoption in die Tetrarchie legitimiert, und es wurde der Versuch unternommen, sie dynastisch durch die Legende der Abstammung von Claudius Gothicus zu sichern. Die gewahrte Loyalität gegenüber dem Osten wurde aufgegeben. Ein 310 in Trier gehaltener Panegyricus spricht ihm die *regna totius orbis* zu.[23] Schließlich ist es (vor allem seit 315) der Titel *Maximus*, der den Anspruch auf die Führungsrolle innerhalb des Herrscherkollegiums zum Ausdruck bringt.[24]

Was die religionspolitische Orientierung betrifft, so ist Constantin nie Herculier gewesen, wie es die tetrarchische Ordnung in der Tetrarchie für einen Herrscher im Westen vorsah. Einmal begegnet Apollo,[25] sporadisch begegnet auf Münzen Mars.[26] Vor allem aber ist in dem Jahrzehnt bis 320 auf den Münzen *Sol Invictus* zu finden,[27] danach begegnet er nur noch vereinzelt.[28] Genannt seien die Legenden und Darstellungen auf Goldmünzen *FELICITAS PERPETUA SAECULI* (Sol übergibt Constantin eine Victoria, 313...317),[29] *SOLI INVICTO AETERNO* (Sol mit Victoria in der Quadriga, 313...317),[30] *SOLI INVICTO COMITI* (Sol, z. T. Constantin bekränzend, 313...324, Abb. 33).[31] Bemerkenswert sind die Prägungen mit Doppelporträts, die Sol und Constantin, darstellen, und darin die Idee des Begleitgottes (*comes*) zum Ausdruck bringen: *INVICTUS CONSTANTINUS MAX(imus) AUG(ustus)* (auf Constantins Schild ist der Sonnenwagen dargestellt, 313, Abb. 30),[32] *COMIS* (sic!) *CONSTANTINI AUGUSTI – RESTITORI LIBERTATIS* (Roma übergibt Constantin die Victoria, 313...317),[33] *COMIS CONSTANTINI AUGUSTI*

23. XII Paneg. lat. VI 21,5: 202 Mynors. Doch s. *B. Müller-Rettig*, Der Panegyricus des Jahres 310 auf Konstantin den Großen (Palingenesia 31), Stuttgart 1990, 280-284
24. *Grünewald* (wie Anm. 3), 86f.
25. In einer im Panegyricus von 310 geschilderten Vision, XII Paneg. lat. VI 21,4-7: 201f. Mynors. Vgl. *Müller-Rettig*, 276-289.
26. So auf Münzen mit der Weihung *MARTI CONSERVATORI* (315...317), *H. v. Schoenebeck*, Beiträge zur Religionspolitik des Maxentius und Constantin (Klio, Beiheft 43, NF 30), Leipzig 1939, T. II 11. 14. 15/16.
27. Vgl. *Leeb* (wie Anm. 1), 9-21.
28. Doch s. *M.R. Alföldi*, Die Sol Comes-Münze vom Jahre 325. Neues zur Bekehrung Constantins, in: Mullus. Festschrift Theodor Klauser (Jahrbuch für Antike und Christentum, Erg.-Bd. 1), Münster 1964, 10-16.
29. *M. Alföldi*, Goldprägung, Kat. Nr. 114-116, Abb. 54.
30. Ebd. Nr. 489.
31. Ebd. Nr. 490-495, Abb. 120. 125. 126.
32. Ebd. Nr. 118, Abb. 60.
33. Ebd. Nr. 430, Abb. 64.
34. Ebd. Nr. 275, Abb. 63.

(Liberalitas mit Tessera und Füllhorn, 314).[34] In der Zeit der Doppelherrschaft sind parallele Münzserien geprägt worden, in denen Licinius Jupiter, Constantin Sol zugeordnet ist.[35]

Beliebtes Attribut des Herrschers ist im 3. Jahrhundert die Strahlenkrone gewesen, und zwar fast ausschließlich auf Münzen und besonders seit der Ausgabe des Doppelnominals, des ›Antoninianus‹, im Jahre 215. Die Strahlenkrone ist kaum inhaltlich motiviert, sondern geradezu das Kennzeichen dieser Münze gewesen und schwindet daher auch weitgehend mit der diokletianischen Münzreform 296.[36] Constantin trägt die Strahlenkrone selten.[37] Die Strahlenkrone, die wohl kaum ein reales Stück des kaiserlichen Kostüms war, ist wohl ebenso wie der Bezug zu Sol überhaupt am ehesten im Rahmen herrscherlicher Metaphorik als Symbol für *Victoria* und *Aeternitas* zu verstehen.[38]

Zusammenfassend kann zunächst gesagt werden, daß Weihungen an Sol (und gelegentlich Mars) ihren Platz auf Münzen haben. In dem großen Material monumentaler Inschriften finden sich keine Weihungen an Götter wie vergleichsweise sonst bei den Tetrarchen.[39] Einzig zwei (nicht über jeden Zweifel erhabene) Inschriften von Weihungen an den Christengott sind überliefert. Christliche Inschriften sind aber vor allem in Mosaik zu denken und unterlagen daher leicht der Zerstörung.

Christliches ist auf constantinischen Münzen ganz selten.[40]

Eine besondere Rolle spielt ein Silbermutiplum, das 315 in Ticinum geprägt wurde. Bevor dieses gesondert behandelt wird, seien einige weitere Münzserien genannt.

Im Jahre 314 ist in Arles ein Solidus geprägt worden, der sich offenbar auf das Konzil zur Schlichtung im Donatismus-Streit bezieht.[41] Dargestellt ist auf dem Revers eine Säule mit den Attributen der Minerva: Oben sitzt die Eule, an die Säule gelehnt sind Speer, Schild und Helm. Die Legende lautet *PRINCIPIS PROVIDENTISSIMI SAPIENTIA*, wobei das letzte Wort auf der Säule steht.

---

35. Vgl. *L'Orange-v. Gerkan* (wie Anm. 4), 142. Immerhin scheint es ein Schema gegeben zu haben, nach dem der Caesar des Ostens Sol, der des Westens Mars zugeordnet gewesen ist, vgl. *M. Bergmann*, Die Strahlen der Herrscher. Zum theomorphen Herrscherbild und zur politischen Symbolik bei Griechen und Römern (im Druck), bei Anm. 1691. Frau Bergmann hatte die große Freundlichkeit, mir Teile ihres Manuskriptes zur Verfügung zu stellen.
36. Ebd. bei Anm. 1654. 1668ff. 1696.
37. Ebd. bei Anm. 1731.
38. Ebd. bei Anm. 1669.
39. *Grünewald* (wie Anm. 3), 179-280: Katalog der lateinischen Inschriften Constantins des Großen.
40. *G. Bruck*, Die Verwendung christlicher Symbole auf Münzen von Constantin I. bis Magnentius, in: Numismatische Zeitschrift 76 (1955), 26-32; *P. Bruun*, The Christian Signs on the Coins of Constantine, in: Arctos. Acta Philologica Fennica, NS 3, Helsinki 1962, 5-35.
41. *M. Alföldi*, Goldprägung, Kat. Nr. 424, Abb. 55, vgl. Nr. 425.

Zwischen 324 und 327 erscheint als neuer Münztyp der mit dem Bild des zum Himmel blickenden Kaisers, meist ohne Legende.[42] Eusebios hat diese Darstellung des Kaisers als betend gedeutet,[43] doch handelt es sich wohl zunächst um eine Angleichung an einen Alexander-Typus, der dann freilich auch einen religiösen Gehalt zum Ausdruck bringt.[44]

In die gleiche Zeit dürfte die Entstehung des Labarums fallen.[45] Nach der Schilderung des Eusebios[46] hatte es die Gestalt eines Feldzeichens und war mit einem Chi-Rho-Monogramm bekrönt.[47] Programmatischen Charakter hat es nur auf einer sehr selten bezeugten Constantinopler Emission *SPES PUBLICA* von 326...330 erlangt, auf der dargestellt ist, wie das Labarum eine Schlange durchbohrt (Abb. 26).[48] Ob hier das Problem Fausta-Crispus bewältigt ist, ob der Sieg über Licinius, Areios oder über das Böse überhaupt gemeint ist, kann kaum erraten werden.

Schließlich ist zum Tode Constantins 337 eine Consecrationsmünze ausgegeben worden, die auf dem Avers den Kaiser *Capite velato* zeigt und ihn durch die Inschrift als *D(i)V(us)* erklärt. Die Rückseite zeigt ihn in der Quadriga gen Himmel fahrend. Daß hier sich ihm die göttliche Hand entgegenstreckt, ist als Verchristlichung des Apotheose-Schemas gedeutet worden.[49] Doch kann es im Panegyricus auch heißen: *Iove ipso dexteram porrigente.*[50]

Zieht man ein Resumé, dann muß gesagt werden, daß Christliches in der constantinischen Münzprägung sehr selten ist. D.h. aber, daß die Münze, die eines

---

42. Vgl. ebd. Abb. 164-206.
43. Eusebios, Vita Constantini IV 15,1: GCS Eus. I 1, 125 Winkelmann.
44. *L´Orange*, Herrscherbild (wie Anm. 12), 53; *ders.*, Apotheosis in Ancient Portraiture (Institutet for sammenlignende kulturforskning, ser. B, 44), Oslo 1947, 90-94.
45. *V. Schoenebeck* (wie Anm. 26), 71f. Zur Bedeutung s.u. S. 164f.
46. S.u. 163ff.
47. Wenn seit den dreißiger Jahren das ✱ auf dem Fahnentuch erscheint (was selten der Fall ist, v. *Schoenebeck*, T. V 30/31. 32/33. 36 (von 330), vgl. ebd. 63; *M. Alföldi*, Goldprägung, Kat. Nr. 188, Abb. 204 (325...326); unsere Abb. 25), dann handelt es sich um die Kennzeichnung von Emissionen oder Teile davon, *Bruck* (wie Anm. 40), 27; *Bruun*, Christian Signs (wie Anm. 40), 24-26. Doch ist diese Variante insofern wichtig geworden, als auf späteren Prägungen das Monogramm regelmäßig auf dem Fahnentuch wiedergegeben ist. Gleiches gilt für das Kreuz als Bekrönung des Vexillums (*M. Alföldi*, Goldprägung, Kat. Nr. 352, Abb. 215 (324...327)), *Bruun*, Christian Signs, 26f.
48. *V. Schoenebeck*, T. V 28/29; *Bruck* (wie Anm. 40), 27; *Bruun*, Christian Signs (wie Anm. 40), 21-23.
49. Eusebios, Vita Constantini IV 73: GCS Eus. I 1, 150 Winkelmann. *L. Koep*, Die Konsekrationsmünzen Kaiser Konstantins und ihre religionspolitische Bedeutung, in: Jahrbuch für Antike und Christentum 1 (1958), 94-104; *L. Kötzsche-Breitenbruch*, Zur Darstellung der Himmelfahrt Constantins des Großen, in: Jenseitsvorstellungen in Antike und Christentum. Gedenkschrift für Alfred Stuiber (Jahrbuch für Antike und Christentum, Erg.-Bd. 9), Münster 1982, 215-224.
50. XII Paneg. lat. VI 7,3: 190f. Mynors. Darauf hat auch *Koep* 99f. verwiesen.

der wichigsten Mittel war, kaiserliche Politik durch Propaganda-Parolen dem Volk bekanntzumachen, nicht benutzt worden ist, um die religionspolitische Wende Constantins kundzutun.[51]

3. Das Zeichen des Christengottes

Auch jetzt muß das Silbermutiplum von 315 noch zurückgestellt und vorklärend die andere Frage gestellt werden, was eigentlich in der Schlacht am Pons Milvius geschah. Nach dem Bericht der Quellen hat Constantin die Schlacht im Zeichen des Christengottes geführt und ist, da dieser ihm den Sieg verlieh, Christ geworden.[52] Das Zeichen hat dabei durchaus einen eher abergläubischen Charakter gehabt.[53] Man könnte es als apotropäisch bezeichnen, würde aber dann nicht den offensiven Charakter treffen. Mit solcher Benutzung eines Zeichens kommt aber etwas Neues in die christliche Kirche (s.u.), was wiederum für die Historizität des in den Quellen Berichteten spricht. Überdies stellt gerade dieser Charakter besondere Anforderungen an das Zeichen und unterstreicht seine Wichtigkeit.

Die Frage ist nun, um was für ein christliches oder christlich deutbares Zeichen es sich gehandelt hat. Wir finden dies in einigen Zeugnissen geschildert, die freilich in ihrer Aussage differieren. Gerade aber dies sichert die Unabhängigkeit voneinander und bestätigt, daß es sich nicht um eine Erdichtung handelt, sondern um ein Ereignis, das verschiedene Deutungen erhalten hat.

Die wichtigsten Quellen sind der Bericht des Lactantius, die Schilderung in des Eusebios Kirchengeschichte und ein Silbermedaillon aus Ticinum. Diese Zeugnisse sind in einer Flut von Literatur ausgewertet worden. Es kann nicht Sinn meiner Ausführungen sein, alle Wege und Irrwege noch einmal nachzuzeichnen. Ich beschränke mich auf die wichtige und wegweisende Literatur.

51. Seit den zwanziger Jahren finden sich (ziemlich selten) Zeichen auf Münzen, die christlich deutbar sind (✳ ⳨ ✝) und die wohl auch wenigstens z.T. aus dem Christentum stammten. Aber sie dienen vorzugsweise wie andere Zeichen (Buchstaben, Sterne etc.) dazu, Emissionen oder deren Teile zu kennzeichnen. Mag ein in der Münze Beschäftigter Christ gewesen sein, so konnte das die Wahl eines solchen Zeichens begründen, dieses brachte aber nicht irgendeine Intention offizieller Propaganda zum Ausdruck. Wenn ✳ ⳨ u.a. schließlich allgemein übliche Symbole wurden, dann liegt zwar die Ursache darin, daß Constantin ein solches Zeichen in der Schlacht am Pons Milvius benutzt hat (und dieses dann auch Uminterpretationen unterlag), aber ein solches Zeichen ist in der Regel nicht durch den Staat, sondern durch die Kirche propagiert worden.
52. Vgl. zum Folgenden auch Quellensammlung zur Religionspolitik Konstantins des Großen, übs.u. hrsg. v. *V. Keil,* (Texte zur Forschung 54), Darmstadt 1989, 42-52.
53. Vgl. *A. Alföldi,* Hoc signo victor eris. Beiträge zur Geschichte der Bekehrung Konstantins des Großen, in: Pisciculi. Franz Joseph Dölger zum 60. Geb. dargeboten, hrsg. v. *Th. Klauser* u. *A. Rücker* (Antike und Christentum, Erg.-Bd. 1), Münster 1939, 1-18, hier: 17; *C. Cecchelli,* Il trionfo della croce, Roma 1954, 47f.

Die genannten Quellen sind schon Interpretationen, und letztlich wissen wir nicht, wieweit sie die Vorgänge wirklich wiedergeben. Daher dürfen nicht willkürlich die einzelnen Angaben für die Rekonstruktion des *Zeichens* herangezogen werden, sondern die Frage muß aufgegliedert werden. Einerseits ist zu fragen, was historisch geschehen sein könnte, andererseits, was die Quellen jeweils für eine Vorstellung davon hatten, was geschehen sei, oder wie sie das Geschehene verstehen wollten. Erst aus diesen Klärungen können weitere Schlüsse gezogen werden.

Vorangestellt sei die Erwägung, was Constantin, wenn er die Schlacht im Zeichen des Christengottes führen wollte, an Zeichen zur Verfügung hatte. Die Frage, was Constantin vom Christentum wußte, läßt sich nicht beantworten, doch wird wahrscheinlich seine Kenntnis nur eine sehr oberflächliche gewesen sein. Ob er eine theologische oder auch nur *christliche* Beratung gehabt hat, wissen wir nicht. Es muß also auch damit gerechnet werden, daß Halbverstandenes oder Mißverstandenes zur Anwendung kam, das dann (korrigierend) interpretiert wurde.

Wenn immer wieder in der Forschung die Frage gestellt wird, ob das bewußte Zeichen nun ein Kreuz, ein Staurogramm oder ein Christogramm war,[54] so ist zunächst darauf hinzuweisen, daß es nach dem derzeitigen Stand der Forschung noch keine Darstellung christlicher Symbole gab.[55] Die Frage ist also nicht, welches Zeichen Constantin benutzt hat, sondern welches er (oder ein christlicher Gewährsmann) erfunden hat. Die Geschichte der Darstellung christlicher Symbole beginnt erst mit der Schlacht am Pons Milvius. Freilich gab es Vorstufen. So war das Schlagen des Kreuzes und die Bezeichnung mit dem Kreuz in der Taufe üblich, und die Apologeten konnten in jedem vorgegebenen kreuzartigen Gebilde das Kreuz Christi wiederfinden, auch im Vexillum.[56] Es spielte auch in der Apokalyptik eine Rolle.[57] Diese Riten und Vorstellungen können als eine Art Vorstufe gelten, doch gab es noch keine Darstellungen des Kreuzes. Und es wäre zu fragen, ob der Absicht Constantins, sich der Hilfe des Christengottes zu versi-

---

54. Grundlegend *E. Dinkler – E. Dinkler-v. Schubert*, Art.: Kreuz I, in: RBK V (1991), Sp. 1-219.
55. Das ist auch das Ergebnis der Arbeit Dinklers, ohne daß dies ausdrücklich als Ergebnis formuliert wäre. Wenn Klemens von Alexandrien (Paedagogus III 11,59,2: GCS Clem. Al. 1, 270 Stählin – U. Treu; *H.G. Thümmel*, Die Frühgeschichte der ostkirchlichen Bilderlehre, Berlin 1992 = TU 139, Nr. 7) Vorschläge für Siegelbilder macht, die Christen verwenden können, empfiehlt er geläufige Darstellungen und bietet bei einer eine mögliche christliche Deutung an (ebd. 44f.).
56. Justin, Apol. I 55,6: 92 Rauschen (Florilegium Patristicum 2, Bonn 1911); Minucius Felix, Octavian 29, 7: 28 Kytzler (Teubner).
57. Im Petrus-Evangelium 10, 38-42 (*W. Schneemelcher,* Neutestamentliche Apokryphen I: Evangelien, (5. Aufl.) Tübingen 1987, 187) folgt dem auferstandenen Christus ein Kreuz, in der Petrus-Apokalypse 1 (ebd. II: Apostolisches, Apokalypsen und Verwandtes, (5. Aufl.) Tübingen 1989, 567) geht das Kreuz der Erscheinung Christi voraus. Vgl. *E. Peterson,* Frühkirche, Judentum und Gnosis, Rom-Freiburg-Wien 1959, 15-35: Das Kreuz und das Gebet nach Osten; *Dinkler* (wie Anm. 54), Sp. 8-10.

chern, Genüge getan wäre, wenn das bewußte Zeichen ein als solches doch vieldeutiges einfaches Kreuz gewesen wäre, mit dem wie heute auch in der Antike alle möglichen Dinge gekennzeichnet wurden.

Da im Folgenden vom Christogramm und vom Staurogramm die Rede sein muß, sei schon hier vorgreifend die Vorgeschichte dieser Ligaturen betrachtet. Beide bestehen aus griechischen Buchstaben. Daß die griechischen Zeichen im Westen benutzt wurden, sollte nicht verwundern. Der Westen war weithin griechischsprachig. Nicht nur Südgallien war alte griechische Kolonie, auch in Rom etwa war die Liturgiesprache in der Kirche griechisch. Erst am Ende des 4. Jahrhunderts kommt es zur Sprachtrennung.

Die Verbindung von Chi und Rho in der Weise, daß das Rho das Chi durchschnitt(⳩), war älter. Dieses Zeichen konnte etwa Kürzel für χρόνος, χρῆσις oder χιλίαρχος sein.[58] Für Christus ist es vor der Schlacht am Pons Milvius nicht nachweisbar.

Eine kompliziertere Vorgeschichte hat das sog. Staurogramm (Abb. 20). Es ist seiner Natur nach ein Kürzel in Ligatur und verbindet die Buchstaben Tau und Rho in der Weise, daß das Rho über das Tau gesetzt ist (⳨).[59] Auch dieses Kürzel hat eine pagane Geschichte und konnte etwa für τρόπος benutzt werden.[60] Daß man auch in constantinischer Zeit wußte, daß es sich um die Verbindung von Tau und Rho handelt, zeigt die Tatsache, daß dieses Zeichen auf Münzen, die in Antiochia 336/337 geprägt wurden, erscheint und hier doch wohl die »Tricennalia« bezeichnet.[61] In christlicher Literatur wird es seit etwa 200 verwandt, aber anscheinend nur und mit einer gewissen Regelmäßigkeit, wenn es um die Schreibung des Wortes ΣΤΑΥΡΟΣ oder von Wörtern des gleichen Stammes geht. Offenbar geht es dabei um die Schreibung eines Nomen sacrum (das in bestimmten Texten nicht nur allein eine Kürzung erfährt, sondern gekürzt wiedergegeben werden muß).[62] ΣΤΑΥΡΟΣ wird dann C ⳨ C oder C ⳨ OC geschrieben, wobei ⳨ die Buchstabengruppe ταυρο oder ταυρ vertritt. In anderen Wörtern wie ΣΤΑΥΡΩΘΗΝΑΙ wird entsprechend verfahren.

»Nun aber kommt es im 4. Jahrhundert zur Herauslösung des Staurogramms aus dem Wort- und Textzusammenhang und zur offensichtlichen Verwendung als Symbol.«[63] D.h. aber, daß die Ligatur, die zuvor Teil eines Nomen sacrum war, für das Ganze gehalten wird, daß sie als Zeichen für Heil einen Sinn gewinnt, der im Umkreis des ursprünglichen Ganzen liegt und als ähnlich wirkungsmächtig wie das Nomen sacrum gilt. Ein solches Mißverständnis ist am ehesten dort zu vermuten, wo zwar eine Überzeugung von der Stärke des Christengottes, aber noch

---

58. L. Traube, Nomina sacra, München 1907, 13. 115; Dinkler (wie Anm. 54), Sp. 36f.
59. Dinkler (wie Anm. 54), Sp. 34-36.
60. Traube (wie Anm. 58), 14.
61. P. Bruun, The Roman Imperial Coinage, vol. 7: Constantine and Licinius, London 1966, 695.
62. Traube (wie Anm. 58), 118-120.
63. Dinkler (wie Anm. 54), Sp. 37.

wenig konkretes Wissen vom Christentum vorhanden war. Das trifft genau die Situation Constantins vor der Schlacht am Pons Milvius.

Zur genaueren Klärung sind zunächst die zeitgenössischen Zeugnisse zu betrachten.

4. Das Zeugnis des Lactantius

Bald nach dem Sieg Constantins hat Lactantius sein Werk *De mortibus persecutorum* fertiggestellt.[64] In dieser Schrift nun schildert Lactantius die Ereignisse vor der Schlacht am Pons Milvius folgendermaßen:[65]

Commonitus est in quiete Constantinus ut caeleste signum dei notaret in scutis atque ita proelium committeret. Fecit ut iussus est et transversa X littera summo capite circumflexo, Christum in scutis notat.

Hier sind drei unterschiedliche Angaben über das ›Zeichen‹ gemacht:

caeleste signum dei,
transversa X littera summo capite circumflexo, und
Christum (in scutis notat).

Schon bei der ersten Angabe muß gefragt werden, was eigentlich das »himmlische Zeichen Gottes« sein könne. Immerhin ist es seltsam, daß nicht vom »Zeichen Christi« die Rede ist, was eigentlich in jedem Falle zu erwarten wäre und was die dritte Bestimmung nahe legt. Vielleicht soll zum Ausdruck gebracht werden, daß es um ein durch Gott vom Himmel in der Traumvision offenbartes Zeichen geht. Doch sagt Lactantius nichts von der Offenbarung eines Zeichens, sondern spricht von einer ermahnenden Stimme. Dann aber kommt nur mit geringerer Wahrscheinlichkeit eine wie auch geartete monogrammatische Fassung des Chri-

---

64. Die Abrechnung mit den Christenverfolgern (zu denen Licinius noch nicht gerechnet wird) wird nicht allzulange nach deren Untergang erfolgt sein. Der Tod Diokletians ist noch verzeichnet. Ist dieser 316 erfolgt, so ergibt sich ein Datum bald danach. Ist Diokletian bereits 311 gestorben (so *T.D. Barnes,* The New Empire of Diocletian and Constantine, Cambridge-London 1982, 32), kann die Schrift auch früher entstanden sein. Ob sie in Nikomedien oder in Trier abgefaßt ist, ist schwer zu sagen.
65. Lactantius, De mortibus persecutorum 44, 5: SC 39 (1954) 127 Moreau; vgl. 433-436. Das Einfügen eines I (so schon Grégoire) ist reine Willkür und setzt eine Bedeutung von »transvertere« voraus, die es nicht hat, vgl. *J. Vogt,* in: Gnomon 27 (1955), 46f. Zu den Textveränderungen in dieser Passage insgesamt s. *J. Rougé,* A propos du manuscrit du »De mortibus persecutorum«, in: Lactance et son temps. Recherches actuelles. Actes du IVe Colloque d´Études Historiques et Patristiques. Chantilly 21-23 septembre 1976, éd. par *J. Fontaine* et *M. Perrin* (Théologie historique 48), Paris 1978, 13-22, hier: 19-22. Die Lesung *Christo* (20) hat er (wie die meisten Forscher) in *Christum* konjiziert (22).

stusnamens in Frage. Zwar läßt sich sehr schnell die Gleichung Christus = Gott herstellen, aber dann bleibt immer noch offen, warum ein Kürzel ein »himmlisches Zeichen« sein soll. Eher wäre an ein Kreuz zu denken. Dieses hatte ja bereits in gewisser Weise eine selbständige Bedeutung erlangt, es konnte allgemein als Zeichen des von Gott gegebenen Heils verstanden werden, und es gab apokalyptische Vorstellungen, nach denen ein Kreuz Christus begleitet.[66]

Ein Stück weiter führt die vieldiskutierte Beschreibung des Zeichens. Es sollte kein Zweifel mehr darüber bestehen, daß hier ein sogenanntes Staurogramm (⳨) beschrieben ist.[67]

Ein solches Zeichen nun, d.h. das Kürzel ⳨ , beschreibt Lactantius, aber nun eben nicht als das, was es eigentlich ist, die Ligatur aus Tau und Rho, sondern als aus Chi und Rho gebildet: »der Buchstabe X (Chi) gedreht und oben umgebogen.« Und damit hat Lactantius eine Umdeutung vollzogen. Ein Zeichen, das mit dem Kreuz zusammenhing, wird zum Monogramm Christi. Und wenn er in der dritten Beschreibung einfach von Christus spricht, der auf den Schilden dargestellt wurde, dann ist gewiß dasselbe gemeint.

Dann aber ist bei Lactantius zunächst ein Zeichen bezeugt, daß irgendwie mit dem Kreuz zusammenhing, das er aber zum Monogramm Christi umdeutet. Und der gleiche Prozeß spiegelt sich vielleicht noch einmal im Fortschreiten von der anfänglichen Bezeichnung »himmlisches Zeichen Gottes« zum einfachen »Christus«. Hätte Lactantius die Kunde erhalten, Constantin habe das Monogramm Christi auf den Schilden angebracht, oder hätte er dies einfach erfunden, dann wäre er nicht auf die Tau-Rho-Ligatur gekommen. Diese muß ihm in irgendeiner Weise vorgegeben gewesen sein. Es ist müßig zu fragen, was dem zugrunde liegt: Ob Constantin oder seine Soldaten ein gekürztes ΣΤΑΥΡΟΣ mißverstanden haben, oder ob die Ligatur nicht nur als Teil des Wortes »Kreuz« verstanden wurde, sondern im T die Kreuzform entdeckt wurde, das ist kaum zu entscheiden.[68] Doch

---

66. S.o. Anm. 57.
67. Die radikale Möglichkeit, die Schwierigkeiten des Textes durch die Annahme einer Interpolation des mittleren Teils zu lösen, hat *Rougé* (wie Anm. 65), 21f., zwar erwogen, aber dann doch fallen lassen (22´: »Pour ma part je préférais m´en tenir, jusqu´à preuve du contraire, à la croix monogrammatique.«). Eine solche Annahme würde auch nicht die Probleme lösen, da nicht einzusehen ist, warum jemand zu einer späteren Zeit, als sich längst das Christogramm durchgesetzt hatte, das Staurogramm einführen und umdeuten sollte.
68. Als weitere Möglichkeit könnte man in Betracht ziehen, daß das Chi als Kreuz (in gedrehter Form: ✛) geschrieben wurde, was wohl in Kleinasien möglich war und was dem aus Nikomedien kommenden Laktantius geläufig sein konnte. Vgl. *F.J. Dölger,* Beiträge zur Geschichte des Kreuzzeichens III, in: Jahrbuch für Antike und Christentum 3 (1960), 5-16; *W. Wischmeyer,* Christogramm und Staurogramm in den lateinischen Inschriften altkirchlicher Zeit, in: Theologia crucis – Signum crucis. Festschrift f. E. Dinkler z. 70. Geb., hrsg. v. *C. Andresen* u. *G. Klein,* Tübingen 1979, 539-550, bes. 540. Doch meine ich, daß hier mehreres unterschieden werden muß:

ist daran festzuhalten, daß Lactantius das Zeichen, unter dem Constantin 312 siegte, als sog. Staurogramm (⳨) beschreibt.[69]

5. Das Zeugnis Eusebs

Eusebios von Kaisareia hat das Zeichen, unter dem Constantin die Schlacht geführt hat, im Zusammenhang mit dem Constantins-Koloß, von dem noch zu sprechen sein wird, behandelt. Eusebios nimmt mehrmals auf den Koloß Bezug, vor allem in der Kirchengeschichte und in der *Vita Constantini*.
Zunächst muß es hier um die Kirchengeschichte gehen. Die Schilderung findet sich im 9. Buch, und dieses ist 315 (oder kurz zuvor) angefügt worden.[70] Eusebios schildert nicht die Errichtung der Statue, sondern berichtet davon, daß mitten in Rom das heilsame Zeichen Christi errichtet worden sei, wobei die Statue, die das Zeichen in der Hand hält, nur nebenbei zur Sprache kommt.
Wenden wir uns zunächst dem Bericht der Kirchengeschichte zu.[71] Dort heißt es von Constantin nach der Einnahme Roms:

> 1. Die Tau-Rho-Ligatur (das »Staurogramm«) als Teil von ΣΤΑΥΡΟΣ ist schon vorkonstantinisch häufig verwendet worden. Als isoliertes Zeichen kommt die Ligatur zunächst nur in profanem Gebrauch vor. Die erste nachweisbare christliche Verwendung weist auf die Schlacht am Pons Milvius. Danach ist das Zeichen weiter verbreitet gewesen.
> 2. Die Schreibung des Chi als stehendes Kreuz ist in alter Zeit und auch später noch in gewissen Zeiten und Gegenden möglich gewesen. Doch ist ein Einfluß auf das Staurogramm bisher nicht nachgewiesen. Bevor ein solcher behauptet wird, müßte die Möglichkeit solcher Schreibweise genauer eingegrenzt werden.
> 3. Sehr bald, noch in der 1. Hälfte des 4. Jahrhunderts, werden †, ✶, ⳨ Zeichen für Christus und können ihn in bildlichen Darstellungen vertreten. Dies ist aber erst eine Folge der Entstehung dieser Symbole.

69. Auch *H. Kraft,* Entwicklung (wie Anm. 1), 21 (19 Anm. 1), sieht, daß bei Lactantius eine dem Staurogramm ähnliche Gestalt vorliegt, deutet das Zeichen aber in Anlehnung an die späte Schilderung der Vita Constantini als Verbindung von Kreuz und Sonne.
70. Ich nenne hier nur *Schwartz,* in: GCS Eus. II 3, LVIII: 315, und *T.D. Barnes,* The Editions of Eusebius´ Ecclesiastical History, in: Greek, Roman and Byzantine Studies 21 (1980), 191-201, hier 200f.: ca. 313/14. Vielleicht findet sich auch eine Anspielung auf den Koloß und seine Inschrift in des Eusebios Rede zur Einweihung der Basilika von Tyros: Kirchengeschichte X 4,16: GCS Eus. II 2, 867f. Schwartz. Allein diese Angabe ist so allgemein, daß ihr nichts entnommen werden kann. Sie wäre allenfalls von Bedeutung, wenn die Rede bereits 314 gehalten worden wäre (*Barnes,* The New Empire of Diocletian and Constantine, Cambridge, Mass. 1982, 67. 81; vgl. dagegen *ders.,* The Editions, 200f.: ca. 315). Freilich ist nicht wahrscheinlich, daß die frühestens im April 313 begonnene Kirche bereits 314 vollendet war. Die Bauforschung geht meist von einer Mindestbauzeit von sechs bis sieben Jahren aus. Die Frage bedarf weiterer Klärung, vgl. *Leeb* (wie Anm. 1), 33 Anm. 26.
71. Eusebios, Kirchengeschichte IX 9,10-11: GCS Eus. II 2, 832 Schwartz. Vgl. Quellensammlung (wie Anm. 52), 66-69.

ὃ δ᾽ ὥσπερ ἔμφυτον τὴν εἰς θεὸν εὐσέβειαν κεκτημένος, μηδ᾽ ὅλως ἐπὶ ταῖς βοαῖς ὑποσαλευόμενος μηδ᾽ ἐπαιρόμενος τοῖς ἐπαίνοις, εὖ μάλα τῆς ἐκ θεοῦ συνῃσθημένος βοηθείας, αὐτίκα τοῦ σωτηρίου τρόπαιον πάθους ὑπὸ χεῖρα ἰδίας εἰκόνος ἀνατεθῆναι προστάττει, καὶ δὴ σταυροῦ σημεῖον ἐπὶ τῇ δεξιᾷ κατέχοντα αὐτὸν ἐν τῷ μάλιστα τῶν ἐπὶ ῾Ρώμης δεδημοσιευμένῳ τόπῳ στήσαντας αὐτὴν δὴ ταύτην προγραφὴν ἐντάξαι ῥήμασιν αὐτοῖς τῇ ῾Ρωμαίων ἐγκελεύεται φωνῇ. »τούτῳ τῷ σωτηριώδει σημείῳ, τῷ ἀληθεῖ ἐλέγχῳ τῆς ἀνδρείας τὴν πόλιν ὑμῶν ἀπὸ ζυγοῦ τοῦ τυράννου διασωθεῖσαν ἠλευθέρωσα, ἔτι μὴν καὶ τὴν σύγκλητον καὶ τὸν δῆμον ῾Ρωμαίων τῇ ἀρχαίᾳ ἐπιφανείᾳ καὶ λαμπρότητι ἐλευθερώσας ἀποκατέστησα«.

»Dieser aber, als ob er die Frömmigkeit gegen Gott von Geburt an besäße, wurde durchaus nicht durch das Jubelgeschrei irregeführt noch durch die Lobeserhebungen übermütig, sondern sich sehr wohl der von Gott stammenden Hilfe bewußt, befiehlt er, sogleich das Siegeszeichen des heilsamen Leidens in die Hand des eigenen Bildes zu geben, und die, die das Zeichen des Kreuzes, das er selbst in der Rechten hält, an dem in Rom am meisten belebten Ort aufstellen, fordert er auf, ihm (dem Bild) diese Bekanntmachung mit dem folgenden Wortlaut in lateinischer Sprache einzufügen: Durch dieses heilsame Zeichen, den wahren Erweis der Tapferkeit habe ich eure hindurchgerettete Stadt vom Joch des Tyrannen befreit und auch Senat und Volk der Römer durch die Befreiung zu alter Würde und Herrlichkeit zurückgebracht.«

Das Ereignis selbst ist aus großer räumlicher Entfernung beschrieben. Eusebios berichtet über etwas, was er selbst nicht gesehen hat. Es kann also hier nur darum gehen, zu klären, wie er das ihm Berichtete verstanden hat. Sofort nach der Einnahme Roms befiehlt Constantin, dem eigenen Bild das heilsame Zeichen in die Hand zu geben. Das könnte so klingen, als habe Constantin sein Bild schon bei der Einnahme Roms vorgefunden und ließe es jetzt ändern.[72] Das aber ist unsinnig und es kann nicht die Vorstellung des Eusebios gewesen sein, Maxentius habe seinem Feind eine Statue errichtet. Vielmehr geht es ihm darum darzutun, daß jetzt mitten in Rom, dem Zentrum des bislang heidnischen Weltreichs, das Zeichen Christi aufgerichtet ist, und nur nebenbei fließt die Angabe ein, daß sich dieses Zeichen in der Hand eines Constantinsbildes befindet.
Nach der Vorstellung des Eusebios richten die Römer das Zeichen auf, und zwar auf Befehl Constantins. Das dürfte dem wahren Sachverhalt entsprechen.
Der Ausdruck »das Siegeszeichen des heilsamen Leidens« muß auf das Kreuz gedeutet werden. Doch war dies im Folgenden noch deutlicher ausgedrückt. Ob-

---

72. *L´Orange*, Herrscherbild (wie Anm. 12), 74. Freilich beruft er sich dabei vor allem auf Vita Constantini I 40, 2 (GCS Eus. I 1, 36 Winkelmann), wo es heißt: ὑπὸ χεῖρα ἰδίας εἰκόνος ἐν ἀνδριάντι κατειργασμένης. Doch muß dies nicht nachträgliche Änderung besagen, s.u.

wohl Schwartz hier den Text anders konstituiert hat, sind die Verhältnisse klar. Alle von Schwartz für seine Ausgabe herangezogenen griechischen Handschriften außer einer, aber auch die syrische und die lateinische Version (Rufin) haben den Begriff des Kreuzes. Es ergibt sich folgendes Bild:

M τὸ σωτήριον σημεῖον

AER (ΣΛ) τὸ σωτήριον τοῦ σταυροῦ σημεῖον

T¹BD σταυροῦ σημεῖον

Dabei bieten (in den Siglen von Schwartz) in der Regel BDM gegenüber ATER die bessere Tradition,[73] deren Wert noch steigt, wenn zu BDM noch T¹ tritt.[74] Dagegen fällt M oft ab,[75] hat zwar »eine recht alte Vorlage ... aber zahllose(n) Verschreibungen ...: die Handschrift gewinnt erst Bedeutung, wenn sie zu anderen hinzutritt«.[76] Obwohl M »von Fehlern wimmelt«,[77] meint Schwartz, daß sie doch manchmal allein das Echte erhalten habe:[78] »aber es kommt auch mehr als einmal vor, daß M allein gegen die geschlossene Masse der übrigen Hss. die richtige Lesart vertritt«.[79] Dafür gibt er, wenn ich richtig gezählt habe, vier wenig gravierende Beispiele. Warum er auch im Fall unserer Textstelle glaubt, M den Vorzug geben zu müssen, ist die Übernahme des Textes in die *Vita Constantini* und seine Gestalt dort.[80] Wenn aber in der *Vita* nicht einfach zitiert, sondern ein neuer Stand der Entwicklung geboten wird, fällt dieses Argument dahin.
Dagegen ist der Begriff σωτήριον schon aus stilistischen Gründen suspekt, kommt er doch auch schon im vorangehenden Satzteil vor. Wahrscheinlich handelt es sich um einen Schreibfehler (falsche Lesung von σταυροῦ oder Reproduktion der Vokabel aus dem vorangegangenen Satzteil durch den Abschreiber). Oder aber die spätere Redaktion strich das Kreuz, weil es nicht mehr aktuell war, und ersetzte es durch σωτήριον, ohne zu überblicken, daß das stilistisch wenig passend war. In beiden Fällen repräsentieren T¹BD die originale Lesart, M die Verschreibung oder die spätere Redaktion, AER sind das Produkt von Abschreibern, die versuchten, beides unter einen Hut zu bekommen. Die syrische und die lateinische Version ändern zwar etwas ab, nennen aber ausdrücklich das Kreuz. Das »heilsame Zeichen« war also nach des Eusebios Version von 315 das Kreuz.

73. *Schwartz,* in: GCS Eus. II 3, passim.
74. Ebd. LXXIIIf.
75. Ebd. LXXVIf. LXXXV.
76. Ebd. CIV.
77. Ebd. CXLVI.
78. Ebd. LXXXIII.
79. Ebd. LXXXV.
80. Ebd. LXXXIVf.

Eusebios kannte das Zeichen nicht vom Sehen, sondern nur aus der wie auch immer gearteten Schilderung anderer. Würde es sich bei Eusebios um die Umdeutung eines Feldzeichens (Lanze mit Querstab) handeln,[81] dann müßte schon sein Gewährsmann diese Umdeutung vorgenommen haben. Es ist schwer denkbar, daß er nach dem mündlichen Bericht über ein Feldzeichen auf ein Kreuz gekommen wäre. Aber diese Vorstellung einer Umdeutung ist in jedem Falle schwierig, und überdies muß gefragt werden, ob der Kaiser ein Feldzeichen in der Hand gehalten haben kann, da dies zu tragen Aufgabe der Soldaten ist.[82]

Als Ergebnis ist festzuhalten, daß nach dem Bericht des Eusebios von 315 Constantin unter dem Zeichen des Kreuzes gesiegt hat. Dabei denkt man zuerst an ein Zeichen aus zwei sich kreuzenden Linien oder Balken. Hätte aber Eusebios in dem Zeichen das aus dem Nomen sacrum des Kreuzes gewonnene Kürzel gesehen, dann hätte er dies mit denselben Worten bezeichnen können. Es ist also nicht auszuschließen, daß auch Eusebios mit der Schilderung des »Zeichens« das »Staurogramm« meint. Und der Grund, dies nicht genauer zu beschreiben, könnte derselbe sein wie der des Lactantius, nämlich es umzudeuten.

Betrachten wir nun den Bericht der Vita Constantini, die doch wohl in das Jahr 337 gehört und die Verhältnisse der letzten Zeit Constantins schildert![83] Die Angaben sind z.T. wörtlich aus der Kirchengeschichte übernommen, doch kommt anderes hinzu. Natürlich konnte Eusebios später etwas in die Erinnerung kommen, was er bei der ersten Schilderung nicht gesagt hatte. Doch spricht zunächst einmal die Wahrscheinlichkeit dagegen, und überdies gehört die Vita Constantini einem Genus an, das die idealisierende Ausschmückung fordert, so daß die Wahrscheinlichkeit historischer Treue noch geringer wird.

γραφῇ τε μεγάλῃ καὶ στήλαις ἅπασιν ἀνθρώποις τὸ σωτήριον ἀνεκήρυττε σημεῖον, μέσῃ τῇ βασιλευούσῃ πόλει μέγα τρόπαιον τουτὶ κατὰ τῶν πολεμίων ἐγείρας, διαρρήδην δὲ ἀνεξαλείπτοις ἐγχαράξας τύποις σωτήριον τουτὶ σημεῖον τῆς Ῥωμαίων ἀρχῆς καὶ τῆς καθόλου βασιλείας φυλακτήριον. αὐτίκα δ' οὖν ὑψηλὸν δόρυ σταυροῦ σχήματι ὑπὸ χεῖρα ἰδίας εἰκόνος ἐν ἀνδριάντι κατειρ- γασμένης τῶν ἐπὶ Ῥώμης δεδημοσιευμένων ἐν τόπῳ στήσαντας αὐτὴν δὴ ταύτην τὴν γραφὴν ῥήμασιν αὐτοῖς ἐγχαράξαι τῇ Ῥωμαίων ἐγκελεύεται φωνῇ.»Τούτῳ τῷ σωτηριώδει σημείῳ τῷ ἀληθεῖ ἐλέγχῳ τῆς ἀνδρείας τὴν πόλιν ὑμῶν ζυγοῦ τυραννικοῦ διασωθεῖσαν ἠλευθέρωσα. ἔτι μὴν καὶ τὴν σύγκλητον καὶ τὸν δῆμον Ῥωμαίων τῇ ἀρχαίᾳ ἐπιφανείᾳ καὶ λαμπρότητι ἐλευθερώσας ἀποκατέστησα.«

---

81. So *Bleicken* (wie Anm. 1), 38.
82. A. *Alföldi,* Hoc signo (wie Anm. 53), 10f.
83. Eusebios, Vita Constantini I 40, 1-2: Eus. GCS I 1, 36 Winkelmann. Dieser Bericht ist eine Erweiterung dessen, was Eusebios bereits in der Tricennatsrede IX 8 (GCS Eus. I, 219 Heikel) gesagt hat. Dort freilich ist immer nur allgemein von dem »siegbringenden« oder »heilsamen Zeichen« die Rede.

»Mit großer Schrift und mit Stelen tat er allen Menschen das heilsame Zeichen kund. Inmitten der herrschenden Stadt richtete er eben dieses große Siegeszeichen gegen die Feinde auf und grub ausdrücklich mit unauslöschlichen Prägungen eben dieses heilsame Zeichen der römischen Herrschaft und Schutzmittel der umfassenden Kaisermacht ein. Sogleich nun befiehlt er denen, die eine hochragende Lanze in Kreuzesform in der Hand des eigenen als Idol ausgeführten Bildes an einem bevölkerten Platz Roms aufrichteten, ihm diese Inschrift mit diesem Wortlaut in lateinischer Sprache einzumeißeln: Durch dieses heilsame Zeichen, den wahrhaften Erweis der Tapferkeit habe ich eure durch das tyrannischen Joch hindurchgerettete Stadt befreit und auch Senat und Volk der Römer durch die Befreiung zu alter Würde und Herrlichkeit zurückgebracht.«

Hier ist ganz ähnlich wie in der Kirchengeschichte verfahren. Hauptaussage ist das Aufrichten des heilsamen Zeichens mitten in der Stadt, und nur nebenbei wird das Bild genannt, in der Hand dessen sich dieses Zeichen befindet. Auch sonst sind die Angaben gleich, gehen jedoch an zwei Stellen über das in der Kirchengeschichte Berichtete hinaus. An der einen wird gesagt, daß das Bild, die εἰκών, von der die Kirchengeschichte berichtet, in Form eines ἀνδριάς ausgeführt war, was in jener Zeit mit »Götterbild« übersetzt werden muß. Das trifft aber genau den monumentalen Befund, die heroische Nacktheit des Kolosses, wie sie Götterbildern zukommt und wie sei hier bei einem Kaiserbild gegeben ist. Damit aber gewinnt das Zeugnis der Vita Constantini schlagartig an Bedeutung. Eusebios erweist sich als gut informiert, er schmückt nicht nur die Angaben der Kirchengeschichte aus, er bereichert sie um konkrete, zutreffende Details.

Das ist nun für das zweite Detail bedeutsam, das neu hinzukommt: der Schilderung dessen, was Constantin in der Hand hält. Dies wird jetzt genau beschrieben, und zwar als ὑψηλὸν δόρυ σταυροῦ σχήματι, eine hochaufragende Lanze in Form eines Kreuzes. Dies wiederum aber ist nichts Besonderes, sondern die über große Zeiträume hin geläufige Form eines römischen Feldzeichens. Oben an einer Lanze ist ein Querstab befestigt, an dem das Fahnentuch hängt. Solche Feldzeichen tragen Soldaten in der Umgebung des Kaisers auf den Reliefs aus der Zeit Mark Aurels, die für den Constantinsbogen wiederverwendet wurden. Aber auch auf den konstantinischen Reliefs des Bogens kommen sie an bedeutender Stelle vor. Bei der Ansprache Constantins auf der Rostra stehen hinter ihm zwei Soldaten mit solchen Fahnen. Bedeutungsvoll scheint darüber hinaus noch ein weiteres zu sein. Bedenkt man, wie das heilsame Zeichen durch Umschreibungen und Epitheta ornantia hervorgehoben wird, dann erscheint das σταυροῦ σχήματι blaß, und es könnte so klingen, als sei hier eben nicht das heilsame Zeichen als Kreuz beschrieben, sondern mit »Kreuzform« einfach die Gestalt des Feldzeichens genauer beschrieben.

Zwar scheint bald darauf (41, 1) vom Bekenntnis zum siegverleihendem Kreuz die Rede zu sein, doch sollte stutzig machen, daß die älteste und beste Handschrift, der Vat. gr. 149, statt σταυροῦ die Lesart σωτῆρος bietet, mithin vom Bekenntnis zum siegverleihendem Heiland die Rede ist. Dies kann vertieft werden. In der betrachteten Stelle der *Vita Constantini* ist ja zwar zum erstem Mal in dieser Schrift von dem Bild Constantins die Rede, aber nicht vom Heilszeichen. Vielmehr begegnet dieses ja schon früher, nämlich in der Bekehrungsgeschichte, wo dem Kaiser die Anfertigung dieses Zeichens von Gott befohlen wird, damit er durch dieses Zeichen siege. Da darauf Bezug genommen wird, kann sich Eusebios bei der Schilderung des Zeichens in der Hand der Statue kurz fassen. Die ausführliche Schilderung lautet folgendermaßen:[84]

῏Ην δὲ τοιῷδε σχήματι κατεσκευασμένον. ὑψηλὸν δόρυ χρυσῷ κατημφιεσμένον κέρας εἶχεν ἐγκάρσιον σταυροῦ σχήματι πεποιημένον, ἄνω δὲ πρὸς ἄκρῳ τοῦ παντὸς στέφανος ἐκ λίθων πολυτελῶν καὶ χρυσοῦ συμπεπλεγμένος κατεστήρικτο, καθ᾽ οὗ τῆς σωτηρίου ἐπηγορίας τὸ σύμβολον δύο στοιχεῖα τὸ Χριστοῦ παραδηλοῦντα ὄνομα διὰ τῶν πρώτων ὑπεσήμαινον χαρακτήρων, χιαζομένου τοῦ ῥῶ κατὰ τὸ μεσαίτατον. ἃ δὴ καὶ κατὰ τοῦ κράνους φέρειν εἴωθε κἂν τοῖς μετὰ ταῦτα χρόνοις ὁ βασιλεύς. τοῦ δὲ πλαγίου κέρως τοῦ κατὰ τὸ δόρυ πεπαρμένου ὀθόνη τις ἐκκρεμὴς ἀπηώρητο, βασιλικὸν ὕφασμα ποικιλίᾳ συνημμένων πολυτελῶν λίθων φωτὸς αὐγαῖς ἐξαστραπτόντων καλυπτόμενον σὺν πολλῷ τε καθυφασμένον χρυσῷ, ἀδιήγητόν τι χρῆμα τοῖς ὁρῶσι παρέχον τοῦ κάλλους. τοῦτο μὲν οὖν τὸ φᾶρος τοῦ κέρως ἐξημμένον σύμμετρον μήκους τε καὶ πλάτους περιγραφὴν ἀπελάμβανε. τὸ δ᾽ ὄρθιον δόρυ, τῆς κάτω ἀρχῆς ἐπὶ πολὺ μηκυνόμενον ἄνω μετέωρον, ὑπὸ τῷ τοῦ σταυροῦ τροπαίῳ πρὸς αὐτοῖς ἄκροις τοῦ διαγραφέντος ὑφάσματος τὴν τοῦ θεοφιλοῦς βασιλέως εἰκόνα χρυσῆν μέχρι στέρνων τῶν τ᾽ αὐτοῦ παίδων ὁμοίως ἔφερε.

»Es war aber folgendermaßen gestaltet. Eine vergoldete hochaufragende Lanze hatte einen Querstab, in der Gestalt eines Kreuzes gebildet, oben aber an der Spitze des Ganzen war ein aus prächtigen Steinen und Gold geflochtener Kranz befestigt, in welchem die beiden Buchstaben, die den Namen Christi anzeigen, das Symbol der heilsamen Benennung durch die Anfangsbuchstaben andeuteten, indem das Rho ganz in der Mitte gekreuzt wird. Dieses trug auch der Kaiser gewöhnlich seit dieser Zeit am Helm. Ein Leinentuch aber, an die Querstange angehängt, die den Speer überschneidet, hing herab, ein kostbares Gewebe, mit der Pracht zusammengefügter Edelsteine, die von Strahlen des Lichts glänzten, bedeckt, mit vielem eingewebtem Gold, etwas unbeschreiblich Schönes dem Betrachter bietend. Dieses am Querstab befestigte Tuch nun hatte die gleichen Maße an Länge und Breite erhalten, der gerade Schaft aber, von dem unteren Ende um vieles nach oben in die Länge gezogen, trug unter dem Siegeszeichen des Kreu-

---

84. Eusebios, Vita Constantini I 31, 1-2: GCS Eus. I 1, 30f. Winkelmann.

zes unmittelbar am Saum des beschriebenen Tuches das goldene Bild des gottgeliebten Kaisers zwischen den Brustbildern gleicherweise seiner Kinder.«

Hier entspricht die Schilderung durchaus dem Zeichen, das wenig später im gleichen Text die Constantinsstatue in der Hand hält. Es handelt sich um die geläufige Form eines Feldzeichens, bei dem an einem langen Stab ein kurzer Querstab befestigt ist, an dem das Fahnentuch hängt. Der lange Stab endet hier oben freilich nicht in einer Lanzenspitze, sondern mit einem Kranz, der das Christusmonogramm enthält.
Auch hier finden Umdeutungen statt. In der zuvor geschilderten Vision schaut Constantin ein Kreuz (σταυροῦ τρόπαιον) am Himmel, und er erhält den Auftrag, dieses Zeichen nachbilden zu lassen, was Constantin nach Euseb auch tut, indem er den Künstlern die Gestalt des Zeichens beschreibt.[85] Was aber dann entsteht, ist zunächst ein normales Feldzeichen, das nicht besonders beschrieben zu werden brauchte. In ihm kreuzen sich zwar zwei Stäbe, was Euseb (als Verwirklichung der Wiedergabe des Kreuzes) unterstreicht, aber dadurch, daß an dem Querstab ein Tuch hängt, geht die Kreuzform verloren.[86] Bestand das siegverleihende Zeichen in der Kreuzform des Feldzeichens, dann bedurfte es ja auch keiner Vision und es brauchte nichts Neues geschaffen zu werden: Die herkömmlichen Feldzeichen waren ja schon Kreuze. Und so erscheint ja auch in der Schilderung des Euseb das bekrönende Chi-Rho-Monogramm als eigentliches Heilszeichen, das auch der Kaiser am Helm trägt. Auch diese Schilderung zeigt, wie ein späterer Entwicklungsstand mühsam mit dem Initialereignis harmonisiert wird.
Damit ist eine gewisse Doppeldeutigkeit festgehalten. Sowohl das Christogramm wie das Kreuz sind Heilszeichen. Aber die Akzentuierung hat sich verschoben. War in der Schilderung der Kirchengeschichte das Kreuz das eigentliche Heilszeichen in der Hand Constantins, so ist es jetzt das Christogramm, angebracht an einem Feldzeichen, das die Form eines Kreuzes hat, die man auch christlich deuten kann.[87]
Was hier beschrieben wird, ist das berühmte Labarum. Daß es überaus kostbar ausgeführt war, sagt Eusebios selbst. In der weiteren Schilderung fügt er auch noch an, daß der Kaiser es brauchte, daß es aber auch mehrere Ausführungen davon gab, die den einzelnen Heeren zugeteilt waren.[88] Anscheinend war das Labarum etwas anderes als ein normales Feldzeichen. Als Heilszeichen und als

---

85. Euseb, Vita Constantini I 28,2 – 30: GCS Eus. I 1 30 Winkelmann.
86. Vgl. die Vexilla auf dem Oratio-Relief des Constantinsbogens, *L´Orange-v. Gerkan* (wie Anm. 4), T. 15a.
87. *Bleicken* (wie Anm. 1, 38) meint, Eusebios habe ein normales Feldzeichen christlich umgedeutet. Doch ergab sich ja eben die Kreuzform nur bei der literarischen Schilderung der Konstruktion, nicht aber beim Anblick. Hier ließ das an der Querstange hängende Fahnentuch die Kreuzform kaum zur Geltung kommen.
88. Euseb, Vita Constantini I 31,3: GCS Eus. I 1, 31 Winkelmann.

Schutzmittel spielt es eine so herausragende Rolle, daß der Kaiser selbst es in der Hand haltend dargestellt werden kann. Die Funktion der herkömmlichen Feldzeichen war niedriger angesiedelt, sie werden dem Kaiser nachgetragen, aber er trägt sie nicht selber.[89] Ob dann freilich das dem Kaiser in die Hand gegebene Exemplar auch auf dem Tuch die Kaiserbilder zeigte, darf man bezweifeln. Vertreten sie doch den abwesenden Kaiser, ergaben aber keinen Sinn, wenn der Kaiser die Standarte selbst trug.

Auch im Kampf gegen Licinius wird dem Labarum die entscheidende Rolle zugesprochen.[90]

6. Das Medaillon von Ticinum 315

Eine weitere Quelle, die aus geringer zeitlicher Distanz uns über das Zeichen Auskunft gibt, das die Schlacht am Pons Milvius bestimmt hat, ist monumentaler Natur. Es handelt sich um ein Silbermultiplum, das 315 in Ticinum geprägt worden ist (Abb. 27).[91] Ein schon länger bekanntes Wiener Exemplar ist so schlecht erhalten, daß entscheidende Details nicht erkennbar sind. Ein im Jahre 1930 von der Ermitage erworbenes Exemplar ist im Foto nach einem Gipsabguß publiziert worden, schließlich hat 1954 München ein Exemplar dieses Medaillons erwerben können, das nun vor allem die Grundlage der weiteren Forschung gebildet hat. Die Literatur darüber ist überaus angewachsen. Die Datierung auf 315 beruht zunächst auf formalen Kriterien, sie läßt sich aber sehr gut inhaltlich stützen (s.u.). Wichtig ist die Feststellung, daß alle drei bekannten Exemplare trotz der gleichen Darstellungen auf Avers und Revers mit verschiedenen Stempeln geschlagen wurden. Das läßt auf eine umfangreichere Emission schließen.

Die Legende der Vorderseite lautet: IMP(erator) CONSTANTINUS P(ius) F(elix) AUG(ustus). Dargestellt ist das Brustbild Constantins in Dreiviertel-Ansicht mit Helm und Panzer. Constantin hält mit der Rechten die Zügel des Pferdes, mit der Linken den Schild und einen länglichen Gegenstand, der als ein Zepter gelten muß. Auf dem Schild ist die kapitolinische Wölfin dargestellt. Oben in der Mitte des Helms ist eine Scheibe mit dem Christusmonogramm (Chi-Rho) angebracht. Das Zepter

---

89. A. Alföldi, Hoc signo (wie Anm. 53), 10f. Auf der Rückseite des Silbermultiplums von Ticinum 315 (s.u. 166) hält Constantin ein Tropaion, ein Längsstab mit Querstab, an dem eine (erbeutete) Rüstung hängt, in der Hand.
90. Hier heißt es bei Euseb allgemein immer nur »heilbringendes« oder »siegbringendes Zeichen«: Vita Constantini II 6,2-9,2. 16. 55,1 (σφραγίς); vgl. IV 5: GCS Eus. I 1, 51f. 55. 70. 121 Winkelmann.
91. A. Alföldi (wie Anm. 89), ebd.; K. Kraft, Das Silbermedaillon Constantins des Grossen mit dem Christusmonogramm auf dem Helm, in: Jahrbuch für Numismatik und Geldgeschichte 5-6 (1954-55), 151-178, wiederabgedruckt in: Constantin d. Gr., hrsg. v. H. Kraft (s.o. Anm. 2), 297-344 (im Folgenden danach zitiert).

endet durch einem kurzen Querbalken als Kreuz mit einer Kugel darüber, über der sich noch eine kleinere Kugel befindet.

Auf der Rückseite findet sich die Legende: SALUS REI PUBLICAE. Die Darstellung zeigt eine Adlocutio. Umgeben von Soldaten, die ihre Schilde hochhalten und die Pferde am Zügel führen, hält der Kaiser eine Ansprache. Der mit dem Panzer bekleidete Kaiser wird von einer hinter ihm stehenden Victoria bekränzt. Er hat die Rechte erhoben und hält in der Linken ein Tropaion. Zu beiden Seiten stehen hinter ihm Soldaten mit Vexilla.

Die vorausgesetzte Situation ist die nach einer siegreichen Schlacht. Der das »Heil des Staates« bewirkende Sieg wird durch die kapitolinische Wölfin mit Rom in Verbindung gebracht. Es kann sich nur um die Feier des Sieges handeln, mit dem Rom eingenommen, oder, wie die offizielle Version lautete, Rom vom Tyrannen befreit worden war. Dieser Sieg aber ist an den Decennalien Constantins gefeiert worden, zu denen er 315 in Rom weilte. Dieselben Feierlichkeiten, zu denen der Constantinsbogen und gewiß auch der Koloß fertiggestellt wurden, haben zur Anfertigung einer Münze geführt, die in ziemlich großer Anzahl an verdiente Männer ausgeteilt wurde.[92] Anders ist der Anlaß gar nicht vorzustellen. Da die Prägungen aus einer zentralen Münzstätte des Kaisers hervorgingen, haben diese Medaillons offiziellen Charakter.

Dieses Medaillon zeigt nun Constantin mit christlichen Attributen, durch die Constantin kundtut, daß er den Sieg mit der Hilfe des Christengottes errungen hat. Die Darstellung des Zeichens, das diese Hilfe vermittelte, entspricht auf dem Medaillon gewiß den Vorstellungen, nach denen Constantin 315 das Ereignis sehen wollte. Genauer gesagt sind es zwei Zeichen.

Auf dem Helm befindet sich das Christusmonogramm. Dabei handelt es sich um ein älteres Zeichen (s.o.). Es dürfte kein Zweifel darüber bestehen, daß es hier Christus bezeichnet, und für diese Anwendung dürfte das Medaillon der älteste Beleg sein. Dieses Zeichen wäre nicht sichtbar, wenn der Kopf wie üblich im Profil gegeben wäre. Und man kann fragen, ob nicht die für Constantin nur im Jahre 315 nachgewiesene Verwendung der Dreiviertelansicht[93] ihren Grund darin hat, daß das Chi-Rho-Monogramm gezeigt werden sollte.

Das andere Zeichen, das hier dargestellt ist, ist gewiß das Kreuz in Gestalt des Kreuzzepters, das wirkungsvoll im Bild in Erscheinung tritt.

Nachdem bereits Delbrueck in diesem Gegenstand ein Kreuz mit Globus darüber vermutet hat,[94] hat dies Andreas Alföldi im einzelnen ausgeführt.[95] Maria R. Alföldi

---

92. Die Anfertigung der Münzen mußte entsprechend früh beginnen, *R. Delbrueck,* Spätantike Kaiserporträts von Constantinus Magnus bis ans Ende des Westreichs (Studien zur spätantiken Kunstgeschichte 8), Berlin-Leipzig 1933, 3.
93. *K. Kraft* (wie Anm. 91), 299f.
94. *Delbrueck,* Kaiserporträts (wie Anm. 92), 72.
95. *A. Alföldi,* Hoc signo (wie Anm. 53), 5; *ders.,* Das Kreuzzepter Konstantins des Großen, in: Schweizer Münzblätter 5 (1954), 81-86.

hat jedoch diese Deutung bestritten und in dem Gebilde einen umgekehrten Speer gesehen.[96] Andere sind ihr darin gefolgt. Dies wiederum ist von Göbl bestritten worden.[97] Betrachtet man die entsprechenden Darstellungen, dann zeigt sich, daß der nach unten gehaltene Speer oben in zwei gleichgroßen Kugeln endet.[98] Auch das Langzepter kann oben und unten so enden[99] und ist offenbar auch gegen den Speer austauschbar.[100] In diesen Fällen handelt es sich um zwei gleichgroße Kugeln, die anders als das Gebilde auf dem besagten Multiplum aussehen. Frau Alföldi hat gewiß darin recht, daß es sich um ein seltsames Zeichen handelt. Hätte man ein Symbol schaffen wollen, das die Weltherrschaft Christi zeigte, dann ergab sich eher ein Kreuz auf der Weltkugel. Gerade aber das Ungewöhnliche signalisiert doch Probleme der Einbewältigung, und es kann nur mit aller Vorsicht gefragt werden, was zu solcher ungewöhnlichen Lösung führte.[101]

Bereits A. Alföldi hatte darauf hingewiesen, daß Valentinian II. auf einer Münze ein ganz ähnliches Gebilde in der Hand hält (Abb. 31). Der Querstab ist hier in der Perspektive schräg dargestellt, die zweite, kleine Kugel fehlt, auf der großen Kugel, die auch hier als Kosmos zu verstehen ist, befindet sich ein Christus-Monogramm.[102]

---

96. *M. Alföldi*, Goldprägung, 146-153.
97. *R. Göbl, Signum crucis* oder Lanzenschaft?: Die Kaiserinsignien auf dem Münchener Silbermultiplum Constantins des Großen aus 315 Ticinum, in: Litterae Numismaticae Vindobonenses 3 (1987), 77-94. Dagegen *M.R. Alföldi*, Historische Wirklichkeit – historische Wahrheit: Constantin und das Kreuzzepter, in: *H.-J. Drexhage, J. Sünskes* (Hrsg.), Migratio et Commutatio. Studien zur Alten Geschichte und deren Nachleben. Festschrift Thomas Pekáry, St. Katharinen 1989, 318-325. Zur Diskussion s. *Leeb* (wie Anm. 1), 29-39.
98. Vgl. z.B. *M. Alföldi*, Goldprägung, Abb. 218. Unterstrichen werden kann nur, was *Göbl* (wie Anm. 97), 84 sagt: »... daß die Lanzen auf den Kaiserbüsten (Schildbüsten) einmal nach oben, einmal nach unten weisen und daß die dahinter stehenden Gesetzlichkeiten erst aufgesucht werden müssen ...« Dies gilt auch für andere Darstellungen und muß auch auf Denkmäler wie das Diptychon Barberini (*W.F. Volbach*, Elfenbeinarbeiten der Spätantike und des frühen Mittelalters, 2. Aufl., Mainz 1952, Nr. 48) angewandt werden. Die Meinung, der Kaiser stütze sich beim Absteigen vom Pferd auf die nach unten gehaltene Lanze (so auch *Göbl*, 85), ist abwegig. Der Lanzenspitze täte so etwas nicht gut, und das stumpfe Ende gäbe besseren Halt. Doch vgl. auch *R. Delbrueck*, Die Consulardiptychen und verwandte Denkmäler (Studien zur spätantiken Kunstgeschichte 2), Berlin-Leipig 1929, 188, wo er zum Kaiser des Diptychons Barberini (Kat. N 48) schreibt: »Um abzusitzen, pariert er und sticht seine Lanze in den Boden.« Jedenfalls äußerten sämtliche von mir befragten ReiterInnen, man könne nicht auf solche Weise vom Pferd absteigen. Vielleicht ist die nach unten gehaltene Lanze ein Siegergestus, der die Weltherrschaft bezeichnet.
99. Vgl. *M. Alföldi*, Goldprägung, Abb. 236. S. auch die Zusammenstellung bei *Göbl* (wie Anm. 97), T. 5, Abb. 22a-o.
100. Vgl. etwa *M. Alföldi*, Goldprägung, Abb. 220 mit 218.
101. *Göbl* (wie Anm. 97), 90f., betont, es handle sich um eine neue Zepterform, die die *Conversio Constantini* forderte.
102. *A. Alföldi*, Eine spätrömische Helmform und ihre Schicksale im germanisch-romanischen Mittelalter, in: Acta Archaeologica 5 (1934), 99-144, hier: 141 und 102 Abb. 3b; *ders.*, Kreuzszep-

Die Ähnlichkeit der Gebilde in den Händen Constantins und Valentinians II. ist so groß, daß eines nicht ohne das andere denkbar ist. Es scheint auch eine durchgehende Tradition gegeben zu haben, worauf ebenfalls A. Alföldi aufmerksam gemacht hat. Auf constantinischen Münzen mit der Darstellung der Constantinopolis aus Thessalonike und anderen Münzstätten gibt es ein Zepter, das wie auf dem Medaillon von 315 einen kurzen Querstab und eine große und eine kleine Kugel darüber aufweist (Abb. 28).[103] Daß es ein solches Zepter als Insignie gegeben hat, ist unwahrscheinlich.[104] Vielmehr scheint es darum zu gehen, aus dem vorhandenen Formenrepertoire Symbole zu erstellen, die eine bestimmte Aussage formulieren.

Die Darstellung auf dem Multiplum muß auch als der älteste Beleg für das christliche Kreuzzeichen gelten.[105] Wenn sich über dem Kreuz eine Kugel befindet, die meist als Globus gedeutet wird, dann ist dies zunächst anscheinend eine einmalige Lösung geblieben. Immerhin war der Globus als Abschluß eines Zepters geläufig, so daß die Änderung nur in der Einfügung des Querstabes bestand. Zwar kann man hier tiefsinnige Gedanken über das Kreuz, das die Welt trägt, anschließen, aber es bleibt doch die Frage, ob Constantin damals so kompliziert theologisch gedacht hat, oder ob es sich hier nicht vielmehr um einen Versuch handelt, das Staurogramm sinnvoll einzubewältigen. So viel hier offenbleiben muß, ist doch auch hier eine Doppelung erkennbar, ein Schwanken zwischen Kreuz und Christogramm, wobei auch in diesem Falle Älteres in Form des Staurogramms nachzuwirken scheint.

Kuhoff hat natürlich recht, wenn er meint, die Münzen mit christlichen Zeichen, allen voran also die Prägung von Ticinum 315, gingen »in der großen Zahl von traditionell

---

ter (wie Anm. 95), 82; vgl. ders., Insignien und Tracht der römischen Kaiser, in: Römische Mitteilungen 50 (1935), 1-171, hier 35 Abb. 2.

103. *A. Alföldi*, On the Foundation of Constantinople: A Few Notes, in: Journal of Roman Studies 37 (1947), 10-16, hier: 15f.; *ders.*, Konstantinápoly alapításának problémáihoz, in: Numizmatikai Közlöny 41 (Budapest 1942), 3-10, T. II, 2-3; die weiteren auf den Tafeln III und V abgebildeten Beispiele zeigen meistens ein Zepter mit Kugel und kurzem Querstab darunter, der auch eine Scheibe sein könnte; III, 2 zeigt einen Ring über einen Querstab (unsere Abb. 29). *A. Alföldi* (9) will alle diese Darstellungen von II, 2-3 her in dem Sinne deuten, daß Constantinopolis als christliche Hauptstadt im Gegensatz zum heidnischen Rom gemeint ist. II, 2-3 sind auch abgebildet: *J. Vogt*, Constantin der Große und sein Jahrhundert, München 1949, T. 15, 2. 3 (bei 256). Die Meinung von *Cecchelli* (wie Anm. 53), 52 Anm. 96, hier seinen mehrere Querstäbe unter der Kugel dargestellt, muß korrigiert werden. Es handelt sich um die beiden Bänder, die auch dann meist hinten am Helm flattern, wenn kein Lorbeerkranz auf diesen gebundenen ist. Sie überschneiden das Zepter. Frau Alföldi ist auf die Münze Valentinians nur ganz kurz (FS Pekáry, 322 Anm. 24), auf die anderen gar nicht eingegangen.

104. Zum Zepter vgl. *A. Alföldi*, Insignien (wie Anm. 102), 110-117.

105. Ich wage nicht zu entscheiden, ob Kreuzzeichen als Bezeichnung der Gebetsrichtung in vorkonstantinischer Zeit üblich waren, *E. Peterson*, Das Kreuz und das Gebet nach Osten, in: *ders.*, Frühkirche, Judentum und Gnosis, Rom-Freiburg-Wien 1959, 15-35. Erhalten ist derartiges nicht.

heidnisch gestalteten Typen hoffnungslos unter«.[106] Nichtsdestoweniger wandte sich das Medaillon »an Beamte und Offiziere anläßlich der Dezennalien«,[107] und muß daher als ein offenes Bekenntnis seiner neuen Gottesbeziehung gelten.
Eine gewisse Berühmtheit hat eine Bronzeprägung von Siscia erlangt (Abb. 32). Der im Profil wiedergegebene Constantin trägt einen Helm, auf dessen Seite die Chi-Rho-Ligatur angebracht ist.[108] Das schien eine Übernahme vom Medaillon von Ticinum zu sein. Doch ist der programmatische Charakter des Monogramms fraglich. Daß es an unpassender Stelle sitzt, haben alle bemerkt, aber dann doch meist in der Profildarstellung begründet gesehen. Aber es findet sich nur auf einem kleinen Teil der Serie und muß auch dann, wenn der Ursprung des Zeichens christlich ist, eher im Sinne einer Emissionsmarke verstanden werden.[109]

7. Das Nachleben des »Zeichens«

Auch andere Denkmäler zeigen ein Schwanken in der Darstellung heiliger Zeichen oder lassen diese nicht eindeutig oder zufällig erscheinen.
Ob ein Zeichen, das das senkrecht durchstrichene Chi zeigt, oben aber nicht zum Rho gebogen ist, sondern einen kleinen Ring aufweist (₸), christlich zu interpretieren ist, weiß ich nicht. Es findet sich etwa auf Münzen des Jahres 321 neben dem Vexillum mit Vota, an der Stelle, wo sonst Buchstaben und andere Zeichen begegnen.[110]
Um 330/340 erscheint auf dem römischen Sarkophag olim Lat. 171[111] erstmalig ein Zeichen, das in der westlichen Sarkophagplastik nachgewirkt hat (Abb. 17). Es konnte – wie andere Zeichen auch – Christus in der Weise vertreten, daß es auf bestimmten Sarkophagtypen gegen den herrscherlichen Christus austauschbar war. Offensichtlich handelt es sich um ein Vexillum, um eine Variante des Labarum. Das beweisen schon die Soldaten, die darunter abwechselnd Wache halten (einer wacht, einer ruht). Dem Labarum entspricht auch die Grundstruktur. Ein Stab wird von einem Querstab gekreuzt, das ganze ist durch einen Kranz mit dem Christus-Monogramm bekrönt. Alles andere aber ist ungewöhnlich und trifft weder auf das Laba-

---

106. *Kuhoff* (wie Anm. 4), 173. Offen bleibt die Frage, inwieweit Sterne und Punkte auf dem Helm Constantins das Christus-Monogramm meinen, s. *A. Alföldi,* The Helmet of Constantine with the Christian Monogram, in: The Journal of Roman Studies 22 (1932), 9-23, hier: 11. Für den normalen Bewohner des Römischen Reiches waren sie nicht als solches zu erkennen.
107. *Kuhoff,* ebd.
108. Vgl. z.B. *A. Alföldi,* Helmet (wie Anm. 106), 11, T. IV 17.
109. *Bruck* (wie Anm. 40), 28; *Bruun,* Christian Signs (wie Anm. 40), 10-18.
110. *V. Schoenebeck* (wie Anm. 26), 47-49, T. V 24/25. 26/27. Auch Chi-Rho-Monogramme finden sich an dieser Stelle, ebd. 70 (vgl. o. Anm. 51).
111. Repertorium der christlich-antiken Sarkophage, hrsg. v. *F.W. Deichmann,* Bd. 1: *G. Bovini* und *H. Brandenburg,* Rom und Ostia, Wiesbaden 1967, Nr. 49.

rum noch sonst ein Vexillum zu. Der Kranz ist unverhältnismäßig groß gegenüber dem übrigen. Er wird nicht nur von der Fahnenstange, sondern auch von einem Adler im Schnabel gehalten. Die entfalteten Schwingen des Adler bilden wiederum geradezu einen Teil der Architektur, die Halbkuppel der Nische. Der Adler ist von zwei Gestalten, wohl Sol und Luna begleitet. Am Kranz picken Vögel, die auf der Querstange sitzen. Und vor allem ist das Fahnentuch fortgefallen, der Querstab ist nicht mehr an der Stange befestigt, sondern beide sind zu einer einheitlichen Kreuzform aus massiven Balken verwachsen. Wenn einst Apologeten im Feldzeichen wie in jedem anderen Gegenstand, wo zwei längliche Gebilde sich kreuzten, das Kreuz sehen konnten, so ist diese Vorstellung jetzt ins Bild umgesetzt.

Dieses Beispiel zeigt ebenso wie das Kreuzzepter, welcher Variabilität herkömmliche Symbole und Gegenstände fähig waren, wenn es darum ging, sie neuen Inhalten anzupassen und neue Aussagen zu ermöglichen. Das Mittelmotiv des olim Lat. 171 ist wohl genau so wenig ein wirkliches Labarum gewesen, wie der Gegenstand in Constantins Hand ein reales Zepter ist. Eine allzu realistische Interpretation muß hier in die Irre führen.

Eine Deutung des Staurogramms schließlich muß noch erwähnt werden. Im Kuppelmosaik des Baptisterium zu Neapel (um 400) ist dieses Zeichen dargestellt, und es vertritt nicht nur die Darstellung Christi, sondern ist insofern anthropomorph interpretiert, als die Schleife des Rho mit einem Nimbus versehen (und dann doch wohl als Kopf verstanden) wurde und überdies sich darauf die Hand Gottes mit der Krone senkt.

Damit kehren wir an den Anfang zurück. Das »Zeichen« war eine der Kreuzesbezeichnung entnommene (mißverstandene) Tau-Rho-Ligatur. Dadurch, daß es sich als wirksam erwiesen hatte, hatte es eine Rechtfertigung erfahren. Da es aber eigentlich auf einem Mißverständnis beruhte, erfuhr es korrigierende literarische und gestalterische Umdeutungen. Lactantius hat dieses Zeichen zu einem Chi-Rho-Monogramm umgedeutet, Eusebios hat es als Kreuz verstanden, das Neapler Mosaik konnte es anthropoid interpretieren.[112] Aber schon zuvor gab es zwischen dem Staurogramm und dem Labarum angesiedelte Hybridformen des mit einem Rund bekrönten Kreuzes (wie den Sarkophag olim Lat. 171), die vielleicht auch hierher gehören. Sowohl die Tatsache, daß das Staurogramm als heiliges Zeichen in der Kirche Heimatrecht gewann,[113] wie die mannigfachen Versuche, es durch Umdeutung einzubewältigen, werden so verständlich.

---

112. Auch sonst ist dieses Zeichen im Neapler Baptisterium benutzt, so als Attribut des Petrus, was offensichtlich (wie das vorgenannte Beispiel) das Marterwerkzeug des Apostels als Kreuz Christi im Sinne der Nachfolge deutet, ebd. Fig. 64b.

113. Dazu gehören die Staurogramme auf der Beratios-Nikatoros- Platte (vgl. *Cecchelli*, s.o. Anm. 53, Fig. 52), die schon wegen der abgekürzten Jonas-Szene gewiß nicht vor 300 entstanden ist, aber doch wohl erst der constantinischen Zeit angehört. Und weiterhin sind hier die Staurogramme in Handschriften zu nennen (ebd. Fig. letzte Seite; Alpha Sinaiticus etc.: *Dinkler* (wie Anm. 54), Sp. 37f.), das Zeichen in der Hand einer Petrusstatuette in Berlin (ebd. Fig. 64a), u.a.m.

Aber schon auf dem in Ticinum 315 geprägten Medaillon tritt daneben das andere Zeichen, das Constantin in der Folgezeit dann offenbar als das gültige ansehen wollte, und das weithin das »Staurogramm« ersetzte: das Christus-Monogramm.

8. Der Koloß

An die Nahtstelle politischer Repräsentation und christlichen Bekenntnisses gehören Reste einer Constantinsstatue (Abb. 1, 16) und Äußerungen des Eusebios (s.o.), die offenbar auf diese Bezug nehmen. Sie sind längst in der Forschung miteinander in Beziehung gesetzt worden. In das Problem spielt die Frage hinein, was sich bei der Schlacht am Pons Milvius am 28. Oktober 312 abgespielt hat. Wir haben die Zeugnisse dafür bereits besprochen.

Maxentius hat am Forum Romanum, an der Via triumphalis, eine riesige Basilika erbauen lassen, die im Osten eine schmale Vorhalle, im Westen aber eine Apsis aufwies. Nach der Einnahme Roms ist die Basilika Constantin geweiht worden, wie Aurelius Victor bezeugt.[114] Diese Basilika hat eine Veränderung erfahren. Es wurde eine Nordapsis angefügt, die durch die Architekturplastik in (maxentianische oder) frühconstantinische Zeit datiert werden kann. Der neuen Apsis entsprach eine neue Vorhalle mit Treppe im Süden. Der Umbau wird offenbar der Tatsache verdankt, daß die alte Apsis ihre Funktion verlor, da in ihr eine kolossale Statue errichtet wurde. So wurde für die entsprechenden Funktionen, die wohl vor allem in der Rechtsprechung bestanden (Tribunal), eine neue Apsis gebaut.[115]

Unter Innozenz VIII. (wohl 1486 oder 1487) sind im Apsisbereich der Basilika Reste einer Statue gefunden worden, die sich heute im Hofe des Konservatorenpalastes befinden.[116] H. Kähler hat ein 1,26 m hohes Schulter-Brust-Fragment hinter

---

114. De Caes. 40,26: Sexti Aurelii Victoris Liber de Caesaribus rec. Fr. Pichlmayr/R. Gruendel, Lipsiae 1961, 124: *Adhuc cuncta opera, quae magnifice construxerat (Maxentius), urbis fanum atque basilicam Flavii (Constantini) meritis patres sacravere.* Vgl. *H. Kähler,* Dekorative Arbeiten aus der Werkstatt des Konstantinsbogens, in: JdI 51 (1936), 180-201. Reste der Weihinschrift für Constantin: CIL VI 1147 (s.o. Anm. 6, 238).

115. *Kähler,* Konstantin (s. nächste Anm.), 6-8 mit Abb. 3-4 (4f.); *Cecchelli* (wie Anm. 53), 30f.

116. Die grundsätzlichen Klärungen werden Delbrueck, Kähler und L´Orange verdankt, aber bereits bei Petersen findet sich das Wesentliche (in Auseinandersetzung mit der älteren Literatur). *E. Petersen,* Un colosso di Constantino Magno, in: Atti della Pontificia Accademia Romana di Archeologia, ser. II: Dissertazioni, tom. VII, Roma 1900, 159-182; *Delbrueck,* Kaiserporträts (s.o. Anm. 92), 121-130 (mit A. v. Gerkan); *H.P. L´Orange,* Studien zur Geschichte des spätantiken Porträts, Oslo, Leipzig etc. 1933, 63f. 137f. (Katalog Nr. 86); *H. Kähler,* Konstantin 313, in: Jahrbuch des Deutschen Archäologischen Instituts 67 (1952), 1-30; *Cecchelli* (s.o. Anm. 53); *L´Orange,* Herrscherbild (s.o. Anm. 12), 70-80; *Jucker* (s.o. Anm. 10), 51-57; *Kl. Fittschen* u. *P. Zanker,* Katalog der römischen Porträts in den Capitolinischen Museen und den anderen kommunalen Sammlungen der Stadt Rom, Band I: Text. Kaiser- und Prinzen-

der Apsis beschrieben,[117] es gibt weitere Fragmente[118] und eine Ausgrabung im Gelände zur Basilika SS. Cosma e Damiano hin würde vielleicht noch mehr zum Vorschein bringen.

Die Statue stand in der Westapsis der Basilika, Reste des Sockels waren im 16. Jahrhundert noch vorhanden. Der Koloß entsprach den riesigen Dimensionen der Basilika. Es handelte sich um eine Sitzstatue von ursprünglich etwa 10 m Höhe (ohne Podest), die aus einzelnen Marmorblöcken zusammengesetzt war und im Innern wohl eine Füllmasse oder eher einen Travertinkern aufwies.

Erhalten ist die vordere Hälfte des Kopfes[119] (Abb. 1). Doch war vielleicht der Hinterkopf gar nicht ausgearbeitet, sondern der Koloß war ursprünglich so an die Mauer gelehnt, daß auch der erhaltene Kopfteil an die Mauer anschloß.[120] Nicht geglättete Flächen lassen darauf schließen, daß sie von Gewandteilen aus anderem Material bedeckt waren,[121] doch ist auch der Hals nicht geglättet.[122]

Constantin saß offenbar hoch aufgerichtet. Er war, wie das Brustfragment und die Barfüßigkeit ausweist, in heroischer Nacktheit dargestellt, die vermutlich nur ein schmaler Tuchstreifen als Gewand milderte. Den rechten Fuß hatte er etwas vor-, den linken zurückgesetzt. Der rechte Arm war fast wagerecht mit leicht angewinkeltem Unterarm zur Seite gestreckt und hielt etwas in der Hand (s.u.). Der Kopf war (vom Betrachter aus gesehen) leicht nach links geneigt und nach rechts gewandt, was gewiß der Belebung diente.[123] Bei erhobenem Kopf war der Blick gewiß nicht auf den Davorstehenden gerichtet, sondern wirkte eher in die Ferne schweifend.

Ein gewisses Schwanken in der Datierung ergibt sich aus dem Kopftyp. Das ist insofern wichtig, als die Statue zumeist nach dem Kopf datiert wurde, andererseits aber die Wiederverwendung von Älterem durch Änderung oder Ersetzen des Kopfes durchaus üblich war. Delbrueck hat vom Kopf ausgehend die Statue um 330 datiert.[124] Doch hat sich heute wohl allgemein eine Datierung in frühconstantini-

---

bildnisse (Beiträge zur Erschließung hellenistischer und kaiserzeitlicher Skulptur und Architektur 3), Mainz ²1994, 147-152 (Nr. 122) (Lit.!); vgl. *Kuhoff* (wie Anm. 4),170f.

117. *Kähler*, Konstantin, 12-14 mit Abb. 7-9.
118. Ein 0,70 m großes Fragment des rechten Armes ist bei *Kähler* erwähnt (wie Anm. 116, 14), das nicht mit einem bei *Cecchelli* (wie Anm. 53), Fig. 35b, abgebildeten Fragment identisch zu sein scheint. Dahingehend sind die Angaben bei *Fittschen-Zanker* (wie Anm. 116), 147 zu korrigieren und zu ergänzen.
119. *Jucker* (wie Anm. 10, 51) hat eine Höhe von 2,95 m gemessen.
120. *Cecchelli* (wie Anm. 53), 20; *Fittschen-Zanker* (wie Anm. 116), 149.
121. *Delbrueck*, Kaiserporträts (wie Anm. 92), 6 merkt an, daß zur Bemalung bestimmte Einzelteile stumpf blieben, stellt aber anschließend fest, daß volle Polychromie selbstverständlich anzunehmen ist.
122. *Jucker* (wie Anm. 10), 56.
123. *Jucker* (wie Anm. 10), 54 und Abb. 14; *Fittchen-Zanker* (wie Anm. 116), 149.
124. *Delbrueck*, Kaiserporträts (wie Anm. 92), 126f.

sche Zeit durchgesetzt.[125] H. Kähler[126], K. Kraft[127], Jucker[128] Fittschen-Zanker[129] u.a. haben den Kopf in seiner heutigen Form um 315 datiert.

Es ist zunächst naheliegend – und dies ist in der Forschung zumeist auch angenommen worden –, daß die Errichtung des Kolosses und der Umbau der Basilika mit der Weihung an Constantin zusammenhängen. L´Orange setzt zwar die Statue um 315 an, sieht jedoch im Kopf einen Typus, der erst nach 324 üblich war, und nimmt dementsprechend eine Umarbeitung an, die er auch auf anderes bezieht.[130] Dies darf heute als überholt gelten, doch haben auch andere Forscher im Porträt der Statue einen Zweitzustand gesehen. Das betrifft die Frage, ob der Koloß für Constantin errichtet oder nur für ihn umgearbeitet wurde und welches sein ursprünglicher Platz war. Jucker will in ihm einen umgearbeiteten Maxentius sehen,[131] ebenso Cecchelli.[132] Meinte der Koloß ursprünglich Maxentius, dann hat er sich gewiß immer am gleichen Ort befunden. Anders liegen die Dinge, wenn man mit Fittschen-Zanker[133] annimmt, daß hier die Statue eines anderen Kaisers wiederverwendet wurde. Diese müßte sich dann ursprünglich an einem anderen Ort befunden haben. Wie mir Frau Bergmann mitteilt, hält auch sie die Überarbeitung für evident. Das ergibt Probleme, die hier nur beschrieben, nicht gelöst werden können.

Die Basilika ist unter Maxentius entstanden, die Apsis ist ursprünglich nicht für den Koloß vorgesehen gewesen. Die Anlage einer zweiten Apsis gehört nach Ausweis der Architekturplastik in frühkonstantinische Zeit (oder spätmaxentianische, wenn man davon ausgeht, daß die Werkstätten, die für den Kaiser arbeiteten, eine gewisse Kontinuität aufwiesen). Die Größe des Kolosses entspricht der der Apsis. Es ist nicht leicht vorstellbar, daß ein solch riesiger Koloß einfach versetzt worden wäre. Ist es wahrscheinlich, daß der Koloß ursprünglich in der Basilika aufgebaut worden ist, dann könnte es sich – bei einer Umarbeitung auf Constantin – vorher nur um einen Maxentius gehandelt haben. Das lehnen zwar Fittschen-Zanker ab, scheint aber unausweichlich. Dann wäre die Veränderung der Basilika schon unter Maxentius geschehen. Sonst müßte man eher annehmen, daß vielleicht nur der Kopf andernorts abgebaut, wiederverwendet und einer für Constantin errichteten Statue eingesetzt wurde.

Es scheint keine Selbstverständlichkeit zu sein, daß die Constantinsstatue in solch riesigen Ausmaßen ausgeführt wurde und daß sie nackt war. Nur wenige Denk-

---

125. Zu L´Orange s.u. Anm. 151.
126. *Kähler*, Konstantin (wie Anm. 116), 19-23.
127. *K. Kraft* (wie Anm. 91), 336-342.
128. *Jucker* (wie Anm. 10), 55.
129. *Fittschen-Zanker* (wie Anm. 116), 149-152.
130. *L´Orange*, Herrscherbild (wie Anm. 12), 76f.; s.u. Anm. 151.
131. *Jucker* (wie Anm. 10), 57. Er führt besonders (55-57) die Anstückung der Schläfenlocken und anderer Haarpartien zur Begründung an.
132. *Cecchelli* (wie Anm. 53), 38.
133. *Fittschen-Zanker* (wie Anm. 116), 148f.

mäler sind vergleichbar. Was den herkömmlichen (und doch wohl auch den antiken) Begriff des Kolosses angeht, so wird er auf jede Statue angewandt, die überlebensgroß ist. Die Schriftquellen sind rar und geben häufig nicht reale Verhältnisse wieder.[134] Von den überkommenen vorkonstantinischen Denkmälern (meist ist nur der Kopf erhalten) mißt ein großer Teil von Kinn bis Scheitel zwischen 0,30 und 0,40 m[135] (das entspricht einer Standfigur von etwa 2,50 m Größe). Beim Constantinskoloß aber beträgt dieses Maß 1,74 m.[136] Die anderen Kolosse waren also viel kleiner, viel größer dagegen der Koloß Neros, der wenig entfernt neben dem Colosseum aufgestellt war, dem er den Namen gegeben hat. Dessen Höhe soll zwischen 100 und 120 Fuß, also etwa 33 m betragen haben.[137]

Folgt man Cecchelli, dann könnte man fragen, ob nicht Maxentius die Kolossalität verdankt wird. Er hat immerhin die riesige Basilika geschaffen, sollte sie nicht vielleicht seinem Riesenbild dienen? Aber der Anbau der Nordapsis scheint doch eher dafür zu sprechen, daß unter Constantin durch die Errichtung der Statue in der Westapsis ein Ersatz für die Funktionen geschaffen werden mußte, denen sie bisher gedient hatte.

Ein weiteres Problem ist die Darstellung des Kaisers in heroischer Nacktheit. Zwar mag es derartiges auf Münzen geben, doch scheint es in der repräsentativen Plastik nicht üblich gewesen zu sein. Überhaupt ist wohl die Darstellung des Kaisers als Gott nicht so geläufig gewesen, wie es nach den gelehrten Ausführungen zum Constantins-Koloß scheinen möchte.[138] Umso mehr verwundert es, wenn ausgerechnet Constantin so dargestellt wird. Auch hier wäre es anscheinend die einfachere Lösung, wenn man dieses »heidnische« Element Maxentius zuspräche. Doch gibt es für die These, der Koloß habe ursprünglich Maxentius dargestellt, keinen wirklichen Anhaltspunkt, geschweige denn einen Beweis.

Ein solches Bildwerk ist nun auch bei Eusebios 315 oder bald danach bezeugt.[139] Es

---

134. *Th. Pekáry,* Das römische Kaiserbildnis in Staat, Kult und Gesellschaft, dargestellt anhand der Schriftquellen, (Das römische Herrscherbild III 5), Berlin 1985, 81-83: Kolossalstatuen.
135. Vgl. etwa die Kolossalstatuen bei *Fittschen-Zanker* (s.o. Anm. 116).
136. *Fittschen-Zanker* (s.o.) nehmen für den Kopf eine Zweitverwendung an und stellen die Zugehörigkeit der Hand vom Kapitol (s.u.) in Frage, was ja doch das ursprüngliche Vorhandensein von mindestens einer, wenn nicht zwei weiteren zeitlich wenig entfernten Kolossalstatuen von gleichen Ausmaßen bedeuten würde. Dennoch ist bei Fittschen-Zanker von der »entscheidende(n) und in dieser Monumentalität gegenüber den bisherigen Kaiserbildnissen einzigartige(n) Aussage der Statue« die Rede (148).
137. Vgl. *Bergmann,* Koloß (wie Anm. 4), 7-17.
138. *Cecchelli* (wie Anm. 53), 18 Anm. 15.
139. S.o. 158ff. Das älteste literarische Zeugnis für dieses Bildwerk könnte das Zeugnis eines westlichen Panegyrikers sein, der Juli 313 in Trier eine Lobrede auf Constantin verfaßt hat (XII Panegyr. lat. XII, 25,4: 289 Mynors. Vgl. *A. Piganiol,* L´empereur Constantin, Paris 1932, 67-69; *Cecchelli* 16f. 38-40). Hier bieten die Ausgaben: *Merito igitur tibi, Constantine, et nuper senatus signum dei et paulo ante Italia scutum et coronam, cuncta aurea, dedicarunt, ut conscientiae debitum aliqua ex parte relevarent. Debetur enim et saepe debebitur et divinitati*

sei nach der Eroberung Roms durch Constantin errichtet worden, muß also in die Jahre nach 312 fallen. Da man annehmen muß, daß es zur Decennalienfeier Constantins 315 vollendet war, seine Anfertigung aber einige Zeit gedauert hat, wird es nicht lange vor 315 entstanden sein. Zwar ist nicht mit letzter Sicherheit zu beweisen, daß Eusebios den Koloß meint,[140] doch spricht alle Wahrscheinlichkeit dafür.[141] Jeder, der den Hof des Konservatorenpalastes besucht, setzt im Geiste den Koloß zusammen: den Kopf, die Arm- und Beinfragmente, die beiden Füße. Die große Irritation kommt mit der Erkenntnis, daß zwar auch zwei Hände erhalten sind, aber es sich bei beiden um rechte Hände handelt (Abb. 16).[142]

Die eine dieser Hände ist nicht bei der Basilika gefunden worden, sondern ein Stück weiter im Mauerwerk unter dem Kapitol. Sie unterscheidet sich von der anderen Hand dadurch, daß sie etwas kürzer ist. Sie setzte im Bereich der unteren Handfläche an, während die andere bis zur Handwurzel reicht. Beide Hände unterscheiden sich aber vor allem dadurch, daß die am Kapitol gefundene einen Gegenstand gehalten hat, der nur oben aus der geschlossenen Hand herausragte. Man hat in diesem Gegenstand ein Zepter vermutet. Die andere Hand dagegen hat einen stabartigen Gegenstand gehalten, der die Hand durchlief, also oben und unten aus ihr herauskam (Abb. 18).[143]

simulacrum aureum et virtuti scutum et coronam pietati.(»Zu recht hat dir, Constantin, auch neulich der Senat ein Götterbild und kurz zuvor Italien Schild und Krone, ganz aus Gold, geweiht, um so ein wenig das, was ihnen dir schuldig zu sein bewußt ist, abzutragen. Es wird nämlich geschuldet und immer geschuldet werden: der Göttlichkeit das goldene Bild, der Tapferkeit der Schild und der Frömmigkeit die Krone.«). Anscheinend ist mit dem hier genannten Bildwerk (so ist gewiß *signum* zu verstehen) der Koloß gemeint, wobei der heidnische Lobredner die Vorstellung hat, das gestiftete Bild Constantins sei ein Götterbild gewesen. Jedoch ist die Lesung *dei* eine Konjektur, die Handschriften bieten *dee*, und das hat *M.R. Alföldi* (Signum Deae. Die kaiserzeitlichen Vorgänger des Reichsapfels. in: Jahrbuch für Numismatik und Geldgeschichte 11 (1961), 19-32, hier: 21f.) auf eine Victoria bezogen. Vgl. *Wischmeyer* (wie Anm. 68), 541. Freilich ist, wenn es heißt, Constantin bzw. der »Göttlichkeit« sein Götterbild gestiftet worden, wahrscheinlicher, daß das Bild Constantin darstellte, als daß ihm eine Statuette der Victoria überreicht wurde. Jedoch macht andererseits stutzig, daß das *simulacrum* als »golden« bezeichnet wird, was kaum auf den Koloß zutrifft.

140. Vgl. *Fittschen-Zanker* (wie Anm. 116), 148.
141. *L´Orange,* Herrscherbild (wie Anm. 12), 74, hat die Umarbeitung des Constantinsbildes bei Eusebios bestätigt gefunden, danach *Leeb* (wie Anm. 1), 66. Doch s.o.159.
142. Die Zugehörigkeit der »ersten« Hand hat, wie ich denke, überzeugend *L´Orange,* Herrscherbild (wie Anm. 12), 71-74 dargetan. *Fittschen-Zanker* (148) haben dies jedoch als »rein hypothetisch« bezeichnet. Aber allein schon die Größe spricht für sich, die auch bei *Fittchen-Zanker* (ebd.) als »einzigartig« bezeichnet wird. Es müßte ein seltsamer Zufall sein, wenn etwa gleichzeitig ein zweiter Koloß in denselben Proportionen hergestellt worden wäre.
143. Wenn *Kuhoff* (wie Anm. 4), 170 sagt, daß die »rechte Hand einen nach oben weisenden Zeigegestus ausdrückt«, so trifft das nicht zu. Der Zeigefinger lag jeweils dem gehaltenen Gegenstand an. Bei der »zweiten« Hand ist der Finger zudem (nicht ganz korrekt) ergänzt worden.

Der Sachverhalt ist eindeutig. Ursprünglich hat die Statue einen zepterartigen Gegenstand in der Hand gehalten.[144] Zu einem späteren Zeitpunkt ist das Attribut geändert worden. Dazu mußte die Hand ausgewechselt werden. Die alte Hand ist wenig entfernt anscheinend als Baumaterial für Substruktionen benutzt worden. Die neue Hand, für die auch ein Stück von dem vorgegebenen Arm abgearbeitet wurde, hielt einen stangenartigen Gegenstand.

Die Frage, ob bei der Statue Constantins eine Zweitverwendung vorliegt, ist insofern wichtig, als das Auswechseln (nicht nur des Kopfes, sondern) der Hand im Wechsel des Dargestellten begründet sein könnte. Das wäre kaum anders vorstellbar, als daß ein heidnisches (oder neutrales) Symbol (das Zepter) durch ein christliches ersetzt wurde. Da sich aber auch aus den verschiedenen Darlegungen des Eusebios unterschiedliche Konzeptionen ergeben, halte ich dies nicht für wahrscheinlich.

Vielmehr paßt der erhobene literarische Sachverhalt aufs beste zu dem monumentalen Befund.[145] Erhalten sind zwei rechte Hände, eine, die als die der Statue ursprünglich zugehörige angesehen werden muß, also der Zeit um 315 angehört, und eine zweite, die mit einer späteren, gleichwohl noch unter Constantin erfolgten Umarbeitung zusammenzubringen ist. Während die erste Hand etwas Zepterartiges trug, ging durch die zweite ein stabartiger Gegenstand hindurch.

Was den ersten Zustand betrifft, so hat der Constantinskoloß keinen Helm gehabt, aber doch einen zepterartigen Gegenstand in der Hand. Wenn dieser Gegenstand das heilsame Zeichen gewesen sein soll, mit dem Constantin gesiegt hat, wie Eusebios versichert, wenn nach dem Bericht des Eusebios dieser Gegenstand ein Kreuz gewesen ist, und wenn auch dem Bericht des Lactantius etwas auf das Kreuz Bezügliches zugrunde gelegen hat, dann gibt es kaum eine andere Möglichkeit, als in den beiden gleichzeitigen Denkmälern, dem Medaillon und dem Koloß, die beide den gleichen Auftraggeber, den Kaiser selbst, haben und die beide in die gleiche Situation gehören, gleiche Darstellungen vorauszusetzen. Es spricht alles dafür, daß der Koloß ein Kreuzzepter in der Hand hielt.[146]

Allerdings ist hier sofort eine Einschränkung zu machen. Was auf dem Brustbild des Medaillons mit einiger Deutlichkeit hervortrat, nämlich das Zepter, konnte bei

---

144. Der Gegenstand in der Hand kann nach dem archäologischen Befund nichts anderes gewesen sein, auch wenn sonst Zepter meist so gehalten werden, daß ein Stück unten aus der Hand herausragt.
145. *Leeb* (wie Anm. 1), 65, kehrt zu der Datierung von L´Orange zurück: Die Statue sei um 313 aufgestellt, doch nach 325 überarbeitet worden. Er übernimmt auch dessen Deutung: Der Statue, die ursprünglich »vermutlich ein herkömmliches Szepter« trug, wurde später (nach Eusebs *Vita Constantini*) das »erlösende Zeichen« in die Hand gegeben (66). Daneben findet sich unausgeglichen die Meinung, die erste Hand habe das Kreuzzepter getragen (33. 67).
146. So auch bereits *A. Alföldi*, Kreuzszepter (wie Anm. 95), 85; ebs. *K. Kraft* (wie Anm. 91), 343f.; *Göbl* (wie Anm. 97), 91; u.a.

einer kolossalen Sitzstatue nur in geringerem Maße zur Geltung kommen. Nimmt man eine ähnliche Anordnung wie auf dem Medaillon an, dann erschien neben dem Kopf, in etwa 10 m Höhe, das Zepter, dessen Querstab etwa der halben Gesichtsbreite entsprach, mithin etwa 0,50 m lang war.

Weiterhin ist noch die Frage zu stellen, in welchem Maße die Inschrift, die nach Eusebios sich bei der Statue befand, Anspruch auf Echtheit erheben kann. Hier sind Zweifel anzumelden.

Weder ist deutlich, woher Eusebios den Text hat, noch wo die Inschrift angebracht gewesen sein könnte. Das braucht nicht gegen ihre Echtheit zu sprechen. Dem Selbstverständnis Constantins und demgemäß der offiziellen Propaganda entsprach es auch, wenn er als Befreier vom Joch des Tyrannen und Wiederhersteller alter Ordnung gefeiert wird, wie es die Inschrift tut.

Das »Zeichen« kann sich, wie gezeigt, bei der zu rekonstruierenden Gestalt der Statue nur am Zepterende befunden haben, ist also doch im Verhältnis zur Riesenstatue relativ klein gewesen. Bei dem allgemeinen Hinweis auf »dieses Zeichen« in der Inschrift würde man jedoch deutlichere Verhältnisse erwarten.

Bedenken erregt weiterhin der Ich-Stil. Zu erwarten wäre eine Widmung im Dativ oder mit *Pro salute, clementia* o.ä. mit Genitiv eingeleitet, oder aber eine mehr objektive Schilderung, bei der der oder die Kaiser im Nominativ genannt sind.[147] Freilich gibt es auch Ausnahmen, wie die Anrede in einer metrischen Inschrift mit dem Vocativ »Constantine« zeigt.[148]

Zu fragen bleibt aber auch, inwiefern nun das Zeichen wahrhafter Erweis der Virtus ($\dot{\alpha}\nu\delta\rho\epsilon\dot{\iota}\alpha$) ist. Wenn Eusebios von Virtus spicht, dann ist eine kaiserliche Standardtugend angesprochen. Eben diese hat sich in der Eroberung Roms bewährt. Wird damit das Kreuz oder das Christogramm in Verbindung gebracht, dann ist eben dieses das Tropaion, das den Sieg der Waffen verleiht. Natürlich kann man nun meinen, die wahre Virtus bestünde darin, daß man sich den stärkeren Gott zum Bundesgenossen nimmt und ihm die Pietas erweist. Ähnliches hätte Constantin vielleicht sagen können. Aber die Inschrift bezieht die Virtus auf das Zeichen.[149] Da Eusebios zuvor vom »Siegeszeichen des Leidens« und gewiß auch direkt vom Kreuz gesprochen hat, ist das Kreuz Zeichen der wahren Virtus. Das kann aber nur heißen, daß die wahre Virtus sich in Leiden und Sterben erweist. Solches Denken hat die Christen der gerade zu Ende gegangenen Verfolgungszeit geprägt, und so ist diese Formulierung in der Inschrift auch ein eines Bischofs würdiger Gedanke. Aber er trifft nicht das Verständnis Constantins und ist nicht in

---

147. Vgl. *Grünewald* (wie Anm. 3), 179-280: Katalog der lateinischen Inschriften Constantins des Großen.
148. Ebd. 197, Nr. 107 (CIL VIII 18261).
149. Nach *Fittschen-Zanker* (wie Anm. 116), 148, nennt Constantin »das heilbringende Zeichen und seine eigene *virtus* gemeinsam als Ursachen seiner Siege«. Statt des Kommas, das an eine Apposition denken läßt, ist also hier ein »und« gelesen.

der Inschrift eines Denkmals für einen militärischen Sieg zu erwarten. So erheben sich doch gegen die Echtheit der Inschrift starke Zweifel.[150] Die Hand mit dem Kreuzzepter ist durch eine andere ersetzt worden. Und wenn Eusebios 337 das »Zeichen« der Statue als Labarum beschreibt, dann ist dieses gewiß hier zu ergänzen. Die Ansätze der zweiten Constantinshand entsprechen durchaus einem Labarum.[151] Mit diesem war dann das gültige Zeichen geschaffen, das im politisch-militärischen Bereich die früheren Symbole ersetzte, und so ist auch die Hand der Constantinsstatue mit dem Symbol ausgewechselt worden und Eusebios hat diesen Stand in der Vita Constantini berücksichtigt. Ganz gewiß hat das Ersetzen des Kreuzzepters durch das Labarum die Wendung Constantins zum Christentum wesentlich deutlicher zum Ausdruck gebracht, als das zuvor der

150. *Kähler* (wie Anm. 116), 28-30, und *Grünewald* (wie Anm. 3), 70f., sind geneigt, die Inschrift für echt zu halten, *Kuhoff* (wie Anm. 4), 170f., nicht.
151. Auch *L´Orange*, Herrscherbild (wie Anm. 12), 75 sieht hier nach der Schilderung etwas Speerartiges dargestellt, hat jedoch die Vorstellung, daß eine Stange dieser Art etwa ein griechisches Kreuz getragen hat. Ein längerer Gegenstand könnte natürlich auch ein Stabzepter sein, doch spricht die Schilderung bei Eusebios für das Labarum. Bei *L´Orange*, Herrscherbild, 76f., ist die Argumentation nicht deutlich, und es scheint bei diesem vorzüglichen Kenner Unausgeglichenes stehen geblieben zu sein. Dazu ist auch zu bedenken, daß das Manuskript von L´Orange in schwerer Krankheit erarbeitet wurde und er darüber verstorben ist. Offenbar meint L´Orange, der Senat habe Constantin eine Statue errichtet, die den vergöttlichten Kaiser darstellte. Jedoch Constantin ließ eine Änderung vornehmen. »Statt einer der traditionellen kaiserlichen Attribute sollte dem Kaiser das heilsame Zeichen Christi, τὸ σωτήριον σημεῖον, an die rechte Seite gestellt werden.« Diese Änderung hat nach der Vollendung der Statue stattgefunden, aber nach L´Orange »wohl unmittelbar danach, da beide Rechtshände ... einander so ähnlich sind, als ob sie von demselben Meißel gearbeitet wären.« Und L´Orange versteht Eusebios so, »daß das heilsame Zeichen einer schon vollendeten Statue an die Seite gestellt wurde«. Anders lauten die Angaben dort, wo L´Orange über die Datierung handelt (76f.). Danach wäre der Koloß »in unmittelbarem Anschluß an den Sieg an der milvischen Brücke geschaffen«, und der Austausch der Hände hat mit den anderen Umarbeitungen erst nach 324 stattgefunden. Das stimmt mit der immer wieder geäußerten Überzeugung von L´Orange überein, Constantin habe sein Christentum erst in dieser späteren Zeit offen gezeigt. »Das christliche τρόπαιον Constantins mit dem σωτήριον σημεῖον in seiner Basilica an der Via Sacra kann deshalb nicht, wie Eusebios berichtet, unmittelbar nach dem Sieg an der milvischen Brücke errichtet worden sein, wie es an und für sich in der ganzen traditionsgebundenen Sphäre Roms kaum vorstellbar wäre.« Dann aber lägen zwischen der Erstfassung und der Umarbeitung etwa ein Jahrzehnt. Freilich würde das nicht hindern, daß auch dann noch beides vom gleichen Künstler ausgeführt sein könnte, was die Ähnlichkeit begründet. Doch sagt, wenn man genauer hinschaut, Eusebios nicht, daß das heilsame Zeichen einer bereits fertigen Statue gegeben wurde. Überdies bleibt die Frage, wie die Datierungen von L´Orange mit derjenigen der Texte übereinstimmt. L´Orange sieht die Umarbeitung auch im Kopfschmuck wirksam. Hier sei in das Haar der ursprünglichen Statue eine Rille gemeißelt worden, um ein Diadem anbringen zu können. Dieses habe Constantin aber erst nach 324 getragen. Nach *Jucker* (wie Anm. 10), 55, ist die Rille jedoch die Naht einer Anstückung.

Fall war. Dies entsprach dem Stand der Entwicklung und so ist gewiß der Grund für die Auswechslung der Hände nicht nur in dem Bestreben zu sehen, das nun gültige Zeichen kundzutun, sondern auch in einem deutlicheren Christusbekenntnis im offiziellen Bereich.[152]

Damit muß es aber, bei allen Schwierigkeiten und ungelösten Problemen, bis zum Beweis des Gegenteils dabei bleiben, daß Constantin ungewöhnlicherweise als Koloß und Heros dargestellt war, und dies mit dem Kreuzzepter als dem heilsamen Zeichen Christi in der Hand. Daß auch dieser Koloß das Denkmal einer Übergangszeit ist, in der heidnische Symbolik sich mit christlichen Elementen mischt, wobei auch letztere sicher in einem durchaus abergläubischen Sinne verstanden worden sind, dürfte außer Zweifel stehen.[153]

Das Neue, das in der Beziehung von Apsis, Basilika und monumentalem Bild zum Ausdruck kommt,[154] müßte im Vergleich mit Vorgängern und Vorstufen neu geklärt werden.

9. Die kirchlichen Denkmäler

Ein kurzer Blick sei schließlich auf die kirchlichen Denkmäler gestattet, ohne daß sie in ihrer künstlerischen und geschichtlichen Bedeutung hier voll gewürdigt werden könnten.

Unmittelbar nach seiner Wende hat Constantin in einem Gelände, dem die Familie der Laterani den Namen gegeben hatte, eine Basilika bauen lassen.[155] Am Osthange des Celio befanden sich die Castra nova der Equites singulares, die als

---

152. A. Alföldi, Cecchelli u.a. haben gute Einsichten gehabt und die Texte richtig verstanden, sind aber dadurch irregeleitet worden, daß sie davon ausgingen, es sei immer nur von einem Zeichen die Rede.
153. Vgl. *Cecchelli* (wie Anm. 53), 47f. Immerhin dringen neue Elemente mit Constantin auch in die Kirche ein, nämlich das, was ich gern als »greifbare Heiligkeit« bezeichne. Etwa seit der Wende vom zweiten zum dritten Jahrhundert gab es (im Westen) einen christlichen Totenkult, auf dessen Boden ein Märtyrerkult wuchs (vgl. *H.G. Thümmel,* Tertullians Hirtenbecher, die Goldgläser und die Frühgeschichte der christlichen Bestattung, in: Boreas 17, 1994 = Bild- und Formensprache der spätantiken Kunst. FS H. Brandenburg, 257-265). Natürlich war die Nähe des Grabes bei solchem Kult erwünscht, aber nicht unabdingbar. Indem Constantin die römische Peterskirche exakt auf die Petrusmemorie ausrichtet, die den Brennpunkt der Anlage bildet, kommt ebenso wie bei der Ausgestaltung der Loca sancta im Heiligen Land und in der Auffindung des Kreuzes eine Orientierung an materiell gebundener Heiligkeit zum Ausdruck, die dann schon in der 2. Hälfte des 4. Jahrhunderts weit verbreitet ist (vgl. *Thümmel,* Die Kirche des Ostens im 3. und 4. Jahrhundert, Berlin 1988 = Kirchengeschichte in Einzeldarstellungen I 4, 123-126).
154. *Kähler,* Konstantin (wie Anm. 116), 24f.
155. *R. Krautheimer, Sp. Corbett, A.K. Frazer,* Corpus Basilicarum Christianarum Romae (CBCR) V, Città del Vaticano 1980, 1-96, hier bes. 28-30.

Elitetruppe (Leibgarde) gegen ihn am Pons Milvius gekämpft hatte. Constantin hat die Truppe aufgelöst, ihre Castra geschleift und über ihnen die römische Bischofskirche errichten lassen (Abb. 34).[156] Die Ausstattung geschah nach dem Liber Pontificalis mit Landbesitz aus der unmittelbaren Nähe Roms, was für ein sehr frühes Datum spricht.[157] Offenbar ist die Stiftung unmittelbar nach der Schlacht geschehen, auch wenn der Liber Pontificalis den Bau erst unter Silvester ansetzt, der am 31. 1. 314 den Bischofsstuhl bestieg.[158]

Wenn unmittelbar nach der Wende Constantin über der Kaserne seiner Feinde, die er mit Hilfe des Christengottes überwunden hatte, diesem eine Basilika erbauen ließ, in Dimensionen und in einer Pracht, wie sie bis dahin für Kirchen nicht bekannt waren,[159] dann handelte es sich um den Dank an den Gott, der ihm den Sieg verliehen hatte. Und dieser Dank war in Rom selbst, noch innerhalb der aurelianischen Mauer monumental und für jedermann sichtbar zum Ausdruck gebracht.

Kaum später und gewiß noch im 2. Jahrzehnt des 4. Jahrhunderts, dürfte die Kirche SS. Marcellino e Pietro entstanden sein (Abb. 35).[160] Es ist eine Kirche jener Art, die im Bestattungsgelände vor der Stadt errichtet wurden, und die wohl zunächst als große Refrigerienhallen gelten müssen, ehe sie andere Funktionen, wie die von Pfarrkirchen für die Campagna-Bevölkerung, übernahmen. SS. Marcellino e Pietro wurde mit einem Mausoleum (Tor Pignattara) verbunden, in dem die Kaisermutter Helena ihre letzte Ruhe fand. Da auch der Bau des Mausoleums wohl noch vor der Eroberung des Ostens begann, hat es vielleicht Constantin zunächst auch für sich

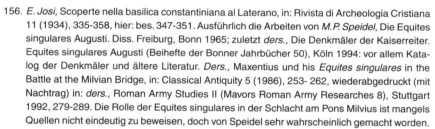

---

156. *E. Josi,* Scoperte nella basilica constantiniana al Laterano, in: Rivista di Archeologia Cristiana 11 (1934), 335-358, hier: bes. 347-351. Ausführlich die Arbeiten von *M.P. Speidel,* Die Equites singulares Augusti. Diss. Freiburg, Bonn 1965; zuletzt *ders.,* Die Denkmäler der Kaiserreiter. Equites singulares Augusti (Beihefte der Bonner Jahrbücher 50), Köln 1994: vor allem Katalog der Denkmäler und ältere Literatur. *Ders.,* Maxentius und his *Equites singulares* in the Battle at the Milvian Bridge, in: Classical Antiquity 5 (1986), 253- 262, wiederabgedruckt (mit Nachtrag) in: *ders.,* Roman Army Studies II (Mavors Roman Army Researches 8), Stuttgart 1992, 279-289. Die Rolle der Equites singulares in der Schlacht am Pons Milvius ist mangels Quellen nicht eindeutig zu beweisen, doch von Speidel sehr wahrscheinlich gemacht worden.
157. Le ;›*Liber Pontificalis*‹, ed. L. Duchesne, I, Paris 1955, 173f. Unter der Ausstattung des nicht viel jüngeren Lateransbaptisteriums befinden sich bereits auch Ländereien in Nordafrika, ebd. 174f. Vgl. *Piganiol* (wie Anm. 139), 112-115.
158. Da hier (170) bereits auch die Bekehrung (Heilung und Taufe) Constantins Silvester zugeschrieben ist, konnte die Stiftung der Basilika gar nicht früher angesetzt werden.
159. Die Basilika ist 100 m lang.
160. *F.W. Deichmann* u. *A. Tschira,* Das Mausoleum der Kaiserin Helena und die Basilika der Heiligen Marcellinus und Petrus an der Via Labicana vor Rom, in: Jahrbuch des Deutschen Archäologischen Instituts 72 (1957), 44-110; *R. Krautheimer, W. Frankl, Sp. Corbett,* CBCR II, 1963, 193-206; *W.N. Schumacher,* Die konstantinischen Exedra-Basiliken, in: *J.G. Deckers, H.R. Seeliger, G. Mietke,* Die Katakombe »Santi Marcellino e Pietro«. Repertorium der Malereien, Città del Vaticano u. Münster 1987 (Roma Sotteranea Cristiana 6), 132-186, hier: 135: »Entstehung unmittelbar nach dem Kirchenfrieden«.

als Grablege erbauen lassen.[161] Auch dieser Bau hat mit der Damnatio memoriae der Equites singulares zu tun: Er liegt über deren Friedhof.[162] In das zweite und dritte Jahrzehnt gehören gewiß auch weitere Kirchbauten in Rom, die kaiserliche Stiftungen waren, vor allem S. Pietro, S. Paolo und die Apostelbasilika (S. Sebastiano).[163] Auch sie brachten unübersehbar zum Ausdruck, daß Constantin eben nicht den heidnischen Göttern Tempel und Altäre weihte, sondern dem Christengott Kirchen baute.[164]

Und dazu sind dann gewiß auch die Bauten in Aquileia und Trier zu rechnen, und nach der Eroberung des Ostens die Ausschmückung der Loca sancta im Heiligen Lande mit Kirchen.

Der Ausbau von Byzantion zu Konstantinopel hat dort auch eine Reihe von Denkmälern konzentriert, die Constantins Konzeptionen zum Ausdruck bringen.[165] Das kreisrunde Constantinsforum an der Mese wies in der Mitte eine Porphyrsäule auf, die stark beschädigt auch heute noch steht. Auf dem Kapitell stand einst die große Statue Constantins.[166] Die Berichte über diese Gestalt sind spät.[167] Doch war an-

161. *Deichmann-Tschira* (wie Anm. 160), 64. 74. 77.
162. Einzelne Grabdenkmäler sind immer wieder zum Vorschein gekommen. A. *Ferrua,* Nuove iscrizioni degli Equites singulares, in: Epigraphica 13 (1951), 96-141; *Deichmann* u. *Tschira* 54. 68-70; *S. Panciera, Equites singulares.* Nuove testimonianze epigrafiche, in: Rivista di Archeologia Cristiana 50 (1974), 221-247 (mit Angaben über weitere Funde: 222 Anm. 4); *J. Guyon,* Stèles funéraires d´*Equites singulares* trouvées au cimetière *inter duas lauros*, in: ebd. 53 (1977), 199-224, bes. 222-224; *M. Speidel,* s.o. Anm. 156.
163. Auch die Basilica Apostolorum war mit großen Mausoleen verbunden, und sie ist wohl ziemlich an den Anfang der Entwicklungsreihe dieses Kirchtyps zu setzen. Deichmann u. Tschira (55. 83) sehen in SS. Marcellino e Pietro den Prototyp der Gruppe, aber betonen auch die enge Verwandtschaft beider Bauten. Die Kriterien für die Abhängigkeit der Apostelkirche von SS. Marcellino e Pietro sind jedoch sehr vage, das Verhältnis könnte durchaus auch umgekehrt sein. Jedenfalls spricht die Gestalt und das Fehlen des Christus-Monogramms in der verschütteten Anlage darunter für ein frühes Datum. Da die Kirche nicht in der Liste der Kirchenstiftungen Constantins enthalten ist, hat man sie auch in vorkonstantinische Zeit, die des Maxentius (Josi, Krautheimer) oder nach Constantin gesetzt (Ferrua). Schumacher (149f.) sieht auch Kriterien für eine Frühdatierung, dort auch weitere Argumente und Stimmen. Ein Monogramm sichert den Zusammenhang mit dem constantinischen Hause, *P. Styger,* Römische Märtyrergrüfte, Berlin 1935, II, T. 2b.
164. Das ändert nichts an der Tatsache, daß Constantin gerade in Rom auch immer die heidnische Prägung respektiert hat, A. *Alföldi,* Foundation of Constantinople (s.o. Anm. 103).
165. Vgl. dazu A. *Alföldi,* ebd., und H. *Chantraine,* Konstantinopel. Vom Zweiten Rom zum Neuen Rom, in: Geschichte in Wissenschaft und Unterricht 43 (1992), 3-15.
166. *Th. Preger,* Konstantinos-Helios, in: Hermes 36 (1901), 457-469. Vgl. *Leeb* (wie Anm. 1), 12-17; *Bergmann,* Strahlen (wie Anm. 35), bei Anm. 1743ff.
167. Der älteste ist der des Ioannes Malalas, Chronographia 13, aus dem 6. Jahrhundert: Corpus scriptorum historiae Byzantinae, Bonnae 1931, 320 Dindorf. Hier heißt es übrigens, Constantin habe sich ein Götterbild gesetzt (ἑαυτῷ ἔστησεν ἀνδριάντα), das er aus Troja holte (ἤγαγεν εἰς τὸ Ἴλιον ἑστηκός).

scheinend Constantin mit der Strahlenkrone dargestellt. Die vielen damit verbundenen Probleme können hier nicht angerissen werden. Doch ist es wohl kaum begründet, wenn man hier noch einmal ein Bekenntnis zum Sonnengott sieht. Vielmehr dürfte es als ehrende, den Zeitgenossen verständliche Metaphorik im Sinne von Sieghaftigkeit und Aeternitas zu verstehen sein. Jedenfalls ist dieses Denkmal in Korrespondenz zu anderem zu sehen.

So wurde in Konstantinopel an hervorragender Stelle in der Nähe der Kaiserpaläste die Irenenkirche erbaut, die die Funktion einer Hof- und Bischofskirche erfüllte.[168] Ihre Benennung ist völlig ungewöhnlich. Kirchen hatten damals noch keine bestimmten Namen oder hießen nach den (ehemaligen) Hausbesitzern (*tituli*) oder nach *Loca sancta* (auch Heiligengräbern), die überbaut wurden oder sich in der Nähe befanden.[169] Wenn eine Kirche nach der Eirene benannt wurde, so liegt dem ein ideologisches Konzept zugrunde. Augustus hatte einst das Werk der Weltbefriedung vollbracht und als Ausdruck der Pax Augusta die Ara pacis in Rom errichten lassen. Wie er setzt Constantin ein entsprechendes Denkmal, aber er weiht nicht der Friedensgöttin einen Altar, sondern errichtet dem Christengott eine Kirche, die er nach dem von diesem gewährten Frieden benennt.[170]

Weiterhin ist besonders die Apostelkirche zu nennen, die 1462 durch die Sultan Mehmet Fatih Camii ersetzt wurde, die freilich weithin aus dem constantinischen Baumaterial errichtet ist. Auch die Benennung der Apostelkirche war ungewöhnlich und erklärt sich aus der Grabanlage, in der Constantin inmitten von Kenotaphien der zwölf Apostel bestattet wurde.[171] Wie auch immer dies zu deuten ist: Es handelt sich um eine Anlage, die ein Bekentnis zum Christengott zum Ausdruck brachte, als dem himmlischen Kaiser, dessen Gesetz und Willen Constantin auf Erden zu verwirklichen trachtete.

Im Hof der Irenenkirche steht ein Porphyrsarkophag, der als der Constantins gilt (Abb. 15). An dem einen Giebel befindet sich ein Kreuz, das von einem Ring mit dem Christusmonogramm bekrönt wird.[172] Das erinnert nun wiederum an das Kreuz-

---

168. Die 360 geweihte Sophienkirche ist die spätere Erweiterung, s. *H.G. Thümmel,* Hagia Sophia. In: Besonderheiten der byzantinischen Feudalentwicklung, hrsg. von H. Köpstein, Berlin 1983, 119-125.
169. Vgl. *F.J. Dölger,* »Kirche« als Name für den christlichen Kultbau, in: *ders.,* Antike und Christentum 6 (1950), 161-195; *A.M. Schneider,* Die altchristliche Bischofs- und Gemeindekirche und ihre Benennung (Nachrichten der Akademie der Wissenschaften Göttingen, Phil.-hist. Kl., Nr. 7), Göttingen 1952, 153-161.
170. Vgl. *H. Lietzmann,* Geschichte der Alten Kirche 3, 2. Aufl., Berlin 1953, 136.
171. Zu den Problemen der Rekonstruktion s. *A. Kaniuth,* Die Beisetzung Konstantins des Großen (Breslauer Historische Forschungen 18), Breslau 1941, 69; *R. Krautheimer,* Zu Konstantins Apostelkirche in Konstantinopel, in: Mullus. FS Theodor Klauser (Jahrbuch für Antike und Christentum, Ergänzungsband 1), 1964, 224-229. Vgl. Quellensammlung, hrsg. V. Keil (wie Anm. 52), 230-237.
172. *R. Delbrueck,* Antike Porphyrwerke (Studien zur spätantiken Kunstgeschichte 6), Berlin 1932, 223f., T. 108b.

zepter von 315, und es hat den Anschein, als sei dieses nun doch wieder ein Versuch, dem Zeichen nahezukommen, an dem Constantin so viel lag, weil er in ihm den Weg zur Weltherrschaft im Namen des Christengottes begonnen hatte.

10. Ergebnis

Constantin hat die Schlacht am Pons Milvius am 28. Oktober 312 im Zeichen des Christengottes geführt, und er ist den damals begonnenen Weg bis zu seiner Taufe auf dem Sterbebett konsequent weitergegangen. Er hat auch diese seine Bindung an den Christengott politisch durchgesetzt, freilich nach Maßgabe der politischen Möglichkeiten, die zunächst in einem engstens mit dem heidnischen Kult verbundenen Staatswesen nicht groß waren. In diesem Rahmen war zunächst auch Raum für den Sonnengott, der aber fast ausschließlich auf Münzen begegnet, und dessen Bedeutung weithin im Bereich der im Metaphorischen angesiedelten staatlichen Symbolik zu suchen ist. Auch der Constantinsbogen bleibt im Rahmen allgemeiner Herrschersymbolik. Doch hat Constantin auf der anderen Seite durch die Errichtung prunkvoller Basiliken den Römern im engeren Sinne, aber auch den Reichsbewohnern deutlich gemacht, daß sein Gott jetzt der Gott der Christen sei. Die Frage, ob die Annahme einer Bekehrung Constantins nötig ist,[173] muß mit ›Ja‹ beantwortet werden. Sonst wird der ganze Prozeß, der in der Verchristlichung des Römischen Reiches endet, historisch unverständlich.

Constantin versicherte sich in der Schlacht um Rom der Hilfe des Christengottes, indem er ein entsprechendes Zeichen auf den Schilden seiner Soldaten (und wohl auch andernorts, etwa am Helm) hat anbringen lassen. Es spricht vieles dafür, daß dieses Zeichen das sog. Staurogramm war.

Sicher scheint nach unserem derzeitigen Wissensstand, daß Constantin (oder sein christlicher Gewährsmann) ein solches Zeichen erfinden mußte, da es noch keine Darstellung von Symbolen gab. Gewiß war das Zeichen eindeutig gemeint gewesen. Es war aber etwas Neues, das der Durchgestaltung, der Interpretation und vielleicht auch der Umdeutung bedurfte.

Erst mit der Schlacht am Pons Milvius beginnt sich das christliche Symbol im Sinne eines dargestellten Zeichens, als ⳨, ☧, ✝, oder ähnlich, in der Kirche auszubreiten. Wurde dem Zeichen Wirkungsmächtigkeit zugeschrieben, dann trat es in eine Reihe mit jenen Erscheinungen, die man unter dem Begriff »greifbare Heiligkeit« fassen kann.[174] Mag es Vorstufen gegeben haben, so kommt das Interesse an Loca sancta, Reliquien, Eulogien u.a. erst seit und durch Constantin.

---

173. *Th.G. Elliot*, Constantine´s Conversion: Do We Really Need It?, in: Phoenix 41 (1987), 420-438.
174. *Vgl. Thümmel*, Kirche des Ostens (wie Anm. 153), 123-126.

Sehr bald, in den nächsten Jahren, gibt es mindestens drei christliche Symbole, die zunächst im Zusammenhang mit dem Kampf um Rom begegnen und daher mehr oder weniger auf Constantin zurückgehen: das sog. Staurogramm, das Kreuz und das Christus-Monogramm.[175] Die meisten Probleme bereitet dabei ersteres.

Daß man das Kreuz verwendete, konnte vielleicht (in seiner Funktion als Galgen) anstößig erscheinen, prinzipiell jedoch war das möglich. Hatte doch das Kreuz schon bei Paulus, aber dann vor allem bei den Apologeten einen symbolhaften Charakter gewonnen, der das Ganze des christlichen Glaubens bezeichnete, wenn auch nur im literarischen Bereich. Ob das Kreuz aber als Feldzeichen dienen konnte, ist fraglich, da es in einfacher Form aufgemalt vieldeutig war. Daß man die Anfangsbuchstaben Christi in Analogie zu anderen Kürzeln abkürzte, war einleuchtend.

Das Staurogramm aber hatte nur eine Vorgeschichte als Tau-Rho-Kürzel innerhalb der Bezeichnung des Kreuzes, und es mußte auch den Christen zunächst als Christus-Zeichen schwer verständlich gewesen sein. Immerhin aber handelte es sich hier um ein Nomen sacrum, und das konnte bei dem abergläubischen Constantin magische Vorstellungen erwecken. Gerade weil dieses Kürzel als Zeichen des Christengottes so schwer zu erklären ist, hat es die Chance, echt zu sein. Da es in der Folgezeit als Christussymbol begegnet, muß irgendwo das Mißverständnis gesucht werden, das den Mittelteil eines Nomen sacrum isolierte und daraus ein eigenes Zeichen machte. Und dieses Mißverständnis wiederum möchte man einem dem Christentum noch ziemlich Fernstehenden eher zutrauen als einem Christen. Läßt sich so mit einem gewissen Wahrscheinlichkeitsgrad annehmen, daß das Zeichen Constantins in der Schlacht am Pons Milvius das Staurogramm gewesen ist, so werden einige andere Erscheinungen verständlich, nämlich die Umdeutungen und Interpretationen, die das schlecht verstandene Zeichen erfahren hat.

Sicher nachweisbar ist eine solche zunächst bei Lactantius, der das Staurogramm in ein Chi-Rho-Monogramm umdeutet. Eusebios spricht zunächst nur allgemein vom »Kreuzeszeichen«. Vielleicht könnte man aber das seltsame Kreuzzepter auf dem Multiplum von Ticinum als Umdeutung des Staurogramms verstehen, nämlich so, daß die obere Schlinge zum Globus weiterentwickelt und damit der Anschluß an ältere Zepterformen gewonnen wird. Immerhin ist dieses Zepter etwas Ungewöhnliches, das kaum Schule gemacht hat, und darum muß auch eine ungewöhnliche Erklärung gesucht werden.

Da sich später das Labarum durchsetzte, kam über dieses das Christus-Monogramm zu offiziellem Rang, ohne daß das Kreuz seine Bedeutung eingebüßt hät-

---

175. Wie weit auch das X, d.h. die Ligatur von Iota und Chi, als Abkürzung für Jesus Christus in Gebrauch war, muß ganz offenbleiben. Zwar war dieses Kürzel naheliegend, doch im ganzen dann so vieldeutig, daß man offenbar das Christogramm bevorzugt hat.

te. Doch waren die Akzentuierungen von solchem Gewicht, daß der Constantinskoloß ihnen entsprechend verändert wurde. Daß man dann auch in das Labarum wiederum noch das Kreuz hineininterpretieren konnte, zeigt eine gelegentliche Äußerung des Eusebios, aber auch eine Reihe westlicher Sarkophage (wie zuerst der olim Lateran Nr. 171), die unter Weglassung des Fahnentuches die ursprünglich aus dünnen Stäben bestehende Kreuzform zu einem dicken Balkenkreuz wandelten.

Der erste christliche Kaiser
Konstantin der Große
und das ›Konstantinische Zeitalter‹
im Widerstreit der neueren Kirchengeschichte

Kurt Nowak

Konstantin der Große habe »die beiden Weltkräfte, die einander widerstrebten, die Macht des römischen Imperiums und die neue Weltreligion, das Christentum, ausgesöhnt. Das erste ist dadurch noch einmal lebensfähig geworden, dem zweiten wurde die Bahn zu innerer Durchbildung und zu weitester Ausdehnung nach außen eröffnet. Es ist eins der vornehmsten Ereignisse der gesamten Geschichte.« Diese Sätze finden sich in Leopold von Rankes ›Weltgeschichte‹, in jenem Bande, in dem der historiographische Großmeister des 19. Jahrhunderts das »altrömische Kaisertum« beschrieb.[1] Sie sind Teil einer Sinndeutung der Weltgeschichte, in der Rom in den Mittelpunkt getreten war, doch zur »Vollendung der Kulturwelt in ihrem vollen Umfang« noch der vom Boden eines beschränkten Nationalismus losgerissenen »Idee« des Christentums bedurfte. Ohne die Verbindung des Imperium mit dem Christentum wäre die Ausbreitung der Kultur über alle Völker und Nationen hinweg nicht möglich gewesen. Ein höherer weltgeschichtlicher Rang, als Leopold von Ranke Konstantin dem Großen, dem Akteur einer menschheitskulturellen »Koinzidenz«, beilegte, war kaum denkbar.[2]

Im Spektrum der Deutungen Konstantins ist die Stimme von Rankes eine unter vielen: abgeklärt, konservativ, patiniert. Rankes Kapitel über den großen Kaiser, der seinen Beinamen, wie von Ranke unterstrich, nicht wegen seiner Eroberungen, sondern wegen der Konsolidierung des Reichs im Innern erhielt, läßt so gut wie nichts von den erbitterten Auseinandersetzungen ahnen, die sich inzwischen zur Person, zur Politik und zur Wirkungsgeschichte Konstantins entfaltet hatten und weiterhin im vollen Gange waren.

Diese Auseinandersetzungen, weit davon entfernt, ein bloßer ›Historikerstreit‹ zu sein, machen ein in vielerlei Hinsicht aufschlußreiches Ringen um Weg und Gestalt des Christentums in der Neuzeit und Moderne sichtbar. Im Widerstreit der Deutungen des ersten christlichen Kaisers und der nach ihm benannten ›Wende‹

---

1. *Leopold von Ranke,* Weltgeschichte. Band 5: Das altrömische Kaisertum. Wien; Zürich; Hamburg; Budapest [o.J.], 214.
2. Ebd. 243.

kommen teils unverhüllt, teils verhüllt Themen zur Sprache, die, indem sie auf die historische Grundverfassung des christlichen Glaubens und der Kirchen zielen, seit Konstantin Christentum und politische Herrschaft vereinigte, gegenwartsdiagnostische Ansprüche stellten.

In das zunehmende Feuer der Kritik geriet *Konstantinos Sebastos* erst gegen Ende des 17. Jahrhunderts. Bis dahin überwogen die fromme Memoria und die Legenden. Die Ostkirche verehrt Konstantin zusammen mit seiner Mutter Helena noch immer als den ›Apostelgleichen‹; auch im west- und mitteleuropäischen Kulturkreis standen die frühen Kritiker anfangs auf ziemlich verlorenem Posten. Die Kritik an Konstantin führte, das ist ihr unbezweifelbarstes Ergebnis, zu einem kritisch-differenzierten Bild des Kaisers und der Einordnung seiner staatsmännischen Leistungen in die Geschichte des späten Imperium Romanum, desgleichen zu einer abgewogenen Beurteilung des Wegs der Kirche im 4. Jahrhundert. Gleichzeitig eröffnete die Kritik kirchen-, theologie- und kulturpolitische Schlachten, die vordergründig nach wie vor einem historischen Thema zu gelten schienen, in Wahrheit aber längst auf anderes zielten.

Aus dem reichen, ja überreichen Panorama des Widerstreits um Konstantin sollen einige Beispiele vorgeführt werden. Sie verstehen sich als fragmentarisch und unabgeschlossen nach allen in Betracht kommenden Seiten.

1. Arnold und Gibbon

Am Anfang der langen Reihe der neuzeitlichen Kritiker Konstantins stehen *Gottfried Arnold* und *Edward Gibbon*. *Arnolds* kritische Revision des überlieferten Konstantinbildes hat ein klares, fast schon überdeutliches Motiv. Arnold litt am ›Weltmenschentum‹ der Christen, an der Lauheit des bürgerlichen Christenstandes. Er schlug damit in Gemeinschaft mit anderen Pietisten ein Thema an, dessen Konturen sich um 1700 gesellschaftlich immer deutlicher abzeichneten. Wenn das bürgerliche Lebensgesetz Sicherheit, Ordnung, Wohlfahrt hieß, wo blieb dann der christliche Glaube? Sollte er nur Arabeske der Alltagswelt, Gegenstand der Kultübung sein? Wo waren Glaubenseifer, Selbstverleugnung, Leidensbereitschaft der frühen Christen geblieben? 1696 erschien Arnolds großes Werk ›Die Erste Liebe. Das ist: Wahre Abbildung der ersten Christen …‹. Die pietistischen Glaubensgenossen lasen es alsbald mit Andacht und vielleicht auch mit Scham: ihrer bisherigen Blindheit wegen. Welche Umwertung der Werte nahm der wortmächtige und historisch wohlbeschlagene Autor vor! Arnold schilderte den unter Kaiser Konstantin zwar nicht erst eingetretenen, doch rapide beschleunigten Verfall der »ersten Lauterkeit«. »Alles dieses unbeschreibliche Elend, so sich in die folgenden Zeiten, ja in die Ewigkeit selbst mit der erfolgenden Straffe erstreckte, kam von der grossen Sicherheit und dem Überfluss her, welchen der Kayser in die Kirche brachte, als wodurch die ohnedem schon in Sicherheit wanckenden Gemüther folgends gefället und alles in Grund verderbet wurde.«³ Den Bischof von Kaisareia, der die Dinge bekanntlich ganz anders gesehen hatte, fertigte Arnold als »unleidlichen Schmeichler« ab, als machtverblendete theologische Hofschranze.⁴ Beim Kaiser selber fand Arnold »offenbare, schreckliche und zwar beharrliche Sünden und Laster«.⁵ In dieser Art ging es in der ›Ersten Liebe‹ weiter und setzte sich kurz darauf in der ›Unparteyischen Kirchen- und Ketzer-Historie‹ fort. In Arnolds kirchengeschichtlichem *opus magnum* findet sich alles wieder, was schon in der ›Ersten Liebe‹ steht, nur gedrängter, schärfer, schneidender. Die endgültige Vernichtung war mit dem Urteil gesprochen, der Kaiser sei in Begleitung des Satans in das Haus der Kirche eingegangen und habe »wider alle unmöglichkeit zwey häupter oder reiche vereinigen wollen/ Gottes und des teuffels«.⁶

Über die Anstößigkeit seiner Lesart Konstantins und der ›Konstantinischen Wende‹ war sich Arnold vollständig klar. Er hoffte allerdings, daß mit dem Wachstum und dem Durchbruch der »Erkenntnis von dem wahren Christentum« seine Deutung als »ganz leidlich und angenehm« erscheinen werde.⁷ Die Konstantin-In-

3. Die Erste Liebe. Das ist: Wahre Abbildung der Ersten Christen nach ihrem Lebendigen Glauben und Heiligen Leben. Aus der ältesten und bewährtesten Kirchen-Scribenten eigenen Zeugnissen, Exempeln und Reden, nach der Wahrheit der Ersten einigen Christlichen Religion, allen Liebhabern der Historischen Wahrheit und sonderlich der Antiquität, als in einer nützlichen Kirchen-Historie treulich und unparteyisch entworfen: Worinnen zugleich Des Hn. WILLIAM CAVE Erstes Christenthum nach Nothdurft erläutert wird. In der dritten Ausfertigung mit einer nöthigen Verantwortung, wie auch vollständigen Summarien und Registern vermehret von Gottfried Arnold. Die fünfte Auflage. Leipzig, Bey Samuel Benjamin Walthern, 1732. Einschlägig ist ›Das achte Buch‹: »Von dem Abfall der Christen, vornehmlich unter und nach Constantino M. von der ersten Lauterkeit« (787-1080); Zitat 805. – Arnold polemisierte durchgängig gegen William Caves These, »daß der allerbeste Zustand der Kirchen unter Constantino zu setzen sey« (804). Die Kritik an Cave verstand sich wohl als Kritik am Anglikanischen Staatskirchentum. Zu Arnolds kirchenhistorischem Schaffen insgesamt vgl. *Hermann Dörries,* Geist und Geschichte bei Gottfried Arnold (Abhandlungen der Akademie der Wissenschaften in Göttingen Folge 3, 51), Göttingen 1963.
4. Arnold: Erste Liebe, 806 f: »Insonderheit stimmen nun die Gelehrten völlig überein [sic!], daß dieser Eusebius in der Erzehlung von dem Constantino nicht allein eine unleidliche Schmeicheley offenbarlich begangen, sondern auch dahero viel falsches erzehlet und hingegen viel Wahrhaftiges ausgelassen habe ...« Arnold berief sich bei diesem Urteil auf »Socrates lib. I. c. I« (= HE I 1,2).
5. Ebd. 809.
6. Gottfrid Arnolds Unparteyische Kirchen- und Ketzer-Historie/ Vom Anfang des Neuen Testaments Biß auff das Jahr Christi 1688. Mit Königl. Polnischen/ Churfl. Sächsischen und Churfürstl. Brandenburgischen Privilegiis. Frankfurt am Mayn/ bey Thomas Fritsch. Im Jahr 1700. In diesem Werk sind (im Vierten Buch) einschlägig Cap. II (»von dem zustand des Christen unter dem zustand der äusserlichen ruhe/ sonderlich unter Constantino M.«) und Cap. III (»von dem verfall der Christen in diesem jahrhundert nach dem inwendigen zustand«); Zitat 133.
7. Die nachgerade fundamentale Bedeutung des 4. Jahrhunderts für Arnolds Kirchengeschichts- und Christentumsverständnis war schon in der ›Vorrede‹ klargestellt (I. 31): »Die falsche ab-

terpretation Arnolds war eine Bußpredigt im Medium der Historie. Die Anhänger des »wahren Christentums« brauchten sich um die historische Fundierung der Urteile Arnolds, um seine Quellentreue, seine geschichtliche Urteilskraft nicht weiter zu kümmern. Die Botschaft war selbstevident. Gleichwohl hatte Arnold, der Kirchenhistoriker, nach Kräften für Belegfähigkeit seiner Ansichten im Sinne des Historikerhandwerks gesorgt. Diese Qualität ließ Arnolds Darlegungen zur Geburtsurkunde der neueren Konstantinforschung werden, unabhängig von ihrem theologischen Skopus. Die fortan im ›Kosmos Konstantin‹ bewegten Probleme und Themen sind bei Arnold angelegt: die ›Konstantinische Frage‹ nach der Frömmigkeit des Kaisers, die Frage nach dem Charakter der Kreuzesvision, nach der weiteren Duldung des Heidentums, dem Verhältnis von Staats- und Religionspolitik, dem Einschwenken der Kirche auf den neuen Kurs, dem Eingreifen des Kaisers in die Theologie und in die Kirchenpolitik, die Frage nach dem Motiv seiner Sakralbauten usf. Auch die polemische Kampfparole ›Konstantinisches Zeitalter‹ ist der Sache (wenn auch nicht dem Begriff) nach schon vorhanden, sofern mit ihr die Veräußerlichung des Glaubens zu einem Schein- und Formalchristentum gemeint war.

Wie wahrhaft unerhört all das war, mag man daran ermessen, daß nicht einmal die englischen Apokalyptiker des frühen 17. Jahrhunderts Konstantin zum Gegenstand ihrer Verfallstheorien gemacht hatten. In seiner ›Apocalypsis Apocalypseos‹ vertrat *Thomas Brightman* sogar das vollständige Gegenteil. Konstantin habe dem Teufel straffe Fesseln angelegt, die dieser erst im Jahr 1300 abstreifen konnte. Dementsprechend verband sich das Ende des ›Konstantinischen Zeitalters‹ für Brightman mit der Herrschaft des Satans, die allerdings auf 390 Jahre begrenzt sein sollte.[8] Innewerden mag man der ikonoklastischen Provokation Arnolds auch im Vergleich mit den Entscheidungen der Reformation des 16. Jahrhunderts. Um des Schutzes der reformatorischen Bewegung willen hatte Luther die weltliche Gewalt in die antike Herrscheraufgabe der *cura religionis* zurückgerufen.[9]

Komplizierter als bei Arnold liegen die Verhältnisse bei *Edward Gibbon*. 1776 erschien der für unser Thema einschlägige erste Band seiner monumentalen ›Histo-

---

gefallene kirche ist aber nach dem zeugniß der ersten lehrer und vermöge des unten folgenden berichts zur huren worden/ und hat unter Constantino M. durch die confuse und unvorsichtige aufnehmung aller heuchler und bösen/ wie auch durch die natürliche vermehrung und fortpflanzung der falschen Christen viel millionen bastarde gezeugt/ mit welchen aber kein wahres glied Christi zu schaffen hat.«

8. Vgl. *Klaus Depperman,* Der englische Puritanismus, in: Martin Brecht (Hrsg.): Geschichte des Pietismus. Band 1: Der Pietismus vom siebzehnten bis zum frühen achtzehnten Jahrhundert, Göttingen 1993, 43f.
9. *Martin Luther,* An den christlichen Adel deutscher Nation von des christlichen Standes Besserung, in: WA 6, 404-469, bes. 408, 8-11.

ry of the decline and fall of the Roman Empire‹.[10] Gibbon religiös und theologisch zu charakterisieren, fällt nicht ganz leicht. Hineingeboren wurde er 1737 in die Anglikanische Kirche. Doch Anfang Juni 1753 wurde er in London heimlich Glied der römisch-katholischen Kirche. Wahrscheinlich war er von dem rhetorischen Glanz der Schriften Bossuets überwältigt. Sein entsetzter Vater schickte den »Verwirrten« zu einem calvinistischen Geistlichen nach Lausanne. Am Weihnachtstag 1754 empfing Gibbon in Lausanne das Abendmahl nach calvinistischem Ritus. War dieses Vagieren zwischen den Konfessionen schon bemerkenswert genug, so reicherte sich Gibbons religiöse und theologische Biographie durch die Bekanntschaft mit Voltaire weiter an. Er hielt den Weisen von Ferney für den ungewöhnlichsten Mann des Zeitalters. Hauptsächlich war Gibbon jedoch froh darüber, in einer ehrenwerten Familie mit Vermögen geboren zu sein und in einem Zeitalter der Wissenschaft und Philosophie zu leben.[11] Ein wenig über die innere Physiognomie Gibbons Bescheid zu wissen, ist für sein Verständnis Konstantins nicht minder wichtig als bei Arnold.

Gewisse Vorentscheidungen waren auch schon in anderer Weise gefallen. Wer die Geschichte des Imperium Romanum als Geschichte seines Verfalls und Untergangs schrieb, gleichsam auf die Ruinen hin, die Gibbon 1764 in Rom so fasziniert hatten, konnte in Konstantin schwerlich einen Sieger der Geschichte sehen. Gibbon war ein weltgewandter Aufklärer, ein Historiker mit staatsmännischem Sinn und ein Liebhaber des Zwiespältigen. Seine ›History‹ war ein ungeheurer Erfolg, der ihn in die erste Reihe der Gelehrten und Literaten seiner Zeit stellte. Deshalb kommt seinem Konstantinbild wirkungsgeschichtlich erhebliche Bedeutung zu. Einer der zahlreichen Belege dafür ist *J.C.F. Manso,* zu Beginn des 19. Jahrhunderts

---

10. *Edward Gibbon,* The History of the Decline and Fall of the Roman Empire. A new edition. Six volumes. London 1783. Zur ›new edition‹ merkte Gibbon an, sie »is now delivered to the public in a more conveniant form. Some alterations and improvements had presented themselves to my mind, but I was unwilling to injure or offend the purchasers of the preceding editions« (I, VIII). Es blieb im wesentlichen bei der Bereinigung von Druckversehen. Beigegeben sind dieser Ausgabe die Vorworte zur Erstausgabe (1776-1781) und zur Ausgabe von 1782. Die ›new edition‹ besaß den Vorzug des handlichen Oktavformats. Sie endete mit dem Fall des Römischen Reichs im Westen. Die Darstellung der langen Geschichte des Ostreichs war erst 1788 abgeschlossen. Als deutsche Übersetzung vgl.: Gibbon's Geschichte des Verfalls und Untergangs des Römischen Reichs. Sechs Teile (Bände). Frankfurt und Leipzig 1800-1801. Für das Thema Konstantin und die Geschichte des Christentums im vierten Jahrhundert sind die ergiebigsten Passagen in folgenden Teilen von Gibbons ›History‹ zu finden: Vol. II, chap. XIV-XVI; Vol. III, chap. XVIII-XXI.
11. Zu Leben und Werk Gibbons vgl. *Andreas Weber,* David Hume und Edward Gibbon. Religionssoziologie in der Aufklärung (Athenäums Monographien: Philosophie Bd. 263), Frankfurt/Main 1990; *Karl Christ* (Hg.), Von Gibbon zu Rostovzeff. Leben und Werk führender Althistoriker der Neuzeit, 2. Auflage Darmstadt 1979; *Edward Gibbon,* Memoires of my Life. Edited from the manuscripts by Georges A. Bonnard, London 1966; *Roy Porter,* Edward Gibbon. Making History, London 1988.

Rektor des Breslauer Magdalenengymnasiums. In seiner 1817 vorgelegten Biographie ›Constantin der Große‹ setzte sich Manso nicht etwa mit Arnold auseinander, sondern mit Gibbon.[12]
Gibbons historiographische Tat bestand neben der atemberaubenden erzählerischen Leistung der ›History‹ in der Abräumung der antiken Tendenzliteratur, ob christlich oder heidnisch. Die überbordenden Fußnoten der ›History‹ geben von seinen Klagen, seiner Verzweiflung, seinem Sarkasmus über die tendenziöse Quellenlage Kunde. Anders gesagt, Gibbon entmythologisierte ein ganzes Geschichtsbild, eingeschlossen den Aufstieg und die Ausbreitung des Christentums und natürlich Konstantin den Großen. Den jungen Konstantin, den aufstrebenden Herrscher, der durch die Schlachten gegen Maxentius vor Turin, in Verona und schließlich vor den Toren Roms zum Befreier Italiens wurde, schilderte Gibbon mit viel Wärme. Nach der Besiegung des glücklosen Nebenbuhlers der Macht, Licinius, verwandelt sich Konstantin für Gibbon an dem langen unangefochtenen Nachmittag seiner Herrschaft zu einem grausamen und zügellosen Alleinherrscher. Religiös sah Gibbon Konstantin in allen Farben schillern. Daß Gibbon den Kaiser nicht zu einem irreligiösen Menschen erklärte, war unter dem Druck einer rigide aufklärerischen Konstantinpolemik der 1770er Jahre fast schon ein Kompromiß. Gibbon verwies – ohne Namensnennung – auf das Anti-Konstantin-Poem eines französischen Zeitgenossen. In ihm war Konstantins *Credo* ausgesprochen:

»Les saints autels n'étoient à mes regards
Qu'un marchepié du trône des Césars.
L'ambition, la fureur, les délices
Etoient mes Dieux, avoient mes sacrifices.
L'or des Chrétiens, leurs intrigues, leur sang
Ont cimenté ma fortune et mon rang.«[13]

Der »Proselyt« verdarb sich Gibbon zufolge die Seele durch Glaubenseifer und Frömmelei und sog mit der Kenntnis der Wahrheit auch die Grundsätze der Verfolgung ein (»with the knowledge of truth, the emperor imbibed the maxims of persecution«). Die »Kirchenregierung« Konstantins sei vor dem »Vorwurf des Leichtsinns und der Schwäche« nicht zu rechtfertigen. Anderseits gestand Gibbon dem Kaiser zu, durch die »theologische Kriegskunst« der in der arianischen Kontroverse einan-

---

12. *J.C.F. Manso*, Leben Constantins des Großen nebst einigen Abhandlungen geschichtlichen Inhalts. Breslau, bei Wilhelm Gottlieb Korn 1817. Die Absicht Mansos bestand in der Ersetzung der Konstantinbiographie Schroeckhs, die ihm als zu weitschweifig erschien, und in der Korrektur von Gibbons ›History‹. Gebühre Gibbons »läuternder Forschung« auch »ein vorzüglicher Beyfall ... so hat es mich doch gedünkt, als ob er durch den Umfang seines Werkes genöthiget, der auf einen Gegenstand gerichteten Aufmerksamkeit noch manche Prüfung und Entdeckung übrig gelassen haben. Bald glaubte ich wahrzunehmen, daß er Zeugnisse verwerfe und bespöttele, die es nicht verdienen, bald, daß er andere spitzfindig deute ...« (Vorrede, If.).
13. *Gibbon*, Vol. III, 267.

der widerstreitenden kirchlichen Parteien und Gruppen auch getäuscht worden zu sein. Mit diesem Aspekt tritt noch eine andere Farbe in Gibbons Gemälde hervor, seine Kritik an einem Christentum, das er in seiner ursprünglichen Lauterkeit, Glaubenstreue und Hingabe sehr wohl zu würdigen wußte, das aber immer auch schon andere Züge trug: des Aberglaubens, der allmählichen anwachsenden Priesterschaft, der lehrhaften Enge und der Selbstverkennung in der Gesellschaft. Etwas süffisant merkte Gibbon an: »The theologian may indulge the pleasing task of describing Religion as she descended from Heaven, arrayed in her native purity. A more melancholy duty is imposed on the historian. He must discover the inevitable mixture of error and corruption, which she contracted in a long residence on earth, among a weak and degenerate race of beings.«[14] Die These, Gibbon rechne das Christentum zu den Faktoren von Roms Untergang[15], findet meines Erachtens kaum einen Anhalt an der ›History‹. Gibbon sah im Niedergang des Imperium die unvermeidliche Folge seiner »übermäßigen Größe«.[16] Der riesenhafte Bau fiel dem Druck seines eigenen Gewichts zum Opfer. Die vielfältigen Ursachen der Zerstörung multiplizierten sich gemäß dem Ausmaß der Eroberungen.

Die *historia sacra* war in Gibbons ›History‹ bis in den letzten Winkel hinweggefegt. Auch die Christen waren nichts als irrende Menschen, obschon mit unverweslichem Schatz im Himmel; und Konstantin, der große christliche Kaiser, der Gründer der *Nea Rhome*, er war ein Kaiser in der langen Reihe der Kaiser Roms, doch nicht in Roms glücklichster Zeit. Diese sah Gibbon in der Phase von Domitian bis Commodus. Welcher Kontrast zur christlichen Kaiser-Memoria, wenn Gibbon über die Kaiser Roms ein Urteil formulierte, das dann wohl auch für Flavius Valerius Konstantinus zu gelten hatte: »The annals of the emperors exhibit a strong and various picture of human nature, which we should vainly seek among the mixed and doubtful characters of modern history.«[17] Auf dem Wege der Einebnung einer heilsgeschichtlichen Tradition, in der die *ecclesia triumphans* und Konstantin der Große Garanten der Erinnerung an Gottes gnädige Providenz waren, markierte Gibbons ›History‹ eine wichtige Etappe. Henry Hart Milman, Dekan der St. Paul's Cathedral, nannte die ›History‹ einen »kecken, arglistigen Angriff auf das Christentum«.[18]

---

14. *Gibbon,* Vol. II, 266; die Zitate über den Eifer des »Proselyten«, den Leichtsinn und die »theologische Kriegskunst« Vol. III, 306; 345f.
15. *Carl Andresen/ Adolf Martin Ritter,* Geschichte des Christentums I/2. Frühmittelalter – Hochmittelalter (Theologische Wissenschaft; 6,2), Stuttgart 1995, 5.
16. *Gibbon,* Vol. VI, 407f. (»But the decline of Rome was the natural and inevitable effect of immoderate greatness. Prosperity ripened the principle of decay; the causes of destruction multiplied with the extent of conquest; and as soon as time or accident had removed the artificial supports, the stupendous fabric yielded to the pressure of its own weight«).
17. *Gibbon,* Vol. I, 128.
18. Henry Hart Milman gab eine viel benutzte Ausgabe der ›History‹ heraus, in der sich dieses Urteil findet (*Edward Gibbon,* Verfall und Untergang des Römischen Reiches. Hrsg. von Dero A. Saunders. Aus dem Englischen von Johann Sporschil, Frankfurt/M. 1992, XXV).

Zwischen *Arnold* und *Gibbon* liegen nur wenige Jahrzehnte und dennoch eine ganze Welt. Die Differenz zwischen dem Pietisten und dem neuhumanistisch-skeptischen Aufklärer betraf nicht nur Theologisches und Historisches im handgreiflichen Sinn. Arnold arbeitete mit seiner Erinnerung an die »erste Lauterkeit« noch mit den Mitteln des typologischen und figuralen Denkens. Von der Patristik bis in die Neuzeit war dies eine Art der Geschichtsanschauung, welche zwischen Geschehnissen in alter und neuer Zeit ›Sinnbeziehungen‹ herzustellen vermochte.[19] Ähnliches leistete die Denkform der *reformatio*. Eine als ungenügend empfundene Gegenwart holte eine als größer bewertete Vergangenheit heran und erneuerte sich durch deren Wiederbelebung. Arnolds Verweis auf das vorkonstantinische Christentum diente diesen Zwecken. Hingegen markierte Gibbons Geschichtsentwurf das Ende des typologischen, figuralen und ›reformatorischen‹ Geschichtsdenkens. Gibbon stellte Ereigniszusammenhänge und Gesamtverläufe dar, in denen die Unmittelbarkeit theologischer Memoria keinen Platz mehr hatte. Es gab nichts mehr im Sinne des Vorbildhaften, des Beispielgebenden zu erinnern. Arnolds Kontrastprogramm – hier die »erste Lauterkeit«, da der Verfall – war historisch aufgelöst. In diesem Licht läßt sich Gibbons »arglistiger« Angriff auf das Christentum als Zerstörung der typologisch-figuralen Tradition bewerten, ein Vorgang, der wirkungsgeschichtlich vielleicht noch ernster zu nehmen ist als sein kritisches Konstantinbild.

2. Burckhardt

Läßt sich dem Konstantinbuch *Jacob Burckhardts* von 1853 kultur- und kirchengeschichtlich ein ähnlich übersichtlicher Platz anweisen wie den Konstantindeutungen Arnolds und Gibbons? Im Falle Burckhardts bloßes Historikerinteresse und sonst nichts anzunehmen, dürfte sicher zu kurz gegriffen sein. Gewiß wird man – wie schon bei Arnold und erst recht bei Gibbon – ein gewisses ›Selbstläufertum‹ der historischen Methodik in Rechnung zu stellen haben. Nicht alles, und vielleicht nicht einmal das Wesentliche in der besseren Erfassung Konstantins, geht auf das Konto theologischer Vorentscheidungen. Die kritische Differenzierung des Konstantinbildes ist zu guten Teilen Produkt der sich etablierenden und ausdehnenden Geschichtswissenschaft. Deshalb noch einmal und im Bewußtsein der Macht und Logik der historischen Methodik gefragt: betrieb Burckhardt seine Konstantin-Forschungen im Stande der ideenpolitischen Unschuld?
Hinter dem Werk Burckhardts steht, dramatisch gesprochen, eine der modernen Tragödien des religiösen Bewußtseins. Angefangen hatte Burckhardt als Student

---

19. *Otto Gerhard Oexle*, Memoria als Kultur, in: *Ders.*, (Hrsg.), Memoria als Kultur, Göttingen 1995, 9-78; hier 33ff.

der evangelischen Theologie in Basel. Seine Lehrer waren *Karl Rudolf Hagenbach* in der Kirchengeschichte, *W.M.L. de Wette* in der Alttestamentlichen Wissenschaft. Hagenbach historisierte Jesus und die Kirche in einer den jungen Burckhardt offenbar schwer desillusionierenden Art; de Wette stellte den Inspirations- und Offenbarungsbegriff unter die Allgewalt des historisch-kritischen Denkens. Über die ›Auseinandersetzung des jungen Burckhardt mit Glaube und Christentum‹ und seine Abkehr von der Theologie liegt eine Studie Ernst Walter Zeedens vor.[20] Sie ergänzt Kaegis monumentale, das Theologiestudium Burckhardts freilich auch harmonisierende Biographie.[21] Nach dem Abbruch des Studiums in Basel folgte Berlin: das Geschichtsstudium bei *Leopold von Ranke*. Ein Schüler de Wettes war auch Ranke. Rankes Antwort auf die Historisierung des Christentums war ein Akt der Transformation. Ranke verwandelte das Totum der Geschichte in eine »Epopöe Gottes«. Zu solcher Sublimation und Substitution sah sich Burckhardt nicht imstande. Er ging den Weg in die Profanität. Wie tief die Desillusionierung durchschlug, ist an der Weigerung des nachmaligen Geschichtstheoretikers und Kulturhistorikers ablesbar, dem Gang der Geschichte irgendeine Objektivität und einen metaphysischen Hintergrund zuzusprechen. Wer den prinzipiell katastrophischen Charakter aller geschichtlichen Prozesse behauptete, mußte tiefere Wunden davongetragen haben als nur Verletzungen seines Kultur-, Kontinuitäts- und Sittlichkeitsbewußtseins durch die Französische Revolution und deren Folgen, mit denen man gelegentlich den Krisencharakter von Burckhardts Geschichtsdenken zu deuten versucht. Was bei Burckhardt erhalten blieb, war das »Prinzip der Selbstheiligung und Nächstenliebe mit säkularhumanistischen Vorzeichen; in Burckhardts Anwendung: Selbsterziehung zu Selbstlosigkeit und liebendem Verstehen und Weckung der gleichen Gesinnung in dem ihm Anvertrauten«.[22]

Burckhardt wollte eine Historik ohne metahistorische Vorzeichen schaffen. Der Punkt, von dem aus die Geschichte sich entfaltete, war der Mensch. »*Unser Ausgangspunkt*« – so Burckhardts berühmter Satz – »ist der vom einzig bleibenden und für uns möglichen Zentrum, vom duldenden, strebenden und handelnden Menschen, wie er ist und immer war und immer sein wird; daher denn unsere Betrachtung gewissermaßen pathologisch sein wird.«[23] Die Natur des Menschen

---

20. *Ernst Walter Zeeden*, Die Auseinandersetzung des jungen Burckhardt mit Glaube und Christentum, in: Historische Zeitschrift Bd. 178 (1954), 493-514.
21. *Werner Kaegi*, Jacob Burckhardt. Eine Biographie. Band I-VII, Basel 1947-1982. Zum Theologiestudium Bd. I, 433-487. Die »Sonderstellung Burckhardts innerhalb des Totums historischen Denkens« betont *Wolfgang Hardtwig*, Geschichtsschreibung zwischen Alteuropa und moderner Welt. Jacob Burckhardt in seiner Zeit (Schriftenreihe der Historischen Kommission bei der Bayerischen Akademie der Wissenschaften 11), Göttingen 1974, 21.
22. Zeeden, Auseinandersetzung (wie Anm. 20), 503.
23. *Jakob Burckhardt*, Weltgeschichtliche Betrachtungen. Über geschichtliches Denken (Klassiker des modernen Denkens. Hrsg. von Joachim Fest und Wolf Jobst Siedler), Gütersloh [1991], 12.

fand Burckhardt gebrochen. Güte trete stets nur in der Mischung mit anderen Eigenschaften auf. Der »Kampf ums Dasein« sei unentrinnbar. Die polare Spannung von Gut und Böse löse jedes dauernde Glücksmoment auf.

1848 entwarf Burckhardt während seines Aufenthalts in Rom einen »großen literarischen Plan«: die Herausgabe einer Bibliothek der Kulturgeschichte. »Es sollen lauter kleine, lesbare wohlfeile Bändchen [werden], theils von mir, theils von anderen Leuten: ... Das perikleische Zeitalter – die spätere römische Kaiserzeit – das achte Jahrhundert – die Hohenstaufenzeit – das deutsche Leben im XV. Jahrhundert – das Zeitalter Raphaels usw.«[24] Drei Maximen leiteten ihn: Popularisierung der Geschichte, Lesbarkeit fernab vom Jargon der Fachwissenschaft, das menschlich Interessante. Die theoretische Durchdringung seines Werks, d.h. die Formulierung der ihm zugrunde liegenden ›Historik‹, leistete Burckhardt in den später entstandenen ›Weltgeschichtlichen Betrachtungen‹. Seine Theorie der drei Potenzen Staat, Religion, Kultur ist im Zusammenhang mit der Lektüre seines Konstantinbuchs von unmittelbarem Interesse. Das gilt vor allem für Staat und Religion.

Über den Staat dachte Burckhardt fundamental kritisch. Staat war Macht, und »die Macht an sich [ist] böse«. Die Unterwerfung Schwächerer, die Knechtung der politischen Verbündeten potentieller Feinde, die Einschüchterung, die geopolitische Arrondierung auf Vorrat, die sittliche Richtigsprechung der Taten der Staatsgewalt und deren Einbettung in »fernliegende weltgeschichtliche Zwekke« – all das war Burckhardt zufolge die historische Realität des Staates. Recht und Gesittung im Staat interpretierte Burckhardt als eine Art von staatspolitischem Überlebenszwang, da der Staat sonst nicht den bemächtigenden Einfluß der »Gerechten und Gesitteten zu steuern vermochte«. In den Weltmonarchien der Antike zeige sich das Gesicht des Staates in seiner »naivsten Gestalt«: plündernd, brandschatzend, triumphierend.[25]

Es war ein ganzes Bündel von Faktoren, das Burckhardt in eine Oppositionslage zum frommen Bild des ersten christlichen Kaisers geraten lassen mußte. Die düstere Schau des Staates spielte hierbei eine zentrale Rolle. Es scheint begreiflich, daß unter solchen Voraussetzungen die Verbindung von Staat und Religion als Mesalliance erschien. Die Religion übernahm die im Wesen des Staates als Machtgebilde begründeten Untugenden. In den ›Weltgeschichtlichen Betrachtungen‹ liest sich das mit Blick auf die Wende unter Konstantin und seinen Söhnen so: »Das Christentum aber verlangt seit dem 4. Jahrhundert, Seele und Gewissen des Einzelnen für sich allein zu besitzen, und nimmt ... den weltlichen Arm in Anspruch, als verstände sich dies von selbst, gegen Heiden und besonders gegen christliche Ketzer. Dieselbe Religion, deren Sieg ein Triumph des Gewissens über die Gewalt war, operiert nun auf die Gewissen mit Feuer und Schwert los.«[26] Burckhardt war

24. *Kaegi*, Burckhardt (wie Anm. 21), Bd. III, 169f.
25. *Burckhardt*, Weltgeschichtliche Betrachtungen (wie Anm. 23), 44-57.
26. Ebd. 75f.

kein Moralist. Hierin unterschied er sich von den meisten Früheren und Späteren, welche das Bündnis von Herrschaftsmacht und Kirche beklagten. Religionen, die Weltreligionen sein wollten, beschritten bei der Durchsetzung ihres Universalanspruchs unausweichlich den Pfad der Macht. »Mit Hilfe der staatlichen Gewalt konnte der Buddhismus in Indien durch die Brahminenreligion ausgerottet werden. Ohne die Kaisergesetzgebung von Constantin bis auf Theodosius würde die griechisch-römische Religion noch bis heute leben.« Die Reformation habe all jene Territorien wieder verloren, in denen der weltliche Arm sie nicht stützte.[27] »Die Nemesis lag darin, daß die Kirche mehr und mehr ein Polizeiinstitut wurde und die Hierarchien danach rochen.« Im Lichte der Historik Burckhardts nimmt sich das Konstantinbuch wie die ins Narrative überführte Anschauung der Potenzen Staat und Religion aus.

Exkurs:

Als Burckhardt sein Buch veröffentlichte, war das christlich idealisierte Bild des Kaisers schon stark beschädigt. Arnold und Gibbon hatten auf ihre Weise dafür gesorgt. Zu den Belegen dieser Entwicklung gehört der Artikel ›Constantinus I‹ in *Zedlers* ›Universallexikon‹ (1733), eine massive und publizistisch wirksame Verstärkung der Urteile Arnolds, dessen ›Ketzerhistorie‹ im Verweisapparat ausdrücklich aufgeführt ist. Der erste christliche Kaiser war hier als Verschwender geschildert, als Mörder seines Schwiegervaters Maximianus, seiner Gattin Fausta und seines Sohnes Crispus, außerdem des Licinius und seiner Familie – ein wahrhaft bluttriefendes Ungeheuer. Überdies folgte der Autor der vernichtenden These (des Zosimos), Konstantin habe die christliche Religion erst 326 angenommen, und zwar deshalb, »weil unter den heydnischen Ceremonien keine zu finden gewesen, durch welche diese Mord-Thaten hätten können versöhnet werden«. Fast mit Abscheu notierte der Verfasser des Artikels: »Übrigens ist das Andencken dieses Kaysers hier und da in der Christlichen Kirche in grossem Werth gehalten worden; immassen man bereits in 5 Seculo in der Griechischen Kirche seiner als eines Heiligen bey öfentlichem Gottesdienst gedacht, auch noch beständig, den 21 Mertz sein Gedächtnis gefeyert wird.«[28]

Einige Jahrzehnte später hatte Gibbons ›History‹ ihre Wirkungen hinterlassen. Auch dies läßt sich durch die Lexikonkultur belegen, selbst dort, wo sich die Artikelschreiber der Tugend der ausbalancierten Deskription zu befleißigen versuchten. Im Artikel ›Constantinus‹ der ›*Allgemeinen Encyclopädie der Wissenschaften*

---

27. Ebd. 79f.
28. *Johann Heinrich Zedler,* Grosses vollständiges Universal-Lexikon aller Wissenschaften und Künste. Sechster Band: Ci-Cz. Halle und Leipzig 1733 (ND 1994²), Sp. 1062-1069 (Constantinus I).

und Künste‹ (1829) liest man: »Constantinus I. der Große ... gehört zu den Männern, über die sich weder bei den Zeitgenossen noch überhaupt bis jetzt festes Urtheil bilden konnte. Der bitterste Haß hat auf er einen Seite sein Andenken verfolgt, ohne daß auf der anderen Seite die ihm günstigen Zeugnisse den Eindruck der gegen ihn erhobenen Anklagen verwischen können. Die Doppelseitigkeit seines Wesens und seiner Handlungsweise rechtfertigt Lob und Tadel, und die verschiedene Auffassung seiner Geschichte kann eben so gut den Freund als den Feind entschuldigen ...«.[29] Bemerkenswert als Kontrast ist allerdings der Artikel ›Constantin‹ im Supplementband der ›Encyclopédie‹ von 1776. Der Autor zeichnete ein positives Bild Konstantins und seiner Politik. Das persönliche Christentum war dem Kaiser nicht abgesprochen, obschon der Verfasser meinte, es sei schwierig »de justifier sa foi qui fut altérée par un mêlange de paganisme«. In der Religionspolitik sah der Artikelschreiber die Kultur der Toleranz walten und lobte zugleich (auch hierin aufklärerisch gesinnt): »La magie & la divinitation furent proscrites.« Vielleicht, so räumte er ein, hätten die Christen, »dont il fut le zélé protecteur ... peut-être exagéré ses vertus; du moins l'on peut assurer que s'il rassembla les talens qui font les grands princes, il imprima des taches à sa mémoire par des atrocités qui auroient déshonoré un païen«.[30] Diese Formulierung war mehr entschuldigend als kritisch. Im Gegenzug zur ›Encyclopédie‹ muß für das französische Aufklärungsjahrhundert die Konstantinkritik *Voltaires* in seinem ›Essai sur les moeurs‹ und in seinen Constantin-Artikeln im ›Dictionnaire philosophique‹ in Rechnung gestellt werden. Voltaires Motivlage war vielschichtig. An erster Stelle trieb ihn der Ehrgeiz, die Widersprüche der Quellenüberlieferung aufzuzeigen. »De la vient que le même homme est regardé tantôt comme un dieu, tantôt comme un monstre.« Ein zweites Motiv Voltaires war die Abwehr des Mißbrauchs der göttlichen Offenbarung. Voltaire wies die frommen Deutungen der Kreuzesvision, der Mailänder Absprachen und der Gründung Konstantinopels zurück. Falls Gott Konstantin Offenbarungen habe zuteil werden lassen, dann doch wohl den göttlichen Befehl, nicht seine Frau und seinen Sohn zu ermorden. An dritter Stelle stand die Rettung des Christentums vor sich selber. »Ce qu'il y a déplorable, c'est qu'à peine la religion chrétienne fut sur le trône que la sainteté en fut profanée par des chrétiens qui se livrèrent à la soif de la vengeance ...«. Ein nationalgeschichtliches Motiv kam hinzu. Konstantin habe »tous les chefs des Francs, avec tous les prisonniers qu'il avait faits dans une expédition sur le Rhin«, wilden Tieren zum Fraß vorwerfen lassen. »C'est ainsi que furent traités les prédécesseurs de Clovis et de Charlemagne.« Nimmt man alle bei Voltaire erörterten Gesichtspunkte zusam-

---

29. Allgemeine Enzyklopädie der Wissenschaften und Künste in alphabetischer Folge von genannten Schriftstellern bearbeitet und herausgegeben von *J.S. Ersch* und *J.G. Gruber*. Neunzehnter Theil mit Kupfern und Charten. Conami – Corythus, Leipzig 1829, 154-159.
30. Supplément à l'Encyclopédie ou Dictionnaire Raisonné des Sciences, des Arts et des Metiers. Tome second, Amsterdam MDCCLXXVI, 558-561 (Constantin).

men, läßt sich in ihm ein bedeutender Anreger der neuzeitlich-modernen Konstantinkritik erkennen. Sein scharfer Tadel an der christlichen Quellenüberlieferung arbeitete gleichermaßen Gibbon wie Burckhardt zu. »C'est une nuit dans laquelle il fait allumer soi-même le flaumbeau dont on a besoin.« Die Burckhardtsche Theorie vom Machtmenschen war bei Voltaire vorgebildet. »Si l'on pense qu'il fut tout servir à ce qu'il crut son interêt, on ne se trompera pas.« In manchen Punkten war Voltaire noch kritischer als seine nachmaligen Rezipienten. Das galt z.B. für die Konstantin-Taufe. Wenn der Kaiser in der Hoffnung auf Entsühnung in der Stunde seines Todes geglaubt habe, zu Lebzeiten ungestraft alles tun zu können, dann war es »triste pour le genre humain qu'une telle opinion eût été mise dans la tête d'un homme tout-puissant.« Untersuchungen über die Wirkungsgeschichte von Voltaires Konstantinbild liegen m.E. bisher nicht vor.[31]

Grundsätzlich zu erinnern ist bei der historischen Ortsanweisung für Burckhardts Buch daran, daß Konstantin in der *abendländischen Tradition* niemals völlig unangefochten dagestanden hatte. Walter von der Vogelweide hatte beklagt, daß Konstantin dem »stuol z rôme« entschieden zu viel gegeben habe: »sper, kriuz unde krone«. Ähnliche Kritik fand sich bei Dante im 19. Gesang der ›Göttlichen Komödie‹. Petrarca hatte in seinem ›Bucolicum Carmen‹ dem Kaiser wegen seiner Schenkungspolitik einen Platz in der Hölle angewiesen.[32] Bei Luther schlug in der Schrift von 1545 ›Wider das Papsttum zu Rom, vom Teuffel gestiftet‹, die alte abendländische Enttäuschung darüber durch, daß der Kaiser seinen Herrschaftssitz nach Byzanz verlagert hatte und Rom danach »von tag zu tag geringer geworden, bis

---

31. *Voltaire,* Oeuvres complètes. Nouvelle édition. Tome 11, Paris 1878 (Essai sur les moeurs); Tome 18, Paris 1878 (Dictionnaire philosophique II); Tome 20 (Dictionnaire philosphique IV). Im ›Essai sur les moeurs‹ beschäftigt sich chap. X (235-240) mit Konstantin. Im ›Dictionnaire philosophique‹ finden sich die Artikel ›Constantin‹(Tome 18, 244-251) und ›Vision de Constantin‹(Tome 20, 582-588). Die Zitate sind entnommen (in der Reihenfolge) aus Tome 18, 244; Tome 11, 238; 236; 237; Tome 18, 251. – Das Motiv des kirchlichen Machtzuwachses durch Konstantins Privilegierungen spielte bei Voltaire merkwürdigerweise kaum eine Rolle. Er schwächte es ab. Keiner der Geistlichen »n'eut ce qu'on appelle ius terrendi, ni droit de territoire, ni droit de prononcer do, dico, addico. Les empereurs restèrent les juges suprêmes de tout, hors du dogme« (Tome 11, 240). *Kaegi,* Burckhardt (wie Anm. 21), 382 sieht in Voltaire (sodann in Gibbon) die Schlüsselfigur(en) der neuzeitlichen Konstantinkritik. In einem Brief an Friedrich II. vom 1. April 1778 konstatierte Voltaire mit Genugtuung: noch vor dreißig Jahren habe man Konstantin und Theodosius als Heilige aufgefaßt, jetzt aber begrüße man »mit rasendem Beifall« Verse, in denen sie als »abergläubische Tyrannen« dargestellt seien. »Ich habe noch zwanzig andere Beweise für den Fortschritt der Philosophie in allen Richtungen. Ich würde es für möglich halten, nächstens ein Preislied auf den Kaiser Julian rezitieren zu lassen« (ebd.).

32. Einzelheiten und Belege bei *E. Ewig,* Das Bild Konstantins des Großen in den ersten Jahrhunderten des abendländischen Mittelalters, in: Historisches Jahrbuch 75 (1956), 1-46; *D. Maffei,* La donazione di Constantini nei giuristi medievali, Milano 1964; *Werner Kaegi,* Das Nachleben Constantins, in: Schweizerische Zeitschrift für Geschichte 8 (1958), 289-326.

die Gotten kamen und unter dem Keiser Honorio Rom gewonnen mit dem Welschenlande«.[33] Zum »Isapostolos«, zum »dreizehnten Verkünder des Glaubens«, hatte Konstantin im Abendland nie werden können, auch deshalb nicht, weil das Sacerdotium dem Imperium gegenübertrat.

In der *lateinischen Kirche* war Konstantin vor allem jener Kaiser, der den römischen Primat und das lateinische Kirchenrecht sanktionierte. An diesem fragwürdigen Zusammenhang hielt das Papsttum zäh fest. Unbekümmert um die Falsifikation der ›Konstantinischen Schenkung‹ durch Nikolaus von Kusa 1433, Laurentius Valla 1440 und Bischof Reginald Peacock 1449 ließ der Medici-Papst Clemens VII. 1525 in einem Empfangssaal des Vatikan eine bildliche Darstellung der Silvester-Taufe und der Schenkung Konstantins anbringen. Die Pflege der Silvesterlegende setzte sich unter Papst Sixtus V. 1588 durch Aufrichtung des ägyptischen Obelisken auf dem Platz vor der Laterankirche fort. Man las die Inschrift: *Constantinus per crucem victor a sancto Silvestro hic baptizatus crucis gloriam propagavit.* Indes, solcher Traditionspflege hatte stets auch die Kritik an Konstantin im Mittelalter und in der Frühen Neuzeit gegenübergestanden. Genannt seien noch Arnold von Brescia, Otto von Freising, Marsilius von Padua, Sebastian Franck.[34] Ansätze zur Kritik waren im Horizont der jeweiligen Zeit, aber auch durch die Widersprüchlichkeit der Quellen gegeben. Die kirchlichen Quellen mit ihren Transpositionen der heidnischen Panegyrik ins Christliche mußten Gegenreaktionen provozieren. Die heidnischen Quellen (mit ihrer oft überkritischen Sicht des zum Christentum übergegangenen Kaisers) leisteten bei der neuzeitlichen Dekomposition der altchristlichen Panegyrik Zubringerdienste.

Kurz, Burckhardt betrat mit dem Buch ›Die Zeit Constantin's des Großen‹ einen Boden, der schon wesentlich stärker aufgelockert war als zu den Zeiten Gottfried Arnolds und Edward Gibbons. Beim Umgang mit der Sonde der Kritik fühlte sich Burckhardt frei von aller Rücksichtnahme, auch deshalb, weil er die meisten modernen Staaten in einem Zustand der Indifferenz den Resultaten der historischen Forschung gegenüber sah, mochte ihnen auch noch so viel Sprengkraft innewohnen. Es gäbe, so fand er, »unendlich viel nähere und gefährlichere Feinde«: »die allgemeine Praxis des *laisser aller et laisser dire,* weil man noch ganz anderes aus der täglichen Gegenwart in jeder Zeitung muß passieren lassen«. Die Ergebnisse der Historiographie auf die leichte Schulter zu nehmen, empfand Burckhardt unter

---

33. *Martin Luther,* Wider das Papsttum zu Rom, vom Teuffel gestiftet, in: WA 54, 206-299; hier: 296, 4f.
34. Bei Otto von Freising stand in der ›Chronica sive Historia de duabus civitatibus‹ die Vereinigung der beiden *civitates* Kirche und Reich zu einer *civitas permixta* im Mittelpunkt der Kritik, die der Heraufkunft des Antichrist zuarbeitete: Sebastian Franck behauptete in seiner ›Chronica‹ (1531), bei Konstantins Taufe »sey ein stim in lüfften gehört worden: Ein gifft oder pestilenz ist gfallen in die kirchen« (Vgl. *Kaegi,* Nachleben (wie Anm. 32), 307f.; 315).

Hinweis auf den »radikale(n) Zweig« der Geschichtsschreibung in Frankreich gleichwohl als kurzsichtig.[35]

In der Vorrede seines Buches von 1853 beschrieb Burckhardt als sein Ziel, »das merkwürdige halbe Jahrhundert vom Auftreten Diocletians bis zum Tode Constantin's in seiner Eigenschaft als Uebergangsepoche zu schildern. Es handelte sich nicht um eine Lebens- und Regierungsgeschichte Constantin's ...« Vielleicht hätte er besser daran getan, sein Werk ›Studien über die Zeit Constantin's‹ zu nennen, um von vornherein dessen Grenzen zu markieren. Die Behandlungsart des Stoffs sollte »universalhistorisch« sein: fernab von Archivkrämerei.[36] Burckhardts Werk war eine Kulturgeschichte der versinkenden Antike im Übergang zur christlichen Kultur des mittelmeerischen und abendländischen Raums. Das kulturgeschichtliche Panorama spannte sich zwischen Rom, Athen und Jerusalem aus. Gallien, Germanien, Spanien und Afrika waren eingelagert. Die Gründung von Konstantinopel trat gerade noch hervor. Burckhardt wollte es vermeiden, Rom und Byzanz als die Spannungspole des neuen Geschichtsraums zu bewerten. Die kulturelle, politische und religiöse Wasserscheide zwischen alter und neuer Zeit war Konstantin. Bis dorthin und nicht weiter wollte Burckhardt die Übergangsepoche beschreiben.

Die Wahl des Sujets ›Übergangsepoche‹ hängt mit einer historischen Grunderfahrung Burckhardts zusammen: der Französischen Revolution. Seit 1789 war die alte Welt aus den Fugen. Der schweizerische Historiker und Kulturphilosoph war nicht der erste, der den Kultur- und Traditionsbruch von 1789 im Lichte älterer ›Revolutionen‹ der Geschichte zu verarbeiten suchte. Man denke an *Edmund Burkes* ›Reflections‹ (die Burckhardt hochschätzte) und an *Chateaubriands* ›Essai sur les révolutions‹ von 1797.[37] Insofern weitete sich der althistorische Gegenstand in seinem Untertext zu einem strukturell gegenwartsrelevanten Kommentar zur großen Revolution der Neuzeit und Moderne aus.

Die *Darstellung Konstantins,* des Christentums und der Kirche findet sich im achten und im neunten Abschnitt von Burckhardts Werk (»Die Christenverfolgung. Constantin und das Thronrecht«; »Constantin und die Kirche«). Sie ist zu bekannt, als daß sie hier ausführlich referiert werden müßte. Als Ouvertüre lieferte Burckhardt eine kritische Vernichtung der ›Vita Constantini‹. Mit Euseb sei der Kaiser dem »widerlichsten aller Lobredner« in die Hände gefallen, einem Manne der Heuchelei und Verstellung zu durchsichtigen Zwecken: zu den Zwecken »der von

---

35. *Burckhardt,* Weltgeschichtliche Betrachtungen (wie Anm. 23), 25f.
36. *Jacob Burckhardt,* Die Zeit Constantin's des Großen, Basel: Druck und Verlag der Schweighauser'schen Verlagsbuchhandlung 1853, V; VI.
37. Zur Verschränkung der revolutionstheoretischen Perspektiven von Vergangenheit und Gegenwart bei Chateaubriand vgl. *Kurt Nowak,* Romanticism – Religion – Utopia. Schleiermacher's and Chateaubriand's Interpretation of Religion about 1800, in: Neue Zeitschrift für Systematische Theologie und Religionsphilosophie 33 (1991), 44-58.

Constantin so stark und reichlich etablirten Hierarchie«.[38] Dieser Topos der Kritik war gleichermaßen aufklärerisch wie radikalpietistisch. Die besitzgierige ›Klerisey‹ war seit dem 17./18. Jahrhundert Gegenstand von Dauerattacken. Zusätzlich verärgert war Burckhardt über Eusebs literarische Technik: »eine mit Bewußtsein schielende Ausdrucksweise, sodaß der Leser gerade an den wichtigsten Stellen auf Fallthüren und Versenkungen tritt«.[39] Burckhardts Kritik an Eusebs Kaiserbild fiel auf dem Hintergrund seiner Auffassung über die habituell irreligiösen großen Männer der Geschichte um so schneidender aus. Konstantin handelte »gleich von seinem ersten politischen Auftreten an consequent nach demjenigen Princip ..., welches der energische Ehrgeiz so lange die Welt besteht, ›Nothwendigkeit‹ genannt hat. Es ist jene wundersame Verkettung von Thaten und Schicksalen, in welche der höher begabte Ehrgeizige wie von einer dunkeln Macht hineingezogen wird. Vergebens ruft das Rechtsgefühl ihm seinen Protest entgegen, vergebens steigen Millionen Gebete der Unterdrückten zur Nemesis empor; – der große Mensch vollzieht, oft ohne Wissen, höhere Beschlüsse, und ein Weltalter drückt sich in seiner Person aus, während er selber seine Zeit zu beherrschen und zu bestimmen glaubt.«[40] Konstantins Politik der Duldung den Christen gegenüber sah Burckhardt in der Zeit bis 312/13 politisch-pragmatisch bestimmt (»eine Sache der Notwendigkeit«), in den ›Entscheidungsjahren‹ von 313-324 machtstrategisch. Ließ sich aus der Kirche eine »Stütze des Throns« machen? Da in Burckhardts Theorie der genialen Männer für religiöse Unmittelbarkeit kein Platz war, konnte Konstantin für ihn weder ein Christ noch überhaupt ein *homo religiosus* sein. Burckhardt bezeichnete es als traurig und bestürzend, daß Euseb und die ihm nachfolgenden Kirchenschriftsteller über die »wahre Stellung« Konstantins nichts verrieten, ihn im Gegenteil fromm stilisierten. »Es haftet auf Constantin noch stets ein letzter Schimmer von Erbaulichkeit, weil ihn so viele sonst verehrungswürdige Christen aller Jahrhunderte als den Ihrigen in Anspruch genommen haben. Auch dieser letzte Schimmer muß schwinden. Die christliche Kirche hat an diesem furchtbaren, aber politisch großartigen Menschen nichts zu verlieren, so wie das Heidenthum nichts an ihm zu gewinnen hätte.«[41] Die Verschmelzung von Staat und Kirche beklagte Burckhardt allenfalls von einem höheren, vom geistlichen Standpunkt aus. Ansonsten galt sie ihm als das »große, notwendige Resultat eines weltgeschichtlichen Prozesses«.[42]

38. *Burckhardt,* Zeit Constantin's (wie Anm. 36), 346. ›De laudibus Constantini‹ fertigte Burckhardt so ab: »Das Material ist dasselbe wie in der Vita, die Verarbeitung noch widerwärtiger« (ebd., Anm. 1).
39. Ebenda.
40. Ebd. 347f.
41. Ebd. 402.
42. Ebd. 412 (»Der Contrast zwischen der Größe der Idee und den menschlichen Schwächen, die der Einzelerscheinung ankleben, ist allerdings oft störend und widrig genug, hebt aber die historische Nothwendigkeit nicht auf«).

Burckhardts Beitrag zur Kritik des ersten christlichen Kaisers und seines Jahrhunderts wird man nur indirekt auf der Ebene der Kritik an der Staat-Kirche-Beziehung sehen können. Burckhardt meinte, diese Beziehung angemessen zu beurteilen: als historischer Realist, dem nicht das Wünschenswerte, sondern das Geschehene Maßstab war. Unabhängig von seiner scharfen Kritik an der Person des Kaisers bezeichnete Burckhardt deshalb die Überleitung des Reiches zum Christentum als »Ruhmestat« Constantins. Durch sie sei in der Weltkultur ein Element der Kontinuität sichergestellt worden.[43]

Zwei *Fragen* sind nicht zu unterdrücken: 1. Was bewog Burckhardt zu seiner so maßlosen Kritik an Euseb? 2. Was trieb ihn, Konstantin als irreligiösen Menschen zu stilisieren? Leitete ihn nur die Tendenzkritik einer einflußreichen Quelle? War er ein Gefangener seines anthropologischen Konstrukts vom genialen Menschen? Es scheint, daß Burckhardts historischer Realismus nicht so weit reichte, wie er selber meinte. Das historische Faktum der Verbindung von Staat und Kirche, Macht und Religion zu kritisieren, war in gewisser Weise töricht. Das empfand Burckhardt wohl, und darauf richtete sich sein Ehrgeiz nicht. Jede Kritik verblieb im Status ohnmächtiger Raisonnements. Die Destruktion Konstantins durch literarische Tendenzkritik und die Einführung eines ›anthropologischen Axioms‹ besaß im Vergleich damit den Vorteil der Eleganz. Die Verneinung des ›Konstantinischen Zeitalters‹ machte sich dadurch gleichsam interesselos. Eine ähnlich sublime Technik der Kritik an der staatlichen Wende der Christentumsgeschichte läßt sich Burckhardts Lobpreis der Eremiten, des (koinobitischen) Mönchswesens und der Asketen des Abendlandes unterstellen.[44] Sie bildeten Alternativen zum macht- und staatsgestützten Christentum Konstantins.

Die vielleicht tiefste Schicht von Burckhardts kritischem Umgang mit dem ersten christlichen Kaiser war seine Ansicht, Kirche und Christentum seien historische Erscheinungen, deren Zeit beendet sei. So äußerte er sich schon am 22. Mai 1844 in einem Brief an Kinkel.[45] Die christliche Epoche der Geschichte hatte ihre historische Zeit, ebenso die mit ihr verbundenen Orthodoxien, Häresien, Schismata; nun aber war die Uhr abgelaufen. Die ›Religion‹ war aus Burckhardts Geschichtsverständnis nicht verbannt, doch sie war verflüssigt zum Erhabenen und Schönen, zu Wissenschaft und Kunst. Die Geschichte wurde nicht durch das Christentum, sondern das Christentum durch die Geschichte interpretiert. Mit seiner Auffassung vom historischen Ende des Christentums schuf sich Burckhardt einen Freiraum, der alle theologische und moralische Kritik hinter sich ließ und sie doch erst im vollen Umfange ermöglichte.

---

43. Ebd. 431.
44. Ebd. 432 (»... ohne ihr Vorbild wäre die Kirche, d.h. der einzige Anhalt aller geistlichen Interessen völlig verweltlicht und hätte dann der rohen materiellen Gewalt unterliegen müssen«).
45. *Zeeden,* Auseinandersetzung (wie Anm. 20), 508f.

3. Lehrbücher

Protestantische Lehrbücher der Kirchengeschichte aus dem 18./19. Jahrhundert sind für das Pro und Kontra um Konstantin und das von ihm heraufgeführte Zeitalter nicht unergiebig. Jedoch bilden sie in aller Regel nur Nebenschauplätze. Überwiegend zeigen sie eine um kritische Differenzierung bemühte Beurteilung des Kaisers, seiner Politik und ihrer Folgen für die Kirche. Als Stichprobe seien einige Lehrbuchdarstellungen von den 1770er bis zu den 1860er Jahren aufgeführt.

An erster Stelle sei die ›Christliche Kirchengeschichte‹ des Wittenberger Kirchenhistorikers *J.M. Schroeckh* genannt.[46] Schroeckh veröffentlichte 1772 eine Konstantin-Biographie.[47] Zwischen ihr und den entsprechenden Passagen in der ›Christlichen Kirchengeschichte‹ gibt es Übereinstimmungen. Schroeckh meinte, je weiter Konstantin seinen Herrschaftsbereich ausdehnte, desto größer war sein Interesse am Christentum. 311 habe er seine Hinneigung zum Christentum öffentlich sichtbar werden lassen und seither einen stetig steigenden Eifer bei dessen Privilegierung an den Tag gelegt. Eine Charakterveränderung habe das Christentum bei ihm nicht herbeigeführt. Er war ehrgeizig, treulos und grausam. Schroeckh beklagte, daß ausgerechnet auf dem Höhepunkt des Eifers des Kaisers für das Christentum die Verwandtenmorde stattfanden. Über die Frömmigkeit des Kaisers urteilte Schroeckh differenziert. Trotz mancher Verfehlungen und Anzeichen irrigen Aberglaubens (worunter Schroeckh auch die Taufe auf dem Totenbett rechnete), dürfe Konstantin als Christ nicht verachtet werden. Bloß politische Beweggründe für Konstantins Wende zum Christentum wies Schroeckh ab. Über Gottfried Arnold meinte er, dessen Argumente zur kritischen Destruktion der Kreuzesvision seien triftig, doch insgesamt beurteile Arnold Konstantin zu einseitig und zu gewagt. Über die Kirche unter Konstantin hatte Schroeckh eine günstige Meinung: das Christentum blühte auf und erfreute sich hohen Ansehens unter den Völkern.[48]

Während Schroeckhs ›Christliche Kirchengeschichte‹ dem Luthertum des Aufklärungsjahrhunderts zugehörte, repräsentierte *J.A.W. Neanders* ›Allgemeine Geschichte der christlichen Religion und Kirche‹, die ab 1826 zu erscheinen begann, einen spätpietistisch-erwecklichen Typus der kirchlichen Historiographie.[49] Ange-

---

46. *Johann Matthias Schroeckh*, Christliche Kirchengeschichte. Fünfter Theil, Leipzig, bey Engelhart Benjamin Schwickert 1778, 66-149 (insgesamt 35 Bde. [1768-1813]).
47. *Johann Matthias Schroeck*, Allgemeine Biographie. Vierter Theil. I. Leben des Kaysers Constantin des Großen, Berlin 1772.
48. *Schroeckh*, Christliche Kirchengeschichte (wie Anm. 46), 66ff. – »Was ihm [Konstantin] aber lange Jahre an innerer christlicher Gottseeligkeit und wahren tugendhaften Gesinnungen fehlte: das besaß er desto reichlicher an äußerem Eifer für die christliche Religion« (94).
49. *Johann August Wilhelm Neander*, Allgemeine Geschichte der christlichen Religion und Kirche. 6 Bde, Hamburg 1826-1862. Vgl. zu Leben und Werk *Kurt-Victor Selge*, August Neander

sichts der theologischen Prägung Neanders hätte man eventuell eine Aufnahme der Arnoldschen Positionen erwarten können. Doch Neander war zu sehr differenzierender Historiker und in der Anlage seiner Frömmigkeit zu sehr Ireniker, um den Urteilen des Radikalpietisten zu folgen. Neander griff die Perspektive Gibbons auf, brach sie allerdings im Prisma seiner eigenen Konzeption. Beachtenwert erscheint, daß Neander die innere Hinwendung Konstantins zum Christentum sehr spät ansetzte – im 38. Lebensjahr – und dabei politischen Motiven den Vorrang gab. Im Verein, doch auch teilweise im Dissens mit Gibbon unterstrich Neander das allmähliche Hineinwachsen des Kaisers in die zunächst nur aus äußeren Gründen geförderte christliche Religion. Ein völlig zur christlichen Gemeinde gehörendes Mitglied war der Kaiser nicht. Er nahm an den Gottesdiensten nicht regelmäßig teil, trat erst kurz vor seinem Lebensende in den Stand des Katechumenen und verzögerte seine Taufe bis aufs Totenbett. Recht ausführlich analysierte Neander die Stellen bei Euseb, die sich mit der Kreuzesvision beschäftigten. Der Berliner Kirchenhistoriker nannte Euseb auffallend leichtgläubig, wollte jedoch weder in die spezielle Wunderkritik Arnolds noch in die prinzipielle Wunderkritik der Aufklärung einstimmen. »... was berechtigt uns, jene ganze Sage für Dichtung zu erklären, wenn wir etwas derselben zum Grunde liegendes Thatsächliches erkennen können, das zu der ganzen Anschauungsweise der Zeit und des Constantin wohl paßt, und worin wir einen Moment zur Erklärung seines religiösen Entwicklungsganges ... finden könnten?«.[50] Wie friedfertig Neander vorging, zeigt auch seine Beurteilung des kaiserlichen Eingreifens in die kirchenpolitischen und theologischen Streitigkeiten jener Jahre, den donatistischen und den arianischen Streit. Neander mißbilligte Streit aus Prinzip; deshalb lobte er den großen Eifer des Kaisers zur Befriedung der Streitparteien. Er sah in ihm die Mahnung zur Brüderlichkeit und friedlichem Ausgleich. Das Bündnis von Kirche und Staat mißbilligte Neander. Sein Ideal war die »wahrhaft katholische unsichtbare Kirche«. Gegen die Staatskirche gerichtet war das Zitat auf dem Titelblatt des Bandes II/1 der ›Allgemeinen Geschichte der christlichen Religion und Kirche‹: »Les uns christianisant le civil et le politique, les autres civilisant le Christianisme, il se forma de ce mélange un monstre.« Autor dieses Satzes war Louis-Claude de Saint-Martin, ein Anhänger Jakob Böhmes.

Unkritische Kaiser-Memoria (oder ihr Gegenteil) fand sich in den protestantischen Lehrbuchdarstellungen nicht. Das Bild des Kaisers, der Kirche und ihrer frühen Historiographen erschien in diversen Mischungen von Zustimmung und Kritik. Die kritischen Akzentsetzungen, die insbesondere der Frömmigkeit des Kaisers, der

---

– ein getaufter Hamburger Jude der Emanzipations- und Restaurationszeit als erster Berliner Kirchenhistoriker (1813-1850), in: *Gerhard Besier/ Christof Gestrich* (Hrsg.), 450 Jahre Evangelische Theologie in Berlin, Göttingen 1989, 233-276.

50. *Neander,* Allgemeine Geschichte (wie Anm. 49), Dritter Band. Von Constantin dem Großen bis auf Gregor den Großen. Erste bis dritte Abtheilung. 4. Aufl. Gotha 1864, 14.

Kreuzesvision und dem Überwiegen des politischen Kalküls in der Anfangsphase von Konstantins Beziehung zum Christentum galten, führten nur ausnahmsweise zu einer prinzipiellen Infragestellung der Symbiose von Imperium und Christentum und kaum zur Diagnose einer generellen Fehlentwicklung seit dem 4. Jahrhundert. Die Analyse weiterer Darstellungen – H.Ph.K. Henke, G.J.Planck, Gieseler, Schleiermacher, von Hase, Hagenbach – bekräftigt diesen Gesamteindruck.[51] Bei *Hagenbach* findet sich sogar ein vehementes ›Ja‹ zu der unter dem ersten christlichen Kaiser eingeleiteten Wende. Aus der »verschüchterten Herde« wurde eine »soziale Macht«, aus dem Staat, dem Feind des Christentums, dessen Förderer und Freund. Hagenbach ging in seiner ›Kirchengeschichte von der ältesten Zeit bis zum 19. Jahrhundert‹ noch weiter. Er wies die Konstantinkritiker der damaligen Gegenwart scharf in die Schranken. Sie schreckten vor keinem Mittel zurück, um ein Negativbild des Kaisers zu zeichnen. Es sei völlig verfehlt, die christenfreundliche Politik des Kaisers machttaktisch abzutun und seine Frömmigkeit als Heuchelei zu brandmarken.[52] Hagenbach, einst Hörer bei Schleiermacher in Berlin und alsbald zum gefeierten Kirchenhistoriker an der Theologi-

51. *Heinrich Philipp Konrad Henke,* Allgemeine Geschichte der Christlichen Kirche nach der Zeitfolge. Nach sorgfältiger Durchsicht hrsg. und fortgesetzt von D. Johann Severin Vater. Erster Teil, 5. verb. und verm. Aufl. Braunschweig 1818, 193-227 (die erste Ausgabe erschien von 1788-1802 [6 Teile]). Henke nahm Impulse Gibbons auf. – *Gottlieb Jacob Planck,* Geschichte der christlich-kirchlichen Gesellschafts-Verfassung. Erster Band, Hannover 1803, 215-289 (Inschutznahme von Konstantins christlicher Frömmigkeit trotz seiner moralischen Verfehlungen [245]). – *Carl Ludwig Gieseler,* Lehrbuch der Kirchengeschichte. Erster Band. Zweyte, sehr verbesserte, und zum Theil umgearbeitete Auflage, Bonn 1827, 199-206; 307-311 (stützt sich auf Mansos Biographie von 1817). – *Friedrich Schleiermacher,* Geschichte der christlichen Kirche (Sämmtliche Werke I/11), Berlin 1840, nimmt an Konstantin keinen Anstand; vgl. dazu auch *Joachim Boekels,* Schleiermacher als Kirchengeschichtler. Mit Edition der Nachschrift Karl Rudolf Hagenbachs von 1821/22 (Schleiermacher-Archiv 13), Berlin/New York 1994, 243ff. (Nachschrift Hagenbachs: »Über Konstantin sind die Urteile der Schriftsteller geteilt. Die älteren wie Euseb sehen es als eine besondere Erleuchtung an, daß Konstantin zum Christentum übergegangen sei. Die späteren Skeptischen, unter ihnen Thomasius, werfen dem Konstantin vor, daß er aus politischem Interesse übergetreten sei. Das Letztere aber hat keinen Grund« [243]). – *Karl [von] Hase,* Kirchengeschichte. Lehrbuch zunächst für academische Vorlesungen, 2., verb. Auflage Leipzig 1836, 120 (»Die Erhebung des Christenthums zur Staatsreligion, dadurch die endliche Lösung des Glaubenszwiespaltes, war eine strenge Forderung der Politik. Aber Constantin hat sie erfüllt aus Neigung, die er schon ansprach in einer Zeit, als der ritterliche Kaiser noch nicht zum Tyrannen entartet war, und hat sie bewährt in einer Sorgfalt für die kirchlichen Angelegenheiten, welche die bloße Klugheit des Herrschers weit überstieg ...« Konstantin habe sich berufen gefühlt, »die Weltherrschaft dem Kreuze zu erwerben«). – *K[arl] R[udolph] Hagenbach,* Kirchengeschichte von der ältesten Zeit bis zum 19. Jahrhundert. In: Vorlesungen. Neue, durchgängig überarbeitete Gesamtausgabe. Erster Band: Die ersten sechs Jahrhunderte. 4. Auflage hrsg. und mit einem literarisch-kritischen Anhang versehen von F. Nippold, Leipzig 1885, 311-346.
52. *Hagenbach,* Kirchengeschichte (wie Anm. 51), 337.

schen Fakultät Basel geworden, empfand augenscheinlich die Verpflichtung, den schärfsten Konstantinkritiker des 19. Jahrhunderts zurechtzuweisen, seinen Universitätskollegen Jacob Burckhardt. Hagenbachs Hinweis auf Burckhardts Werk von 1853 war kurz und eher beiläufig. Um so entschiedener fiel die Zurückweisung der »neuesten Kritiker« in der Sache aus. »Wir können auch in der That von Konstantin noch nicht sagen, daß er die Kirche beherrscht habe; weit mehr war er von i h r, d.h. von ihren Dienern beherrscht; und so sehr er den Bischöfen imponiren mochte, wenn er in diesem Kreise erschien, ebensosehr imponirten sie ihm.«[53]

Gänzlich aus dem Rahmen von Kritik, Verteidigung und historischer Gesamtwürdigung Kaiser Konstantins und seiner Epoche fiel ein Kirchenhistoriker, von dem man es wahrscheinlich am wenigsten erwartete: *Ferdinand Christian Baur*. In seiner ›Geschichte der christlichen Kirche‹ erwies er sich als Vertreter einer massiv kritischen Betrachtung.[54] Baur stimmte in allen wesentlichen Gesichtspunkten mit Burckhardt überein. »Ich treffe hierin, ganz unabhängig, im Wesentlichen mit Burckhardt's Beurtheilung Constantin's zusammen.«[55] Konstantins Christentum, so ließe sich F.C. Baurs Meinung zusammenfassen, trug nicht persönlichen, sondern politischen Charakter. Die Religiosität des Kaisers charakterisierte F.C. Baur als Bewußtsein subjektiver Abhängigkeit von einer höheren Macht, wobei die Realien des Politischen sich in eine Bezeugung Gottes ummünzten. Im übrigen erklärte Baur die persönliche Frömmigkeit des Kaisers zu einem Problem ohne tiefere Bedeutung. Entscheidend war die Verschmelzung der kirchlichen Interessenlage, der Bau des corpus christianorum, mit den Interessen des Staates: Regeneration des Imperiums auf dem Fundament einer neuen Religion. Euseb von Kaisareia war bei Baur, analog zu Burckhardt (und vorher schon zu Gibbon), ein sehr verdächtiger, von hierarchischen Interessen geleiteter Lobredner. Die Gründung Konstantinopels fertigte Baur in kurzen Worten ab. Die *Nea Rhome* war kein Ausweis des kaiserlichen Willens zur Errichtung einer christlichen Metropole. Baur sah in der Verlagerung des kaiserlichen Machtzentrums lediglich die Voraussetzung für den Aufstieg des Papsttums. Über die Kreuzesvision äußerte er sich wegwerfend. »An einer zufälligen Wolkenbildung, wie sie der Phantasie eines Kindes zum Spiele dient, hing also der grosse weltgeschichtliche Umschwung jener Zeiten!«[56]

Wenn wir die Lehrbuchdarstellungen als Nebenschauplätze bezeichnen, dann aus zwei Gründen. 1. Die positionelle Entschiedenheit der Standpunkte, wie wir sie in

---

53. Ebd. 340.
54. *Ferdinand Christian Baur,* Geschichte der christlichen Kirche. Erster Band. Dritte Ausgabe, Tübingen 1863, 459-465. Zweiter Band. Zweite Ausgabe, Tübingen 1863 (insgesamt 5 Bde; zuerst erschienen 1853-1863).
55. Ebd. 465.
56. Ebd. 463.

der Verteidigung Konstantins bei Hagenbach, in seiner Vernichtung bei F.C. Baur wahrnehmen, bildeten Ausnahmen. Die Regel war der abwägende Diskurs, in dem das Geltenlassen der historischen Ereignisse und Entwicklungen vorherrschte. 2. Abgesehen von Schroeckh, der mit seiner Konstantin-Biographie von 1772 im Rücken eigene Forschungsansprüche stellte, waren die Lehrbuchautoren Generalisten. Den Anspruch, die Forschungen zu Konstantin voranzutreiben, konnten Lehrbücher nicht erheben. Sie mußten knapp und informell angelegt sein. Lehrbücher waren nicht der Ort von Spezialforschungen oder von groß angelegten kulturtheoretischen Entwürfen zur Deutung der ›konstantinischen Wende‹ im Gesamthorizont der Kirchen- und Christentumsgeschichte.

Die Stichproben von den 1770er bis zu den 1860er Jahren werfen lediglich Schlaglichter. Die kritischen ›Schwellenereignisse‹ des Erscheinens von Gibbons ›History‹ 1776ff. und von Burckhardts Buch aus dem Jahr 1853 sind sichtbar. Doch abgesehen von Hagenbach und F.C. Baur gewinnt man nicht den Eindruck, daß Gibbon und Burckhardt die protestantischen Kirchenhistoriker entscheidend beeinflußten. Das hängt wahrscheinlich auch mit dem bereits erreichten hohen kritischen Standard der Kirchenhistoriographie zusammen. Ein elaboriertes historiographisches Bewußtsein verhielt sich aus prinzipiellen methodischen Gründen zurückhaltend gegen allzu scharf und einseitig entwickelte Deutungen. Um so singulärer mutete freilich der ›Burckhardtianismus‹ F.C. Baurs an. Angefügt sei noch, daß die Frage nach dem Bild Konstantins und seiner Zeit in den Lehrbüchern *vor* 1776 (also vor dem Erscheinen von Gibbons ›History‹) das wirkungsgeschichtliche Tableau erst vervollständigt. Wurde vor 1776 Gottfried Arnold rezipiert? Entwickelte sich jenes differenzierende Konstantinbild, das sich später als einigermaßen resistent gegen kritische Überakzentuierung in der Manier Gibbons und Burckhardts erwies, unabhängig vom Verfasser der ›Ersten Liebe‹ und der ›Unparteyischen Kirchen- und Ketzer-Historie‹?

4. Konstantinjubiläum 1913

Im letzten Friedensjahr des Deutschen Kaiserreiches ergoß sich über die *katholische Welt* eine Flut von Reden und Broschüren. Anlaß war die Ermunterung Papst Pius X., die sechzehnte Zentenarfeier der Mailänder Vereinbarungen zwischen den beiden Augusti Konstantin und Licinius festlich zu begehen. In München hielt der Königliche Universitätsprofessor Hermann Grauert am 18. Mai 1913 im »Odeon« eine Festrede. Die päpstliche Anregung, Kaiser Konstantin zu huldigen, bezeichnete er als »wohlverdient«. Im Grunde, teilte er dem andächtigen Publikum mit, erstrecke sich die Huldigung auf alle das Christentum fördernden Herrscher und Staatsregierungen. »Von unseren deutschen Herrschern und von unserem allerdurchlauchtigsten Regenten, den wir in unserer Mitte zu begrüßen das Glück haben, darf das in hervorragendem Maße gelten.« Grauert schloß mit einem Hochruf auf den von schwerer Krankheit genesenen Papst.[57] In Speyer fand eine ähnliche Feier im Dom statt. Hier verband der Festredner sein Vivat auf den Heiligen Vater mit einer Ehrenbezeugung an den politischen Herrscher. »Seine Heiligkeit Papst Pius der Zehnte und seine Königliche Hoheit, Prinzregent Ludwig von Bayern, Sie leben hoch! hoch! hoch!«[58] Ein Sprecher des ›Volksvereins für das katholische Deutschland‹ münzte das Konstantinjubiläum gegen die Feinde der Kirche und des Christentums aus. Habe das Christentum im 4. Jahrhundert gegen das alte römische Weltreich mit seiner »riesigen Machtmaschine« gesiegt, so werde es auch den schweren Kampf der Gegenwart bestehen. »Im Zeichen des Kreuzes wirst du siegen.«[59]

Aus der Sicht der nichtkatholischen Welt wirkte das alles offenbar recht jahrmarktmäßig. Man ließ die Katholiken feiern. ›Die Christliche Welt‹, sonst ein verläßlicher Spiegel des Zeitgeschehens, registrierte den leeren Pomp nicht einmal. Einem Jesuitenpater, Viktor Kolb, blieb es vorbehalten, auch noch das Schweigen der Nichtkatholiken zugunsten der katholischen Kirche zu interpretieren. »Horchen Sie hin nach Konstantinopel – die Stadt, die Konstantin gebaut – der Sitz des Patriarchen! Konstantinopel schweigt (was die russische Kirche zu tun gedenkt, ist bis zur Stunde nicht klar). Horchen Sie hin über den weiten Erdkreis, über die hundert verschiedenen Denominationen des Christentums – wie oft haben sie ausgerufen, sie seien die wahren Erben des Urchristentums, nun – und heute schweigen sie alle! Alle! Warum? Dieses Schweigen im Jubeljahr 1913 ist ein welthistorischer Moment.« Jenes Christentum, »dem Konstantin die Freiheit gab«, sei »das Christentum der wahren, der römisch-katholischen Kirche«.[60]

Wie wirkte wohl in dieser Stimmungslage der Beitrag von *Eduard Schwartz?* Wohlplaziert legte der Althistoriker im Jubiläumsjahr seine an Jacob Burckhardt geschulten Studien ›Kaiser Konstantin und die christliche Kirche‹ vor. Sie gingen auf Lehrgangsvorträge von 1912 am ›Freien Deutschen Hochstift‹ in Frankfurt am Main zurück. Das Vorwort seiner Publikation versah Schwartz mit dem Datum »am sechzehnhundertjährigen Jahrestag der Schlacht am Ponte Molle«. Was Schwartz in seinen Studien darbot, war eine Staats- und Kirchengeschichte des 4./5. Jahrhunderts *en miniature.* Der Hauptakzent lag auf dem abrupten Umschwung: »jäh und plötzlich hat ein Mann dem Steuerrade der Geschichte eine Wendung gege-

---

57. *Hermann Grauert,* Konstantin der Große und das Toleranz-Edikt von Mailand. Festrede bei der Konstantinfeier zur Erinnerung an die Freigabe der christlichen Religionsübung im Jahre 311 im Kgl. Odeon zu München, gehalten am Sonntag, dem 18. Mai 1913, 20.
58. *Albert Pfeiffer,* 313-1913. Die Befreiung des Christentums durch Kaiser Konstantin den Großen. Vortrag gehalten bei der Konstantinfeier in Speyer am Todestag Konstantins, Fronleichnam 1913, 15f.
59. *Dr. Meffert* (M.-Gladbach), Konstantin der Große und die Befreiung des Christentums. Sonderdruck aus: Präsides-Korrespondenz H. 6/8 (1913), 14.
60. *P. Viktor Kolb S. J.:* ›Konstantin?‹ Eine zeitgemäße Festrede auf die Konstantinische Jubelfeier. Gehalten am 28. September 1913 in Wiesbaden, 5. Aufl. Wiesbaden 1913, 14f.

ben, die schon die Zeitgenossen als etwas Neues und Unerhörtes empfanden. Dieser Mann war Kaiser Constantin. Nichts bezeichnet schärfer den ungeheuren Wandel in den kirchlichen Dingen, als daß ein Kriegsheld und Despot, der sich erst kurz vor seinem Tode taufen ließ, der Schöpfer der Reichskirche gewesen ist ...«[61] Mit der Charakteristik »Kriegsheld und Despot« war klargestellt, wie Schwartz den Kaiser bewertete. Seine Sittlichkeit habe »nicht viel höher« gestanden »als die eines orientalischen Sultans«.[62] Auch der Vergleich mit Napoleon I. fehlte nicht. Seine »wenn auch lose Angliederung an die Kirche« habe er zweifellos als Glaubensakt aufgefaßt, nur frage sich: was trieb ihn dazu? Schwartz' Antwort lautete: der Drang zur »Universalmonarchie«. Die Ordnung des Verhältnisses zur Kirche sei seinen »weltumfassenden Plänen förderlich« gewesen: »von da aus betrachtet verlieren seine sog. Bekehrung und seine Kirchenpolitik das Rätselhafte, das, wenn dieser Zusammenhang verkannt wird, immer wieder zu verkehrten Kombinationen reizt«. Das Rätsel Konstantin löste sich bei Schwartz wie bei Burckhardt im Machtmenschen auf.[63] Auffällig an der historischen Gesamtschau von Schwartz war die Beifügung einer Kritik am Bündnis von »Thron und Altar«: »seinem eigenen Reich hat dieser Bund kein inneres Leben zugeführt und der Kirche jener Zeiten das ihre geraubt«, eine Formulierungsanleihe bei Burckhardt. Konstantins Kirche vergaß – und fast glaubt man jetzt Gottfried Arnold zu hören –, »daß ihre stolzesten Tage doch die gewesen waren, in der sie eine Minderheit gewesen war und denen, die freiwillig, oft nicht ohne Gefahr, die große Welt verließen, um ihre Glieder zu werden, eins gab, sich loszulösen von der Masse derer, die nur dem Tage leben«.[64] Auch sonst beklagte Schwartz den weiten Abstand zwischen der »ursprünglichen Gemeinde der Heiligen« und der Union von Kaisertum und Kirche. Mit solchen Bemerkungen war der Althistoriker über den Horizont des Imperium Romanum hinausgeschritten und hatte eine Brandfackel in den katholischen Konstantinfestsaal des Jahres 1913 geworfen.

Noch schärfere Töne als Schwartz schlug ein anderer Gelehrter an, der katholische Modernist *Hugo Koch*. Koch hielt einen gezielten Alternativ-Vortrag zu den katholischen Festreden. In der Formierung jener Gedankenwelt, die in der ersten Hälfte unseres Jahrhunderts ihre Schlagworte in den Begriffen ›Konstantinismus‹, ›Konstantinisches Zeitalter‹, ›Nachkonstantinisches Zeitalter‹ fand, nimmt der Beitrag Kochs keinen unbedeutenden Platz ein.[65] Ernüchterndes Vorspiel in seinem

---

61. *Eduard Schwartz*, Kaiser Konstantin und die christliche Kirche. Fünf Vorträge, Leipzig/Berlin 1913, 2.
62. Ebd. 70.
63. Ebd. 72.
64. Ebd. 171. – Die zweite Auflage der Publikation von Schwartz (Leipzig/Berlin 1936) enthielt die Berichtigung von »Ungenauigkeiten, Fehler(n) und Irrtümer(n)«(VII), blieb ansonsten aber unverändert.
65. *Hugo Koch*, Konstantin der Große und das Christentum. Ein Vortrag, München 1913.

Beitrag war ein gerafftes und kundiges Resümee des damals aktuellen Standes der Konstantinforschung. Auf den Kaiser fielen sowohl Licht als Schatten: als Politiker, als ἐπίσκοπος τῶν ἐκτός, als Christ und Mensch. Dann aber kam Koch zum Eigentlichen, zu einer prinzipiellen Kritik an der »konstantinischen Kirche«. Eine »christliche Staatskirche«, so Koch, sei ein Widerspruch in sich selbst. Die Bilanz des katholischen Modernisten nach sechzehn Jahrhunderten herrschafts- und staatsgestützter Kirchengeschichte war bitter. Wahrscheinlich habe der christliche Staat auf kirchlichen Befehl »ebensoviel, wahrscheinlich eher mehr Christenblut vergossen, als der heidnische Staat vor Konstantin«. Die »konstantinische Kirche« sei verantwortlich für die Paganisierung des christlichen Glaubens, für das bloße Namenschristentum einer den Gesetzen der Massenpsychologie gehorchenden Religiosität. Mit prophetisch erhobener Stimme verkündete Koch, das »konstantinische Christentum« liege auf seinem Sterbebett. »Auch sonst scheint unserer Zeit und der nächsten Zukunft die Aufgabe vorbehalten zu sein, den konstantinischen Knoten vollends zu entwirren. In allen Konfessionen sind die Symptome einer Krise wahrzunehmen, zittert eine Erregung, wie sie großen Ereignissen voranzugehen pflegt. Evangelium und Kirche, Wissenschaft und Dogma, Freiheit und Autorität sind in beständiger Spannung, die bald an dem einen, bald an dem anderen Punkt zur Entladung kommt und zu Katastrophen führt.« Die Kirche der Gegenwart stand »mündigen Kulturvölkern« gegenüber. Deshalb, fand Koch, sei die Kirche gut beraten, wenn sie sich auf ihre Anfänge zurückbesinne. Der empfohlene *regressus ad originem* war freilich nicht nach dem Maßstab Arnolds zu verstehen. Kochs Bezugspunkt war ein anderer, der Reichtum der antiken Kultur, mit der die vorkonstantinische Kirche sich zu arrangieren hatte. Um wieviel mehr gelte das einer »im Sonnenlicht des Christentums« gereiften Kultur gegenüber.[66] Kochs Blick auf das Ende des »konstantinischen Christentums« enthielt *in nuce* eine Theorie der Säkularisierung und eine Theorie der Kirche in der pluralistischen Kultur des 20. Jahrhunderts.

In der offiziellen katholischen Festkultur dürften Schwartz und Koch nur geringe Wirkungen hinterlassen haben. Was waren gelehrte Einzelindividuen gegen die einflußreiche Gruppenkultur der Katholiken? Auch die ›Santa Lega Eucaristica‹ in Mailand beging die sechzehnte Zentenarfeier mit rhetorischem Prunk, umgeben von den architektonischen und bildkünstlerischen Zeugnissen der Vergangenheit. Der romtreue gelehrte Katholizismus meldete sich mit einem repräsentativen Sammelband zu Wort. Der Herausgeber war *Franz Josef Dölger,* Professor für Religionsgeschichte und vergleichende Religionswissenschaft an der Universität Münster. Der Autorenkreis setzte sich aus Freunden des deutschen ›Campo Santo‹ in Rom zusammen.[67] Ursprünglich hatte Dölger an einen Aufsatzband gedacht, der

---

66. Ebd. 17f.; 24f.; 26; 32; 43.
67. Konstantin der Grosse und seine Zeit. Gesammelte Studien. Festgabe zum Konstantin-Jubiläum 1913 und zum goldenen Priesterjubiläum von Mgr. Dr. A. de Waal. In Verbindung mit

Konstantin in der religiösen Bewegung seines Zeitalters analysierte. Eine ausreichende Mitarbeiterschar für »dieses wenig gepflegte Gebiet« zu interessieren, erwies sich als unmöglich. Dölger scheint deswegen einigermaßen frustriert gewesen zu sein. Er nahm sich den Themenbereich selber vor und schrieb außerhalb des Sammelbandes – einer Festgabe für den Rektor des deutschen Campo Santo, Monsignore A. de Waal – eine Reihe von Studien, z.B. ›Konstantin und der Sonnenkult‹, ›Konstantin und das heidnische Mysterienwesen‹, ›Labarum und Kreuz‹. Ihre separate Veröffentlichung als Buch unter dem Titel ›Konstantin in der religiösen Bewegung seiner Zeit‹ war in den ›Studien zur Geschichte und Kultur des Altertums‹ geplant.[68] Augenscheinlich wollte Dölger Genaueres und Besseres als die protestantischen Kirchen- und Allgemeinhistoriker zu Konstantins Glaubenswelt und Frömmigkeitspraxis sagen.

Der *Sammelband,* für den Dölger ausdrücklich die inhaltliche Verantwortung ablehnte und der ihn zu der öffentlichen Bekundung veranlaßte, es sei die erste und letzte Festschrift, die er herausgebe, war thematisch heterogen: ein wissenschaftliches Florilegium, zusammengestellt aus Beiträgen der Christlichen Archäologie, der Liturgie-, Militär- und Religionsgeschichte. Dölger selber schrieb, seinem Ursprungsplan treu, über Konstantins Taufe. Die Silvestertaufe nannte er klar und kühl, was sie war: eine Legende. Ihn interessierte nur, wie sie zustande gekommen war. Wenige Jahre zuvor, nämlich 1907, hatte sich nochmals ein Verteidiger der Silvester-Taufe gefunden, Pater Philipin de Rivière mit seinem Buch ›Constantin le Grand. Son baptême et sa vie chrétienne‹. Eusebs Notiz von Konstantins Taufe in Nikomedien hatte de Rivière zu einer Fälschung byzantinischer Höflinge erklärt. An Konstantins Taufe auf dem Totenbett – *in albis decessit* – hob Dölger die Verehrung hervor, welche im weißen Taufkleid Verstorbene bei hilfs- und heilungsbedürftigen Kranken genossen. »Diese Sitte mag dazu beigetragen haben, daß man den im weißen Taufkleid verstorbenen Kaiser Konstantin in den Kreis der Seligen aufnahm und die griechische Kirche ihm einen Platz anwies im Kalender ihrer Heiligen.« Besonders pietätvoll klang das nicht.[69] Dölger war ein streng arbeitender Religionswissenschaftler. Die Aura der Feierlichkeit verbreiteten in diesem Sammelband andere Autoren. Johann Georg, Herzog zu Sachsen, der Liturgie- und Kunstexperte, äußerte sich andächtig über ›Konstantin der Große und die hl. Helena in der Kunst des christlichen Orients‹, J.P. Kirsch über ›Die römischen Titelkirchen zur Zeit Konstantins des Großen‹.

Eine möglicherweise groß geplante Abrechnung mit der Konstantindeutung Burckhardts, die noch am ehesten Dölgers ursprünglichem Konzept Rechnung zu tra-

---

Freunden des deutschen Campo Santo in Rom hrsg. von *Dr. Franz Josef Dölger.* Mit 22 Tafeln und 7 Abbildungen im Text (XIX. Supplementheft der Römischen Quartalsschrift. 447 S.), Freiburg i. B. 1913.
68. Ebenda (Vorwort Dölgers).
69. *Franz Josef Dölger,* Die Taufe Konstantins und ihre Probleme, in: Ebd. 337ff.; Zitat 447.

gen schien, versuchte der Freiburger Privatdozent *Engelbert Krebs* (›Die Religionen im Römerreich zu Beginn des vierten Jahrhunderts‹). Der Verfasser war dem Gegenstand nicht gewachsen. So nahm die Festschrift zum Konstantinjubiläum 1913 eine seltsame Zwitterstellung ein. Ursprünglich höchst anspruchsvoll konzipiert, endete sie im Kumulativen. Zwischen kritischer Analyse – jedenfalls in Dölgers Beitrag – und der Fortschreibung frommer Traditionen hin und her schwankend, vermochte sie weder an dem einen noch an dem anderen Ufer anzukommen. Sie sank in Vergessenheit.

Überblickt man die Hauptakzente des katholischen Konstantinjubiläums 1913, bleibt neben den polemischen Attacken und dem gescheiterten wissenschaftlichen Projekt Dölgers der Eindruck von der Rhetorik des amtskirchlichen Katholizismus zurück. Im 19. Jahrhundert war es in der katholischen Kirche Deutschlands üblich geworden, das Prinzip der Kirchenfreiheit als Wesensmerkmal römisch-katholischen Kirchen- und Kulturverständnisses hervorzuheben. Beim Konstantinjubiläum 1913 schien dieser Gesichtspunkt kaum eine Rolle zu spielen. Die Festredner knüpften an eine andere Traditionslinie an, an diejenige des corpus christianorum. Diese Tatsache mag verwunderlicher erscheinen, als sie in Wirklichkeit ist. Sogar der beredteste Anwalt katholischer Kirchenfreiheit, *Joseph Görres,* hatte 1848 geschrieben: »Die christliche Societät, wie sie das Althertum verstanden, sollte auch seyn: wahre göttliche und wahre menschliche Ordnung, Kirche und Staat, ein und dieselbe Christenheit, Herrin und Eingeborene in zwei Naturen, ohne Vermischung, ohne Verwandlung, ohne Theilung und Sonderung. Kirche und Staat waren daher in ihr in einer durchgreifenden innerlichen, in einer wahrhaft hypostatischen Einigung zu einem Subject verbunden; nicht blos etwa äußerlich im Nebeneinander, oder Miteinander und Nacheinander verknüpft. Denn was ist die neuere Geschichte in ihrem wahrhaft historischen Grunde anders, als die fortgesetzte historisch fließende Inkarnation.«[70]

Das römisch-katholische Jubiläum von 1913 repristinierte Traditionselemente christlich-katholischer Einheitskultur. Seit den Zeiten der Reformation durch die konfessionelle Aufspaltung der Kirchen, Staaten und Herrschaften historisch erledigt, erlebten sie im Konstantinjubiläum ihre rhetorische Auferstehung. In den offiziellen Jubiläumsansprachen meldete sich neuerlich der Anspruch auf Rekatholisierung des Christentums und der modernen Staatenwelt.

5. Differenzierung der Forschung

Ein eigenes Kapitel der Geschichte Konstantins in neuerer und neuester Zeit bildet die Professionalisierung und Differenzierung der Forschung seit Burckhardt. Gemeinhin wird die Forschungsentwicklung folgendermaßen dargestellt. Der ver-

---

70. *J.[oseph] Görres,* Athanasius. Dritte Ausgabe, Regensburg 1838, 103.

führerischen Kraft von Burckhardts Konzeption sei erstmals *Norman H. Baynes* 1929/30 mit einem Neuansatz entgegengetreten. Baynes habe durch sorgsame Interpretation von Konstantins Selbstaussagen die persönliche Glaubensentscheidung des Kaisers und seine staatspolitische Haltung neu verstehen gelehrt. Nochmals verteidigt worden sei Burckhardts Sicht zwischen 1930 und 1950 von Henri Grégoire und Moreau. Durchgesetzt habe sich jedoch Baynes, wobei die Überprüfung des Londoner Papyrus 878, die zur Validierung der Echtheit der in Eusebs ›Vita Constantini‹ verarbeiteten Dokumente führte, eine wichtige Rolle spielte. Durch die Studie von *Hermann Dörries* ›Das Selbstzeugnis Kaiser Konstantins‹ von 1954 und durch die 1955 veröffentlichte Habilitationsschrift von *Heinrich Kraft* ›Kaiser Konstantins religiöse Entwicklung‹ sei dann »der entscheidende Umschwung in der Beurteilung dieses Kaisers erfolgt«. Vorher habe schon *Joseph Vogt* die Bahn für ein verändertes Konstantinbild gebrochen.[71] Zusammen mit Vogt könnte auch auf Arbeiten seiner Schüler verwiesen werden. 1941 veröffentlichte Agatha Kaniuth eine durch Vogts Seminar ›Kaiser Konstantin und das Christentum‹ vom SS 1937 angeregte Dissertation über die »religiöse Haltung des Kaisers«. Die Autorin urteilte: »Nachdem der Meinungsstreit in der Literatur jahrzehntelang getobt hat und Konstantin bald zum wirklichen Heiligen, bald zum kaltberechnenden Politiker gestempelt wurde, kann man heute ... nicht mehr an der Ehrlichkeit seiner religiöschristlichen Überzeugung zweifeln.«[72] Nebenher könnte für die 1940er Jahre auch noch auf die heute wohl weithin vergessene Konstantinbiographie von Karl Hönn hingewiesen werden. Sie enthält nachgerade feierliche Wendungen über Konstantin als »Vollstrecker einer hohen weltgeschichtlichen Mission«.[73]

In dem geläufigen Bild der Forschungsgeschichte werden jedoch ganze Jahrzehnte und Forschergenerationen unbeachtet gelassen. Im Kontext ideenpolitischer Deutungsinteressen sind gerade sie besonders aufschlußreich. Die Burckhardtsche These vom Primat der Politik ist schon lange vor Baynes, Vogt, Dörries, Kraft konterkariert worden, nämlich durch eine ganze Reihe protestantischer Theologen und Kirchenhistoriker im letzten Drittel des 19. Jahrhunderts. Der durch Burckhardt in den Körper des Christentums gebohrte Stachel war von Anfang an schmerzhaft und ehrenrührig. Die Vorstellung, daß der Weg der Kirche von der ecclesia pressa zum Aufstieg in die Höhe der Weltgeschichte in den Händen eines skrupellosen Machtmenschen lag, wirkte beschädigend für das Christentum.

In den Jahren 1874 und 1883 veröffentlichte der ›Königliche Superintendentur-Verweser‹ der Diözese Pleß (Oberschlesien) und Pastor von Pleß, *Wilhelm Köl-*

---

71. Vgl. *Gert Haendler,* Das neue Bild des Kaisers Konstantin und der sogenannte »Konstantinismus«, in: Theologische Versuche IV (1972), 71-87; *Volker Keil* (Hrsg.), Quellensammlung zur Religionspolitik Konstantins des Großen, 2. Aufl. Darmstadt 1995, 9-14 (»Kurzer Abriß der Forschungsgeschichte«).
72. *Agatha Kaniuth,* Die Beisetzung Konstantins des Großen. Untersuchungen zur religiösen Haltung des Kaisers (Breslauer Historische Forschungen H. 18), Breslau 1941, 1; 82.
73. *Karl Hönn,* Konstantin der Große. Leben einer Zeitenwende. Mit 24 Tafeln, Leipzig 1940, 200.

ling, eine umfangreiche ›Geschichte der Arianischen Häresie‹. Kölling fand die Burckhardtsche Umkehrung der Perspektiven empörend. »Der Apostat Julianus hat zumal in unseren Tagen ungefähr ebenso die Gunst der Geschichte in übertriebener Weise erfahren, wie Constantin ihre Abgunst.« Bei allem »Scharfsinn und vielem Geistesreichthum« habe Burckhardt doch nur ein Zerrbild des großen Kaisers gezeichnet. Burckhardt sei der Hauptverantwortliche für die Hinabstoßung Konstantins. Es scheint bemerkenswert, daß es nach Mansos Gegenbiographie zu Gibbons ›History‹ von 1817 wiederum ein Mann der ›Praxis‹ war, der sich der kritischen Sicht Konstantins entgegenstemmte.[74] Möglicherweise war im außeruniversitären Milieu das Empfinden für die kirchlichen und kulturellen Implikationen des Vorgangs stärker ausgeprägt. Die gegen Burckhardt opponierenden Publikationen von Theodor Keim und Schaff hielt Kölling für schwach. »Wir meinen, es habe dem Kaiser bis jetzt an einem Biographen gefehlt, der unbefangen und unparteiisch, dabei aber liebevoll und sympathisch in die Eigenart des Kaisers sich vertiefend und den Charakter der Zeitverhältnisse vollkommen würdigend uns das gewaltige Lebensbild Constantins vorgeführt hätte.« Köllings Arbeit zeichnete sich durch verständige Diskussion der Quellenüberlieferung und ihrer Tendenzen aus, außerdem durch differenzierte Bewertung des religionspolitischen Umschwungs: er barg »Segen und Fluch für die Kirche in seinem Schoß«.[75] Eine zwielichtige Region betrat Kölling mit seinem Vergleich der Kirchenpolitik Friedrich Wilhelms IV. und Konstantins. Mit dieser ›historischen Parallele‹ entwertete er die Seriosität seiner historischen Darlegungen. Beide Herrscher, meinte Kölling, hatten die falschen theologischen Berater (Euseb; Josias von Bunsen), beide liebten Jerusalem, beide förderten die Mission, und beide seien in der Zuordnung der *iura circa sacra* und *iura in sacra* beispielhaft umsichtig gewesen. Trotz der großen Zeitdifferenz sei zwischen Konstantin und Friedrich Wilhelm IV. eine »gewaltige Wahlverwandtschaft« erkennbar. Köllings ›historische Parallele‹ legte in fast schon naiver Deutlichkeit offen: der Streit um Konstantin war nicht zuletzt ein Streit um die christlichen Herrscher der Gegenwart und das Staat-Kirche-Verhältnis. Die umstrittene Formulierung vom ἐπίσκοπος τῶν ἐκτός legte Kölling ohne Bedenken im Sinne der *iura circa sacra* aus, ohne sich näher auf die Deutungsvariante des Episkopos der »Draußenstehenden« (der Heiden) einzulassen.[76]

Kirchen- und kulturpolitisch zurückgezogener auf Burckhardts Konstantinbild reagierte die universitäre Forschung. Hier gaben in den 1880er und 1890er Jahren zwei Gelehrte den Ton an, *Viktor Schultze* und *Otto Seeck*. Beide arbeiteten auf

---

74. *Wilhelm Kölling*, Geschichte der arianischen Häresie bis zur Entscheidung von Nikäa 325. Nebst einem Anhange: Die Kirchenpolitik Konstantin des Großen und Friedrich Wilhelm IV., eine historische Parallele, Gütersloh 1874 und 1883 (Neudruck Münster 1981), 61f.
75. Ebd. 77.
76. Ebd. 267. Die Wendungen (Euseb: Vita Constantini IV c. 24) lauten: ἀλλ᾽ ὑμεῖς μὲν τῶν εἴσω τῆς ἐκκλησίας, ἐγὼ δὲ τῶν ἐκτὸς ὑπὸ θεοῦ καθεσταμένος ἐπίσκοπος ἂν εἴην.

den gleichen Punkt hin: Ehrenrettung Konstantins vor dem Vorwurf des Machtmenschen durch feinkörnige Untersuchung der Etappen seiner religiösen Entwicklung und seiner Politik. Schultzes und Seecks Arbeiten waren Teil der allmählich entstehenden literarischen Gegenbewegung zu Burckhardt.[77] Genannt seien stellvertretend für andere *Theodor Zahn* (›Konstantin der Große und die Kirche‹ [1876/ 1894]) und *Theodor Brieger* (›Konstantin der Große als Religionspolitiker‹ [1880]). Zahn drang darauf, indem er die »Tatsachen« zum Sprechen zu bringen versuchte, die »geschichtliche Größe« Konstantins mit der Frage nach seinem persönlichen Christsein zu verbinden. Anders als bei Burckhardt sollte der große Mann der Geschichte eine religiös-moralische Basis erhalten, damit sich, wie Zahn es formulierte, der »innere Wert dieser geschichtlichen Größe« bemessen ließ. Der von Zahn vermittelte Eindruck der religiösen Persönlichkeit Konstantins war ambivalent, hob sich aber klar von Burckhardts Bild des Machtmenschen ab.[78] Auf einem anderen Blatt stand die äußerst kritische Beurteilung des ›Bundes zwischen Staat und Kirche‹. Hier ließ Zahn Arnoldsche Töne anklingen. »Wunderbare Ironie der Geschichte! So lange die Welt eine ehrlich heidnische war, konnte der ernsteste Christ in ihr leben.« Zum eindrucksvollen Zeugen gegen »die Lüge der konstantinischen Schöpfung« sei das Mönchtum geworden, das die »christliche Gesellschaft« verließ und in der Wüste seine Freiheit fand. Kern der von Konstantin geschaffenen Konstruktion war nach Zahn die Umwandlung des Evangeliums zum Gesetz, und zwar für jene, die *nicht* Christen waren. »Das Christentum wird seinem Wesen entfremdet, wenn es zum Gesetz für die Geborenen statt für die Wiedergeborenen gemacht wird.«[79] Diese Formulierung Zahns empfand übrigens Burckhardt als so gelungen, daß er sie in die zweite Auflage seines Konstantinbuchs aufnahm.[80] Zahn erhoffte für die Zukunft eine Lösung des Bandes von Staat und Kirche.[81]

77. Victor Schultze, Untersuchungen zur Geschichte Konstantins des Großen, in: Zeitschrift für Kirchengeschichte VII (1885), 343-371; *ders.*, Geschichte des Untergangs des griechisch-römischen Heidenthums. I. II, Jena 1887/92; *ders.*, Quellenuntersuchungen zur Vita Constantini des Eusebius, in: Zeitschrift für Kirchengeschichte XIV (1893), 505-555; *ders.*, Konstantin der Große und seine Söhne, römische Kaiser, in: Realencyclopädie für protestantische Theologie und Kirche 10 (1901³), 757-773; *Otto Seeck,* Die Bekehrung Konstantins des Großen, in: Deutsche Rundschau XVII (1891), 73ff.; *ders.*, Die Anfänge Konstantins des Großen, in: Zeitschrift für Geschichtswissenschaft VII (1892), 41ff.; *ders.*, Geschichte des Untergangs der antiken Welt. Sechs Bände, Berlin (dann Stuttgart) 1895-1920. Anhang zum ersten Band, Berlin 1895; Anhang zum sechsten Bande, Stuttgart 1921; *ders.*, Die Urkunden der Vita Constantini, in: Zeitschrift für Kirchengeschichte XVIII (1898), 322-345.
78. *Theodor Zahn*, Konstantin der Große und die Kirche, in: *Heinrich Kraft* (Hrsg.), Konstantin der Große (Wege der Forschung 131), Darmstadt 1974, 85-108; hier 85.
79. Ebd. 108.
80. *Jacob Burckhardt,* Die Zeit Constantin's des Großen. 2., verb. und verm. Auflage, Leipzig 1880, 239.
81. *Zahn,* Konstantin (wie Anm. 78), 108.

Brieger unterlief Burckhardts Position mit der These, über Konstantins persönliche Religiosität (oder Irreligiosität). Zuverlässiges zu ermitteln sei angesichts der Quellenlage unmöglich. Allerdings sprach Brieger – methodisch inkonsequent – dem Kaiser das persönliche Christsein ab, weil die »sittliche Bewährung« ausgeblieben sei. Konstantins Morde fielen schwer in die Waagschale. Um so leidenschaftlicher wandte sich Brieger gegen die Verunglimpfung der christentumsfreundlichen Politik des Kaisers. Die Klagen über das seit Konstantin tatsächlich oder angeblich eingerissene Verderben beruhten auf falschen Voraussetzungen. Wer das Ganze der Geschichte überschaue, sei frei von sektiererischen und elegischen Klagen. »Denn er kann sich der Wahrnehmung nicht verschließen, daß die Kirche gerade auf dieser neuen Grundlage, auf welche sie durch Constantin gestellt ist, die große Erziehungsanstalt für die europäischen Völker geworden ist und die Menschheit auf eine höhere Stufe ihrer Entwicklung gehoben hat.«[82] Zahns und Briegers Beispiel zeigte: seit dem Ende der 1870er Jahre bekam der Konstantin-Diskurs neue Farben.

Zahns und Briegers Äußerungen nahm Heinrich Kraft ungefähr ein Jahrhundert später in seine forschungsgeschichtliche Dokumentation »Konstantin der Große und die Kirche« auf. Warum er Victor Schultze und Otto Seeck beiseite ließ, bleibt unaufgeklärt.[83] Denn mit ihrem Forschungsdesign wie mit ihren Detailstudien markierten *Schultze* und *Seeck* m.E. die tatsächliche Wasserscheide der Forschung. In den anderthalb Jahrhunderten von Gottfried Arnold über Edward Gibbon bis zu Burckhardt hatte die Forschung ihr Schwergewicht in der kritischen Zersetzung des Bildes des ersten christlichen Kaisers. Schultze und Seeck leiteten (flankiert und umrahmt von mancherlei ähnlichen Wortmeldungen) die zweite Phase der Forschung ein. Sie erstreckt sich von den 1880er Jahren bis in die 1950er Jahre und von dort noch einmal bis in die Gegenwart. Charakterisiert ist sie durch den kritisch-differenzierenden Neuaufbau des Konstantinbildes. Konterkariert blieb dieses Bemühen durch die Fortschreibung von Perspektiven der ersten, also der kritisch-destruierenden Forschungsphase. Das Bild der Forschungsgeschichte, in welchem Burckhardt den ›negativen Pol‹, Baynes, Vogt, Kraft und Dörries den ›positiven Pol‹ bilden, ist dementsprechend zu erweitern und zu modifizieren.

In welche Höhe Schultze und Seeck zielten, ist an den Titeln ihrer Hauptwerke ablesbar: ›Geschichte des Untergangs des griechisch-römischen Heidenthums‹ (Schultze); ›Geschichte des Untergangs der antiken Welt‹ (Seeck). Untergangs-

---

82. *Theodor Brieger,* Konstantin der Große als Religionspolitiker, in: *Kraft* (Hrsg.), Konstantin (wie Anm. 78), 61; 62; 84.
83. *Kraft* (Hrsg.), Konstantin (wie Anm. 78) gab in seiner Einführung (1-18) einen Abriß der römischen Religionspolitik, der in dem Satz gipfelte: »Die römische Welt war reif dafür, christlich zu werden, und Konstantin kam dem Gebot der Stunde nach, weil er sich als Christen glaubte« (18). Über die Auswahl der Texte zur Dokumentation der Forschungsgeschichte seit Burckhardt ›Die Zeit Constantin's des Großen‹ von 1853 verlor Kraft hingegen kein Wort.

und Übergangsforschung also auch hier. Freilich reichten Schultze und Seeck bei sonst unbestreitbaren Verdiensten an Gibbon und Burckhardt nicht heran. Sie bewegten sich mehr auf dem Boden des historischen Positivismus als in der Höhe kultur- und geschichtstheoretischer Entwürfe. Der Anspruch, im Horizont der Übergangsforschung den Übergang von der heidnischen zur christlichen Welt (und zum Untergang der ersteren) in Opposition zu Burckhardt zu bestimmen, vollzog sich auf methodisch engem Gelände.

Victor Schultze war, wie Erich Seeberg in einer Laudatio in Greifswald vom 13. Dezember 1931 hervorhob, »nicht Dogmenhistoriker, sondern Kulturhistoriker«. Er gehörte »deshalb zu denjenigen, die der kirchengeschichtlichen Forschung eine alte und neue, im Lauf der Geschichte stets variierte und immer fruchtbare Arbeit eingeschärft haben: die Geschichte unserer Religion nicht nur als Geist und Wort, sondern auch als Leben und Form zu verstehen«.[84] Schultze beanspruchte ein Verständnis der Kirchengeschichte als »Welt- und Volksgeschichte«. Das Theologische an der Kirchengeschichte war seiner Auffassung nach Akzidenz, nicht Substanz: »eine Eigenschaft, nicht ihr Wesen«. In der allzu starken Neigung seiner Fachkollegen, die Historie zu theologisieren, sah Schultze den Grund dafür, daß die ersten drei Jahrhunderte als Zeit einer aufgehenden Religion, des Christentums, »ununterbrochen in hervorragender Weise Beachtung« gefunden hatten, während »der weitere Fortgang der Entwicklung, die in Konstantin des Großen ihre entscheidende Wendung nimmt, aus dem Gesichtskreis der theologischen Forschung zurückgetreten« sei.[85] Vom Untergang des Heidentums meint Schultze offenbar, es sei ein theologisch wenig ergiebiges, deshalb kaum bearbeitetes, ihn selber aber dafür um so mehr interessierendes Thema. »Ich scheue das Geständnis nicht, bei der Ausarbeitung dieses Buches mehr von den Welthistorikern als den Kirchenhistorikern gelernt zu haben.«[86]

Merkwürdig genug. Der Greifswalder Gelehrte, der darüber wachte, einer theologischen Spezialhermeneutik der Kirchengeschichtsschreibung nicht das Terrain zu überlassen, war gleichzeitig jener Forscher, der Konstantin und die religionspolitische Wende des vierten Jahrhunderts neuerlich stark theologisierte: personengeschichtlich und kulturgeschichtlich. Schultzes Übergangsforschung hatte ihr Schwergewicht beim ersten Hinsehen auf der historischen Rekonstruktion des Dahinsinkens und -schwindens des orbis paganus. Bei näherer Betrachtung enthüllte sie sich als eine historische und zuletzt theologische Apologie des welthistorischen Siegeslaufs des Christentums.

Schultze zeigte Konstantin den Großen als einen Herrscher, der klug genug war zu erkennen, daß eine Zurückdrängung des Christentums schon unmöglich war.

---

84. Seebergs Laudatio ist gedruckt in: Zeitschrift für Kirchengeschichte 50 (H. 3/4) (1931), Beiblatt. Vgl. außerdem Victor Schultze in memoriam. Greifswald: Bamberg 1937.
85. *Schultze,* Untergang (wie Anm. 77), III.
86. Ebd. IV.

Konstantin warf sich zum »Beschützer der Christen« auf und stellte sich »zugleich in scharfem Gegensatz zu dem Heidenthume«. Die Ausstattung des Heeres mit christlichen Insignien, die Bildsäule des Kaisers mit dem Kreuz in der Hand nach dem Sieg über Maxentius bewog Schultze zu einem dezidierten Urteil über die Frömmigkeit des Kaisers. »Die letzten Beweggründe dieses Bekenntnisses können nur religiöse gewesen sein, wie auch dieser religiöse Zug näher bestimmt werden mag.« Daß in Konstantins Heer nur wenige Christen kämpften, der Kaiser das Heer dennoch unter den Christengott gestellt und sich zum Christengott angesichts einer heidnischen Bevölkerung im Imperium Romanum von 80 Millionen Menschen bekannt hatte, bewies, wie Schultze meinte, hinreichend Konstantins Religiosität. Auch die kaiserlichen Anordnungen über die Sklaven, das Brandmarkungsverbot auf der Stirn, das Verbot blutiger Schauspiele u.a. »spiegeln den Einfluß des Christentums«. Einschränkend gab Schultze freilich zu: »Ein Rückschluß von diesem äußeren Verhalten des Kaisers zur Kirche auf seine innere Stellung zum Christentume ist nicht ohne Schwierigkeit und nicht mit vollkommener Sicherheit zu vollziehen. Dieses Zugeständnis läßt sich nicht umgehen.«[87]

Wenige Jahre später hatte Schultze dieses methodische Skrupulantentum abgeschüttelt, nämlich bei der Abfassung seines Artikels über Konstantin den Großen und seine Söhne in Albert Haucks ›Realencyklopädie‹. Dort stand zu lesen: 1. Aus den Quellen lasse sich »mit Gewißheit« erschließen, daß Konstantins »entscheidende Wendung zum Christentum« im Frühjahr 312 erfolgte, also zu Beginn des Feldzuges gegen Maxentius. 2. Das politische Kalkül in Konstantins Politik werde stark überschätzt; »wahrscheinlich hat es gar keine Rolle gespielt«. 3. Konstantin war ein »leidenschaftlicher Christ«. »Wir dürfen noch weiter gehen und sagen, daß die neue Religion ihm auch innerlich eine Norm und Macht war.«[88] Schultzes negatives alter ego, Burckhardt, war sowohl in der ›Geschichte des Untergangs des griechisch-römischen Heidenthums‹ als auch im Constantin-Artikel der ›Realencyklopädie‹ und vorher schon in Schultzes ›Untersuchungen zur Geschichte Konstantins des Großen‹ stets gegenwärtig.[89] Das Urteil über Burckhardt lautete vernichtend. Burckhardts Konstantinbild, das »mit größeren oder geringeren Abzügen noch heute« vorherrsche, sei nur durchzuführen »mit gewaltsamer Diskreditierung der Quellen«. In der weltgeschichtlichen Deutung Konstantins folgte Schultze Leopold von Ranke, ja er ging noch einen Schritt weiter. Er bekannte sich ausdrücklich zu der kirchlichen Tradition der Konstantinverehrung. »Die Kirche hat in Konstantin den gefeiert und mit hohem Lob erhoben, der ihr die ersehnte Freiheit gab und den Götterdienst und Götterglauben zu Boden warf. Das war der allgemeine Eindruck, den man von diesem gewaltigen Mann hatte, ein Eindruck, der

---

87. Ebd. 33-35.
88. *Schultze,* Konstantin der Große (wie Anm. 77), 762; 765; 769.
89. *Schultze,* Untersuchungen (wie Anm. 77).

zwar, an den Einzelheiten des Lebens und Wirkens Konstantins bemessen, sich nicht bewährt, aber doch wahr ist.«[90]

Den Weg, den Schultze gebahnt hatte, betrat alsbald *Otto Seeck*. Der in Riga geborene Althistoriker war von 1881 bis nach seinem Weggang nach Münster 1907 der Greifswalder Kollege Schultzes. Die These vom Machtpolitiker und Despoten erklärte er als »blanken Unsinn«. Der irreligiöse Mensch sei in jener Zeit nicht denkbar. »Man weise mir einen einzigen Menschen des vierten Jahrhunderts nach, der nicht abergläubisch gewesen wäre, und ich will mich der herrschenden Meinung bereitwilligst anschließen.«[91] Seeck charakterisierte die christliche Religiosität des Kaisers als »kindlich«. In seinem Konstantinbild bevorzugte er die Farben des Soldatischen. Konstantin war die »vollkommenste Verkörperung des Soldatentums«: keck, schneidig, kraftvoll, hitzig, von lebhafter Phantasie usf. Schon dies war anti-burckhardtianisch, ebenso die Betonung von Konstantins tiefem religiösen Empfinden, »das freilich die Farbe seiner Zeit und seines rohen Standes an sich trug, darum aber nicht minder ernst und fromm war«.[92] Die Kreuzesvision vor der Schlacht an der Milvischen Brücke verwies Seeck mit einer geschickten Formulierung in einen Zwischenbereich von Legende und Faktizität. Für »Träume« ließen sich keine »gesetzlichen Zeugen« beibringen. »Doch daß sie in einem Zeitalter hoher religiöser Erregung auch geschichtlich ihre Rolle gespielt haben, kann keinem Zweifel unterliegen.«[93] Bedeutete die für Seeck typische These von der landsknechtsmäßigen Religiosität Konstantins eine gewisse Herabminderung von Schultzes Vorgaben, so näherte sich Seeck ihnen doch bald wieder mit der Versicherung, Konstantin habe im Verlauf seines Lebens eine »echte Religiosität« entwickelt. Ziemlich unwirsch wies Seeck die Meinung zurück, nach dem Übergang in staatskirchliche Verhältnisse hätten sich in der Kirche die sittlichen Ansprüche unter den Christen vermindert. Die von Burckhardt gelobte mönchische Alternative zum Staatschristentum verwarf Seeck. In dem Eremiten Antonius sah er kaum mehr als einen von Schmutz starrenden Fanatiker, der sich durch Fasten zur religiösen Ekstase trieb.[94]

Das historische und kulturpolitische Anliegen der Arbeiten von Schultze und Seeck dürfte deutlich sein. Sie wollten Konstantin und den christlichen Lauf der Weltgeschichte vor der zersetzenden Kritik Burckhardts retten. Scheinbar streng historisch arbeitend und argumentierend, standen die beiden Greifswalder Professoren tief in einem traditionellen theologischen Geschichtsbild. »Und wirklich kam das Christentum, als ›die Zeit erfüllet war‹«, unterstrich Seeck. Was sich in der

---

90. *Schultze,* Konstantin der Große (wie Anm. 77), 769; *ders.,* Untergang (wie Anm. 77), 51; Anm. 1; 52, Anm. 2; 66.
91. *Seeck,* Untergang (wie Anm. 77), 438.
92. Ebd. 45; 53f.
93. Ebd. 122f.
94. Ebd. 231f.

historischen Erfüllungszeit religiös und kulturell ereignete, wies – so Seeck noch einmal – »der Weltgeschichte auf Jahrtausende ihre Bahnen«.[95] Im Kontrast zum Theorem vom Sterben des Christentums durch historischen Verschleiß bzw. durch dessen innere Paganisierung besaßen derartige Wendungen eine gesteigerte kulturpolitische Signalwirkung.

Als *Adolf von Harnack* 1905 seine dann mehrfach erweiterte Untersuchung »Die Mission und Ausbreitung des Christentums in den ersten drei Jahrhunderten« vorlegte, folgte er in allen Hauptpunkten der Beurteilung des Kaisers durch Victor Schultze. Nur eine These Schultzes mißbilligte Harnack, nämlich daß der Bund Konstantins mit dem Christentum, realpolitisch bewertet, eine Torheit war. Harnack verstand, warum Schultze so sprach. Er wollte die persönliche Glaubensentscheidung des Kaisers wider alle politische Vernunft hervorkehren. Harnack fragte zurück, ob es für politische Weisheit einen »sichereren Maßstab« gäbe als den des Erfolgs? Um die Theorie vom Zyniker der Macht abzuwehren, sei es unnötig, Konstantin konsequent als *homo religiosus* agieren zu lassen. Bei einem Staatsmann sei es unwahrscheinlich, daß er stets nur seinen innersten Antrieben folge. Die Frage nach dem Zusammenhang von persönlicher Frömmigkeit und Politik bewertete Harnack so: am Anfang stand die christlich-religiöse Erkenntnis (über deren Entstehung sich »nichts Sicheres« sagen lasse), dann folgte die Tat. Ohne die religiöse Erkenntnis wäre Konstantins Politik ein »unsinniges Abenteuer« gewesen. 312/13 ansetzend, habe er seine Politik »mit sicherer Hand und mit Geduld im Vierteljahrhundert bis 337 durchgeführt«. Daß die Erkenntnis nicht Theorie blieb, sich vielmehr zur Tat verwandelte, sei Konstantins »welthistorische Größe«. Konstantins Politik habe »die wahrhafte Genialität des großen Staatsmannes« gezeigt.[96] Harnack krönte sein Kaiserbild mit einem antiken Zitat: *Vir ingens et omnia efficere nitens, quae animo simul praeparasset.*[97]

Über die kultur- und christentumsgeschichtlichen Implikationen seines Konstantinbildes war sich Harnack klar. Er zögerte nicht, das auch außerhalb des althistorischen Diskurses zu sagen. Ungefähr zur gleichen Zeit, in der ›Die Mission und Ausbreitung des Christentums‹ erschien, äußerte er sich zum ersten christlichen Kaiser sowie zu Kirche und Staat in dem repräsentativen Sammelwerk Paul Hinnebergs ›Die Kultur der Gegenwart‹. Er meinte: Die Kirche gewann durch ihre Verbindung mit dem Staat mehr als sie verlor. Selbst wenn sie in den nachfolgenden Jahrhunderten dem Staat öfters unterlag, so erwies die Kirche als *societé anonyme* doch stets eindrucksvoll den Charakter ihrer göttlichen

---

95. Ebd. 129f.
96. *Adolf von Harnack,* Die Mission und Ausbreitung des Christentums in den ersten drei Jahrhunderten. Zwei Bände. Vierte verb. und verm. Aufl. Leipzig 1924. Bd. 1: Die Mission in Wort und Tat, 513.
97. Ebenda (= Eutrop. X, 5).

Mission. »Dennoch wäre niemals die große einheitliche Kirche geworden ohne die Hilfe des Staates.« Über die im Osten noch immer bestehende »Einheit« der (orthodoxen) Kirche urteilte Harnack: was wäre von ihr übrig, »wenn der apostelgleiche Konstantin und seine Nachfolger, mit Einschluß des Zaren, sie nicht gestützt hätten und noch stützten?« Die Einvernahme von Kirche und Christentum im vierten Jahrhundert durch den Staat sah Harnack schon deshalb nicht gegeben, weil sich die Kirchen seit Alexander Severus (222-235) »auf allen Linien dem Staate« zubewegten. Der Bund war historisch vorbereitet, und er war notwendig, um die Menschheit auf eine höhere Zivilisationsstufe zu heben: rechtlich, sittlich, politisch, religiös.[98] Harnacks kulturprotestantische Wertschätzung Konstantins und der Entwicklung des vierten Jahrhunderts war eine vorläufige Quer- und Endsumme der gegen Burckhardt gerichteten protestantischen Forschung.

Von Harnack führten die derart fixierten Linien der Konstantindeutung zu seinem Nachfolger in Berlin, *Hans Lietzmann,* und von Lietzmann zu *Aland, Dörries, Kraft.*[99]

98. Adolf [von] Harnack, Kirche und Staat bis zur Gründung der Staatskirche, in: *Paul Hinneberg* (Hrsg.), Die Kultur der Gegenwart. Teil I. Abt. 4: Die christliche Religion. Ihre Entwicklung und ihre Ziele mit Einschluß der israelitisch-jüdischen Religion, Leipzig 1906, 129-160 (2. Aufl. 1909; hier 132-163); Zitate 158. In seinem »Bericht über die Ausgabe der griechischen Kirchenväter der ersten drei Jahrhunderte (1891-1915)« im Weltkriegsjahr 1916 formulierte Harnack: »In den 150 Jahren, die mit der Regierung Konstantins des Großen begannen, d.h. in der Zeit von 300-450, ist durch die innige, wenn auch reservierte Verschmelzung der Kirche mit den Kräften der Antike der Grund zur mittelalterlichen Weltanschauung, Gesinnung und Kultur gelegt worden. Noch mehr: in jenen anderthalb Jahrhunderten hat sich der Orbis Romanus ideell in die ›Christenheit‹, in die Civitas Dei auf Erden verwandelt, die die Grundvoraussetzung des mittelalterlichen Lebens und Denkens geworden ist, in jene Civitas, die nun nach anderthalb Jahrtausenden durch den ungeheuren Weltkrieg zum erstenmal ernstlich in Frage gestellt erscheint. Denn bis zum 1. August des Jahres 1914 hat sich jene internationale Idee – wenn auch in Umformungen und Verhüllungen – stärker erwiesen als alle zentrifugalen nationalpolitischen Gewalten, und selbst das Zeitalter der Reformation und der Revolution haben sie nicht niederzuringen vermocht. Die Verkörperung aber und Organisation jener Idee auf allen Gebieten des Lebens haben die Kirchenväter des 4. und 5. Jahrhunderts vollzogen ...«. Druck: *Kurt Nowak* (Hrsg.), Adolf von Harnack als Zeitgenosse. Reden und Schriften aus den Jahren des Kaiserreichs und der Weimarer Republik. Zwei Teile, Berlin-New York 1996, Teil 2, 1077-1085; hier 1078.

99. *Hans Lietzmann,* Der Glaube Konstantins des Großen. Mit einer Tafel. Sonderausgabe aus den Sitzungsberichten der Preußischen Akademie der Wissenschaften. Phil.-hist. Klasse 1937. XXIX, Berlin 1937 (»persönliches Missionsbewußtsein« Konstantins als innerer Kern seines welthistorischen Wirkens). Ein Jahr später äußerte sich Lietzmann außerdem zum Thema: Die Anfänge des Problems Staat und Kirche, in: Sitzungsberichte der Preußischen Akademie der Wissenschaften XXXVII-XLVI; auch in: *Ders.,* Kleine Schriften I, Berlin 1958, 202-214 und bei *Gerhard Ruhbach* (Hrsg.), Die Kirche angesichts der konstantinischen Wende (Wege der Forschung 306), Darmstadt 1976, 1-13. Lietzmanns Beschreibung des Staat-Kirche-Verhältnisses unterschied zwischen ostkirchlicher und lateinischer Entwicklung (größere Eigenstän-

Harnacks kulturprotestantisches Vorzeichen blieb im politischen Zeitenwandel beiseite und galt vielleicht sogar als erledigt. Der Wegfall des kulturprotestantischen Vorzeichens verlieh der protestantischen Konstantinliteratur seit Lietzmann den Charakter des ›rein‹ Historischen bei gleichsam unduldsamen Ausschluß aller gegenwartspolitischen Gesichtspunkte. Daß freilich auch die scheinbar exklusiv fach- und quellenbezogene Forschung von jenen Voraussetzungen und Vorurteilen einholbar ist, die sie selber nicht mehr zu reflektieren und zu formulieren geneigt war, dürften die ideenpolitischen Wanderungen und Wandlungen der Forschung zumindest in Andeutungen gezeigt haben.

Bekräftigend ergibt sich bei der Betrachtung des Spektrums seit Schultze, daß der Studie von Baynes 1929/30 der Charakter eines Neuansatzes in der Konstantinforschung nur mit erheblichen Abstrichen zuerkannt werden kann. Der Neuansatz von Baynes war eingebettet in einen damals schon ein halbes Jahrhundert alten Kampf gegen Jacob Burckhardts Konstantindeutung.

6. ›Konstantinisches Zeitalter‹

»Man gebraucht heute gern das Schlagwort vom ›Ende des konstantinischen Zeitalters‹, um damit auszudrücken, daß in unserer Zeit der Bund zwischen Staat und Kirche sich löse, den Konstantin der Große als erster geschlossen habe. An dem Schlagwort und der Erkenntnis, die es auszudrücken meint, ist ungefähr alles falsch ...« Diese unwilligen Formulierungen stammen von Heinrich Kraft. Sie finden sich im Eintrag ›Konstantinisches Zeitalter‹ des ›Weltkirchenlexikons‹ von 1960.[100] Ähnlich allergisch reagierten auch andere Kirchenhistoriker, beispielsweise Kurt Aland, Gert Haendler, Georg Denzler, Carl Andresen.[101] Es dürfte schwerfallen, einen einigermaßen mit Kaiser Konstantin und den Entwicklungen des 4. Jahrhunderts vertrauten Kirchenhistoriker zu finden, der das Schlagwort vom ›Konstantinischen

---

digkeit); ein grundsätzliches Urteil unterblieb. *Kurt Aland,* Die religiöse Haltung Kaiser Konstantins, in: Studia Patristica I (1957), 549-600; *ders.,* Kirche und Geschichte von Konstantin bis Byzanz, in: Aus der byzantinischen Arbeit der Deutschen Demokratischen Republik I, Berlin 1957, 188-212; *Hermann Dörries,* Das Selbstzeugnis Kaiser Konstantins. Abhandlungen der Akademie der Wissenschaften in Göttingen. Phil.-hist. Klasse III/34, Göttingen 1954; *Heinrich Kraft,* Kaiser Konstantins religiöse Entwicklung (Beiträge zur historischen Forschung 20), Tübingen 1955.

100. *H[einrich] Kraft,* Konstantinisches Zeitalter, in: Weltkirchenlexikon. Handbuch der Ökumene, Stuttgart 1960, 775.
101. *K[urt] Aland,* Konstantin der Große (I.), in: RGG³ 3 (1959), Sp. 1785; *Haendler,* Das neue Bild (wie Anm. 71); *ders.,* Von Tertullian bis zu Ambrosius. Die Kirche im Abendland vom Ende des 2. bis zum Ende des 4. Jahrhunderts (Kirchengeschichte in Einzeldarstellungen I/3), Berlin 1978; Art.: Konstantinische Wende, in: *Georg Denzler/Carl Andresen,* Wörterbuch der Kirchengeschichte, München 3. Aufl. 1989, 341f.

Zeitalter‹ und seinem Ende für sinnvoll hält. In neueren und neuesten Lehrbuchdarstellungen ist nach meinem Überblick allein Manfred Jacobs (im Anschluß an K.D. Schmidt) aus diesem Konsens ausgebrochen.[102]
Ist das Schlagwort vom ›Konstantinischen Zeitalter‹ damit erledigt? Gewiß nicht. Wir haben eine merkwürdige Gegenläufigkeit festzustellen. Während sich in der Forschung das Bild Konstantins in Opposition zu Burckhardts These vom Machtmenschen zum Positiven entwickelte, wurden Konstantin und seine Zeit in der Arena der Ideenpolitik zu Chiffren eines Irrwegs von sechzehn Jahrhunderten. Bei den Kirchengeschichtlern, Altphilologen und Althistorikern des 20. Jahrhunderts wird man nur in Ausnahmefällen ansetzen können, wenn man die zeitweise höchst erfolgreiche Karriere der mit Konstantin verknüpften ideenpolitischen Schlagworte verfolgen möchte.
Erstmals ging *Wilhelm Kahle* im Jahr 1965 dem Wort vom ›Ende des konstantinischen Zeitalters‹ nach. Eine Schlüsselrolle bei seiner Verbreitung erkannte er dem Vortrag ›Der Raum für das Evangelium in Ost und West‹ des Generalsuperintendenten von Cottbus, *Günter Jacob,* auf der EKD-Synode in Berlin-Spandau von 1956 zu, außerdem den zahlreichen Vorträgen und Stellungnahmen Jacobs vor den Pfarrern Mitteldeutschlands und Berlins. Das Verständnis des ›konstantinischen Zeitalters‹ als Epoche der unheiligen Allianz von ›Thron und Altar‹ sei »weitgehend durch die Verlautbarungen des Genannten ... popularisiert und die damit verbundenen Tendenzen propagiert worden«.[103] Was Kahle noch nicht wissen konnte: Jacob hatte seine Vision vom Ende des ›Konstantinischen Zeitalters‹ bereits in der Uniform eines Unteroffiziers der Deutschen Wehrmacht 1944 im französischen Lumbres (Pas de Calais) zu Papier gebracht. Die Ausarbeitung trug den Titel ›Die Zukunft der evangelischen Kirche‹. Jacob diagnostizierte eine Weltstunde der »schonungslosen Demaskierung der christlichen Substanz der europäischen Kultur«, der Entlarvung der Volkskirche als »künstlich gestützte Gestalt zur Pflege eines Firnischristentums«. Der Geistliche im Waffenrock beklagte einen nicht länger mehr erträglichen Attentismus, ein Hinauszögern der Konfrontation der Kirche mit ihren »ureigenen Kriterien« von Berufung und Sendung. Das ›Ende der konstantinischen Epoche‹ sei ein Tag des Gerichts für die Kirche. Hinter Jacobs Erwägungen

---

102. *Manfred Jacobs,* Das Christentum in der antiken Welt, Göttingen 1987, 179: Die Freude der Christen über das Ende der Verfolgung schlage in eine »politische Theologie« um. Euseb überführe die frühkatholische Heilsgeschichte in einen politischen Triumphalismus, in dem orientalische Züge der Königsverehrung (der irdische König als Abbild des himmlischen Königs) christlich verklärt würden (Zugänge zur Kirchengeschichte 2). Das neueste Lehrbuch (*Wolf-Dieter Hauschild,* Lehrbuch der Kirchen- und Dogmengeschichte. Band I: Alte Kirche und Mittelalter, Gütersloh 1995, 135-139) resümiert kurz die Entwicklung von Burckhardt zu Baynes, Vogt, Dörries, Kraft und plädiert für kritische Integration sowohl der Glaubensmotive wie der politischen Interessen des Kaisers.
103. *Wilhelm Kahle,* Über den Begriff ›Ende des konstantinischen Zeitalters‹, in: Zeitschrift für Religions- und Geistesgeschichte 17 (1965), 206-234; hier 208.

(die als Repristination der kirchen- und kulturkritischen Bewegung der protestantischen Theologie nach 1918 verstehbar sind), standen bittere Erfahrungen mit dem Zögern der Bekennenden Kirche im Dritten Reich, das »konstantinische Vorzeichen« grundsätzlich zu sprengen, d.h. den Weg in die Freikirche zu gehen.[104]
Die Eintragung der in einem anderen historischen Kontext gewonnenen Ideen Jacobs in die kirchengeschichtliche Lage der evangelischen Kirchen der DDR und in die kirchliche Situation der westlichen Demokratien verlieh ihnen veränderte Akzente. Näher untersucht wurden diese perspektivischen Verschiebungen bisher noch nicht. Man empfand Jacobs Rede von 1956 als Produkt von DDR-Erfahrungen. Kahle ist zuzustimmen, wenn er Jacobs Synodalvortrag in Berlin-Spandau eine Schlüsselfunktion zuerkennt.

Weiterführend war *Kahles* Beitrag durch die Beibringung von Hinweisen auf die negative Stilisierung Konstantins bereits durch Coccejus und Tersteegen, also vor Gottfried Arnold, sodann durch Herder in den ›Ideen zur Philosophie der Geschichte der Menschheit‹. Herder bezeichnete die Geschichte »des ersten christlichen Reichs, des Kaisertums zu Konstantinopel«, als Schauplatz »abscheulicher Greueltaten, daß sie bis zu ihrem schrecklichen Ausgange als ein warnendes Vorbild aller christlich-polemischen Regierungen dasteht«. Das erste christliche Kaisertum war in Herders Augen eine »Castraten-, Pfaffen- und Weiberregierung«. Es mag sein, daß Herder mit seinem Urteil Gibbon aufnahm und verarbeitete. Bei Gibbon hieß es: »Die asiatische Pracht, welche Diokletian allzu stolz angenommen hatte, bekam in der Person des Konstantin das Ansehen von Weichlichkeit und weibischer Schwäche. Er trug, heißt es, falsches Haar von mannichfaltigen Farben, das von den geschicktesten Künstlern seiner Zeiten sorgfältig geordnet war.«[105]

Für die Konstantinkritik im 19. Jahrhundert nannte Kahle J.H. Wicherns Rede auf dem Elberfelder Kirchentag von 1851 und Kierkegaards ›Der Augenblick‹. Für das 20. Jahrhundert verwies er auf Karl Barths Berner Vortrag von 1935 ›Das Evangelium in der Gegenwart‹. Barth gebrauchte in dem Vortrag die Formulierung vom »verhängnisvollen Zeitalter Konstantins« und von der »großen Lüge« des bürgerlich-christlichen Zeitalters. Günter Jacobs Position sah Kahle von den Äußerungen Barths beeinflußt. Allerdings räumte er ein, daß die Bestimmung des Verhältnisses von Staat und Kirche bei Barth nicht in der Manier einer Schwarz-Weiß-Zeichnung erfolgte. Insgesamt beurteile Kahle den Topos vom ›Ende des Konstantinischen Zeitalters‹ abweisend. »Man fühlt sich in der Nähe sektiererhafter Aussagen, wo ja immer wieder Jahrhunderte oder auch Jahrtausende je nach Bedarf einfach übersprungen werden, damit nur Schema und Forderung erfüllt werden.«[106]

---

104. *Günter Jacob,* Gericht und Gnade. Zum Weg der christlichen Gemeinden in unserem Jahrhundert, Berlin 1986, 122-128 (›Ende des konstantinischen Zeitalters? [1985]‹).
105. Gibbon's Geschichte (wie Anm. 10), Bd. 4, 155.
106. *Kahle,* Begriff (wie Anm. 103), 233.

Eine Art katholisches Pendant zu Kahles begriffsgeschichtlich-ideenpolitischer Recherche bildete *Heinrich Schmidingers* Aufsatz in der ›Freiburger Zeitschrift für Philosophie und Theologie‹ von 1969. »Welt und Kirche stehen in einer Stunde tiefgreifender Veränderungen: Wer wollte dies bei aller gebotenen Zurückhaltung gegenüber so allgemeinen Redensarten leugnen?« Die Belege Schmidingers zur Herkunft der Chiffre ›Konstantinisches Zeitalter‹ hielten sich in Grenzen. Die allgemeine kultur- und kirchenpolitische Reflexion behielt die Oberhand. Doch war die Zusammenfassung der aktuellen katholischen Debatte vom Beginn der 1960er Jahre – impulsiert durch Hernegger, Hugo Rahner, Stockmeier – wertvoll. Das Gesamturteil Schmidingers über die Leistungskraft der ideenpolitischen Chiffre war ebenfalls negativ. »Aufs Ganze gesehen waren die mehr als eineinhalb tausend Jahre seit Konstantin kein Irrweg der Kirche. Gerade, wenn sie sich treu blieb, mußte sie den Ruf hören, der sie in die Weite der Welt rief, auf einen anscheinend leichteren, in mancher Hinsicht aber soviel schwereren Weg.«[107] Über alle geschichtlichen Brüche der ersten Hälfte des 20. Jahrhunderts hinweg befand sich dieses Votum eher in der Traditionslinie des Jubiläums von 1913 als auf dem Boden einer antikonstantinischen Alternativkultur.

Wie weit die Debatte der 1950er und 1960er Jahre über den kirchlich-theologischen Binnenraum hinausreichte, ist vorerst nicht genau zu beurteilen. Allzu früh sollte man die Ausbreitung der ideenpolitischen Chiffre vom Ende des konstantinischen Zeitalters nicht ansetzen. In der einflußreichen ›Geschichte der ökumenischen Bewegung 1517-1948‹ von *Rouse (Å)/ Neill* findet sich ein Teilkapitel mit der Überschrift ›Die Kirche in der nachkonstantinischen Zeit‹. Die Vermutung, hier begriffsgeschichtlich fündig zu werden, wird enttäuscht. Die Verfasser meinen buchstäblich nichts anderes als die Kirche nach Konstantins Tod 337. Zu dem uns interessierenden Themenkomplex heißt es lapidar und unspezifisch: »Die Meinungen werden bis ans Ende der Zeit darüber auseinandergehen, ob die ›konstantinische Situation‹ für das Leben der Kirche gut oder schlecht war.«[108] Die ›Geschichte der

---

107. *Heinrich Schmidinger*, Konstantin und die »Konstantinische Ära«, in: Freiburger Zeitschrift für Philosophie und Theologie (1969), 3-21; hier 21.
108. *Ruth Rouse (Å)/Stephen Charles Neill*, Geschichte der ökumenischen Bewegung (A History of the Oecumenical Movement) 1517-1948. Band 1, 2. durchgesehene Auflage 1963. Abschnitt: ›Die Kirche in der nachkonstantinischen Zeit‹, 10-20; hier 11.
Hingegen findet sich bei dem langjährigen Generalsekretär des Ökumenischen Rats der Kirchen durchaus eine Kritik des »Konstantinismus«. »Die Lage wandelte sich ... radikal im 4. Jh.n.Chr., als unter Konstantin dem Großen die Kirche nicht mehr verfolgte Minderheit war und das Christentum zur offiziellen Staatsreligion des Römischen Reiches wurde. Wie der hl. Augustinus sagte, geschah dies außerordentlich rasch! Die Kirche hatte keine Zeit, ein neues, vom christlichen Glauben getragenes Gesellschaftssystem zu entwickeln. Daher wurde der Weg des geringsten Widerstandes beschritten, und die Kirche übernahm im Großen und Ganzen die bestehende Gesellschaftsordnung, so daß das patriarchalische System zwangsläufig erhalten blieb« (*W.A. Visser't Hooft,* Gottes Vaterschaft im Zeitalter der Emanzipation,

ökumenischen Bewegung‹ entstand auf dem Boden des anglo-amerikanischen Christentums. Die etwaige Erwartung, hier noch eher als im Christentum Kontinentaleuropas auf eine ausgearbeitete Theorie des postkonstantinischen Zeitalters zu stoßen, bleibt unerfüllt. 1964/65 veranstaltete die Universität Erlangen-Nürnberg eine Ringvorlesung zum Thema Staat und Kirche. Auch sie war Ausdruck der Reaktion auf die Rede vom Ende des Konstantinischen Zeitalters, wie zumindest der Beitrag von Friedrich Vittinghoff ›Konstantin der Große und das *Konstantinische Zeitalter* der Kirche‹ belegt.[109] Vermute ich richtig, gehört auch die ungedruckte Göttinger Dissertation von Ernst Berneburg ›Untersuchungen zu Gottfried Arnolds Konstantinbild‹ (Referent H. Dörries; Korreferent B. Moeller) in das Feld der durch das Schlagwort ausgelösten Impulse.[110] In den ›Theologischen Versuchen‹ veröffentlichte *Gert Haendler* 1972 einen Bericht, in dem er die Spannungspole des Konstantinbildes unter den Begriffen »Primat der Politik« und »Primat der Frömmigkeit« beschrieb. Wie er die Chiffren ›Konstantinisches Zeitalter‹ und ›Konstantinismus‹ beurteilte, darüber ließ er beim lesenden Publikum keinen Zweifel aufkommen. Haendler wies auf die Gefahr hin, daß mit der Chiffre große Teile der Kirchengeschichte nivelliert würden. »Der Versuch, die Kirchengeschichte vom 4.-20. Jahrhundert mit einem negativen Pauschalurteil in den Griff zu bekommen, kann kaum gelingen.« Noch entschiedener war die Formulierung in Haendlers Lehrbuch von 1978 ›Von Tertullian bis zu Ambrosius‹. »In der Redeweise vom *Konstantinischen Zeitalter* werden dem Kaiser Konstantin Fehlentwicklungen im Verhältnis von Staat und Kirche in späteren Jahrhunderten angelastet, für die er nicht verantwortlich gemacht werden kann. Die Bedeutung Konstantins für seine Zeit bleibt auch so groß genug.«[111] Den Höhepunkt und die Peripetie des ideenpolitischen Interesses markierte die bei der ›Wissenschaftlichen Buchgesellschaft‹ vorgelegte Dokumentation *Gerhard Ruhbachs* von 1976 ›Die Kirche angesichts der konstantinischen Wende‹, nachdem zuvor bereits Krafts Sammelband ›Konstantin der Große‹ 1974 das Licht der Öffentlichkeit erblickt hatte.[112] Eine gewisse Verdrossenheit griff um sich. Ruhbach

---

Frankfurt/M. 1982, 19). Das Ende vieler Monarchien im 20. Jahrhundert bewertete Visser't Hooft als Wandel »in den Völkern, die, zu ihrer Mündigkeit erwachend, eine Fortsetzung fraglosen Gehorsams gegen einen absoluten Herrscher unerträglich fanden« (32).

109. *Friedrich Vittinghoff*, Konstantin der Große und »Konstantinisches Zeitalter« der Kirche, in: *Walther Peter Fuchs* (Hrsg.), Staat und Kirche im Wandel der Jahrhunderte, Stuttgart/Berlin/Köln/Mainz 1966, 21-33. Vittinghoff nannte als schockierendes Beispiel der Synthese von Macht und Religion den die Panzerparade abnehmenden Erzbischof und Staatspräsidenten von Zypern. Bei der Beurteilung Konstantins stützte er sich jedoch auf Vogt, Dörries und Kraft.

110. *Ernst Berneburg,* Untersuchungen zu Gottfried Arnolds Konstantinbild – zugleich ein Beitrag zu seiner Historiographie. Diss. theol. Göttingen 1966. Die analytischen und gestalterischen Schwächen der Arbeit ließen es nicht zu ihrer Drucklegung kommen.

111. *Haendler,* Tertullian (wie Anm. 101), 87; *ders.,* Das neue Bild (wie Anm. 71), 86.

112. *Ruhbach* (Hrsg.), Kirche (wie Anm. 99); *Kraft* (Hrsg.), Konstantin (wie Anm. 78).

beklagte die »Verschwommenheit« und damit auch Unbrauchbarkeit des Schlagworts vom ›Konstantinischen Zeitalter‹. Auf den ideenpolitischen Diskurs der Gegenwart ließ er sich nicht ein. Er konzentrierte seine Anthologie auf die historiographische Frage, wie die Kirche auf die Wende des 4. Jahrhunderts reagierte. »Für die kirchenhistorische Forschung ist die Haltung der Kirchen zur Konstantinischen Wende jedenfalls zunehmend mehr eine dringliche, aber weithin noch unerforschte Aufgabe geworden.«[113]

Die bis jetzt genannten Veröffentlichungen waren Reaktionen auf die aktuelle theologische und kirchenpolitische Debatte seit den 1950er Jahren. Geht man noch einmal in die weite Landschaft des allmählichen Aufbaus des ideenpolitischen Konstrukts hinein, zeigen sich weitere und einigermaßen verwickelte Befunde. Mit begriffsgeschichtlichen Methoden ist ihnen nicht beizukommen. Ein Beispiel dafür ist die Studie des holländischen Lietzmann-Schülers *Hendrik Berkhof* ›Kirche und Kaiser‹. 1942 geschrieben, erschien sie 1946 in Amsterdam und 1947 in der deutschen Übersetzung Gottfried W. Lochers in Zürich.[114] Berkhof war kein Anhänger der These vom Ende des Konstantinischen Zeitalters, wohl aber der Anwalt einer klaren Bestimmung der »Freiheit der Kirche« bei gleichzeitiger »Gebundenheit [des Staates] an das Evangelium«. Er nannte dieses Ideal mit einem nicht eben glücklichen Begriff »theokratisch«, und zwar im Gegensatz zum »byzantinischen« Ideal, dem Verständnis des Evangeliums als Ideologie des christlichen Staates. Angeregt von Lietzmanns Studie ›Das Problem von Staat und Kirche im weströmischen Reich‹ von 1940, in welcher der Berliner Kirchenhistoriker die These vertreten hatte, eine klare Bestimmung des Verhältnisses von Staat und Kirche liege am Ende des 4. Jahrhunderts bei Ambrosius von Mailand vor,[115] versuchte Berkhof eine vertiefende Studie beizubringen. Ein Ergebnis lautete, die »theokratische« Idee sei bereits vor Ambrosius herausgestellt worden: von Hossius von Cordoba, Liberius von Rom, Lucifer von Cagliari, Euseb von Vercelli, Hilarius von Poitiers.[116] Die Gründe für die Scheidung in den »byzantinischen« (Ostkirche) und den »theokratischen Weg« sah Berkhof in der Theologie. »Kurz gesagt: alle arianische und semiarianische Theologie hat eine wesensmäßige Tendenz zum Byzantinismus; die athanasianische und westliche Theologie hat eine wesensmäßige Tendenz zur Theokratie.« »Byzantinismus« meinte für Berkhof die Segnung des Bestehenden auf der Basis von Theologien der Synthese (Origenismus, Arianismus).[117]

---

113. *Ruhbach* (Hrsg.), Kirche (wie Anm. 99), X.
114. *Hendrik Berkhof*, Kirche und Kaiser. Eine Untersuchung der Entstehung der byzantinischen und der theokratischen Staatsauffassung im vierten Jahrhundert, Zürich 1947.
115. Ebd. 12. Berkhof bezog sich in Anknüpfung und kritischer Ergänzung auf die Studie Lietzmanns über das Verhältnis von Staat und Kirche im weströmischen Reich, einer Vorarbeit zum (unvollendeten) vierten Band der »Geschichte der Alten Kirche«.
116. Ebd. 191.
117. Ebd. 200.

In einem Referat auf der Arbeitstagung der ›Kommission für spätantike Religionsgeschichte‹ warf *Kurt Aland* dem holländischen Patristiker einen Schematismus vor, der stark an Seebergs ›Typen des Christentums‹ in dessen ›Lehrbuch der Dogmengeschichte‹ erinnere.[118] Diese und weitere fachinternen Vorhaltungen gingen an den ideenpolitischen Dimensionen des Berkhofschen Buches vorbei. Für Berkhofs Beobachtung, daß die Geschichte der Alten Kirche uns in den »Umbrüchen der Zeit« immer mehr anzusprechen beginne, besaß Aland kaum ein Gespür. Tatsächlich können jedoch manche Forschungen zur Alten Kirche als Spiegel für die Gegenwart verstanden werden. In diesem Spiegel zeigen sich ideen- und kulturpolitische Konturen, die der exklusiv auf den historischen Gegenstand konzentrierte Fachmann offenbar nur mit Mühe oder auch gar nicht wahrnimmt. Ein Beispiel: Albert de Broglies ›L'Eglise en l'Empire Romain au IVe siècle‹ war eine gezielte historiographische Reaktion auf die Entkirchlichung und Paganisierung im Frankreich des 19. Jahrhunderts.[119]

In Berkhofs Deutung war das ›Konstantinische Zeitalter‹ im christlichen Westen nie recht angebrochen. Deshalb konnte es hier auch nicht zu Ende gehen. »Byzantinistische« Fehlbestimmungen des Verhältnisses von Staat und Kirche waren allerdings möglich, weshalb die Erinnerung an die abendländische Freiheit der Kirche, so Berkhof, notwendig bleibe. Den Staat aus der Forderung nach Beugung unter das Evangelium zu entlassen, lehnte Berkhof ab.[120]

Ein anderes Beispiel für argumentative Gemengelagen ist *Hugo Rahners* Textsammlung ›Abendländische Kirchenfreiheit‹. Sie entstand ungefähr zur gleichen Zeit wie Jacobs erste Ausarbeitung in Frankreich und Berkhofs Monographie.[121] In der neutralen Schweiz, doch in unmittelbarer Nachbarschaft des NS-Regimes zusammengestellt, machten die Texte und die ihnen beigegebenen Erläuterungen

---

118. *Kurt Aland,* Kaiser und Kirche von Konstantin bis Byzanz (1955/Erstdruck 1960), in: *Ruhbach* (Hrsg.), Kirche (wie Anm. 99), 47. Den einzigen Originalbeitrag in diesem Sammelband schrieb der Herausgeber selber (Die politische Theologie Eusebs von Caesarea [238-258]). Ruhbach bezog sich u.a. auf den Aufsatz von *Carl Schmitt,* ›Eusebius als der Prototyp politischer Theologie‹ (In: *Ders.,* Politische Theologie II, Berlin 1970, 68-88) und auf *Erik Peterson,* Der Monotheismus als politisches Problem (In: *Ders.,* Theologische Traktate, München 1951, 45-147). Ruhbach meinte, an seine Heidelberger Dissertation von 1962 ›Untersuchungen zur Theologie Eusebs von Caesarea‹ anknüpfend, das Grundproblem von Eusebs Theologie bestehe darin, daß sie nicht konsequent christologisch im Sinne der sich herausbildenden Trinitätslehre war. »Dadurch erhielt das Kaisertum die Möglichkeit ..., einen nicht trinitarischen Monotheismus zur theologischen Grundlage des neuen christlichen Imperium zu erheben und damit im christlichen Kaiser weiterhin den Stellvertreter Gottes auf Erden zu erblicken, wie es schon der Monotheismus der römischen Staatsreligion getan hatte« (257).
119. 2ème édition. I-IV, Paris 1857/59. Auf diesen Beispielfall des Zusammenfließens von Erkenntnis und Interesse verwies *Berkhof,* Kirche und Kaiser (wie Anm. 114), 13.
120. Ebd. 191.
121. *Hugo Rahner,* Abendländische Kirchenfreiheit. Dokumente über Kirche und Staat im frühen Christentum, Einsiedeln/Köln 1943 (Menschen der Kirche in Zeugnis und Urkunde III).

sowie das Geleitwort Hans Urs von Balthasars den Christen der damaligen Gegenwart klar, wieviel Schatten auf der Verbindung von Staatsmacht und Kirche lag und wie sich das Ringen der Kirche des Abendlandes um ihre Freiheit gestaltet hatte. Gestützt auf Textauszüge vom Ende des ersten Jahrhunderts (1. Clemensbrief) bis zum letzten Drittel des 9. Jahrhunderts (Nicolaus I. an Kaiser Michael 865) entwarf Rahner das Gemälde eines Ringens der Kirche mit *Imperium* und *Regnum*. »Das eigentliche Problem beginnt dort, wo der römische Kaiserstaat christlich wird. Konstantin und noch mehr seine Nachfolger versuchen, im zähen Festhalten an den ungetauften Überzeugungen vom Kaiser als Pontifex, auch die Kirche in das Gefüge ihrer Reichspolitik zu zwängen.«[122] Das Zeitalter der modernen Diktaturen bildete in Rahners Entwurf den Extremfall eines verfehlten Verhältnisses von Kirche und politischer Macht. Rahner betrachtete die seiner Meinung nach »wurzelhaft krank(e)« Identifikation von Religiös-Kirchlichem und Staatlich-Politischem als Erbe eines Jahrtausends, das allerdings durch den Kampf der katholischen Kirche mit Alternativen versehen war. »Im lateinischen Westen wahrt sich die Kirche unter der Führung der Päpste und ragenden Bischofsgestalten die Freiheit ihrer Stellung im Staat.« Rahners ausdrücklicher Wunsch war es, daß die Kirchen und Christen sich das Vermächtnis der abendländischen Kirchenfreiheit aktuell zu eigen machten.[123] Der Kontrast von Rahners Programm zu den katholischen Konstantinfeiern des Jahres 1913 konnte tiefgreifender nicht sein. Die Dokumentation belegt die Schubwirkung, welche das Zeitalter der Diktaturen auf die Ausbildung der Chiffre vom Ende des konstantinischen Zeitalters ausübte.

Ein Kausalnexus zwischen christlicher Diktaturverstrickung und Kritik am ›Konstantinischen Zeitalter‹ ist gleichwohl nicht herstellbar. Man nehme die »Skizzen, Gelegenheitsarbeiten«, die *Ethelbert Stauffer* z.T. im »Gefechtsstand unserer Flakabteilung« schrieb und 1948 unter dem Titel ›Christus und die Caesaren‹ veröffentlichte. Konstantin erfuhr hier Verständnis als »christlicher Staatsmann von blutiger Größe, der etwas wußte von der Tragik des Sündigenmüssens in der Politik«. Das politische Imperium des Kaisers mit dem Kreuz als »*ultima ratio* aller Reichspolitik« verwies auf das geistliche Reich, das »*Imperium Christi*«. Durch Konstantin fand das Ringen zwischen Kaiserreich und Christusreich ein Ende – Christus siegte über die Caesaren –, doch für das Reich des Irdischen war der nunmehr christliche Caesar nicht abgetan. Er warf den »Drachen« zu Boden, den Christus dann endgültig besiegt.[124]

Der historische und ideenpolitische Formierungsraum für die Rede von der konstantinischen Epoche der Christentumsgeschichte und ihrem wünschenswerten

---

122. Ebd. 16.
123. Ebd. 14. »So bleibt denn für alle kommenden Zeiten die Auseinandersetzung zwischen Staat und Kirche in der antik-christlichen Zeit das Vorbild, das es zu erforschen gilt, wenn wir die Fragen verstehen wollen, die uns auch das Ringen der Geister unserer Zeit aufgibt.«
124. *Ethelbert Stauffer*, Christus und die Caesaren. Historische Skizzen, Hamburg 1948, 331; 313.

Ende scheint insgesamt schwer bestimmbar. Sind die Anfänge bereits in der Konstantinkritik des Mittelalters zu sehen? Soll man sie in die Neuzeit, insbesondere in die Zeit des Pietismus und der Aufklärung setzen? Oder ist der terminus a quo erst mit den kritischen Analysen von Kirche und (Macht-)Staat Ende des 19. und zu Beginn des 20. Jahrhunderts sichtbar? Das auch aus anderen thematischen Zusammenhängen bekannte Problem der ›Ursachenarchäologie‹ ist beim Konstantinischen Zeitalter und seinem Ende eine crux eigener Art. Makro-, Meso- und Mikroperspektiven zueinander ins Verhältnis zu setzen, mutet als besonders kompliziert an.

Zusätzlich muß auf die sehr heterogenen Motive im Einzugsbereich der ideenpolitischen Chiffre aufmerksam gemacht werden. Ist der Motiv- und Argumentationsabstand zwischen Günter Jacob und Hugo Rahner schon beträchtlich, so vergrößert er sich nochmals, hält man zwei Theologen gegeneinander, die ebenfalls bei der ideenpolitischen Rekonstruktion des Themas zu berücksichtigen sind, Franz Overbeck und Dietrich Bonhoeffer.

Overbeck hielt die »Weltverneinung« für die »innerste Seele des Christenthums«. Die Versöhnung von Christentum und Welt unterlag aus dieser Perspektive immer und überall der Kritik. Einen besonders krassen Verstoß gegen die »Weltverneinung« erblickte Overbeck in der liberalen Theologie Deutschlands, die angeblich eine in den Frühstadien des Christentums angelegte Entwicklung negativ krönte. Overbecks streng eschatologisch-weltflüchtige Deutung des Christentums in Verbindung mit seiner herben Kritik am Wilhelminischen Staatswesen bereitete jenen Boden, auf dem Kaiser Wilhelm II. und Kaiser Konstantin, Adolf von Harnack und Euseb von Kaisareia unversehens zusammenrückten.[125] Wie Walter Nigg berichtete, wollte Overbeck ein fliegendes Blatt, das Wilhelm II. zeigte, mit »*Constantinus redivivus*« betiteln.[126]

Wenn man so will, war Overbeck ein Hyper-Antikonstantinist. Die desillusionierende Schlußfolgerung aus seinem Vergleich zwischen der »innersten Seele des Christenthums« und dessen weltförmiger Gestalt lautete, das Christentum sei verschlissen. »In der menschl.[ichen] *Gesellschaft* ist das Xsthm [Christenthum] augenscheinlich zu seinem Ende gelangt.« Man solle es »sanft verlöschen« lassen.[127] Das Christentum als historisch überholte Religion, diese Theo-

---

125. *Franz Overbeck*, Werke und Nachlaß. Bd. 1: Schriften bis 1873, Stuttgart 1994 (»Über die Christlichkeit unserer heutigen Theologie« [1873]), 208.
126. *Walter Nigg*, Franz Overbeck. Versuch einer Würdigung, München 1931, 215f.
127. *Franz Overbeck*, Werke und Nachlaß. Bd. 4: Kirchenlexikon. Texte, Auswahl, Artikel A-I, Stuttgart 1995, 182; 202. – Über Harnack finden sich äußerst abfällige Notizen auf den Seiten 436-585. Über Harnacks theologische Stellungnahme zum Brief Wilhelms II. an Admiral Hollmann im Märzheft der ›Preußischen Jahrbücher‹ 1903 urteilte Overbeck: Harnack »verrichtet ... den Dienst eines Friseurs der theolog.[ischen] Perrücke des Kaisers, ganz wie weiland *Eusebius* bei *Constantin*« (531). Overbeck betrachtete es als seinen »Beruf, *Harnack* um sein öffentliches Ansehen zu bringen«. Davon habe er seit Jahren »eine fast schwärmeri.[sche] Vorstellung« (520).

rie erinnert an Burckhardt, wenngleich sie aus anderen Prämissen gewonnen war.

Bonhoeffers theologische und kulturelle Welt hatte mit derjenigen Overbecks nichts zu tun. Dennoch finden wir auch bei ihm einen kritischen Beitrag zum ›Konstantinismus‹. Er datiert aus dem Jahr 1935, dem mittleren Lebensabschnitt, der durch ein distanziertes Verhältnis des christlichen Glaubens zur Welt bestimmt war. Bonhoeffer beklagte die Einweisung der Kirche in die Welt und deren Ordnungen durch die Gnadenlehre Martin Luthers. »Luther bestätigte in seiner Weise damit das Bündnis Konstantins mit der Kirche. Im Ergebnis siegte damit eine Minimalethik«. Bonhoeffer fand, mit dem lutherischen Prinzip der »Innerweltlichkeit« sei die Botschaft des Neuen Testaments vom Prinzip her verkannt. Heute müsse es deshalb um das »Zeugnis von ihrer Außerweltlichkeit« gehen.[128] Damit war in wenigen Sätzen ein Kernproblem angesprochen, die Spannung zwischen der Himmelsbürgerschaft der Christen und ihrer irdischen Existenz. Die Weichenstellung der Reformation Luthers, daß die Christen in Abkehr von den monastischen Idealen als Erdenbürger zu leben hätten, verschärfte eine im Christentum angelegte Spannung gerade dadurch, daß sie in einer neuen Qualität aufzuheben versucht wurde. Bezeichnenderweise war es das Milieu des Protestantismus, in welchem seit dem 17./18. Jahrhundert immer schärfer die Frage aufgebrochen war, ob Botschaft und Ethik Jesu mit der bürgerlichen Welt vereinbar seien. Das Aufkommen dieser Theorie (ihre neuzeitlichen Anfänge sind noch kaum näher untersucht), schärfte das Bewußtsein einer Antinomie, die zur Ausformung der Rede vom ›Konstantinismus‹ und seinen Folgen beitrug. In Bonhoeffers Äußerungen von 1935 ist dieser Zusammenhang greifbar.

Ein nochmals anderes ideenpolitisches Zustromgebiet ist die Bewegung der Religiösen Sozialisten in den Jahren der Weimarer Republik. Die religiös-sozialistische Kirchen- und Gesellschaftskritik richtete sich zwar in erster Linie gegen den Kapitalismus, die Klassengesellschaft und ein mit ihnen verbündetes bourgeoises Christentum. Dennoch war der Rückgriff in die Kritik der antiken und frühmittelalterlichen Gesellschaft nicht ausgeschlossen. *Paul Tillich,* damals betraut mit den Obliegenheiten eines Stadtvikars für Berlin, legte 1919 dem Konsistorium einen Text vor, in welchem er seine religiös-sozialistischen Überzeugungen verteidigte. Auf der Basis großräumiger historischer und soziologischer Thesen beschrieb er die wechselnden Macht- und Kulturbündnisse des Christentums. »In engste soziologische Verflechtung sind nacheinander getreten: die alte Kirche mit der römischen Sklavenwirtschaft, die frühkatholische Kirche mit Cäsarismus und Militarismus, die mittelalterliche Kirche mit Naturalwirtschaft, Lehnsverfassung und Hörigkeit, der Calvinismus mit Kolonialkapitalismus und Demokratie, die lutherische Kirche mit Agrarwirtschaft und absolutistisch-patriarchalischem Obrigkeits-

---

128. *Dietrich Bonhoeffer,* Vergegenwärtigung neutestamentlicher Texte, in: GS III, München 1960, 303-324; hier: 323.

staat, die moderne Kirche mit Hochkapitalismus, Nationalismus und Militärstaat.«[129] Einer rückwirkenden Verurteilung der wechselnden Bündnisse redete Tillich nicht das Wort. Sie lief auf bloße Rhetorik hinaus. Stattdessen plädierte er für das Bündnis der Kirche mit einer Gesellschaftsordnung, die nicht mehr auf Gewalt, Unterdrückung und Eigennutz fußte. Tillichs Argumentation zeigt eine sozialpolitische Variante des Diskurses um das ›Konstantinische Zeitalter‹.

Unter veränderten Vorzeichen nahm Tillich das Thema Christentum und Gesellschaft in seinem Vortrag von 1949 ›The Present Theological Situation in the Light of the Continental European Development‹ wieder auf. Jetzt freilich stand ihm nicht mehr die Synthese des Christentums mit einer gerechteren Gesellschaftsordnung vor Augen, sondern das »Problem der Diastase«. Dieses Problem »wird eine weit radikalere Neuorientierung der Theologie verlangen, als wir heute annehmen«.[130] Man kann die Setzung des diastatischen Akzents ebenfalls als Beitrag zur Debatte um das ›Konstantinische Zeitalter‹ interpretieren.

Berkhof, Rahner, Overbeck, Bonhoeffer, Tillich und all die anderen Autoren vor, neben und nach ihnen verweisen durch die Heterogenität ihrer Standorte darauf, wie breit und unscharf sich jene Entwicklungen vollzogen, die dann in den durch Jacob kristallisierten und propagierten Formeln ihren vorläufigen Höhepunkt erreichten. Von diesem Punkt aus erzeugte sich dann neuerliche Bewegung. Nach dem Abebben der kritischen Diskurse in der Mitte der 1970er Jahre scheint sich gegenwärtig eine Renaissance abzuzeichnen: eine Situation, in der Konstantin und die von ihm ausgelöste Wende wiederum Kontroversen nach sich ziehen. So postulierte der Tübinger Systematiker *Eilert Herms* 1994, die beiden neuen Fragen des vierten Jahrhunderts seien »auf dem Boden einer unsachgemäßen Voraussetzung«, nämlich eines politischen Religionsverständnisses (Polis-/Reichsreligion) mit »unheilvoller Fernwirkung«, beantwortet worden. Die erste Frage lautete, wie die Ausübung obrigkeitlicher Gewalt nach christlichen Prinzipien in einer Gesellschaft mit »mehrheitlich oder ausschließlich christlichen Gliedern« aussieht. Die zweite Frage bezieht sich nach Ansicht von Herms auf das Verhältnis des »Amts der Obrigkeit zum Amt der Gemeindeleitung«.[131] Ob die theologische und historische Diagnose von Herms der Sache angemessen ist, mag dahingestellt bleiben. In jedem Fall ist sie ein Indiz der weiterwirkenden Fragen, die von der Wende des vierten Jahrhunderts ausgehen.

---

129. *Paul Tillich,* Christentum und Sozialismus. Bericht an das Konsistorium der Mark Brandenburg, in: *Ders.,* Impressionen und Reflexionen. Ein Lebenbild in Aufsätzen, Reden und Stellungnahmen, hrsg. von Renate Albrecht, Stuttgart 1972, 154-160; hier 155.

130. *Paul Tillich,* Zur gegenwärtigen theologischen Lage (deutsche Version des in: Theology Today vol. 6, Nr. 3, 299-310 gedruckten Vortrags), in: *Ders.,* Korrelationen. Die Antworten der Religion auf Fragen der Zeit, hrsg. und übersetzt von Ingeborg C. Henel (Ergänzungs- und Nachlaßbände zu den Gesammelten Werken IV), Stuttgart 1975, 85-96; hier 96.

131. *Eilert Herms,* Art.: Obrigkeit, in: Theologische Realenzyklopädie 24 (1994), 723-759; hier 724.

Auch das Büchlein Jochen Bleickens von 1992 ›Constantin der Große und die Christen‹ in der Nachfolge des belgischen Byzantinisten Henri Grégoire (und damit Jacob Burckhardts) sowie Klaus Bringmanns Erwiderung auf Bleicken von 1995 belegen die neue Bewegung in der Konstantindiskussion.[132] Wilhelm Schneemelchers Urteil in seinem Artikel ›Konstantinisches Zeitalter‹ in der ›Theologischen Realenzyklopädie‹, die Herkunft des Schlagworts »aus der Theologie K. Barths (und G. Arnolds) ist deutlich«, erscheint in Würdigung all der divergenten Materialien als zu kurz gegriffen. Stark zu relativieren ist wohl auch Schneemelchers These von der »weitreichende(n) Wirkung« der Darstellung der ›konstantinischen Wende‹ durch Gottfried Arnold.[133] Rezeptionsgeschichtlich standen bei der kritischen Bewertung des ersten christlichen Kaisers forschungsintern wie -extern andere Namen und Werke im Vordergrund.

---

132. *Jochen Bleicken,* Constantin der Große und die Christen (Historische Zeitschrift, Beihefte N. F., Bd. 15), München 1992; *Klaus Bringmann,* Die konstantinische Wende. Zum Verhältnis von politischer und religiöser Motivation, in: Historische Zeitschrift Bd. 260 (1995), H. 1, 21-47.
133. *Wilhelm Schneemelcher,* Art.: Konstantinisches Zeitalter, in: Theologische Realenzyklopädie 19 (1990), 501-503.

Abbildungsnachweis

1: Kopf der Kolossalstatue Konstantins im Hof des Konservatorenpalastes (Rom): *H.P. L'Orange, Das spätantike Herrscherbild von Diokletian bis zu den Konstantin Söhnen 284-361 n.Chr.*, Berlin 1984, Tafel 54.
2: Christus als *Sol Iustitiae*: *L. Voelkl, Der Kaiser Konstantin. Annalen einer Zeitenwende*, München 1977, Abb. 52 (Vorlage aus der Diathek des Instituts für Alte Geschichte, Saarbrücken in Farbe mit Füllung des Risses).
3: Elitesoldaten mit *Victoria* (li) und *Sol* (re): *H.P. L'Orange: Der spätantike Bildschmuck des Konstantinsbogens*, Berlin 1939, Tafel 30 a.
4: Rom, Constantinsbogen, Nordseite (nach *L'Orange-v. Gerkan*).
5: Standartenträger mit *Sol*: *L'Orange, Bildschmuck*, a.a.O., Tafel 7 b.
6: *Rostra*: *H.P. L'Orange, Bildschmuck*, a.a.O., Tafel 5 a.
7: *Largitio*: *H.P. L'Orange, Bildschmuck*, a.a.O., Tafel 5 b.
8: Schlacht an und auf der Milvischen Brücke am 28. Oktober 312: *A. Giuliano, Arco di. Costantino*, Mailand 1955, Abb. 32.
9: Besiegte Barbaren: *H.P. L'Orange, Bildschmuck*, a.a.O., Tafel 31 a-c.
10: Becher von Boscoreale mit Triumphszene: *E. Künzl, Der römische Triumph. Siegesfeiern im antiken Rom*, München 1988, Abb. 51 b.
11: Palestrina-Relief: *L. Musso,* Rilievo con pompa trionfale di Traiano al Museo di Palestrina, in: Bollettino d'arte 46 (1987) Novembre-Dicembre, 1 - 46, Abb. 2.
12: *Ingressus* Konstantins auf dem zweiachsigen Wagen am 29. Oktober 312 in Rom: *H.P. L'Orange, Bildschmuck*, a.a.O., Tafel 12 a.
13: Galerius beim Opfer: *H.P. Laubscher, Der Reliefschmuck des Galeriusbogens in Thessaloniki*, Berlin 1975, Tf. 40, Abb. 1 (= Gesamtaufnahme, Ausschnittsvergrößerung) / Abb. 2 (= Detailszene des Opfers).
14: *Sol*-Medaillon: *H.P. L'Orange, Bildschmuck*, a.a.O., Tafel 3 b.
15: Istanbul, Irenenkirche, Sarkophag Constantins (?) (nach *Delbrueck*).
16: Rom, Conservatorenpalast, Kolossalstatue Constantins, 315, Teile (nach *L'Orange*).
17: Rom, Museo Pio-Clementino, Sarkophag olim Lat. 171 (Mitte), um 335 (nach *v. d. Meer*).
18: Rom, Conservatorenpalast, Kolossalstatue Constantins, 315, 2. Hand (nach *L'Orange*).
19: *Sol*-Halbrelief: *H.P. L'Orange, Bildschmuck*, a.a.O., Tafel 33 c, d.
20: Staurogramm und Christogramm (z.T. nach *Dinkler*).
21: Opfer vor dem Tempel des Iuppiter Optimus Maximus auf dem Kapitol: *E. Künzl, Der römische Triumph. Siegesfeiern im antiken Rom*, München 1988, Abb. 49.
22: Licinius-Münze mit dem letzten dokumentierten Kaiseropfer: *H. v. Schoenebeck, Beiträge zur Religionspolitik des Maxentius und Constantin*, Leipzig 1939 (= Klio Beiheft 43, NF Heft 30), Tafel VI, Nr. 9, 10.
23: Münze des Crispus mit Christogramm als Schildzeichen: *A.S. Robertson, Roman Imperial Coins in the Hunter Coin Cabinet*. Bd. V: Diocletian (Reform) to Zeno, Oxford 1982, Plate 56, Nr. 17.
24: Tetrarchen-Opfer: *J.P.C. Kent/B. Overbeck/A.U. Stylow, Die römische Münze*, München 1973, Abb. 587.
25: Münze, Christogramm auf dem Fahnentuch, 330 (nach *v. Schoenebeck*).
26: Münze Konstantins mit Labarum und ›Schlange‹: *H. v. Schoenebeck, Beiträge zur Religionspolitik des Maxentius und Constantin*, Leipzig 1939 (= Klio Beiheft 43, NF Heft 30), Tafel V, Nr. 29.

27: Das Silbermedaillon von Ticinum aus dem Jahre 315: K. Kraft, Das Silbermedaillon Constantins des Großen mit dem Christusmonogramm auf dem Helm (1954/55), in: H. Kraft (Hg.), Konstantin der Große, Darmstadt 1974 (= WdF 131), S. 322/323, Tafel I, Nr. 2 a.
28: Münze, Constantinopolis mit Kreuzzepter (nach A. Alföldi).
29: Münze, Constantinopolis mit Kreuzzepter (nach A. Alföldi).
30: Münze, INVICTUS CONSTANTINUS mit Sol im Doppelporträt, 313 (nach M. Alföldi).
31: Münze, Valentinian II. mit Kreuzzepter (nach A. Alföldi).
32: Münze, Constantin mit Christogramm auf dem Helm, Siscia (nach Kraft).
33: Münze, SOLI INVICTO COMITI, Sol krönt Constantin, 313...324 (nach M. Alföldi).
34: Rom, Lateran, Plan der Castra und der Basilika (nach Krautheimer).
35: Rom, SS. Marcellino e Pietro, Rekonstruktion (nach Deichmann-Tschira).
36: Wandinschriften aus der domus Faustae in Laterano (?) mit Staurogramm und Christogramm (Teilwiedergabe): AE 1993 (1996) Nr. 339a.

Bibliographie
erstellt von Klaus Martin Girardet

K. Aland, Der Abbau des Herrscherkults im Zeitalter Konstantins d. Gr. (1954), in: ders., Kirchengeschichtliche Entwürfe, Gütersloh 1960, 240-256.

ders., Die religiöse Haltung Kaiser Konstantins, in: Studia Patristica I, Berlin 1957, 549-600.

ders., Das Verhältnis von Kirche und Staat in der Frühzeit, in: ANRW II 23, 1 (1979), 60-246.

A. Alföldi, The Conversion of Constantine and Pagan Rome, Oxford ²1969.

ders., Die monarchische Repräsentation im römischen Kaiserreiche, Darmstadt ³1980.

F. Altheim, Konstantins Triumph von 312, in: ZRGG 9 (1957), 221-231.

J. van Amersfort/J. van Oort (Hg.), Juden und Christen in der Antike, Kampen 1990.

C. Andresen, Einführung in die christliche Archäologie. Die Kirche in ihrer Geschichte I B 1, Göttingen 1971.

ders., Die Kirchen der alten Christenheit, Stuttgart 1971.

ders./A. M. Ritter, Geschichte des Christentums I 1 (Altertum), Stuttgart 1993.

A. H. Armstrong, The Way and the Ways: Religious Tolerance and Intolerance in the Fourth Century, in: Vigiliae Christianae 38 (1984), 1-17.

N. Baglivi, Costantino I nelle Historiae adversus Paganos di Paolo Orosio, in: Orpheus 10 (1989), 311- 334.

E. Bammel, Rez. J. Bleicken, Constantin der Große und die Christen (1992), in: ZKG 105 (1994), 107-109.

P. Barceló, Die Religionspolitik Kaiser Constantins des Großen vor der Schlacht an der Milvischen Brücke (312), in: Hermes 116 (1988), 76-94.

ders., Trajan, Maxentius und Constantin. Ein Beitrag zur Deutung des Jahres 312, in: Boreas 14/15 (1991/92), 145-156.

C. Barini, Triumphalia. Imprese e onori militari durante l'impero romano, Torino 1952.

T. D. Barnes, Athanasius and Constantius. Theology and Politics in the Constantinian Empire, Cambridge/Mass. 1993.

ders., Constantine and the Christians of Persia, in: JRS 75 (1985), 126-136.

ders., Constantine and Eusebius, Cambridge/Mass. 1981.

ders., Constantine's Prohibition of Pagan Sacrifice, in: AJPh 105 (1984), 69-72.

ders., The Constantinian Reformation, in: The Crake Lectures 1984, Sackville/New Brunswick 1986, 39-57.

ders., The Constantinian Settlement, in: H. W. Attridge/G. Hata (Hg.), Eusebius, Christianity, and Judaism, Leiden 1992, 635-657.

ders., Imperial Campaigns, A. D. 285-311, in: Phoenix 30 (1976), 191-193.

ders., The Conversion of Constantine, in: EMC 29 (1985), 371-391.

ders., The New Empire of Diocletian and Constantine, Cambridge/Mass. 1982.

ders., Lactantius and Constantine, in: JRS 63 (1973), 29-46.

B. Baron de la Bastie, Du souverain pontificat et des empereurs romains, in: Mémoires de l'Académie des Inscriptions et Belles-Lettres 12 (1740), 355- 374 und 375-427.

ders., ebd. 15 (1743), 37-74 und 74-144.

W. Bauer, Rechtgläubigkeit und Ketzerei im ältesten Christentum (1934), Tübingen ²1963.

S. Baumgart, Die Bischofsherrschaft im Gallien des 5. Jahrhunderts. Eine Untersuchung zu den Gründen und Anfängen weltlicher Herrschaft der Kirche, München 1995.

K. Baus/(H. Jedin), Von der Urgemeinde zur frühchristlichen Großkirche (=Handbuch der Kirchengeschichte I), Freiburg 1963.

N. H. Baynes, Constantine the Great and the Christian Church, London (1931) ²1972.

A. Bernareggi, Costantino Imperatore e Pontefice massimo, in: La scuola cattolica (ser. V 2) 41 (1913), 237-253.

L. Biehl, Das liturgische Gebet für Kaiser und Reich, Paderborn 1937.

F. Blanchetière, L'évolution du statu des Juifs sous la dynastie constantinienne, in: E. Frézouls (Hg.), Crise et redressement dans les provinces européennes de l'Empire, Strasbourg 1983, 127-141.

ders., Aux sources de l'anti-judaisme Chrétien, in: RHPhR 53 (1973), 354-398.

B. Bleckmann, Constantin und die Donaubarbaren. Ideologische Auseinandersetzungen um die Sieghaftigkeit Constantins, in: JbAC 39 (1995), 38-66 .

ders., Ein Kaiser als Prediger: Zur Datierung der konstantinischen »Rede an die Versammlung der Heiligen«, in: Hermes 125 (1997), 183-202.

ders., Konstantin der Große, Hamburg 1996.

ders., Pagane Visionen Konstantins in der Chronik des Johannes Zonaras, in: G. Bonamente/F. Fusco (Hg.), Costantino il Grande, Bd. I, Macerata 1992, 151-170.

J. Bleicken, Constantin der Große und die Christen. Überlegungen zur konstantinischen Wende, München, 1992.

J. den Boeft/D. den Hengst/H. C. Teitler, Philological and Historical Commentary on Ammianus Marcellinus XXI, Groningen 1991.

G. Bonamente, Sulla confisca dei beni mobili dei templi in epoca costantiniana, in: ders./F. Fusco (Hg.), Costantino il Grande Bd. I, 171-201.

ders.,/F. Fusco (Hg.), Costantino il Grande, 2 Bde, Macerata 1992/93.

ders./A. Nestori (Hg.), I Cristiani e l'Impero nel IV secolo, Macerata 1988.

ders., Eusebio Storia ecclesiastica IX 9 e la versione cristiana del trionfo di Costantino nel 312, in: L. Gasperini (Hg.), Miscellanea Grosso, Rom 1981, 55-76.

ders., Eutropio e la tradizione pagana su Costantino, in: L. Gasperini (Hg.), Scritti storico-epigrafici in memoria di M. Zambelli, Rom 1978, 17-59.

ders., La »svolta costantiniana«, in: E. dal Covolo/R. Uglione (Hg.), Cristianesimo e istituzioni politiche. Da Augusto a Costantino, Roma 1995, 91-116.

G. Bonner, The Extinction of Paganism and the Church Historian, in: JEH 35 (1984), 339-357.

D. Bowder, The Age of Constantine and Julian, London 1978.

G. Bowersock, From Emperor to Bishop: The Self-conscious Transformation of Political Power in the Fourth Century, in: CPh 81 (1986), 298-307.

ders., The Imperial Cult: Perceptions and Persistence, in: B. F. Meyer/E. P. Sanders (Hg.), Jewish and Christian Self-Definition, Bd. 3 (Self-Definition in the Graeco-Roman World), London 1982, 171-182.

S. Bradbury, Constantine and the Problem of Anti-Pagan Legislation in the Fourth Century, in: CPh 89 (1994), 121-139.

H. Brandenburg, Die konstantinischen Kirchen in Rom. Staatstragender Kult und Herrscherkult zwischen Tradition und Erneuerung, in: MOUSIKOS ANHR. FS M. Wegner, Bonn 1992, 27-58.

H. Brandt, Die ›heidnische Vision‹ Aurelians (HA, A 24, 2-8) und die ›christliche Vision‹ Konstantins des Großen, in: G. Bonamente/G. Paci (Hg.), Historiae Augustae Colloquium Maceratense, Bari 1995, 107-117.

H. Chr. Brennecke, Ecclesia est in re publica, id est in imperio Romano (Optatus III 3). Das Christentum in der Gesellschaft an der Wende zum ›Konstantinischen Zeitalter‹, in: JBTh 7 (1992), 209-239.

K. Bringmann, Die konstantinische Wende. Zum Verhältnis von politischer und religiöser Motivation, in: HZ 260 (1995), 21-47 .

P. Brown, Die Entstehung des christlichen Europa (1995), München 1996.

ders., Die Gesellschaft und das Übernatürliche (1982), Berlin 1993.
ders., Macht und Rhetorik in der Spätantike. Der Weg zu einem »christlichen Imperium« (1992), München 1995.
ders., The World of Late Antiquity, London 1971.
N. Brox, Art.: Häresie, in: RAC 13 (1986), Sp. 248-297.
P. A. Brunt, Laus imperii (1978), in: ders., Roman Imperial Themes, Oxford 1990, 288-323.
P. Bruun, The Disappearance of Sol from the Coins of Constantine, in: Arctos 2 (1958), 15-17.
ders., Una permanenza del Sol invictus di Costantino nell'arte cristiana, in: G. Bonamente/F. Fusco (Hg.), Costantino il Grande Bd. I, Macerata 1992, 219-230.
ders., RIC VII, London 1966.
ders., The Christian Signs on the Coins of Constantine, in: Arctos 3 (1962), 5-37.
T. V. Buttrey, The Dates of the Arches of ›Diocletian‹ and Constantine, in: Historia 32 (1983), 375-383.

S. Calderone, Costantino e il cattolicesimo (I), Firenze 1962.
ders., Letteratura costantiniana e »conversione« di Costantino, in: G. Bonamente/F. Fusco (Hg.), Costantino il Grande, Bd. I, Macerata 1992, 231-252.
E. Caspar, Geschichte des Papsttums Bd. I, Tübingen 1930.
H. Castritius, Studien zu Maximinus Daia, Kallmünz 1969.
H. Chadwick, Conversion in Constantine, in: D. Baker (Hg.), Religious Motivation: Biographical and Sociological Problems for Church Historians (= Papers .. Ecclesiastical History Society), Oxford 1978, 1-13.
ders., Art.: Gewissen, in: RAC 10 (1978), Sp. 1026-1107.
ders., Rez. A. Kee, Constantine versus Christ (1982), in: TLS May 28 (1982), 573f..
H. Chantraine, Konstantinopel-vom Zweiten Rom zum Neuen Rom, in: GWU 43 (1992), 3-15.
K. Christ, Geschichte der römischen Kaiserzeit, München 1988.
ders. (Hg.), Der Untergang des römischen Reiches, Darmstadt 1970.
T. Christensen, The So-Called Edict of Milan, in: Classica et Mediaevalia 35 (1984), 129-175.
P. G. Christiansen, The Great Conflict Revisited: Recent Work on Christianity and Paganism, in: Helios 15 (1988), 133-149.
P. Chuvin, A Chronicle of the Last Pagans, Cambridge/Mass. 1990.
M. R. Cimma, L'episcopalis audientia nelle costituzioni imperiali da Costantino a Giustiniano, Turin 1989.
M. Clauss, Art.: Heerwesen (Heeresreligion), in: RAC 13 1986), Sp. 1073-1113.
ders., Konstantin der Große und seine Zeit, München 1996.
ders., Mithras und Christus, in: HZ 243 (1986), 265-285 .
ders., Sol Invictus Mithras. Athenaeum 78 (1990), 423-450.
C. Colpe/L. Honnefelder/M. Lutz-Bachmann (Hg.), Spätantike und Christentum. Beiträge zur Religions- und Geistesgeschichte der griechisch-römischen Kultur und Zivilisation der Kaiserzeit, Berlin 1992.
F. Corsaro, La pace religiosa nella ›Realpolitik‹ costantiniana, in: QC 10 (1988), 221-237.
ders., Sogni e visioni nella teologia della Vittoria di Costantino e Licinio, in: Augustinianum 29 (1989), 333-349.
F. E. Cranz, Kingdom and Polity in Eusebius of Caesarea, in: HThR 45 (1952), 47-66.
J. L. Creed, Lactantius, De mortibus persecutorum, Oxford 1984.
G. Crifò, Romanizzazione e cristianizzazione. Certezze e dubbi in tema di rapporto tra cristiani e istituzioni, in: G. Bonamente/A. Nestori (Hg.), I Cristiani e l'Impero nel IV secolo, Macerata 1988, 75-106.
Th. C. de Cruif, Art: Antisemitismus III (Im Neuen Testament), in: TRE 3 (1978), 122ff. .
M. Cullhed, Conservator Urbis Suae. Studies in the politics and propaganda of the emperor Maxentius, Stockholm 1994.

W. Dahlheim, Die Antike, Paderborn 1994.

E. Dassmann, Kirchengeschichte I: Ausbreitung, Leben und Lehre der Kirche in der ersten drei Jahrhunderten, Stuttgart 1991.

P. S. Davies, The Origin and Purpose of the Persecution of 303 A. D., in: JThSt 40 (1989), 66-94.

D. de Decker, La politique religieuse de Maxence, in: Byzantion 38 (1969), 472-562.

A. Demandt, Die Spätantike, München 1989.

ders., Der Fall Roms. Die Auflösung des römischen Reiches im Urteil der Nachwelt, München 1984.

E. Demougeot, Art.: Gallia, in: RAC 8 (1972), Sp. 822-927.

M. DiMaio/J. Zeuge/N. Zotov, Ambiguitas Constantiniana. The caeleste signum Dei of Constantine the Great, in: Byzantion 58 (1988), 333-360.

E. Dinkler-v. Schubert, Nomen ipsum crucis absit (Cicero, Pro Rabirio 5, 16). Zur Abschaffung der Kreuzigungsstrafe in der Spätantike, in: Gymnasium 102 (1995), 225-241.

E. R. Dodds, Heiden und Christen in einem Zeitalter der Angst (engl. 1965), Frankfurt 1985.

F. J. Dölger, Beiträge zur Geschichte des Kreuzzeichens I, in: JbAC 1 (1958), 5-19.

ders., Die Planetenwoche der griechisch-römischen Antike und der christliche Sonntag, Kap. 5: Kaiser Konstantin und der Sonntag, in: ders., AuC 6 (1950), 228-238.

ders., Sol salutis. Gebet und Gesang im christlichen Altertum. Liturgiegeschichtliche Forschungen 4/5, Münster ²1925.

ders., Die Sonne der Gerechtigkeit (1918). Liturgiegeschichtliche Forschungen 2, Münster ²1971.

ders., Die Taufe Konstantins und ihre Probleme, in: ders. (Hg.), Konstantin der Große und seine Zeit, Freiburg 1913, 377-447.

K. Döring, Antike Theorien über die staatspolitische Notwendigkeit der Götterfurcht, in: A&A 24 (1978), 43-56.

H. Dörries, Konstantin der Große, Stuttgart ²1967.

ders., Das Selbstzeugnis Kaiser Konstantins, Göttingen 1954.

ders., Die Solar-Theologie in der kaiserzeitlichen Antike, in: H. Frohnes/U. W. Knorr (Hg.), Kirchengeschichte als Missionsgeschichte, Bd. I: Die Alte Kirche, München 1974, 283-292.

ders., Konstantinische Wende und Glaubensfreiheit: Drei Toleranzedikte, in: ders., Wort und Stunde Bd. I, Göttingen 1966, 18-25.

ders., Konstantinische Wende und Glaubensfreiheit: Konstantin und die moderne Toleranz, in: ebd., 65-79.

ders., Konstantinische Wende und Glaubensfreiheit: Konstantin und die Häretiker, in: ebd. 80-117.

H. A. Drake, Athanasius' First Exile, in: GRBS 27 (1986), 193-204.

ders., Constantine and Consensus, in: Church History 64 (1995), 1-15.

ders., Lambs into Lions: Explaining Early Christian Intolerance, in: P&P 153 (1996), 3-36.

ders., Policy and Belief in Constantine's »Oration to the Saints«, in: Studia Patristica XIX (1989), 43-51.

Cl. Dupont, Les privilèges des clercs sous Constantin, in: RHE 62 (1967), 729-752.

W. Eck, Christen im höheren Reichsdienst im 2. und 3. Jahrhundert?, in: Chiron 9 (1979), 449-464.

ders., Zur Christianisierung in den nordwestlichen Provinzen des Imperium Romanum, in: W. Eck/H. Galsterer (Hg.), Die Stadt in Oberitalien und in den nordwestlichen Provinzen des Römischen Reiches, Mainz 1991, 251-261.

ders., Das Eindringen des Christentums in den Senatorenstand bis zu Konstantin d. Gr., in: Chiron 1 (1971), 381-406.

ders., Der Einfluß der konstantinischen Wende auf die Auswahl der Bischöfe im 4. und 5. Jahrhundert, in: Chiron 8 (1978), 561-585.

ders., Der Episkopat im spätantiken Afrika, in: HZ 236 (1983), 265-296.

W. P. Eckert u.a. (Hg.), Antijudaimus im Neuen Testament? Exegetische und systematische Beiträge, München 1967.

H. Eger, Kaiser und Kirche in der Geschichtstheologie Eusebs von Cäsarea, in: ZNW 38 (1939), 97-115.

A. A. T. Ehrhardt, Constantin d. Gr. Religionspolitik und Gesetzgebung (1955) in: *H. Kraft (Hg.)*, Konstantin der Große, Darmstadt 1974, 388-456.

ders., Das Corpus Christi und die Korporationen im spätrömischen Reich, in: SZ Rom. Abt. 70 (1953), 299-347, und ebd. 71 (1954), 25-40.

T. G. Elliott, Constantine and ›the Arian Reaction after Nicaea‹, in: JEH 43 (1992), 169-194.

ders., Constantine's Conversion: Do We Really Need It?, in: Phoenix 41 (1987), 420-438.

ders., ›Constantine's Conversion‹ Revisited, in: AHB 6 (1992), 59-62.

ders., Constantine's Early Religious Development, in: JRH 15 (1989), 283-291.

ders., Constantine's Explanation of his Career, in: Byzantion 62 (1992), 212-234.

ders., Eusebian Frauds in the *Vita Constantini*, in: Phoenix 45 (1991), 162-171.

ders., The Language of Constantine's Propaganda, in: TAPhA 120 (1990), 349-353.

ders., Rez. R. Leeb, Konstantin und Christus (1992), in: Gnomon 67 (1995), 281-283.

ders., The Tax Exemptions Granted to Clerics by Constantine and Constantius II, in: Phoenix 32 (1978), 326-336.

J. Engemann, Art.: Herrscherbild, in: RAC 14 (1988), Sp. 966-1047.

W. Enßlin, Staat und Kirche von Konstantin dem Großen bis Theodosius dem Großen (1956), in: *G. Ruhbach (Hg.)*, Die Kirche angesichts der konstantinischen Wende, Darmstadt 1976, 74-86.

R. M. Errington, Constantine and the Pagans, in: GRBS 29 (1988), 309-318.

J. Evans Grubb, Constantine and Imperial Legislation on the Family, in: *J. Harries/I. Wood (Hg.)*, The Theodosian Code, London 1993, 120-142.

E. Ewig, Das Bild Constantins des Großen in den ersten Jahrhunderten des abendländischen Mittelalters, in: HJb 75 (1956), 1-46.

R. Farina, L'impero e l'imperatore cristiano in Eusebio di Cesarea. La prima teologia politica del Cristianesimo, Zürich 1966.

W. Fauth, Helios Megistos. Zur synkretistischen Theologie der Spätantike, Leiden 1995.

J. R. Fears, Art.: Herrscherkult, in: RAC 14 (1988, Sp. 1047-1093.

H. E. Feine, Kirchliche Rechtsgeschichte. Die katholische Kirche, Köln [5]1972.

H. Feld, Der Kaiser Licinius. Phil. Diss., Saarbrücken 1960.

E. Fink-Dendorfer, Conversio. Motive und Motivierung zur Bekehrung in der Alten Kirche, Frankfurt 1986.

M. T. Fögen, Die Enteignung der Wahrsager. Studien zum kaiserlichen Wissensmonopol in der Spätantike, Frankfurt 1993.

E. Follieri, La fondazione di Costantinopoli: riti pagani e cristiani, in: Roma, Costantinopli, Mosca. Da Roma alla terza Roma, Napoli 1983, 217-231.

G. Forni, Flavia Constans Hispellum. Il tempio ed il pontefice della gente flavia costantiniana, in: AARC IX (1993), 401-406.

G. Fowden, Bishops and Temples in the East Roman Empire 320-435, in: JThSt 29 (1978), 53-78.

ders., Empire to Commonwealth: Consequences of Monotheism in Late Antiquity, Princeton 1993.

P. Franchi de' Cavalieri, Constantiniana, Città del Vaticano 1953.

A. Fraschetti, Costantino e l'abbandono del Campidoglio, in: Seminario di antichistica dell'Istituto Gramsci. Società romana e impero tardoantico. Roma Politica etc, Rom 1986, 55-98, 412-438 (Anm.).

W. H. C. Frend, The Rise of Christianity, London 1984.

ders., Rez. A. Kee, Constantine versus Christ (1982), in: JEH 33 (1982), 594f.

F. Fusco: s.o. G. Bonamente.

E. Gabba, I cristiani nell'esercito romano del quarto secolo dopo Cristo, in: Transformation et conflits au IVe siècle ap. J.-C, Bonn 1978, 33-52.

ders., Per la storia dell'esercito romano in età imperiale, Bologna 1974.
E. v. Garger, Der Trajansbogen von Benevent, Berlin 1943.
P. Garnsey, Religious Toleration in Classical Antiquity, in: W. J. Sheils (Hg.), Persecution and Toleration, Oxford 1984, 1-27.
J. Gascou, Le rescrit d'Hispellum, in: MEFRA 79 (1967), 609-659.
J. Gaudemet, La législation anti-païenne de Constantin à Justinien, in: Cristianesimo nella storia 11 (1990), 451-455.
ders., La législation religieuse de Constantin, in: Revue d'hist. de l'Église de France 33 (1947), 25-61.
J. Geffcken, Der Ausgang des griechisch-römischen Heidentums (^{2}1929), Darmstadt 1972.
L. de Giovanni, Costantino e il mondo pagano, Napoli 1977.
ders., Il libro XVI del Codice Teodosiano, Napoli ^{3}1991.
K. M. Girardet, Kaiser, Ketzer und das Recht von Staat und Kirche im spätantiken Trier, in: Kurtrierisches Jahrbuch 1984, 35-52.
ders., Kaiser Konstantin d. Gr. als Vorsitzender von Konzilien. Die historischen Tatsachen und ihre Deutung, in: Gymnasium 98 (1991), 548-560.
ders., Kaisergericht und Bischofsgericht, Bonn 1975.
ders., Konstantin d. Gr. und das Reichskonzil von Arles (314). Historisches Problem und methodologische Aspekte, in: D. Papandreou/W. A. Bienert/K. Schäferdiek (Hg.), Oecumenica et Patristica (FS W. Schneemelcher), Chambésy-Genf 1989, 151-174.
ders., Die Petition der Donatisten an Kaiser Konstantin (Frühjahr 313)-historische Voraussetzungen und Folgen, in: Chiron 19 (1989), 185-206.
ders., Das christliche Priestertum Konstantins d. Gr. Ein Aspekt der Herrscheridee des Eusebius von Caesarea, in: Chiron 10 (1980), 569-592.
ders., Das Reichskonzil von Rom (313)-Urteil, Einspruch, Folgen, in: Historia 41 (1992), 104-116.
ders., Trier 385-Der Prozeß gegen die Priszillianer, in: Chiron 4 (1974), 577-608.
ders., Der Vorsitzende des Konzils von Nicaea (325)-Kaiser Konstantin d. Gr, in: K. Dietz/D. Hennig/H. Kaletsch (Hg.), Klassisches Altertum, Spätantike und frühes Christentum (FS A. Lippold), Würzburg 1993, 331-360.
W. Goffart, Caput and Colonate. Towards a History of Late Roman Taxation, Toronto 1974.
M. Goodman, Mission and Conversion. Proselytizing in the Religious History of the Roman Empire, Oxford 1994.
R. Gordon, The Veil of Power: emperors, sacrificers and benefactors, in: M. Beard/J. North (Hg.), Pagan Priests. Religion and Power in the Ancient World, London 1990, 199-231.
ders., Religion in the Roman Empire: the civic compromise and its limits, in: ebd. 233-255.
M. Grant, The Emperor Constantine, London 1993.
R. M. Grant, Eusebius and Imperial Propaganda, in: H. W. Attridge/G. Hata (Hg.), Eusebius, Christianity, and Judaism, Leiden 1992, 658-683.
E. L. Grasmück, Coercitio. Staat und Kirche im Donatistenstreit, Bonn 1964.
M. J. Green/J. Ferguson, Constantine, sun-symbols and the Labarum, in: DUJ 49 (1987), 9-17.
D. Grodzynski, Tortures mortelles et catégories sociales. Les summa supplicia dans le droit romain aux IIIe et IVe siècles, in: Du châtiment dans la cité, Paris 1984, 361-403.
K. Groß-Albenhausen, Zur christlichen Selbstdarstellung Konstantins, in: Klio 78 (1996), 171-185.
Th. Grünewald, Constantinus Maximus Augustus. Herrschaftspropaganda in der zeitgenössischen Überlieferung, Stuttgart 1990.
P. Guyot: s.u. R. Klein.

K. Hackl, Rez. M. R. Cimma, L'episcopalis audientia (1989), in: SZ Rom. Abt. 109 (1992), 678-683.
R. v. Haehling, Die Religionszugehörigkeit der hohen Amtsträger des römischen Reiches seit Constantins I. Alleinherrschaft bis zum Ende der Theodosianischen Dynastie (324-450 bzw. 455 n. Chr.), Bonn 1978.

Ph. Haeuser/H.-A. Gärtner, Eusebius von Caesarea, Kirchengeschichte (Hg. H. Kraft), Darmstadt 1967.

H. Halfmann, Itinera principum. Geschichte und Typologie der Kaiserreisen im Römischen Reich, Stuttgart 1986.

St. G. Hall, Art.: Konstantin I., der Große, in: TRE 19 (1989), 489-500.

ders., The Sects under Constantine, in: *J. Sheils/D. Wood (Hg.),* Voluntary Religion, 1986, 1-13.

R. P. C. Hanson, The Reaction of the Church to the Collaps of the Western Roman Empire in the Vth Century, in: VC 26 (1972), 272-287.

ders., The Transformation of Pagan Temples into Churches in the Early Christian Centuries, in: *ders.,* Studies in Christian Antiquity, Edinburgh 1985, 347-358.

K. W. Harl, Sacrifice and Pagan Belief in Fifth- and Sixth-Century Byzantium, in: P&P 128 (1990), 7-27.

A. v. Harnack, Die Mission und Ausbreitung des Christentums in den ersten drei Jahrhunderten, Leipzig [4]1924.

J. Harries, Towards a new Constantine?, in: Ancient Society Resources for Teachers 5 (1985), 71-83.

E. Heck, Die dualistischen Zusätze und die Kaiseranreden bei Lactantius. Untersuchungen zur Textgeschichte der *Divinae institutiones* und der Schrift *De opificio dei,* Heidelberg 1972.

J. van Heesch, The last civic coinages and the religious policy of Maximinus Daza (AD 312), in: NC 153 (1993), 65-75.

H. Heinen, Frühchristliches Trier. Von den Anfängen bis zur Völkerwanderung, Trier 1996.

M. Heinzelmann, Bischofsherrschaft in Gallien. Zur Kontinuität römischer Führungsschichten vom 4.-7. Jh, Zürich/München 1976.

E. Herrmann, Ecclesia in re publica. Die Entwicklung der Kirche von pseudostaatlicher zu staatlich inkorporierter Existenz, Frankfurt 1980.

L. Hertling, Die Zahl der Christen zu Beginn des 4. Jahrhunderts, in: ZKTh 58 (1934), 243-253.

A. Heuß, Römische Geschichte, Braunschweig [5]1983.

ders., Zur Theorie der Weltgeschichte, Berlin 1968.

K. Hoheisel, Das antike Judentum in christlicher Sicht. Ein Beitrag zur neueren Forschungsgeschichte, Wiesbaden 1978.

M. J. Hollerich, Religion and Politics in the Writings of Eusebius: Reassessing the First »Court Theologian«, in: Church History 59 (1990), 309-325.

H. Horstkotte, Heidnische Priesterämter und Dekurionat im vierten Jahrhundert n. Chr, in: *W. Eck (Hg.),* Religion und Gesellschaft in der römischen Kaiserzeit (FS F. Vittinghoff), Köln 1989, 165-183.

H. Hülle, Die Toleranzerlasse römischer Kaiser für das Christentum bis zum Jahre 313 (Diss. Theol. Greifswald 1895), Berlin 1895.

D. Hunt, Christianizing the Roman Empire: the evidence of the Code, in: *J. Harries/I. Wood (Hg.),* The Theodosian Code, London 1993, 143-158.

H. Inglebert, Les romains chrétiens face à l'histoire de Rome, Paris 1996.

H. U. Instinsky, Die Alte Kirche und das Heil des Staates, München 1963.

E. Jerg, Vir venerabilis, Wien 1970.

P.-P. Joannou, La législation imperiale et la christianisation de l'empire romain (311-476), Roma 1972.

A. H. M. Jones, Constantine and the Conversion of Europe, London 1949.

ders., The Later Roman Empire I/II, Oxford (1964) 1986.

ders., Der soziale Hintergrund des Kampfes zwischen Heidentum und Christentum (1963), in: *R. Klein (Hg.),* Das frühe Christentum im römischen Staat, Darmstadt 1971, 337-363.

E. A. Judge, The Conversion of Rome. Ancient Sources of Modern Social Tensions, Sydney 1980.

W. E. Kaegi, Byzantium and the Decline of Rome, Princeton 1968.
ders., Vom Nachleben Konstantins, in: SZG 8 (1958), 289-326.
R. Kampling, Mt 27, 25 bei den lateinischsprachigen christlichen Autoren bis zu Leo dem Großen, Münster 1984.
ders., Das Blut Christi und die Juden, Münster 1984.
A. Kee, Constantine versus Christ. The Triumph of Ideology, London 1982.
V. Keil, Quellensammlung zur Religionspolitik Konstantins des Großen, Darmstadt ²1995.
W. Kellner, Libertas und Christogramm. Motivgeschichtliche Untersuchungen zur Münzprägung des Kaisers Magnentius (350-353), Karlsruhe 1969.
P. Keresztes, Constantine. A Great Christian Monarch and Apostle, Amsterdam 1981.
W. Kinzig, Novitas Christiana. Die Idee des Fortschritts in der Alten Kirche bis Eusebius, Göttingen 1994.
R. Klein (Hg.), Das frühe Christentum im römischen Staat, Darmstadt 1971.
ders., Distruzione di templi nella tarda antichità. Un problema politico, culturale e sociale, in: Atti dell' Accademia romanistica Costantiniana X., Perugia 1995, 127-152.
ders., Das Kirchenbauverständnis Constantins d. Gr. in Rom und in den östlichen Provinzen, in: Ch. *Börker/M. Donderer (Hg.),* Das antike Rom und der Osten (FS K. Parlasca), Erlangen 1990, 77-101.
ders., Der νόμος τελεώτατος Konstantins für die Christen im Jahre 312, in: RQ 67 (1972), 1-28.
ders., Antike Tempelzerstörungen im Widerspruch christlicher Urteile, in: Studia Patristica 24 (1993), 135-142.
ders., Toleranz und Intoleranz in heidnischer und christlicher Sicht, dargestellt am Toleranzedikt des Kaisers Galerius vom Jahre 311, in: Jubiläumsbericht des Neuen Gymnasiums (90. Schuljahr), Nürnberg 1978/79, 133-152.
ders./P. Guyot, Das frühe Christentum bis zum Ende der Verfolgungen, Bd. I, Darmstadt 1993.
dies., Das frühe Christentum bis zum Ende der Verfolgungen, Bd. 2. Die Christen in der heidnischen Gesellschaft, Darmstadt 1994.
G. M. Koeppel, Die historischen Reliefs der römischen Kaiserzeit III, in: BJb 185 (1985), 143-213.
ders., Die historischen Reliefs der römischen Kaiserzeit IV, in: BJb 186 (1986), 1-90.
ders., Die historischen Reliefs der römischen Kaiserzeit VII, in: BJb 190 (1990), 1-64.
B. Kötting, Art.: Christentum I (Ausbreitung), in: RAC 2 (1954), Sp. 1138-1159.
ders., Religionsfreiheit und Toleranz im Altertum, Opladen 1977.
F. Kolb, Diocletian und die Erste Tetrarchie. Improvisation oder Experiment in der Organisation monarchischer Herrschaft?, Berlin 1987.
ders., L'ideologia tetrarchica e la politica religiosa di Diocleziano, in: *G. Bonamente/A. Nestori (Hg.),* I Cristiani e l'Impero nel IV secolo, Macerata 1988, 17-44.
K. Koschorke, Taufe und Kirchenzugehörigkeit in der Geschichte der Kirche-zwei Problemskizzen, in: *Chr. Lienemann-Perrin (Hg.),* Taufe und Kirchenzugehörigkeit, München 1983, 129-146.
H. Kraft, Kaiser Konstantins religiöse Entwicklung, Tübingen 1955.
ders. (Hg.), Konstantin der Große, Darmstadt, 1974.
ders., Zur Taufe Kaiser Konstantins, in: Studia Patristica I (1957), 642-648.
K. Kraft, Das Silbermedaillon Constantins des Großen mit dem Christogramm auf dem Helm (1955), in: *R. Klein (Hg.),* Konstantin der Große, Darmstadt 1974, 297-344.
R. Krautheimer, Three Christian Capitals. Topography and Politics. Rome-Constantinople-Milan, Berkeley 1983.
ders., The ecclesiastical building policy of Constantine, in: *G. Bonamente/F. Fusco (Hg.),* Costantino il Grande, Bd, II. Macerata 1993, 509-552.
E. Krebs, Die missionsgeschichtliche Bedeutung Konstantins d. Gr, in: ZfMissGesch 3 (1913), 173-186.
K. Kremer, Laktanz, Erzieher von Konstantins Sohn Crispus in Trier, in: Kurtrierisches Jahrbuch 25 (1985), 35-59.

G. Kretschmar, Der Weg zur Reichskirche, in: Verkündigung und Forschung 13, Heft 1 (Beihefte zu »Evangelische Theologie«), München 1968, 3-44.

B. Kriegbaum, Die Religionspolitik des Kaisers Maxentius, in: AHP 30 (1992), 7-54.

E. Künzl, Der römische Triumph. Siegesfeiern im antiken Rom, München 1988.

W. Kuhoff, Ein Mythos der römischen Geschichte: Der Sieg Konstantins des Großen über Maxentius vor den Toren Roms am 28. Oktober 312 n. Chr, in: Chiron 21 (1991), 127-174.

D. Ladage, Städtische Priester- und Kultämter im Lateinischen Westen des Imperium Romanum zur Kaiserzeit, Phil. Diss. Köln (1970) 1971.

R. Lane Fox, Pagans and Christians, London 1986.

N. R. M. de Lange, Art.: Antisemitismus IV (Alte Kirche), in: TRE 3 (1978), 128ff..

H. Langenfeld, Christianisierungspolitik und Sklavengesetzgebung der römischen Kaiser von Konstantin bis Theodosius II, Bonn 1977.

E. La Rocca, La fondazione di Costantinopoli, in: G. Bonamente/F. Fusco (Hg.), Costantino il Grande, Bd. II, Macerata 1993, 553-583.

R. Leeb, Konstantin und Christus, Berlin 1992.

C. Lepelley, Les cités de l'Afrique romaine au Bas-Empire Bd. I, Paris 1979.

ders., Les limites de la christianisation de l'état romain sous Constantin et ses successeurs, in: M. Carrez u.a. (Hg.), Christianisme et pouvoirs politiques. Essai d'histoire religieuse, Lille 1972, 25-41.

D. Liebs, Unverhohlene Brutalität in den Gesetzen der ersten christlichen Kaiser, in: O. Behrends (Hg.), Römisches Recht in der europäischen Tradition (FS F. Wieacker), Ebelsbach 1985, 89-116.

J.H.W.G. Liebeschuetz, Change and Continuity in Roman Religion, Oxford 1979.

H. Lietzmann, Der Glaube Konstantins des Großen (1937), in: ders., Kleine Schriften Bd. I, Berlin 1958, 186-201.

J. Lieu/J. North/T. Rajak (Hg.), The Jews among the Pagans and Christians, London 1992.

A. Linder, The Jews in Roman Imperial Legislation, Detroit/Jerusalem 1987.

ders., The Myth of Constantine the Great in the West: Sources and Hagiographic Commemoration, in: Studi Medievali (serie3a) XVI (1975), 43-95.

A. Lippold, Konstantin und die Christen bis 312 n. Chr., in: Staat, Kultur, Politik (FS D. Albrecht), Kallmünz 1992, 1-9.

ders., Stadtrömischer Adel und Religion im frühen 4. Jhdt. n. Chr., in: Miscellanea Historiae Ecclesiasticae VI (1983), 7-21.

ders., Konstantin und die Barbaren (Konfrontation? Integration? Koexistenz?), in: Studi Ital. di Filol. Class. 85 (1992), 371-391.

ders., Bischof Ossius von Cordova und Konstantin der Große, in: ZKG 92 (1981), 1-15.

P. Liverani, Note di topografia lateranense: le strutture di via Amba Aradam. A proposito di una recente pubblicazione, in: Bullettino della Commissione Archeologica Comunale di Roma 95 (1993), 143-152.

R. Lorenz, Das vierte bis sechste Jahrhundert (Westen), in: K. D. Schmidt/E. Wolf (Hg.), Die Kirche in ihrer Geschichte Bd. I C 1, Göttingen 1970.

ders., Das vierte Jahrhundert (Osten), in: B. Moeller (Hg.), Die Kirche in ihrer Geschichte Bd. I C 2, Göttingen 1992.

F. Lucrezi, Costantino e gli aruspici, in: Atti dell' Accademia di Scienze Morali e Politiche (Neapel) 97 (1987), 171-198.

A. Lukaszewicz, À propos du symbolisme impérial romain au IVe siècle: Quelques remarques sur le christogramme, in: Historia 39 (1990), 504-506.

S. MacCormack, Art and Ceremony in Late Antiquity, Berkeley/Los Angeles 1981.

R. MacMullen, Christianizing the Roman Empire, New Haven/London 1984.

ders., Constantine, New York 1969.
ders., Constantine and the Miraculous (1968), in: ders., Changes in the Roman Empire. Essays in the Ordinary, Princeton 1990, 107-116.
ders., Conversion: A Historian's View, in: The Second Century 5 (1985/86), 67-81.
ders., ›What Difference did Christianity make‹?, in: Historia 35 (1986), 322-343.
ders., The Meaning of A. D. 312: The Difficulty of Converting the Empire. In: The 17th International Byzantine Congress-Major Papers, New Rochelle/New York 1986, 1-15.
ders., Paganism in the Roman Empire, New Haven/London 1981.
ders., Two Types of Conversion in Early Christianity (1983), in: ders., Changes in the Roman Empire. Essays in the Ordinary, Princeton 1990, 130-141.
J. Maier, Geschichte des Judentums im Altertum, Darmstadt ²1989.
J.-L. Maier, Le dossier du donatisme Bd. I, Berlin 1987.
A. Martin, Athanase d'Alexandrie et l'église d'Égypte au IVe siècle (328-373), Rom 1996.
J. Martin, Die Genese des Amtspriestertums in der frühen Kirche, Freiburg 1972.
ders., Spätantike und Völkerwanderung, München ³1995.
J. Matthews, Constantine and the Second Roman Revolution. Syme Memorial Lecture 1992, in: Prudentia 25 (1993), 24-40.
H. Meier, Die Lehre Carl Schmitts. Vier Kapitel zur Unterscheidung Politischer Theologie und Politischer Philosophie, Stuttgart 1994.
ders., Was ist Politische Theologie? Einführende Bemerkungen zu einem umstrittenen Begriff, in: J. Assmann, Politische Theologie zwischen Ägypten und Israel (=Siemens-Stiftung ›Themen‹ Bd. 52), München ²1995, 7-19.
R. Merkelbach, Zwei Gespensternamen: Aelafius und Symphosius, in: ZPE 51 (1983), 228-229.
M. Meslin, Art.: Césaropapisme, in: Encyclopaedia Universalis IV (1988), 543-545.
D. Metzler, Ökonomische Aspekte des Religionswandels in der heidnischen Spätantike. Die Enteignung der heidnischen Tempel seit Konstantin, in: Hephaistos 3 (1981), 27-40.
P. Mikat, Zur Fürbitte der Christen für Kaiser und Reich im Gebet des 1. Clemensbriefes, in: H. Ehmke u.a. (Hg.), FS U. Scheuner, Berlin 1973, 455-471.
F. Millar, The Emperor in the Roman World, London (1977) ²1992.
ders., Empire and City, Augustus to Julian: Obligations, Excuses and Status, in: JRS 73 (1983), 76-96.
St. Mitchell, Maximinus and the Christians in A.D. 312: A New Latin Inscription, in: JRS 78 (1988), 105-124.
A. Momigliano, The Disadvantages of Monotheism for a Universal State (1986), in: ders., Ottavo contributo alla storia degli studi classici e del mondo antico, Rom 1987, 313-328.
H. Montgomery, Decurions and the Clergy. Some Suggestions, in: Opuscula Romana 15 (1985), 93-95.
ders., Konstantin, Paulus und das Lichtkreuz, in: SO 43 (1968), 84-109.
J. Moreau, Constantius II, in: JbAC 2 (1959), 160-179.
ders., Lactance, De la mort des persécuteurs, t. I und II, Paris 1954.
ders., Les »Litterae Licinii« (1953), in: ders., Scripta Minora (Hg. W. Schmitthenner), Heidelberg 1964, 99-105.
ders., Zur Religionspolitik Konstantins des Großen (1952), in: ebd., 106-113.
ders., Sur la vision de Constantin (312), in: ebd. 76-98.
H. Moureau, Art.: Catholicité, in: Dictionnaire de théologie catholique 2 (1905), Sp. 1999-2012.
K. Müller, Konstantin der Große und die christliche Kirche, in: HZ 140 (1929), 261-278.
B. Müller-Rettig, Der Panegyricus des Jahres 310 auf Konstantin den Großen. Übersetzung und historisch-philologischer Kommentar, Stuttgart 1990.

L. Neesen, Die Entwicklung der Leistungen und Ämter (*munera et honores*) im römischen Kaiserreich des zweiten bis vierten Jahrhunderts, in: Historia 30 (1981), 203-235.

V. Neri, Medius Princeps. Storia e immagine di Costantino nella storiografia latina pagana, Bologna 1992.

H. Nesselhauf, Das Toleranzgesetz des Licinius, in: HJb 74 (1955), 44-61.

F. Nestori: s.o. *G. Bonamente.*

J. Neumann, Art.: Bischof, in: TRE 6 (1980), 653-682 .

J. Neusner, Judaism and Christianity in the Age of Constantine. History, Messiah, Israel, and the Initial Confrontation, Chicago/London 1987.

C.E.V. Nixon/B.S. Rodgers, In Praise of Later Roman Emperors. The *Panegyrici Latini,* Berkeley 1994.

K. L. Noethlichs, Zur Einflußnahme des Staates auf die Entwicklung eines christlichen Klerikerstandes, in: JbAC 15 (1972), 136-152.

ders., Art.: Heidenverfolgung, in: RAC 13 (1986), Sp. 1151-1155.

ders., Das Judentum und der römische Staat, Darmstadt 1996.

ders., Die gesetzgeberischen Maßnahmen der christlichen Kaiser des vierten Jahrhunderts gegen Häretiker, Heiden und Juden, Phil. Diss. Köln 1971.

ders., Materialien zum Bischofsbild aus den spätantiken Rechtsquellen, in: JbAC 16 (1973), 28-59.

O. Norderval, The Emperor Constantine and Arius: Unity in the Church and Unity in the Empire, in: STh 42 (1988), 113-150.

ders., Kaiser Konstantins Edikt gegen die Häretiker und Schismatiker (Vita Constantini III, 64-65)., in: SO 70 (1995), 95 -115.

H. P. L'Orange/M. Wegner, Das spätantike Herrscherbild von Diokletian bis zu den Konstantin-Söhnen 284-361 n. Chr. (=M. Wegner (Hg.), Das römische Herrscherbild III), Berlin 1984.

B. Overbeck, Christliche Symbolik auf spätrömischen Münzen, in: *G. Gottlieb/P. Barceló (Hg.),* Christen und Heiden in Staat und Gesellschaft des zweiten bis vierten Jahrhunderts, München 1992, 131-148.

F. Paschoud, Zosime, Histoire nouvelle, t. I (livres I-II), Paris 1971.

ders., Zosime 2, 29 et la version païenne de la conversion de Constantin, in: Historia 20 (1971), 334-353.

ders., Rez. J. Bleicken, Constantin der Große und die Christen (1992), in: Gnomon 67 (1995), 345-348.

ders., Ancora sul rifiuto di Costantino di salire al Campidoglio, in: *G. Bonamente/F. Fusco (Hg.),* Costantino il Grande, Bd. II, Macerata 1993, 737-748.

J. R. Patterson, The City of Rome: From Republic to Empire, in: JRS 82 (1992), 186-215.

M. Perrin, La »révolution constantinienne« vue à travers l´oeuvre de Lactance (250-325 ap. J.-C.), in: L´idée de révolution. Colloque ouvert organisé par le centre d´Histoire des Idées (Université de Picardie) et dans le cadre du C.E.R.I.C., Fontenay 1991, 81-94.

E. Peterson, Εἷς θεός. Epigraphische, formgeschichtliche und religionsgeschichtliche Untersuchungen, Göttingen 1926.

M. Pfanner, Der Titusbogen, Mainz, 1983.

C. Pharr, The Interdiction of Magic in Roman Law, in: TAPAPhA 63 (1932), 269-295.

P. E. Pieler, Lex Christiana, in: *D. Simon (Hg.),* Akten des 26. Deutschen Rechtshistorikertages 1986, Frankfurt 1987, 485-503.

Ch. Pietri, Constantin en 324. Propagande et théologie impériales d'après les documents de la *Vita Constantini,* in: *E. Frézouls (Hg.),* Crise et redressement dans les provinces européennes de l'Empire, Strasbourg 1983, 63-90.

ders./L. Piétri (Hg.), Das Entstehen der einen Christenheit (250-430), Freiburg 1996.

ders., Evergétisme et richesses ecclésiastiques dans l'Italie du IVe à la fin du Ve siècle: l'exemple romain, in: Ktema 3 (1978), 317-337.

ders., Roma Christiana I, Rom 1976.

J. B. Pighi, De ludis saecularibus, Milano 1941.

K. Popper, Das Elend des Historizismus, Tübingen ^{3}1971.

ders., Über Geschichtsschreibung und über den Sinn der Geschichte (1962), in: *ders.*, Alles Leben ist Problemlösen. Über Erkenntnis, Geschichte und Politik, Darmstadt/München 1994, 173-205.

D. Praet, Explaining the Christianization of the Roman Empire. Older theories and recent developments, in: Sacris Erudiri 33 (1992/93), 5-119 (Bibliographie: 111-119; Inhaltsübersicht: 499).

S. R. F. Price, Rituals and Power. The Roman imperial cult in Asia Minor, Cambridge 1984.

ders., Between Man and God. Sacrifice in the Roman Imperial Cult, in: JRS 70 (1980), 28-43.

A. M. Rabello, The Legal Condition of the Jews in the Roman Empire, in: ANRW II 13 (1980), 662-762.

M. R.-Alföldi, Kaiser Konstantin: ein Großer der Geschichte?, in: *H. R. Seeliger (Hg.)*, Kriminalisierung des Christentums? K. Deschners Kirchengeschichte auf dem Prüfstan, Freiburg 1993, 148-159.

B. Raspels, Der Einfluß des Christentums auf die Gesetze zum Gefängniswesen und zum Strafvollzug von Konstantin d.Gr. bis Justinian, in: ZKG 102 (1991), 289-306.

St. Rebenich, Erläuterungen zu: Zosimos, Neue Geschichte. Übers.O. Veh, Stuttgart 1990.

C. D. Reichardt, Die Judengesetzgebung im Codex Theodosianus, in: Kairos 20 (1978), 16-39.

A. M. Ritter, Art.: Arianismus, in: TRE 3 (1978), 692-719.

ders.: s.o. *Andresen*.

ders., Constantin und die Christen, in: ZNW 87 (1996), 251-268.

A. S. Robertson, Roman Imperial Coins in the Hunter Coin Cabinet (Glasgow), Bd. V, Oxford 1982.

B.S. Rodgers: s. *Nixon*.

K. Rosen, Constantins Weg zum Christentum und die *Panegyrici Latini*, in: *G. Bonamente/F.Fusco (Hg.)*, Costantino il Grande, Bd. II, Macerata 1993, 853-863.

J. Rougé, À propos du manuscrit du *De mortibus persecutorum*, in: *J. Fontaine/M. Perrin (Hg.)*, Lactance et son temps, Paris 1978, 13-23.

ders., Questions d'époque constantinienne, in: *E. Frézouls (Hg.)*, Crise et redressement dans les provinces européennes de l'Empire, Strasbourg 1983, 113-125.

G. Ruhbach, Die politische Theologie Eusebs von Caesarea, in: *ders. (Hg.)*, Die Kirche angesichts der konstantinischen Wende, Darmstadt 1976, 236-258.

P. Salama, Le plus ancien chrisme officiel de l'Afrique romaine, in: Atti del VI Congresso Internaz. di Archeol. Crist. (Ravenna 1962), Città del Vaticano 1967, 537-543.

M. R. Salzman, How the West Was Won: The Christianization of the Roman Aristocracy in the West in the Years after Constantine, in: *C. Deroux (Hg.)*, Studies in Latin Literature and Roman History VI, Brüssel 1992, 451-479.

ders., The Evidence for the Conversion of the Roman Empire to Christianity in Book 16 of the *Theodosian Code*, in: Historia 42 (1993), 362-378.

ders., ›Superstitio‹ in the *Codex Theodosianus* and the Persecution of Pagans, in: VChr 41 (1987), 172-188.

V. Saxer, Domus ecclesiae: οἶκος τῆς ἐκκλησίας in den frühchristlichen literarischen Texten, in: RQA 83 (1988), S.167-179.

M. L. Scevola, Rilievi sulla religiosità di Costantino, in: Istit. Lombard. Mem. Lett. 37 (1982), 209-279.

R. Schieffer, Der Papst als Pontifex Maximus. Bemerkungen zur Geschichte eines päpstlichen Ehrentitels, in: SZ Kan. Abt. 57 (1971), 300-309.

R. Schilling, À propos du Pontifex Maximus. Dans quelle mesure peut-on parler d'un ›réemploi‹ par les chrétiens d'un titre prestigieux de la Rome antique?, in: *M. P. Baccari (Hg.)*, Da Roma alla terza Roma, Rom 1995, 75-90.

A. Schindler (Hg.), Monotheismus als politisches Problem? Erik Peterson und die Kritik der politischen Theologie, Gütersloh 1978.

G. *Schmalzbauer*, Art.: Konstantinopel, in: TRE 19 (1990), 503-518.
C. *Schmitt*, Politische Theologie II. Die Legende von der Erledigung jeder Politischen Theologie, Berlin 1970.
W. *Schneemelcher*, Kirche und Staat im 4. Jahrhundert. Bonner Akademische Reden Nr. 37, Bonn 1970.
ders., Das Konstantinische Zeitalter, in: Kleronomia 6 (1974), 37-60.
ders., Art.: Konstantinisches Zeitalter, in: TRE 19 (1989), 501-503.
H. v. *Schoenebeck*, Beiträge zur Religionspolitik des Maxentius und Constantin, Leipzig 1939.
H. *Schreckenberg*, Die christlichen Adversus-Judaeos-Texte und ihr literarisches und historisches Umfeld (1.-11. Jh.), Frankfurt 1982.
K.-H. *Schwarte*, Diokletians Christengesetz, in: R. Günther/St. Rebenich (Hg.), E fontibus haurire (FS H. Chantraine), Paderborn 1994, 203-240.
Ed. *Schwartz*, Kaiser Constantin und die christliche Kirche, Leipzig ²1936.
ders., Osterbetrachtungen (1906), in: ders., Gesammelte Schriften Bd. 5, Berlin 1963, 1-41.
Chr. *Schweizer*, Hierarchie und Organisation der römischen Reichskirche in der Kaisergesetzgebung vom vierten bis zum sechsten Jahrhundert, Frankfurt 1991.
O. *Seeck*, Art.: Ablabius, in: RE I (1893), 103.
H. R. *Seeliger*, Die Verwendung des Christogramms durch Konstantin im Jahre 312, in: ZKG 100 (1989), 149-168.
H. J. *Sieben*, Die Konzilsidee der Alten Kirche, Paderborn 1979.
P. *Siniscalco*, L'editto di Galerio del 311. Qualche osservazione storica alla luce della terminologia, in: AARC X (1995), 41-53.
E. M. *Smallwood*, The Jews under Roman Rule, Leiden ²1981.
R. C. *Smith*/J. *Lounibos* (Hg.), Pagan and Christian Anxiety. A Response to E. R. Dodds, Lanham/New York/London 1984.
H. v. *Soden*, Urkunden zur Entstehungsgeschichte des Donatismus, Berlin ²1950.
M. *Sordi*, The Christians and the Roman Empire, London 1983.
P. *Speck*, Urbs, quam Deo donavimus. Konstantins des Großen Konzept für Konstantinopel, in: Boreas 18 (1995), 143-174.
W. *Speyer*, Büchervernichtung und Zensur des Geistes bei Heiden, Juden und Christen, Stuttgart 1981.
ders., Religionen des griechisch-römischen Bereichs. Zorn der Gottheit, Vergeltung und Sühne, in: U. Mann (Hg.), Theologie und Religionswissenschaft, Darmstadt 1973, 124-143.
ders., Religiös-sittliches und frevelhaftes Verhalten in seiner Auswirkung auf die Naturgewalten. Zur Kontinuität einer volkstümlichen religiösen Vorstellung in Antike und Christentum, in: JbAC 22 (1979), 30-39.
ders., Toleranz und Intoleranz in der alten Kirche, in: I. Broer/R. Schlüter (Hg.), Christentum und Toleranz, Darmstadt 1996, 83-106.
P. P. *Spranger*, Der Große. Untersuchungen zur Entstehung des historischen Beinamens in der Antike, in: Saeculum 9 (1958), 22-58.
R. *Staats*, Das Glaubensbekenntnis von Nizäa-Konstantinopel. Historische und Theologische Grundlagen, Darmstadt 1996.
P. *Stockmeier*, Art.: Herrschaft-B. Christlich, in: RAC 14 (1988), Sp. 910-936.
ders., Die Identifikation von Glaube und Religion im spätantiken Christentum, in: ders., Glaube und Religion in der frühen Kirche, Freiburg 1973, 100-119.
ders., ›Konstantinisches Zeitalter‹, in: Sacramentum Mundi III (1969), 18-28.
ders., Vorgang und Auswirkung der öffentlich-rechtlichen Anerkennung des Christentums, in: ders., Glaube und Religion in der frühen Kirche, Freiburg 1973, 81-99.
J. *Straub*, Vom Herrscherideal in der Spätantike, Stuttgart ²1964.
ders., Des christlichen Kaisers ›secunda maiestas‹ (1979), in: ders., Regeneratio Imperii II, Darmstadt 1986, 63-74.

ders., Konstantin als κοινὸς ἐπίσκοπος (1967), in: *ders.,* Regeneratio Imperii (I). Aufsätze über Roms Kaisertum und Reich im Spiegel der heidnischen und christlichen Publizistik, Darmstadt 1972, 134-158.

ders., Konstantins christliches Sendungsbewußtsein (1942), in: ebd., 70-88.

ders., Konstantins Verzicht auf den Gang zum Kapitol (1955), in: ebd., 100-118.

D. Stringer, The Political Theology of Eusebius Pamphili, Bishop of Caesarea, in: The Patristic and Byzantine Revieuw 1 (1982), 137-151.

U. Süßenbach, Christuskult und kaiserliche Baupolitik bei Konstantin, Bonn 1977.

J. Szidat, Constantin bei Augustin, in: REAug 36 (1990), 243-256.

ders., Historischer Kommentar zu Ammianus Marcellinus Buch XX-XXI, Stuttgart 1996.

ders., Konstantin 312. Eine Wende in seiner religiösen Überzeugung oder die Möglichkeit, diese öffentlich erkennen zu lassen und aus ihr heraus Politik zu machen?, in: Gymnasium 92 (1985), 514-525.

G.S.R. Thomas, Maximin Daia's Policy and the Edicts of Toleration, in: LEC 37 (1968), 172-185.

P. Thrams, Christianisierung des Römerreiches und heidnischer Widerstand, Heidelberg 1992.

G. W. Trompf, The Logic of Retribution in Eusebius of Carsarea, in: *B. Croke/A. M. Emmett (Hg.),* History and Historians in Late Antiquity, Sydney 1983, 132-146.

R. Turcan, Héliogabale précurseur de Constantin?, in: BAGB 1988, 38-52.

H. Usener, Sol invictus, in: RhM 60 (1905), 465-491.

Fr. Vittinghoff, Staat, Kirche und Dynastie beim Tode Konstantins, in: *A. Dihle (Hg.),* L'Église et l'empire au IVe siècle (= Entretiens .. Fondation Hardt 34), Vandoeuvres-Genève 1989, 1-28.

L. Voelkl, Die Kirchenstiftungen des Kaisers Konstantin im Lichte des Sakralrechts, Köln/Opladen 1964.

H. J. Vogt, Religiöse Erfahrung bei Ignatius von Antiochien, Konstantin dem Großen und Augustinus: Mystik und Politik in der Frühen Kirche, in: *W. Haug/D. Mieth (Hg.),* Religiöse Erfahrung: historische Modelle in christlicher Tradition, München 1992, 17-49.

J. Vogt, Constantin der Große und sein Jahrhundert (^{2}1960), München 1973.

ders., Die constantinische Frage (1955), in: *H. Kraft (Hg.),* Konstantin der Große, Darmstadt 1974, 345-387.

ders., Zur Frage des christlichen Einflusses auf die Gesetzgebung Konstantins des Großen, in: FS L. Wenger, Bd. II, München 1944, 118-148.

ders., Kaiser Julian über seinen Oheim Constantin d. Gr., in: Historia 4 (1955), 339-352.

ders., Orbis Romanus. Ein Beitrag zum Sprachgebrauch und zur Vorstellungswelt des römischen Imperialismus, in: *ders.,* Orbis. Ausgewählte Schriften zur Geschichte des Altertums, Freiburg 1960, 151-171.

ders., Pagans and Christians in the Family of Constantine the Great, in: *A. Momigliano (Hg.),* The Conflict between Paganism and Christianity in the Fourth Century, Oxford 1963, 38-55.

ders., Die kaiserliche Politik und die christliche Mission im 4. und 5. Jahrhundert, in: *H. Frohnes/U. W. Knorr (Hg.),* Kirchengeschichte als Missionsgeschichte, Bd. I: Die Alte Kirche, München 1974, 166-188.

ders., Zur Religiosität der Christenverfolger im Römischen Reich, Heidelberg 1962.

ders., Toleranz und Intoleranz im constantinischen Zeitalter: der Weg der lateinischen Apologetik, in: Saeculum 19 (1968), 344-361.

ders., Das römische Weltreich im Zeitalter Konstantins des Großen-Wirklichkeit und Idee (1958), in: *ders.,* Orbis. Ausgewählte Schriften zur Geschichte des Altertums, Freiburg 1960, 305-324.

W. Waldstein, Zur Stellung der *episcopalis audientia* im spätrömischen Prozeß, in: *D. Medicus/H. H. Seiler (Hg.),* FS M. Kaser, München 1976, 533-556.

P. Weiß, Die Vision Constantins, in: *J. Bleicken (Hg.),* Colloquium für A. Heuß (= FAS 13), Kallmünz 1993, 143-169.

H.-U. Wiemer, Libanios und Zosimos über den Rom-Besuch Konstantins I. im Jahre 326, in: Historia 43 (1994), 469-494.

F. Winkelmann, Euseb von Kaisareia. Der Vater der Kirchengeschichte, Berlin 1991.

ders., Konstantins Religionspolitik und ihre Motive im Urteil der literarischen Quellen des 4. und 5. Jahrhunderts, in: Acta Antiqua Academiae Scient. Hungar. Nr. 9 (Budapest 1961), 239-256.

ders., Probleme der Herausbildung der Staatskirche im römischen Reich des 4. Jahrhunderts, in: Klio 53 (1971), 281-299.

W. Wischmeyer, Christogramm und Staurogramm in den lateinischen Inschriften altkirchlicher Zeit, in: *C. Andresen/G. Klein (Hg.),* Theologia Crucis-Signum Crucis (FS E. Dinkler), Tübingen 1979, 539-550.

ders., Von Golgatha zum Ponte Molle. Studien zur Sozialgeschichte der Kirche im dritten Jahrhundert, Göttingen 1992.

G. Wissowa, Römische Religionsgeschichte (^{2}1912), München 1971.

A. Wlosok, L. Caecilius Firmianus Lactantius, in: *R. Herzog (Hg.),* Restauration und Erneuerung. Die lateinische Literatur von 284 bis 374 n. Chr. (=R. Herzog/P. L. Schmidt (Hg.), Handbuch der lateinischen Literatur der Antike Bd. 5), München 1989, 375-404.

dies. (Hg.), Römischer Kaiserkult, Darmstadt 1978.

dies., Rom und die Christen. Zur Auseinandersetzung zwischen Christentum und römischem Staat, Stuttgart 1970.

H. Wolfram, Constantin als Vorbild für den Herrscher des hochmittelalterlichen Reiches, in: MIÖG 68 (1960), 226-242.

A. W. Ziegler, Die byzantinische Religionspolitik und der sog. Cäsaropapismus, in: *E. Koschmieder/ A. Schmaus (Hg.),* Münchener Beiträge zur Slavenkunde (FS P. Diels), München 1953, 81-97.

J. Ziegler, Zur religiösen Haltung der Gegenkaiser im 4. Jh. n. Chr., Kallmünz 1970.

R. Ziegler, Aigeai, der Asklepioskult, das Kaiserhaus der Decier und das Christentum, in: Tyche 9 (1994), 187-212.

A. Ziólkowski, The vision of Constantine reconsidered, in: VoxP 3 (1983), 200-215.

Z. Zmigryder-Konopka, Pontifex maximus-iudex atque arbiter rerum divinarum humanarumque, in: Eos 34 (1932/33), 361-372.

F. Zuccotti, Foror haereticorum: studi sul trattamento giuridico della follia e sulla persecuzione della eterodossia religiosa nella legislazione del tardo impero, Milano 1992.

Register

Quellenregister

Bibel

Maleachi
4,2 — 40 A.127

Matthäus
27,25 — 83
28,19f. — 63, 79

Markus
16,15 — 79

Johannes
14,6 — 78

1. Korinther
8,6 — 100
11,18 — 100

Epheser
4,3 — 100
4,5 — 76, 100

Philipper
2,2 — 100

Kolosser
2,15 — 42 A.132

1. Thessalonicher
2,15 — 85

2. Thessalonicher
2,9 — 131

1. Timotheus
2,1f. — 38 A.119

Ambrosius

De Abraham
I 2,9 — 41 A.130

Epistulae
17,1 — 41 A.130

Ammianus Marcellinus

Res gestae
XV 5,19 — 120 A.471
    13,2 — 104 A.394
XXI 10,8 — 12 A.10, 119f.
XXII 5,4 — 101
    14,3 — 94 A.344

Arnobius

Adversus nationes
I 25,31 f. — 35 A.104
II 2f. — 35 A.104
III 2f. — 35 A.104
IV 13 — 35 A.104
VII 35 — 35 A.104

Athanasius

Apologia secunda
18 — 118 A.461
86,10f. — 76 A.271
86,11 — 103 A.386

De decretis Nicaenae synodi
36,12 (Opitz,
Urkunde 23) — 84 A.307
38,2.5 (Urkunde 25) — 105 A.397
39 (Urkunde 33) — 109f.
40 (Urkunde 34) — 105 A.397f., 109 A.415-417
40,41 — 108 A.411
40,42 — 106 A.403, 109 A.415
41,7 (Urkunde 27) — 11 A.6, 104 A.391

Augustinus

Soliloquia
I 13,23 — 78 A.277

Confessiones		Epistula ad ecclesiam suam	
VIII 8	19,26 A.63	(Opitz,	
		Urkunden Nr. 22,7)	137 A.43
Retractationes			
I 4,3	78 A.277	Historia ecclesiastica	
		I 1,2	83 A.302
Contra epistulam Parmeniani		II 6,3	83 A.302
II 4,8f.	119 A.463	III 5,2.6	83 A.302
		IV 26,5-11	130
Breviculus collationis		26,8	38 A.119
cum Donatistis		VI 3,13	148 A.15
34	25 A.57	34	126 A.11
Epistulae		VII 13	133
88,2 (Soden,		15	133 A.30
Urkunden 10)	105 A.395,	30,19	138 A.45
	106 A.401, 115	VIII 1,7-2,3	131, 132 A.26
88,4 (Soden Nr. 20,22 ff.)	106 A.401	13,12ff.	25 A.58
88,8 (Soden Nr. 26)	107 A.410	13,13	24 A.53
		14,1	25 A.57, 126 A.13
Contra Donatistas		16	26 A.60
post collationem		17,3-10	26 A.60, 20,
31,54; 33,56			37 A.117
(Soden Nr. 30)	107 A.410,	17,10	124 A.5
	111 A.429	17,11	26 A.60
		Append. 4-6	26 A.60
Aurelius Victor			
		IX 9	25 A.58, 97 A.362
De Caesaribus		9,1	54 A.180
40,26	171 A.114	9,5	27 A.65
		9,10f.	13 A.11, 158-161
		9,12	50 A.160
Clemens Alexandrinus		9,12f.	54 A.180
		9 a 1-9	66 A.226
Paedagogus		9 a 6	52 A.170
III 59,2	154 A.55	10,7-11	66 A.226
		11,1ff.	88 A.324
		11,1f.	126 A.14
Eusebius Caesariensis		11,8	54 A.180
		11,9	97 A.362
De ecclesiastica theologia		X 2,2	126 A.14
II 19,3	76 A.273	4	25 A.58
		4,11f.	132 A.26
Praeparatio evangelica		4,15-19	63 A.216
I 1,6; 3,10; 4,1	79 A.278	4,15	45 A.144
		4,16	13 A.11, 54 A.180,
Praeparatio evangelica			158 A.70
IV 2,10 f.	88 A.324	4,34.35.57.59	132 A.26
		4,60	54 A.180
Theophania		5,2-14	20,53 A.175,
II 76	79 A.278		65 A.225

5,3-8	66 A.228	29	27 A.65, 41
5,8	135 A.34	31	41,96 A.359,
5,13	124 A.6		163-165
5,15-17 (Soden,		32	39 A.124
Urkunden 7)	53 A.171,	40	13 A.11, 73 A.257,
	63 A.217, 68 A.231		159 A.72,
5,18-20 (Soden			161-163
Nr. 12)	55 A.184,	42f.	53 A.172,
	103 A.389		113 A.440
5,18	55 A.182,	44,1	137
	69 A.236,	48	44, 93 A.340
	114 A.443	51-56	126 A.14
5,20	53 A.174, 60 A.206,	II 1f.	126 A.14
	63 A.217,	6-9	96 A.359, 165 A.90
	103 A.389	7	41
5,21-24 (Soden		10ff.	88 A.323
Nr. 15)	55 A.184, 69 A.240	16	165 A.90
5,22	55 A.186,	19	73 A.254, 76 A.272
	103 A.388,	22	90 A.328
	106 A.401	24-42	73 A.258, 89f.,
5,24	106 A.401		134f.
6 (Soden Nr. 8)	50 A.160, 53 A.172,	28	88 A.323f.
	107 A.411,	28,2	74, 114 A.443
	118 A.461	29,1	74 A.260
6,1.4	63 A.217	38	74 A.260
6,4f.	69 A.240,	42	73 A.258, 74 A.261
	105 A.398	44f.	135 A.37
6,5	60 A.206	44	93 A.341,
7 (Soden Nr. 9)	53 A.173, 62		94 A.343, 95, 97,
7,1	11 A.5,		113 A.440
	43 A.138, 59,	45f.	53 A.172
	64 A.219	45	92 A.336
7,2	63 A. 217,	46	88 A.323,
	64 A.220,		113 A.440
	107 A.411, 115	46,2	73 A.255, 74
9,6	73 A.254	47	74 A.263, 90
		48-60	74f., 90-92, 134f.
De martyribus Palestinae		49	24 A.53
12	131f.	50f.	38 A.119
13,12	24 A.53	55,1	165 A.90
		55,2	135
De vita Constantini		56	74, 102 A.383.385
	200f.	60	89 A.325,
I 3,4	126 A.10		102 A.385
5f.	76 A.272	61	132 A.26
13ff.	24 A.53	61,1	76 A.270, 90,
13,2	24 A.53		96 A.356
21ff.	22 A.43, 25 A.58	61,5	103 A.388
24	76 A.272	64-72 (Opitz,	
25	32 A.90	Urkunde 17)	55 A.184, 75,
27	39 A.124		106 A.402
28,2-30	164 A.85		

253

	64f.	103 A.389, 106 A.404	23 24	92 A.336 214 A.76	
	65	98 A.367	25	92 A.336, 135 A.37	
	65,2	11 A.5, 102 A.383.385, 106 A.404, 124f.	27,1 28	85 112 A.439	
	68,2f.	103 A.389, 106 A.402	29-31	76 A.270, 96 A.356, 141 A.54	
	70,6.8	106 A.402	29,4f.; 30,2	76 A.271, 96 A.356	
	71,4f.	103 A.389	36	74, 112 A.439	
	71,5.7	102 A.384	38f.	96 A.355	
	72	103 A.389, 106 A.402	50f. 52	73 A.54 141 A.54	
III	1	73 A.255, 76 A.270, 96 A.356	55 73	76. A.270, 96 A.356 152 A.49	
	2f.	73 A.255			
	4	132 A.26	De laudibus Constantini		
	12	103 A.389		201 A.38	
	15	44, 93 A.340	II 5ff.	44, 93 A.340	
	15,2	141	III 3-6	76 A.272	
	16	84f.	VI 21	41 A.131	
	17-20 (Opitz, Urkunde 26)	84f.	VIII 5ff. IX 8	95 A.352 13 A.11, 73 A.257, 161 A.83	
	17,1	102 A.383, 125	9f.	97 A.362	
	21	103 A.388	XVI 3-7	76 A.272	
	26f.	95 A.353, 135 A.37	4	79 A.278	
	30-32	113 A.440	6	76 A.271, 79 A.278	
	48	135 A.37			
	49	73 A.257	Constantini oratio ad sanctorum coetum		
	51	95 A.353		92 A.334	
	52f.	93 A.341, 95 A.353, 113 A.440	IX XVI	21 A.37, 93 A.339 75 A. 265	
	53,1	93 A.339			
	54-56	135 A.37			
	55	95 A.352	*Eutropius*		
	58	95 A.350.352, 96 A.356, 118	Breviarium ab urbe condita		
	64f.	107 A.410, 109	X 5	220	
	64,1.4	105 A.398			
	66	109 A.420	*Herodianus*		
IV	5	165 A.90			
	9-13	75	II 14,2; III 8,2-4	33 A.92	
	9	96 A.359			
	10,1	93 A.339	*Hippolytus*		
	14,1	75			
	16	113 A.442, 135 A.37	De Antichristo	131 A.25	
	18-20	97 A.362, 135 A.37, 137 A.41	Danielkommentar 4,9 (Bonwetsch)	130f.	
	21	96 A.359			

Johannes Chrysostomus

Homiliae in Matthaeum
54,4   42 A.132

Johannes Malalas

Chronographia   140
13   181 A.167

Julianus Imperator

Orationes
VII 228 BC   94 A.344

Justinus

Apologia
I 55,6   154 A.56

Lactantius

Divinae institutiones
  I 1,13   30
      1,13f.   23, 125 A.9
 II 10,6   40 A.127
 IV 27,3ff.   38 A.119
    30,10-14   63 A.216
 V 2,5f.   52 A.170
    3,25f.   61 A.208
    4,1-8   73 A.254
    8f.   7
    8,6ff.   73 A.254
    19,11-13; 21ff.   80 A.284
 VI 8   40 A.127
 VII 26,11   29
    26,11-17   24 A.49, 30 A.73
    26,12   24 A.53

Epitome divinarum institutionum
48,6ff.; 49,1f.   80 A.284

De ira dei
2,2   44
2,2-6   29
8,7f.   52 A.170
16,3   41 A.130, 52 A.170,
                    60 A.205

De mortibus persecutorum
10; 11,7   38 A.119
12,7   110 A.424
15,7   24 A.53
16,4   38 A.119
24,9   22, 25 A.56f.,
                    125 A.9
25   23 A.45
33ff.   26 A.60
34   20, 26 A.60,
                    37 A.117
34,2   129f.
34,5   52 A.169, 124
37,1   26 A.61
44,5ff.   27 A.65, 42f., 156
44,11   58 A.197
46   54 A.180
46,6   97 A.362
48,1   54 A.176.180
48,2-12   53 A.175, 65 A.225
48,2-6   66 A.228, 67
48,2   20, 54 A.177, 69,
                    99 A.369
48,3   54 A.179, 69,
                    99 A.369
48,6   54 A.176,
                    80 A.285,
                    99 A.369, 135
48,7-10   68 A.231
48,8f.   52 A.168
48,10   54 A.176
48,11   54 A.178f., 69, 124

Libanius

Orationes
30,3   94 A.346
30,6   48 A.151, 94 A.346

Minucius Felix

Octavianus
29,7   154 A.56

Optatus

Contra Parmenianum Donatistam
 I 18   25 A.57

20	110 A. 426	18,67ff.	55 A.185,
22	24 A.53, 57 A.193		103 A.386
26 (Soden,		18,68	69 A.237
Urkunden 24)	63 A.216,	18,71	55 A.182, 69 A.238
	100 A.375,	VI (Soden Nr. 21)	
	108 A.411f.	21,7	108 A.412
III 3	57	21,11ff. 19f.	56 A.188
		VII (Soden Nr. 23)	105 A.398, 107
Appendices		23,5ff.	108 A.412
II (Soden Nr. 19		23,7f.	83 A.299
B 40f.)	62 A.211	23,14ff.	106 A.401,
III (Soden Nr. 14)			108 A.412
14,4	63 A.217	23,27ff.	18 A.413
14,14ff.	83 A.300	23,29ff.	83 A.299,
14,28ff.	63 A.217,		105 A.398
	103 A.388	23,32f.	108 A.412
14,35	63 A.217	23,33ff.	56 A.190, 57 A.192
14,59ff.	103 A.388,	23,39ff.	103 A.386
	108 A.412	23,41ff.	72 A.251
14,65ff.	56 A.187, 60 A.207,	VIII (Soden Nr. 22)	107 A.410
	71 A. 247f.,	IX (Soden Nr. 31)	111
	103 A.386	31,3ff.	106 A.401
14,70ff.	55 A.182, 69 A.236,	X (Soden Nr. 36)	111 A.428
	71 A.249,	36,5ff.	76, 104 A.391
	114 A.443	36,9-41	105 A.397
14,75	63 A.217	36,15-18	105 A.398
IV (Soden Nr. 16)		36,51f.	83 A.299
16,33-38	84	36,82-86.88f.	106 A.401
V (Soden Nr. 18)	70 A.242,		
	105 A.398		
18,2-16	10 A.4	*Origenes*	
18,2-25	28		
18,2	55 A.182, 69 A.238	Contra Celsum	
18,3	69 A.237	VIII 73	38 A.119
18,8ff.	21 A.37		
18,12ff.	69 A.236	*Orosius*	
18,14f.	55 A.182		
18,16	55 A.182, 69 A.238	Historiae adversum	
18,18	105 A.397	paganos	140
18,20ff.	86 A.314	VI 1ff.	35 A.104
18,22f.	69 A.239	VII 20,1-3	33 A.93
18,32	69 A.240		
18,33	83 A.299		
18,44	105 A.397	*Panegyrici Latini*	
18,45ff.	69 A.239f.,		
	86 A.314	IV/10 12,4	122
18,55	55 A.182, 69 A.238	30ff.	34 A.97
18,56-58	69 A.237,	30-32	31 A.82, 34 A.99
	106 A.401	VI/7 7,3	152 A.50
18,61	69 A.237	21	27 A.65, 150 A.23
18,62ff.	107 A.410		

VII/6	8,7		33 A.92
	21		37 A.112
X/2	13,2		33 A.92
XII/9			33 A.94
	2,4		35 A.105, 40 A.125, 87 A.321
	2,4f.		61 A.208
	2,5		35 A.104
	5,3		31 A.83
	11,4		148 A.14
	12,1; 18,3		31 A.82
	19,3		33f.
	20ff.		32 A.90, 34 A.97
	20,3; 21,3		31 A.83
	25,4		174 A.139
	26,1		35 A.105, 61 A.208

Papyri Oxyrhynchi

3741; 3759   96 A.361

Passio martyrum Abatinae
(J.-L. Maier, Le dossier Nr. 4)

2,15ff.	104 A.395
19,823ff.	104 A.395
23,1064ff.	104 A.395

Petrus-Apokalypse

1   154 A.57

Petrus-Evangelium

10,38-42   154 A.57

Philostorgius

Historia ecclesiastica
 I 9a   107 A.410

Plinius

Panegyricus
 I 23,4   33 A.92

Praxagoras Atheniensis

FGrHist II B Nr. 219,6   120

Scriptores Historiae Augustae
Vita Aureliani
33,1ff.   33 A.92

Vita Gallieni
8,1ff.   33 A.92

Vita Heliogabali
15,7   33 A.92

Sermo de passione s. Donati
(J.-L. Maier, Le dossier Nr. 28)

2-11	108 A.412f.
3	105 A.395, 107 A.408, 108 A.411
5; 10	105 A.395, 107 A.408
12	105 A.395

Sokrates

Historia ecclesiastica
 I 1,2   188 A.4

Sozomenus

Historia ecclesiastica
I	5,2f.	118 A.461
	8,10	118 A.461
II	5	96 A.355
V	3	96 A.355

Symmachus

Relatio
 III 10   78

Synode von Nicaea (325)

can. 7   139

Synode von Antiochien (328)

can. 5   108 A.414

Synode von Konstantinopel (381)

can. 2-4   139 A.47

Synode von Chalcedon (451)

can. 28   139 A.47

Tacitus

Historiae
  II 89   33 A.92

Tertullianus

Ad nationes
  I 13   40 A.127

Apologeticum
  X   2-4   38 A.119
  XVI   8   39 A.122
        9-11   40 A.127
  XXVI   6   80 A.284
  XXVIII   1f.   80 A.284
  XXX   1-4   38 A.119
  XXXI   3   38 A.119
  XLVI   3f.   80 A.284

De corona
  III   4   42 A.132

De idololatria
  XV   f.   30 A.72
  XXIV   3   30 A.72, 44

Ad Scapulam
  II   45 A.144
      2   80 A.284
      9   38 A.119
  XXIV   6   80 A.284

Theodoretus

Historia ecclesiastica
  I 11,2f.   118 A.461

Zosimus

Nea historia

  II   1ff.; 5f.   36 A.109
      7,1f.   36
      14,3f.   33 A.92
      29ff.   12 A.10
      29,5   31 A.77

Gesetze

Fontes Iuris Romani Anteiustiniani
  I   95   96 A.355
      88   51 A.162
  II   559; 580   52 A.170

Codex Theodosianus
  I   27,1   117 A.457
  II   8,1   97 A.362, 137 A.41
  IV   7,1   117 A.456
  IX   5,1   88 A.324
      16,1   87
      16,2   86-88
      16,3   87
  XII   1,21   95 A.347
      5,2   95 A.347
  XV   12,1   92
      14,1   90 A.328, 115
  XVI   1,2   62 A.211,
                          105 A.395
      2,1.2   115
      2,3   116 A.454
      2,4   118 A.460, 134 A.33
      2,5   86, 93 A.341
      2,6   116 A.454
      2,7   115
      2,16   51 A.167
      5,1   108 A.411, 115
      5,66 pr.   109 A.422
      8,1   82, 86
      8,2-4   82 A.294
      8,5   82 A.296, 86
      9,1   82 A.296
      10,1   87, 93 A.341
      10,2   92 A.336, 94

Constitutiones Sirmondianae
  I   117 A.457
  IV   82 A.296

Codex Justianus
I 13,1   117 A.456
III 12,2   97 A.362, 137 A.41

Digesta
1,1,2   51, 57
48,13,7   48 A.297

Inschriften

L'Année Epigraphique
1919 Nr. 30   87, 97 A.366

Damasi Epigrammata
Nr. 18; 40   101 A.377

Inscriptiones Latinae Christianae Veteres
(H. Diehl)
II 3257   43 A.137

Corpus Inscriptionum Latinarum
VI 1139   32, 36, 99 A.371, 145f.

1147
VIII 8712
18261

Inscriptiones Latinae Selectae
(H. Dessau)
663; 664
694

695-697
705

6091
8940

Münzen
41, 43 A.137, 54, 73, 97 A.362, 146 A.7f., 150-153, 165-169

171 A.114
97 A.362
177 A.148

58 A.197
32, 36, 87, 99 A.371, 145f.
65 A.224
93 A.341, 113 A.442
96 A.355
54, 97 A.362

Bilderregister

Abb. 1: Kopf der Kolossalstatue Konstantins, Rom, Palazzo dei Conservatori
13, 171-179

Abb. 2: Mosaik, Rom, Nekropole unter St. Peter
40

Abb. 3: Elitesoldaten mit *Victoria* und *Sol*, Rom, Konstantinsbogen
36, 39, 43 A.137

Abb. 4: Konstantinsbogen (Nordseite), Rom
145

Abb. 5: Standartenträger mit *Sol*, Konstantinsbogen
39, 43 A.137

Abb. 6: *Rostra*, Konstantinsbogen
34

Abb. 7: *Largitio,* Konstantinsbogen
34

Abb. 8: Schlacht an der Milvischen Brücke, Konstantinsbogen
32, 41, 43

Abb. 9: Besiegte Barbaren, Konstantinsbogen
32

Abb. 10: Becher von Boscoreale (Privatbesitz)
31f.

Abb. 11: Relief, Palestrina, Museo Archeologico Prenestino
31f.

Abb. 12: *Ingressus,* Konstantinsbogen
31f., 34, 44

259

Abb. 13: Galerius beim Opfer, Thessalonike,
          Galerinsbogen
          33

Abb. 14: Sol-Medaillon, Konstantinsbogen
          36, 40

Abb. 15: Sarkophag, Istanbul, Irenenkirche
          182f.

Abb. 16: Kolossalstatue Konstantins, Rom,
          Palazzo dei Conservatori
          171-179

Abb. 17: Sarkophag (Ausschnitt), Vatikan,
          Museo Pio Cristiano
          (F.W. Deichmann, Hrsg., Reper-
          torium der christlich-antiken Sarko-
          phage, Wiesbaden 1967, Nr. 49)
          169f.

Abb. 18: Kolossalstatue Konstantins, Rom,
          Palazzo dei Conservatori
          175f.

Abb. 19: Sol-Halbrelief, Konstantinsbogen
          36

Abb. 20: Staurogramm (Thümmel); vgl. Dinkler,
          Art. Kreuz I, in: RBK 5 (1995), 35f.
          42 A.135, 43 A.136, 155

Abb. 21: Relief (Umzeichnung), Paris, Louvre
          33

Abb. 22: Bronzemedaillon (RIC VII 304
          Rom Nr. 63)
          33, 54

Abb. 23: Crispus (Follis, Trier)
          43, 96

Abb. 24: Diokletian (Argenteus; RIC VI 459
          Siscia Nr. 32)
          33

Abb. 25: Goldmultiplum (RIC VII 451 Siscia
          Nr. 207)
          152 A.47

Abb. 26: Konstantin (Follis, RIC VII 573
          Constantinopolis Nr. 26)
          73, 88, 96, 152

Abb. 27: Silbermedaillon (RIC VII 364
          Ticinum Nr. 36)
          41, 64, 73 A.256, 96, 165

Abb. 28: Constantinopolis mit Kreuzzepter
          168

Abb. 29: Constantinopolis mit Kreuzzepter
          168 A. 103

Abb. 30: Konstantin (Goldmedaillon, RIC VI
          296 Ticinum Nr. 111)
          150

Abb. 31: Valentinian II. (Bronzemedaillon,
          RIC IX 125 Rom Nr. 37)
          167

Abb. 32: Konstantin (Follis, RIC VII 433
          Siscia Nr. 61)
          169

Abb. 33: Konstantin (Gold, RIC VII 467
          Sirmium Nr. 3)
          150

Abb. 34: Lateran (Rom); vgl. R. Krautheimer,
          Corpus Basilicarum Christianarum
          Romae V, Vatikan 1977, Fig. 14
          179f.

Abb. 35: SS. Marcellino e Pietro, Rom (Rekon-
          struktion); vgl. CBCR II, Fig. 167
          180f.

Abb. 36: Wandinschriften (Domus Faustae in
          Laterano?); AE 1993 Nr. 339a
          41

Namenregister
zu K. Nowak

Aland, Kurt 221f., 228
Andresen, Carl 222
Arnold von Brescia 199
Arnold, Gottfried 187-189, 191, 193, 199, 203f., 207, 215, 216, 224, 233

Balthasar, Hans Urs von 229
Barth, Karl 224, 233
Baur, Ferdinand Christian 206f.
Baynes, Norman H. 213, 216, 222
Berkhof, Hendrik 227f., 232
Berneburg, Ernst 226
Bleicken, Jochen 233
Böhme, Jakob 204
Bonhoeffer, Dietrich 230f., 232
Brieger, Theodor 215f.
Brightman, Thomas 189
Bringmann, Klaus 233
Broglies, Albert de 228
Burckhardt, Jacob 193-196, 198, 199-202, 206f., 211-213, 214f., 218f., 222f.
Burke, Edmund 200

Chateaubriand, F.R. de 200
Coccejus 224

Dante 198
Denzler, Georg 222
De Wette, W.M.L. 194
Dölger, Franz Josef 210-212
Dörries, Hermann 213, 216, 221

Ersch, J. S. 197

Franck, Sebastian 199

Gibbon, Edward 187, 189-193, 196, 198f., 204, 206f., 216, 224
Gieseler, C.L. 205
Görres, Joseph 212
Grauert, Hermann 207f.
Gruber, J.G. 197

Haendler, Gert 222, 226
Hagenbach, Karl Rudolf 194, 205f.
Harnack, Adolf von 220-222
Hase, Karl von 205
Henke, H. Ph. K. 205

Herder, J.G. 224
Herms, Eilert 232
Hönn, Karl 213

Jacob, Günter 223f., 230
Jacobs, Manfred 223

Kahle, Wilhelm 223-225
Keim, Theodor 214
Kierkegaard 224
Kirsch, J.P. 211
Koch, Hugo 209f.
Kölling, Wilhelm 213f.
Kolb, Viktor 208
Kraft, Heinrich 213, 216, 221f., 226
Krebs, Engelbert 212

Lietzmann, Hans 221, 227
Luther, Martin 189, 198, 231

Manso, J.C.F. 190f., 214
Marsilius von Padua 199
Meffert 208
Milman, Henry Hart 192

Neander, J.A.W. 203f.
Neill, Stephen Charles 225f.
Nigg, Walter 230
Nikolaus von Kues 199

Otto von Freising 199
Overbeck, Franz 230f.

Peacock, Reginald 199
Pfeiffer, Albert 208
Pius X. 207
Planck, G.J. 205

Rahner, Hugo 225, 228-230, 232
Ranke, Leopold von 186f., 218
Rivière, Philippin de 211
Rouse, Ruth 225f.
Ruhbach, Gerhard 226f.

Saint-Martin, Louis-Claude de 204
Sixtus V. 199
Seeberg, Erich 217
Seeck, Otto 214-216, 219f.
Schaff, Philipp 214
Schmidinger, Heinrich 225

Schmidt, Kurt Dietrich 223
Schneemelcher, Wilhelm 233
Schroeckh, J.M. 203, 207
Schultze, Viktor 214-219, 220
Schwartz, Eduard 208-210
Stauffer, Ethelbert 229
Stockmeier, Peter 225

Tersteegen 224
Tillich, Paul 231f.

Valla, Laurentius 199
Vittinghof, Friedrich 226
Vogt, Joseph 213, 216
Voltaire 197f.

Walter von der Vogelweide 198
Wichern, J.H. 224

Zahn, Theodor 215f.
Zedler, Johann Heinrich 196f.

Die Autoren

Klaus Martin Girardet, geb. 1940, M.A., Dr. phil., ist Professor für Alte Geschichte an der Universität in Saarbrücken. Veröffentlichungen (u.a.): Kaisergericht und Bischofsgericht. Studien zu den Anfängen des Donatistenstreites (313-315) und zum Prozeß des Athanasius von Alexandrien (328-846) (1975); Die Ordnung der Welt. Ein Beitrag zur philosophischen und politischen Interpretation von Ciceros Schrift »De Legibus« (1983); zahlreiche Aufsätze.

Kurt Nowak, geb. 1942, Dr. theol., Dr. phil., ist Professor für neuere und neueste Kirchengeschichte in Leipzig, Directeur d'Études associé an der Maison des sciences de l'homme in Paris und Mitglied der Sächsischen Akademie der Wissenschaften zu Leipzig. Veröffentlichungen (u.a.): Schleiermacher und die Frühromantik (1986); Geschichte des Christentums in Deutschland. Religion, Politik und Gesellschaft vom Ende der Aufklärung bis zur Mitte des 20. Jahrhunderts (1995); Adolf von Harnack als Zeitgenosse. Reden und Schriften aus den Jahren des Kaiserreichs und der Weimarer Republik, hrsg. u. eingel. von K. Nowak (1996).

Hans Georg Thümmel, geb. 1932, Dr. theol., Dr. phil., ist Professor für Kirchengeschichte und Direktor des Instituts für Christliche Archäologie und Geschichte der kirchlichen Kunst in Greifswald und Mitglied der Akademie gemeinnütziger Wissenschaften zu Erfurt. Veröffentlichungen (u.a.): Die Kirche des Ostens im 3. und 4. Jahrhundert (1988); Bilderlehre und Bilderstreit: Arbeiten zur Auseinandersetzung über die Ikone und ihre Begründung vornehmlich im 8. und 9. Jahrhundert (1991); Die Frühgeschichte der ostkirchlichen Bilderlehre. Texte und Untersuchungen zur Zeit vor dem Bilderstreit (1992).

Friedhelm Winkelmann, geb. 1929, Dr. theol., ist em. Professor für Kirchengeschichte an der Universität in Rostock, Mitglied der Kommission für Altertumswissenschaften und Leiter des Projekts »Prosopographie der mittelbyzantinischen Zeit« der Berlin-Brandenburgischen Akademie der Wissenschaften. Veröffentlichungen (u.a.): Die Textbezeugung der Vita Constantini des Eusebius von Caesarea (1962); Byzanz im 7. Jahrhundert: Untersuchungen zur Herausbildung des Feudalismus (1978); Die östlichen Kirchen in der Epoche der christologischen Auseinandersetzungen: 5.-7. Jahrhundert (1994[4]); mehrere Texteditionen, u.a.: Eusebius von Caesarea, Über das Leben des Kaisers Konstantin (1975).

Veröffentlichungen der Wissenschaftlichen Gesellschaft für Theologie:

(Band 7)
Die Zukunft der Erlösung
Zur neueren Diskussion um die Eschatologie
Herausgegeben von Konrad Stock
1994, 175 Seiten. ISBN 3-579-00258-9

(Band 8)
Pluralismus und Identität
Herausgegeben von Joachim Mehlhausen
1995, 637 Seiten. ISBN 3-579-00105-1

(Band 9)
Der deutsche Protestantismus um 1900
Herausgegeben von Friedrich Wilhelm Graf und Hans Martin Müller
1996, 303 Seiten. ISBN 3-579-00106-X

(Band 10)
Weisheit außerhalb der kanonischen Weisheitsschriften
Herausgegeben von Bernd Janowski
1996, 171 Seiten. ISBN 3-579-01812-4

(Band 11)
Theologische Probleme der Septuaginta und der hellenistischen Hermeneutik
Herausgegeben von Henning Graf Reventlow
1997, 139 Seiten. ISBN 3-579-01813-2

(Band 12)
Zeit und Schöpfung
Herausgegeben von Konrad Stock
1997, 170 Seiten. ISBN 3-579-02080-3

(Band 13)
Die Konstantinische Wende
Herausgegeben von Ekkehard Mühlenberg
1998, 263 Seiten. ISBN 3-579-01814-0

(Band 14)
Recht – Macht – Gerechtigkeit
Herausgegeben von Joachim Mehlhausen
1998, 824 Seiten. ISBN 3-579-01815-9

Chr. Kaiser
Gütersloher
Verlagshaus